역사. 이론. 사례

한류

이 도서의 국립중앙도서관 출판예정도서목록(CIP)은 서지정보유통지원시스템 홈페이지(http://seoji.nl.go.kr)와
국가자료종합목록 구축시스템(http://kolis-net.nl.go.kr)에서 이용하실 수 있습니다.
CIP제어번호: CIP2019048829(양장), CIP2019048835(무선)

역사,
이론,
사례

한
류

The Korean Wave Evolution, Fandom, and Transnationality

윤태진·진달용 엮음 | 나보라 옮김

IMA

매체와예술총서 1

한울
아카데미

The Korean Wave: Evolution, Fandom, and Transnationality
by Tae-Jin Yoon and Dal Yong Jin

차 례

1부 한류의 다양한 역사

1장 '한류 연구'의 발생, 발전 그리고 확장
지난 20여 년간 학자들이 한국 대중문화로부터 찾아낸 것들 | 윤태진·강보라 |

3부 온라인 미디어와 글로벌 팬덤

4부 한류의 초국가성

10장 일본 내 한류와 혐한론
문화적 소수를 위한 새로운 소프트파워의 부상 ㅣ이향진ㅣ

11장 신한류 시대, 텔레비전 포맷의 수출입
리얼리티 프로그램 〈아빠! 어디가?〉의 한국판과 중국 리메이크판 비교 분석

ㅣ김주옥·룰링 황ㅣ

책머리에

대중문화의 전 지구적 흐름의 역사에서 '한류(the Korean Wave)'는 분명 독특한 현상이다. 전통적으로 문화적 권력이 강하지도, 경제적으로 지배적이지도 않은 작은 나라에서 만들어진 텔레비전 드라마와 노래들이 세계적으로 인기를 얻는 한류는 많은 비평가들과 학자들에게 놀라울 뿐만 아니라 신기한 현상이었다. 2000년대 초반 한 일본의 미디어 학자가 일본 내 한류를 '한때의 유행(fad)'으로 여겼듯이, 일부 미디어 학자들을 비롯해 여러 사람들은 한류 현상이 지속될 것이라고 생각하지 않았다. 지역 기반의 초국가적 문화라는 점 그리고 일시적일 것이라는 점으로 인해, 한류가 단기적인 유행에 그칠 것이며 동아시아를 넘어서지는 못할 것이라고 본 한류 초기 단계의 예측은 나름 합리적인 생각이었다. 그러나 20여 년 후 한류는 초기에 비해 훨씬 강력해졌으며 세계적으로 팽창하는 인기를 뽐내고 있다. 동아시아와 동남아시아가 여전히 한국 문화산업의 가장 큰 시장으로서 유지되는 가운데, 북미와 남미, 유럽과 중동, 심지어는 아프리카의 일부 국가들까지도 한국의 대중문화를 수용하고 있다. 한류를 구성하는 요소들 또한 엄청나게 확장되었다. 원래 한류는 텔레비전 드라마와 영화의 수출을 의미하는 것이었지만, 최근에는 K팝, 디지털 게임, 뷰티용품, 한식 요리까지 개발·수출되기 시작했다.

한류의 이와 같은 변화들, 한류 연구 내 개념적이고 이론적인 변화상들, 미디어 테크놀로지의 발전이 한류에 미친 영향 등은 모두 미디어 연구자들과 정책 입안자들에게 중요한 문제들이다. 다시 말해, 이론가들과 실천가들은 한류의 진화에 매우 큰 관심을 가지고 있으며, 따라서 커뮤니케이션 및 문화연구 분야의 수많은 연구자들이 한류라는 흥미로운 문화적 현상이 어떻게 해서 가능했는지, 그 영향과 의미는 무엇인지와 같은 주요 이슈들에 주목하는 것은 당연할 것이다. 이 책은 한류의 이론적이고 제도적 역사에 대한 좀 더 나은 이해를 제공하는 한편, 한류의 새로운 특성들에 대해서도 다룰 것이다. 여기서는 대중문화 영역에서 권역적(regional)으로 그리고 전 지구적(global)으로 변화를 일으키고 있는 한류의 역사를 살펴보고, 글로벌 문화 시장 내 비서구 국가가 주도하는 문화적 역류를 발전시킬 수 있는 새로운 관점을 제공할 것이다.

이 책의 모든 저자들은 한류가 지속적으로 그들의 분석 대상 — 미디어 역사, 정책, 문화, 사회 — 의 발전 그리고 한류 연구의 변화와 연관되어 진화해 왔다는 것을 잘 알고 있다. 또한 이론적·방법론적인 틀을 새롭게 개발해야 할 필요성도 잘 이해하고 있다. 이 책의 엮은이인 윤태진과 진달용은 오랫동안 다양한 관점에서 한류에 대해 관심을 가져왔는데, 윤태진이 문화연구의 관점에서 한국의 대중문화에 접근한다면, 진달용은 정치경제학적인 관점에 좀 더 초점을 맞춘다. 하지만 두 사람 모두, 이 두 접근이 반영되어 종합적으로 융합된 이번 출판 작업이 매우 흥미롭고 가치 있을 것이라고 확신한다.

이 책의 구상이 구체화된 것은 윤태진이 2015년 9월 캐나다 사이먼프레이저대학교에 방문학자로 왔을 때부터였다. 우리는 매일 만나 대화를 나누면서 자연스럽게 한류의 진정한 의미는 무엇이고 그 중요성은 무엇인지와 같은 몇 개의 흥미로운 주제에 대해 논의했다. 마침내 한류의 20주년이 되는 시기를 맞아 함께 이 주제를 발전시키기로 했고, 결과적으로 전 세계에 한류에 관심 있는 학자들을 두 번의 학술 대회에 초대하게 되었다. 캐나다의 사이먼프레이저대학교와 한국의 연세대학교의 지원으로 2016년 6월에는 밴쿠버에서, 그리고 2016년 8월에는 서울에서 열렸던 학술 대회에는 한국과 캐나다를 비롯해서 미국, 영국, 일본, 칠레에서 온 학자들이 참여했으며 20개 이상의 훌륭한 연구 결과들이 발표되었다.

구체적으로 볼 때 이 책은 이 학술 대회들과 함께 시작된 연구 작업의 산물이라 할 수 있다. 13개 장 가운데 7개 장은 학술 대회 프레젠테이션을 통해 발전된 것이었고, 3개 장은 책의 출간을 위해 새로 썼다. 나머지 3개 장은 이미 다른 곳에서 출판된 것인데, 상당 부분을 재수정하고 보완했다. 결과적으로 이 책은 균형 ― 이론적 논의와 현상에 대한 분석 간의 균형과 더불어 과거, 현재, 미래에 대한 관심 간의 균형까지도 포함하는 ― 을 잡으려는 시도라 할 수 있다. 우리는 이 책이 한류란 무엇이며, 그 문화적 의미는 어떠한지를 이해할 수 있도록 도와주는 좋은 안내서가 되기를 바란다. 나아가 디지털 미디어 시대 비서구권 국가로부터 발전된 초국가적 문화와 전 지구적인 문화 교류, 문화적 혼종성, 문화산업, 관련 정책들을 연구할 수 있는 좋은 교과서가 될 수 있기를 바란다.

마지막으로, 이 책의 작업을 도와준 사람들에게 감사의 말씀을 드리려고 한다. 각 장은 두 익명의 평론가들로부터 비평을 받았는데, 그들의 통찰력 있는 비평과 조언에 감사의 말씀을 드리고 싶다. 이 책의 공동 저자인 동시에 출판 과정의 다양한 작업들을 맡아서 해결해 준 정혜리 박사에게도 감사의 말씀을 드린다. 우리가 학술 대회와 출판을 계획할 때 조언을 아끼지 않았던 캐나다 밴쿠버의 동료이자 친구인 고려대학교의 박지훈 님과 게이오대학의 이광호 님에게도 감사의 인사를 드리고 싶다. 이 책이 최종적으로 출판에 이를 때까지 사이먼프레이저대학교와 연세대학교는 주요 역할을 수행했는데, 특히 학술 대회를 위해 상당한 재정적 지원을 제공한 사이먼프레이저대학교의 CPROST(Center for Policy Research on Science and Technology)와 연세대학교의 KOVIC(Center for Korean Visual Culture)에 큰 감사를 드린다. 이와 같은 동료들 및 기관의 지원이 없었다면 이 책의 출판은 불가능했을 것이다. 마지막으로 이 작업은 2015년의 연세미래선도사업(2016-22-0118)의 지원을 받았다는 것을 밝힌다.

윤태진·진달용

시작하며

한류: 20주년, 회고와 전망

1997년은 한국[1] 대중문화가 처음으로 한반도 바깥의 사람들로부터 주목받았던 해로, 당시 한국 텔레비전 드라마는 중국에서 예상치 못한 인기를 얻었다. '한류'라는 용어는 1999년 중국 언론이 중국 내 한국인 가수들의 성공을 '한류(韓流, the Korean Wave)'로 부르면서 시작된 것이지만, 이 용어가 상징하는 바는 1997년 이후의 K팝, 애니메이션, 디지털 게임 등의 한국 문화산업 및 문화상품 수출의 빠른 성장세라고 보는 것이 마땅할 것이다. 이러한 한류가 20주년이 되는 2017년을 맞아 역사적인 전환점을 맞이하고 있다.

지난 20여 년간 한류는 많은 변화를 겪었다. 지리적으로 한류는 소수의 동아시아 국가들로부터 시작해 세계의 여러 국가로 확산되어 왔다. 아시아가 한국 문화산업의 가장 큰 시장으로서 유지되어 온 가운데, 북미와 서유럽, 중동, 남미를 포함한 다른 권역에서도 한국의 대중문화를 수용하고 있

---

1   다른 설명이 없는 한 이 책에서 '한국'이란 남한(대한민국)을 지칭한다.

다. 한류의 구성 요소 또한 엄청나게 확장되었다. 원래 한류는 텔레비전 드라마와 대중음악, 영화 등 일부 문화상품의 수출을 의미했으나, 한국은 최근 청소년 문화와 연계된 K팝, 디지털 게임, 스마트폰 테크놀로지 등도 수출하고 있다. 이 가운데, K팝은 세계의 10대와 20대 중심의 청(소)년 문화로서 큰 인기를 얻고 있다(Jin, 2016). 최정봉(Choi, 2015)도 지적했듯이, 한류는 현재 핵심 콘텐츠(텔레비전 드라마와 K팝 등)부터 준핵심 콘텐츠(비디오게임과 한식 등), 파생적 한류 상품과 서비스(관광, 화장품, 성형, 패션, 언어 서비스 등), 유통 채널(다양한 플랫폼 테크놀로지), 효과(상품 판매와 국가 이미지 등)에 이르기까지 다양한 영역을 아우르고 있다. 이와 같은 한류에 대한 최근 정의는 아마도 너무 방대하다고 할 수도 있지만, 분명한 것은 많은 사람들이 지난 20년간 한류의 지역적 확장과 장르적 다양화를 목격했다는 점이다.

한류의 전 지구적 인기가 처음에 미디어 제국주의의 반증 사례로서 학자들의 주목을 받은 것은 당연해 보이는 가운데, 이내 연구자들은 한류가 초국가화되는 문화 흐름의 변화상을 의미하는 신호라는 것을 깨닫게 되었다. 사실 한류는 대중문화와 디지털 테크놀로지의 다양한 형식들을 발전시켜 아시아와 서구의 국가들에 수출되고 있다는 점에서 멕시코나 브라질 같은 다른 지역의 초국가적 대중문화와 차별성을 지닌다. 한국은 자국의 문화산업의 성장과 여러 문화상품의 수출을 실현시킨 유일한 국가라 할 수 있는데 (Jin and Yoon, 2017), 이 전례 없는 문화현상을 설명하기 위해 많은 연구자들 (Kim, Long and Robinson, 2009; Siriyuvasak and Shin, 2007)은 한류 초기 단계 때 문화적 근접성(cultural proximity)(Straubhaar, 1991) 및 '아시아화(Asianization)' 의 개념을 사용했다. 이와 같은 경향은 1990년대 후반의 중국 수용자들이 한국의 텔레비전 드라마를 환영했던 이유가 거기에 담긴 유교적 가치관인 것으로 여겨졌다는 점에서 이해 가능하다. 그러나 문화적 근접성의 개념은 한류의 지리적 확장성을 고려할 때 더 이상 적합하지 않은 설명인 것으로 판명되고 있다. 한국의 대중문화가 언어와 민족, 문화상의 차이에도 불구하고 동아시아를 넘어 여러 권역의 전 지구적 팬들에 의해 향유되고 있기 때문이다. 그에 따라 좀 더 많은 학자들이 글로벌라이제이션(Kuotsu, 2013; Hogarth, 2013)이나 글로컬라이제이션(Jin, 2011; Peichi, 2013), 초국가성(Huang, 2011; Jin, 2016), 문화적 혼종성(Ryoo, 2009; Jin and Ryoo, 2014) 등의 다른 개념들을 활용해서 한류 현상을 설명하기 시작했다.

한편 한류의 산업적인 맥락과 기술적 맥락 또한 지난 20여 년간 상당히 변화해 왔다. 특히 전 세계의 팬들이 소셜 미디어를 통해 K팝이나 디지털 게임, 영화에 손쉽게 접속할 수 있었다는 점은 최근 몇 년간 진행되어 온 한류의 초국가화에 있어 소셜 미디어의 역할이 매우 중요했다는 것을 보여준다. 유튜브에서의 성공 덕분에 전 지구적으로 인기를 모을 수 있었던 싸이의 「강남스타일」이 잘 보여주듯이, 소셜 미디어는 지역 대중문화의 전 지구적인 문화 흐름에 대한 기존의 개념을 바꾸어놓고 있다. 소셜 미디어의 중요성은 한국의 다른 미디어 부문과 비교해서 결코 가볍지 않다. 시각적 표현, 역동적인 춤, 인상적인 가사를 지닌 K팝이 전 지구적으로 확산되는 데 소셜 미디어가 많은 혜택을 제공했기 때문이다. 한국의 텔레비전 드라마 또한 최근 몇 년 동안 홍보와 유통을 소셜 미디어로 이동시키고 있다(Huang, 2017).

이러한 점에서 한류의 특성 및 형식상의 변화 그리고 한류 연구에서 개념적이고 이론적인 변화, 미디어 테크놀로지가 한류에 미친 영향은 모두 이 책의 중요한 주제에 해당한다. 사실 이 책이 한류를 중점적으로 논의한 최초의 작업은 아니다. 한류의 주요 속성이 변화해 가면서 관련 학술 담론 또한 최근 몇 년간 풍부하게 생산되어 왔기 때문이다(Kim, 2013; Kim and Choe, 2014; Lee and Nornes, 2015; Jin 2016). 김유나(Kim, 2013)는 한류의 소프트파워적인 측면과 관련해서 좋은 개요를 제공하는데, 그 저자들이 뚜렷한 문화연구적 관점에서 한류의 성장에 초점을 맞추고 있다는 점에서 강점이 있다. 그러나 최근 K팝의 성장을 반영하는 과정에서 너무 많은 장들이 K팝을 다루며, 책의 제목이 보여주듯이 아시아 대신 유럽과 북미를 포함한 글로벌시장 내 한국 대중문화의 확산에 주로 초점을 맞추는 경향이 있다.

한편 김경현과 조영민(Kim and Choe, 2014)의 작업은 한류를 이해하는 데 현재의 문화적 정경(cultural landscape)을 그 문화적 뿌리와 연결시킨다는 점에서 중요한 참고점을 제공한다. 그러나 이 책은 초국가주의와 문화정치학적 측면에 초점을 맞추면서 한국 대중문화의 역사적 발전 과정을 추적·기록했다는 장점을 갖는 대신, 영화나 음악 같은 전통적인 문화 영역부터 스포츠나 문학, 음식과 같은 비전통적인 영역에 이르는 다양한 주제를 다룬다는 점에서 그 범주가 지나치게 넓다. 또 다른 한류 연구인 이상준과 노르네스(Lee and Nornes, 2015)의 작업은 한류 2.0의 주요 특성들을 통해 최근 한류에서의 몇 가지 주요 요소들에 대해 논의했지만, 문화 형식과 지역적 관심사의 측면에서 균형이 맞지 않다는 점이 아쉽다. 한편 진달용(Jin, 2016)은 정치경제학과 문화연구가 융합된 관점을 바탕으로 대중문화와 디지털 테크놀로지를 포함한 한류 현상의 초국가화를 역사적으로 접근한 바 있다.

이상의 기존 작업들과 달리, 이 책은 한류에 대한 이론적이고 제도적인 역사를 좀 더 잘 이해하는 것을 목표로 하는 한편, 한류의 새로운 속성들에 대한 이해 또한 구하고자 한다. 그리고 이러한 작업은 초국가화된 문화적 흐름 내의 몇 가지 주요 주제들을 함께 다룸으로써 수행될 수 있을 것이다. 우리는 한류의 성장에 대한 회고 작업이 매우 중요하며, 궁극적으로 새로운 관점을 발전시키는 것이 필요하다고 생각한다. 사례연구라는 파편화된 연구 결과들을 축적하는 것만으로는 실제 현실 세계를 이해하는 데뿐만 아니라 학술 영역의 발전에도 기여하지 못한다. 한류와 관련해 우리는 다양한 사례연구가 서로 어떻게 연결되는지, 이러한 연구들의 이론적 함의는 무엇인지, 그리고 이 모든 연구와 논의가 향하는 방향은 무엇인지에 대해 질문을 던질 필요가 있다. 이 책에서 제시되는 한류와 다양한 사례연구에 대한 역사적이고 이론적인 검토는 초국가성의 복잡다단함을 보여줄 것이다. 이 작업들은 일방향적 문화 흐름 모델이 더는 유효하지 않다는 것 그리고 문화적 근접성 개념이 오늘날 다양하게 나타나는 국가 간의 문화적 접촉을 완전히 설명하지 못한다는 것, 그리하여 새로운 글로벌 문화현상에서 소셜 미디어의 역할에 주목해야 한다는 것을 보여줄 것이다. 한류 연구가 단순히 한국에서 생산되고 유통되는 문화상품에 대한 연구에 그쳐서는 안 될 것이다. 이 책을 통해 우리는 이론적 틀을 구축할 수 있는 가능성을 모색하고, 이를 기반으로 일상적인 초국가적 문화 유통 현상 일반을 이해하고자 한다.

이에 따라 이 책의 저자들은 문화산업의 산업화뿐만 아니라, 그러한 산업화에 대해 대중문화와 문화적 작업들, 그리고 문화 텍스트의 수용이 지니는 독특한 특성에 의해 가해지는 제한들도 강조한다. 각 장에서는 또한 문화 제도와 문화상품들, 팬 문화, 그리고 이 분야의 작업들의 속성을 강조하면서 다양한 문화 형식들이 지닌 고유한 특성들에 대해서도 논의할 것이다. 이러한 논의들이 현재의 상황에 대한 설명을 제공하면서 앞으로 벌어질 초국가화된 문화적 흐름과 생산과 관련된 관점에도 적용될 수 있기를 바란다. 다시 말해, 우리는 이 책이 한류라는 의제에 대한 새로운 사유들을 제공하면서 전 지구적으로 읽힐 수 있을 것이라 믿는다. 이어지는 장들은 한류에 대한 이론적·담론적 변화상 및 정책과 제도상의 변화를 다룰 것이다. 독자들은 한류 현상이 지속되는 가운데서 대중문화의 초국가화를 설명할 수 있는 비서구적 이론 또는 새로운 이론적 관점의 가능성을 생각해 볼 수 있을 것이다.

이 한 권에 지난 20년 동안 한류와 관련해서 벌어졌던 모든 주요 사건과 논의를 담는 것은 불가능할 것이다. 또한 지금도 전 세계의 여러 지역에서 발생하는 현상에 대한 연구들을 체계적으로 통합할 수 있는 방법을 찾는 것 또한 매우 어려운 일이다. 다양한 주제와 사례들을 담은 이 책을 통해 우리가 바라는 것은, 그 다양한 주제들과 사례들이 지난 20여 년간의 한류 역사에 대한 좀 더 나은 이해, 오늘날 발생하는 다양한 현상들을 설명할 수 있는 이론적 구조, 한류 이론 및 개념을 디지털 미디어 시대의 글로컬라이제이션과 문화적 혼종성, 초국가성을 포괄하는 좀 더 넓은 관점으로의 확장이라는 하나의 목적지를 향해 융합되는 것이다. 예를 들어 이 책에 등장하는 8개 국가(미국, 캐나다, 중국, 홍콩, 일본, 베트남, 칠레, 남미, 튀니지)들은 한류 현상의 다양성을 보여주기 위한 것이 아니라, 오늘날 전 지구적인 문화 정경을 설명할 수 있는 하나의 방법으로서 등장한 것이다. 우리는 독자들이 오늘날의 한류뿐만 아니라 글로벌 문화의 역학을 이해하는 데 이 책이 도움이 되기를 바란다.

좀 더 구체적으로, 이 책은 「시작하며」를 제외하고 4부 13개의 장으로 구성되어 있다. 각 장은 '한류 연구' 내 이론적 도전 과제들이나 세계 여러 지역 내 한류에 대한 경험적 사례들에 초점을 맞춘다. 따라서 이 장들은 대중문화 영역 내 권역적인 그리고 전 지구적인 변화들의 촉매로서 한류의 역사를 탐구하는 것이라 할 수 있다. 먼저 이 책은 한류에 대한 역사적 고찰로 시작된다. 이 첫 장은 단순히 한류'의' 역사라기보다는, 한류에 '대한' 역사 또는 한류가 지닌 다양한 측면들의 역사를 다룬다. '한류 연구'에 대한 역사적 고찰 작업을 통해 윤태진과 강보라는 한류 연구 분야의 한계와 단점들을 제시했는데, 이는 한류를 이해할 수 있는 새로운 관점을 개발할 수 있는 첫 단계로 나아가는 것이라 할 수 있다. 한류 연구 영역 내 주제와 핵심적 개념어들, 연구 방법들을 양적인 방법과 비판적인 방법으로 고찰한 후, 저자들은 이 연구 영역이 한류의 발생과 진화를 어떤 식으로 다뤄왔는지 밝힌다. 이들은 한류 연구의 집적이 초문화(transculture) 연구, 그리고 좀 더 보편적인 차원에서 문화연구 전반에 기여할 것이라고 주장한다.

원용진은 한류에 대한 담론이 구축되고, 해체되고, 또 재구축되도록 한 역사적 요인들을 다룬다. 원용진은 1990년대 중반 이래 모든 한국 정부들이 '아시아주의(Asianism)'의 관점을 배제한 채 문화적 국가주의의 관점을 취해왔다는 점을 강조한다. 이 한국 정부가 정치적이고 사회적인 주체들로 하여금 스스로를 '국가 브랜드'와 '문화산업 증진'이라는 정치적이고 경제적인 프로젝트에 헌신하도록 동원해 왔다는 것이다. 한류를 국가 이미지 제고 및 경제적 이익을 위한 수단으로서 활용하는 것에만 초점을 맞춘 이 정부들의 주장은 한국인들의 일상에 영향을 미치면서 사회의 모든 영역으로 깊숙이 스며들고 있다.

윤태진과 강보라, 원용진이 각각 한류 연구의 역사와 담론의 역사를 고찰한 것이라면, 진달용은 한류 정책에 초점을 맞춘다. 진달용은 한류에서 민족·국가의 핵심적인 역할을 신자유주의 글로벌라이제이션과 발전주의 (developmentalism) 간 대립과 함께 논의한다. 좀 더 구체적으로 진달용은 역대 한국 정부의 문화정책이 지닌 특성을 조사하며, 이는 한류의 맥락에서 민족·국가에 대한 이론화로 이어진다. 결과적으로, 이 장의 목표는 문화산업에 대한 분석을 통해 신자유주의 글로벌라이제이션의 한가운데서 문화산업이 지니는 핵심적인 역할을 논하는 것이라 할 수 있다. 특히 문화산업과 문화정책이 신한류 시대에 문화적 다양성을 발전시켰는지를 논의할 것이다.

2부에서는 노동에서부터 포스트 식민주의 관점에 이르기까지 한류에 대한 새로운 이론적 관점들을 다룬다. 2부의 저자들인 홍석경, 리사 육밍 룽, 윤경원은 각각 한류에 대한 흥미로운 이론적 해석을 제공한다. 홍석경은 프랑스에서 수행했던 한류 현상에 대한 연구를 바탕으로, 동아시아 외 지역에서의 한류 소비를 이해할 수 있도록 다음과 같은 4개의 이론적 연구 방향을 제안한다. 즉, ① 한류 담론으로부터 동아시아 정체성을 해방시키는 것, ② 텔레비전 프로그램의 좋은 품질에 대한 서구의 기준 재검토, ③ 북미 중심적 관점에서 문화산업을 논의하는 것으로부터의 탈피, ④ 문화적 실천과 사회 변화에 대한 부르디외의 이론을 다시 고민하는 것이다. 홍석경은 동아시아의 문화적 정체성을 고찰하는 데 입장을 바꿀 필요가 있다고 주장하는데, 즉 동아시아 내 초국가적이고 문화적인 소비에 대한 관찰에서 비롯된 '문화적 동일성(cultural sameness)'에 대한 논의로부터 전 지구적 콘텐츠 흐름에 기반한 '타자성(otherness)'과 관련된 정체성 담론으로 바뀌어야 한다는 것이다.

리사 육밍 룽은 홍콩에서 수행했던 K팝 팬클럽 사례연구에서 좀 더 노동의 관점에 초점을 맞추었다. 그녀는 K팝 스타 산업의 글로벌한 운용에서 문화적 매개자(cultural intermediaries)로서 팬클럽에 주목하면서, 이들이 초국가화된 팬덤을 조직하고 동원하고 관리하기 위해 소셜 미디어의 알고리즘 설정을 어떤 식으로 활용하는지에 초점을 맞춘다. 룽이 수행한 작업의 핵심중 하나는, 홍콩의 K팝 팬클럽 운영자들이 자신의 노동에 대한 보상을 어떻게 보고 있는가라는 질문에 대답하기 위해 푹스(Fuchs, 2014)가 노동의 관점에서 소셜 미디어 생산에 대해 비판했던 입장을 차용한 것이다.

이와는 대조적으로 윤경원은 포스트 식민주의적 개념을 활용해 최근 K팝이 전 지구적으로 확산되는 양상을 탐구한다. 캐나다라는 맥락에 위치한 젊은 이주민 K팝 팬들의 내러티브에 대한 분석을 통해, 윤경원은 전 지구적인 K팝 현상이 지닌 포스트 식민주의적 함의를 찾아냈다. 결론에서는 포스트 식민주의적 맥락에서 발생한 문화 형식이 하위 주체 집단(subaltern groups)의 문화적 협상의 수단으로서 어떻게 재의미화되고 재전유되는지에 대해 논의한다.

3부에서는 소셜 및 디지털 미디어가 한류의 중요한 부분이 되어가면서, 전 세계의 여러 지역에서 발생하는 글로벌 팬덤에서 소셜 미디어의 역할에 대해 논의한다. 저자들의 관심은 세계 여러 지역 내 한류의 인기에서 디지털 미디어의 역할로서, 첸 장(Qian Zhang)과 앤서니 펑(Anthony Y. H. Fung)은 중국을, 민원정은 남미권을, 이은별은 튀니지를 각각 다룬다. 장과 펑은 중국 내 한국 아이돌 추종 및 소비와 관련된 팬덤경제를 기록하고 분석한 후, 소수의 '빅 팬(big fan)'들이 평범한 팬들과 연예기획사 간 발생하는 아이돌의 문화상품(CD 및 스폰서 상품 등)의 소비와 관련된 거래를 지배한다는 것을 발견했다. 저자들은 중국 내 신한류가 온라인 팬덤경제에 의해 형성되는 방식을 자세히 살펴본 후, 이러한 팬덤경제가 바이두(Baidu)나 투도우(Tudou) 같은 일부 온라인 플랫폼을 기반으로 해서 평범한 팬들이 일부 핵심적인 오피니언 주도자들 — 이 연구에서 빅 팬으로 불리는 — 에 의해 연결되는 문화적 넥서스(cultural nexus)적인 특징을 갖게 되었다고 결론을 짓는다.

민원정은 남미 지역에 대한 흥미로운 사례 분석을 제공한다. 그녀는 한국 팝 문화의 남미권 내 인기가 한국 문화에 대한 초국가화된 교차·문화적인 수용인 것인지, 아니면 단순히 짧은 수명의 팬 문화에 불과한 것인지를 묻는 것으로부터 논의를 시작한다. 민원정은 한류를 이해하기 위해서는 세대 격차뿐만 아니라 사회경제적 격차도 반드시 고려해야 한다는 것을 제안하면서, 한류의 수용, 특히 남미권 내 K팝 및 참여적인 팬 문화가 다소 산발적이고 불안정하며 개별적인 팬들에 의한 문화적 해석에 완전히 의존하는 상황이 지속되고 있다고 결론을 지었다.

이은별은 한류의 확산을 탐구하기 위해, 한국 문화가 타 문화 지역, 특히 이슬람권에 속하는 튀니지에서 어떻게 수용되고 있는지를 연구했다. 이은별은 질적 접근을 활용해서 튀니지 팬들을 개인, 문화, 국가라는 세 개의 차원을 통해 살펴본다. 먼저 개인적 차원에서는 소셜 미디어가 한류 붐에서 중요한 역할을 차지한다는 것을 발견했는데, 튀니지의 한류 팬들은 한국 대중문화에 대한 실시간 정보를 얻기 위해 디지털 미디어를 적극적으로 활용하고 있었다. 문화적 차원에서는 튀니지인들이 가정 중심적이고 노인을 공경하는 가치관 등을 통해 이슬람 문화와 공유하는 특징들을 찾아내면서 동일시하는 것으로 나타났다. 국가적인 차원에서는 튀니지인들이 근대화를 빠르게 성취한 한국을 발전 모델로 삼으면서, 식민주의 시기를 견뎌낸 한국인들과 동일시하는 것으로 나타났다.

마지막 4부는 세계 여러 지역에 대한 4편의 사례연구를 통해 한류의 초국가성을 다룬다. 이향진은 최근 몇 년 사이 혐한 정서가 부상하고 있는 현상에 대한 관점을 유지하면서 일본 내 한류의 역사를 검토한다. 지난 15년간 일본 내 한류의 발전에서 연관되어 온 다양한 사회집단 사이의 문화적 협상을 연구한 뒤, 그녀는 일본 내 한류가 주변부의 소수 문화가 지닌 저항의 경향성을 지니는 한편 서구의 헤게모니적 소프트 권력을 모방하고 있다고 결론을 짓는다. 이향진에 따르면 일본 내 한류는 전 지구적이고 초국가화된 문화 — 수용국의 권력 집단들이 생산국의 문화적 우월성에 대해 주도권을 쥐거나 또는 대처해야 하는 — 가 그 역동성을 수용의 과정에서 어떻게 행사해야 하는지 보여주는 것이다.

김주옥과 룰링 황은 한국 리얼리티쇼 프로그램의 중국판 리메이크라는 좀 더 구체적인 사례를 다룬다. 최근 한국 리얼리티쇼는 중국의 텔레비전 방송사들에 의해 수입·리메이크되면서 중국에서 크게 화제가 되어왔다. 한국 리얼리티쇼 포맷의 중국으로의 수출은 국경을 횡단하는 텔레비전의 생산과 소비로 중국의 관심이 환기되는 것을 보여준다. 양국 버전의 〈아빠 어디가?〉에 대한 비교 분석에 기반해, 저자들은 중국의 한국산 리얼리티 포맷 리메이크를 이해하는 데 문화적 근접성의 개념이 활용될 수 있다고 주장한다. 두 사람은 또한 아시아 내 상호 연결이 부상하고 있는 현상을 아시아 권역 내 문화적 민주화 발전의 틀 내에서 설명한다.

정혜리는 미국 내 한류의 내부를 관찰한 후, 이를 초국가적인 미디어 문화이자 소프트파워라고 보았다. 12개월 이상의 오랜 기간 미국인 한류 수용자/팬들과 상호작용 하면서, 그녀는 이미 연구되었던 것 너머를 탐구하고 기존 연구들의 해석 이면에 존재하는 것들을 탐색했다. 정혜리는 미국 팬 사이에서의 한류를 연구하는 목적은 반드시 글로벌라이제이션 이론의 수정을 지향해야 한다고 보았는데, 즉 국제적인 환경에서 존재하는 권력 불평등의 현황을 고려하면서 지역의 수준에서 역동적으로 정체성과 혼종성이 형성되는 것을 인식해야 한다는 것이다. 결론적으로 정혜리는, 초국가적인 대중문화의 수용자/팬들의 수용을 좀 더 철저하게 다뤘을 때에만 비로소 초국가적인 미디어 문화의 복잡한 연결망을 제대로 이해할 수 있을 것이라 보았다.

마지막으로 박미숙은 베트남 내 한류에 대한 사례연구를 통해, 아시아 내 초국가적인 문화 흐름을 살펴본다. 그녀는 전통적인 텍스트 분석의 단점을 지적하면서, 한류 연구에서 정치경제학적 관점의 역할을 강조한다. 그에 따라 박미숙은 베트남 내 한류의 사례를 통해 정부 주도의 발전 계획과 초국가적인 문화 흐름의 부상 간 관계를 분석한다. 이 연구는 정부 주도의 경제 발전 계획들이 1990년대 중반부터 오늘날에 이르는 동안 베트남 내 한국산 문화상품들의 흐름에 어떠한 영향을 미쳤는지를 밝혀준다.

윤태진·진달용

참 고 문 헌

Choi, J. B. 2015. "Hallyu versus Hallyu-hwa: Cultural Phenomenon versus Institutional Campaign." in S. J. Lee and A. Nornes(eds.). *Hallyu 2.0: The Korean Wave in the Age of Social Media*. Ann Arbor, MI: University of Michigan Press, pp.31~52.

Fuchs, C. 2014. *Social Media: A Critical Introduction*. London: Sage Publications.

Hogarth, H. K. 2013. "The Korean Wave: An Asian Reaction to Western-Dominated Globalization." *Perspectives on Global Development and Technology*, 12, pp.135~151.

Huang, S. 2011. "Nation-Branding and Transnational Consumption: Japan-Mania and the Korean Wave in Taiwan." *Media, Culture and Society*, 33(1), pp.3~18.

_____. 2016. *New Korean Wave: Transnational Cultural Power in the Age of Social Media*. Urbana, IL: University of Illinois Press.

_____. (online first, 2017). "Social Media and the New Korean Wave." *Media, Culture and Society*.

Jin, D. Y. 2011. "The Digital Korean Wave: Local Online Gaming Goes Global." *Media International Australia*, 141, pp.128~136.

Jin, D. Y. and T. Yoon 2017. "The Korean Wave: Retrospect and Prospect." *International Journal of Communication*, 11, pp.1~9.

Jin, D. Y. and W. Ryoo. 2014. "Critical Interpretation of Hybrid K-Pop: The Global-Local Paradigm of English Mixing in Lyrics." *Popular Music and Society*, 37(2), pp.113~131.

Kim, K. H. and Y. Choe(eds.). 2014. *The Korean Popular Culture Reader*. Durham, NC: Duke University Press.

Kim, S., P. Long and M. Robinson. 2009. "Small Screen, Big Tourism: The Role of Popular Korean Television Dramas in South Korea Tourism." *Tourism Geographies*, 11(3), pp.308~333.

Kim, Y.(ed.). 2013. *The Korean Wave: Korean Media Go Global*. New York: Routledge.

Kuotsu, N. 2013. "Architectures of Pirate Film Cultures: Encounters with Korean Wave in Northeast India." *Inter-Asia Cultural Studies*, 14(4), pp.579~599.

Lee, S. J. and A. Nornes(eds.). 2015. *Hallyu 2.0: The Korean Wave in the Age of Social Media*. Ann Arbor, MI: University of Michigan.

Peichi, C. 2013. "Co-Creating Korean Wave in Southeast Asia Digital Convergence and Asia's Media Regionalization." *Journal of Creative Communications*, 8(2 and 3), pp.193~208.

Ryoo, W. 2009. "Globalization, or the Logic of Cultural Hybridization: The Case of the Korean Wave." *Asian Journal of Communication*, 19(2), pp.137~151.

Siriyuvasak, U. and H. Shin. 2007. "Asianizing K-pop: Production, Consumption and Identification Patterns among Thai Youth." *Inter-Asia Cultural Studies*, 8(1), pp.109~136.

Straubhaar, J. 1991. "Beyond Media Imperialism: Asymmetrical Interdependence and Cultural Proximity." *Critical Studies in Mass Communication*, 8, pp.39~59.

1부

/

한류의 다양한 역사

1장

'한류 연구'의 발생, 발전 그리고 확장

지난 20여 년간 학자들이 한국 대중문화로부터 찾아낸 것들

●
●
●

윤태진·강보라

들어가는 말

20여 년 전 한류(the Korean Wave)는 예상치 못한 놀라운 데뷔를 치렀다. 당시 한류의 인기가 지속될 거라고 예상한 사람은 별로 없었으나, 우리는 지난 20여 년간 한국의 텔레비전 시리즈와 K팝, 한국 영화와 온라인게임, 심지어는 한국의 음식과 패션까지 전 지구적인 인기를 구가하는 것을 보았다. 한류가 단발적인 현상이 아닌 것이 명백해지면서, 미디어와 문화 분야의 연구자들은 이 전례 없이 지속되는 문화현상에 주목하기 시작했다.

2006년은 키스 하워드(Keith Howard)가 한국 대중음악에 대한 책을 출간한 해였다. 이 책은 음악에 초점을 맞춘 것이었지만, 책 제목의 '흐름(wave, 流)'이라는 단어는 이 책이 일반적인 한류에 관한 것이라는 것을 명백히 보

여주는 것이었다. 2010년에는 한류의 다양한 측면을 분석한 최초의 저서인 추아 벵 후아트(Chua Beng Huat)와 이와부치 고이치(岩渕功一)의 비평서가 출간됐다. 이후 한류에 관한 10여 권의 단행본과 수십 편의 학술 논문이 영어로 출판되었고, 한글과 일본어 또는 중국어로 저술된 작업들은 수백 편에 달했다. 최근 수년간 한류는 문화적 전 지구화에 대한 흥미로운 테스트 사례이자 눈에 띄는 문화적 월경 현상으로서 학자들과 저널리스트들, 비평가들 심지어는 정책 입안가들의 관심을 받아왔다. 다양한 분석 방식 및 방법론적 도구를 통해 한류에 대한 다양한 수용과 함의에 위치하는 학문적 저작들은 이미 매우 많은 상황이다.

그러나 부분적으로는 그 짧은 역사로 인해, '한류 연구'는 많은 한계와 단점을 드러내고 있다. 예를 들어 수없이 수행된 사례연구에도 불구하고, 전 지구적 상황 내 초국가성에 대한 통찰력 있는 논의는 소수에 그쳤다. 산업 분석은 종종 이론적·방법론적 숙고 없이 수행되기도 했다. 최근 학자들 사이에서 유행하는 주제가 된 K팝의 경우에는 관련 논의들이 역사적 맥락을 결여한 경우가 많았다. 이러한 상황은 한류 그 자체는 물론이고, '한류 연구'의 역사를 짧더라도 강도 높게 살펴보아야 하는 이유를 제공한다. 이 분야의 한계와 단점들을 고찰하는 작업은 이 독특한 초국가적 현상을 이해하는 데 새로운 관점을 구축할 수 있는 첫 단계가 될 것이다.

이 장의 목적은 세 가지다. 첫째, 지난 20여 년간 '한류 연구'의 경향을 고찰함으로써 한류의 발생과 발전을 학계가 어떻게 수용했는지를 찾아내는 것이다. 둘째, 한류 연구의 개념적·방법론적 기반에 초점을 맞춤으로써 한류 연구 내 이론적 측면에서의 발전에 특히 주목한다. 세 번째이자 마지막으로는 문화적 환경과 역사적 환경이 학문 분야에 어떠한 영향을 미쳤는지를, '한류 연구'에 대한 두 개의 상이한 역사 — 즉, 미국·유럽과 한국에서의 한류 연구 역사 — 를 비교함으로써 탐색하고자 한다. 비교 작업 그 자체가 이 장의 주요 목표는 아니다. 우리가 추구하려는 것은 앞으로 초문화연구

(transcultural studies) 분야에 도움이 될 수 있도록 마지막 질문에 대한 답을 제공하는 것이다.

대체 한류란 무엇인가?

'한류'라는 용어가 처음 사용되기 시작한 것은 1999년 한국의 문화관광부가 K팝 홍보를 위해 주변국에 음악 CD를 기획·생산해서 배포하면서부터다. 그 영어 타이틀은 Korean Pop Music이었지만, 중국 버전에서는 Hallyu, Song from Korea였다. 한류가 광범위하게 사용되기 시작한 것은 중국 언론들이 중국 내 한국 가수들의 성공을 한류로 부르기 시작하면서였다. 초기에 이 용어는 중국 내 K팝의 인기를 지칭하는 것 그 이상은 아니었지만, 점차 텔레비전 시리즈와 같은 다른 장르 및 중국 이외의 다른 국가들로 확산되어 간다. 사실 처음 중국에 커다란 인기를 일으킨 것은, 한류라는 타이틀의 존재 여부와 무관하게, K팝이 아니라 텔레비전 드라마였다. 1997년 중국의 CCTV에서 한국 텔레비전 드라마 〈사랑이 뭐길래〉가 방영된 후, 드라마의 재방영을 요청하는 전화와 편지가 방송국에 엄청나게 쏟아졌다. 결국 이 드라마는 이듬해 프라임타임에 재방영되었다.

이후 한국 텔레비전 드라마의 성공이 이어졌고, 그 인기는 다른 아시아 국가들로 확산되어 갔다. 1990년대 중반부터는 한국 드라마가 타이완에서도 방영되기 시작했는데, 그 가운데서 2001년 방영된 〈가을동화〉는 당시 타이완 케이블 프로그램 가운데 가장 높은 시청률을 기록했다. 〈겨울연가〉는 일본에서 커다란 성공을 거두었는데, NHK는 2003년 12월에 월요일부터 금요일까지 하루 두 회씩 재방영하기도 했다. 한류는 1990년대 후반부터 2000년대 초반에 이르러 베트남과 필리핀, 태국과 말레이시아 등의 동남아시아 국가들로 확산된다. 〈겨울연가〉이후 〈대장금〉이 중국과 타이완,

홍콩에서 더 큰 인기를 모았고, 2000년대 중반에는 동남아시아에서 인기를 모았으며, 2000년대 후반에 이르러서는 중동에서도 인기를 모았다. 〈대장금〉은 아시아와 유럽, 중동과 남미 등 120개국 이상으로 수출된 것으로 알려진다. 한편 가수이자 연기자 비(Rain)의 2006년 뉴욕 매디슨 스퀘어 가든 공연은 전석 매진되었고, 2007년에는 도쿄돔 공연이 전석 매진되었다. 2012년에는 싸이의 「강남스타일」이 유튜브에서 가장 많이 시청된 동영상이 되었고, 뒤이어 텔레비전 드라마 〈별에서 온 그대〉가 2014년 중국과 동남아시아 국가들에서 최고 인기를 누리면서 방영되었다.

조영찬(Cho, 2011)의 지적대로, 한국 내 한류 담론은 지속적으로 '동아시아'를 국가와 글로벌 사이에 가둬왔다. 한류가 빈 기표 또는 수익성 있는 시장으로서 개념화되면서 한류라는 용어는 국가적 이익이라는 생각에 근거한 글로벌리즘의 망에 포섭되어 왔다(Cho, 2011: 388). 중국 내 한식당들의 성공, 동남아시아 내 한국산 자동차들의 인기, 그리고 한국어를 공부하는 몽골 학생들의 증가는 모두 한국의 언론에서 한류의 사례로 언급했던 것들이다(Yoon, 2002). 이처럼 미디어 담론이든 아니든, 한류라는 용어는 어느 정도 민족주의적인 함의와 이데올로기의 발전을 뒷받침해 왔다고 할 수 있다. 또한 상당수의 언론매체들이 한류를 다루는 방식은 명확한 분석의 관점에 근거하기보다는, 민족주의적인 정서를 기반으로 과열되어 찬양하는 목소리 일색이었다. 동아시아 권역 내에서 한국 문화 텍스트의 노출 빈도가 올라가고 상품의 인기가 증대하는 현상을 전하는 주류 미디어의 지배적인 스토리텔링이란, 한국에서 만들어진 대중문화상품들이 상업적인 경쟁력과 호소력을 지녔을 뿐만 아니라 해외 소비자들에 대해서 상당한 감성적 권력을 지녔다는 것이었다. 이는 또한 학문 영역 내 한류 연구에도 영향을 미쳤는데, 이에 대해서는 뒤에 이어서 논의하겠다.

연구 방법: 메타 분석에 대해

한류 연구의 역사적·공간적 경향을 좀 더 자세히 고찰하고자 메타 분석을 주요 분석 방법으로 선정했다. 지난 20여 년간의 한류 관련 학술 저작들 수백 편을 살펴보았다는 점에서 분석에 대한 분석이라 할 수 있는 이 연구는, 한류 연구들이 어떻게 발전되어 왔으며 어느 방향으로 진행되어 왔는지를 살펴보았다는 점에서 '포괄적인 메타 분석'이라 하겠다. 또한 이 연구는 우리가 '한류'의 개념 또는 주제가 어떻게 고려되어 왔는지, 그러한 개념/주제들이 어떤 관점에서 고찰되었는지에 초점을 맞추었다는 점에서 '분석적인 메타 분석'이라고도 할 수 있을 것이다.

한류 연구의 역사를 검토하고 그에 대한 종합적이고 분석적인 메타 분석을 수행하기 위해, 학술 저작들을 최대한 많이 모았다. Korean Wave, 한류(Hallyu), 한국 대중문화, K팝 등의 키워드로 검색한 후 비학술적인 글이나 책 서평 등을 제외하자, 동료 평가 학술 저널에서 76편의 영어 논문과 18편의 영어 단행본을 찾을 수 있었다. 2017년이 한류 20주년이기는 하지만, 2004년 이전에 나온 한류 관련 학술 작업들은 찾을 수 없었다. 따라서 2004년부터 2016년 여름까지 출간된 학술 저작들이 우리의 분석 대상이 되었다. 더불어 161편의 한글 논문들도 찾을 수 있었다.[1]

---

1   한글 연구 논문들은 비교를 목적으로 검토된 것이며, 체계적이고 심도 있게 분석된 것이 아니라는 것을 분명히 밝힌다. 우리가 찾고자 했던 것은 지난 10년간 주제와 방법론적 측면에서의 전반적인 경향이었다. 다음의 표는 출간 연도별로 검토한 논문 수를 보여준다.

2006	2007	2008	2009	2010	2011
15	18	10	8	7	11
2012	2013	2014	2015	2016	총합
25	27	19	10	11	161

<표 1-1> 연도별 관련 연구 출간 수 추이(영문)

2004	2005	2006	2007	2008	2009	2010
1	4	2	5	2	7	1
2011	2012	2013	2014	2015	2016	총합
7	9	16	9	9	4	76

<표 1-1>에서 볼 수 있듯이, 지난 4, 5년간 연구의 숫자는 빠르게 증가했다. 한류가 북미와 유럽에서 가시적인 현상으로 부상한 것이 최근의 일이라는 점을 고려하면, 이러한 변화는 합당해 보인다. 비록 한국 대중문화가 20세기 후반이라는 이른 시기부터 동아시아 국가들 사이에서 많은 인기를 모으긴 했지만, 당시로서는 수많은 관련 학술 저작들이 영어로 출간될 것이라고는 예상하기 어려웠다.

한국 영화에 대한 연구들과 단행본들은 숙고 끝에 분석에서 제외했다. 여기에는 몇 가지 이유가 있는데, 우선 21세기로의 전환기 이전에도 한국 영화에 대한 전문 연구 서적들이 북미와 유럽에서 여러 권 출간되었기 때문이다. 저자들은 대개 '한국 뉴웨이브(Korean new wave)' 영화들에 관심을 가진 영화 비평가들로, 이들의 관심사는 한국의 대중문화 전반이 아니었다. 한국 영화가 한류와 연관되기 시작한 것은 몇 년 전으로, 최근의 일이다. 오늘날과 같은 디지털 시대에 전 세계 한류 팬들은 한국 영화와 텔레비전 미니 시리즈를 거의 구별하지 않는데, 영화와 텔레비전이 산업적으로 완전히 구분되지 않기 때문이다. 영화 또한 오늘날 한류에서 중요한 요소로 다뤄져야 하지만, 학문 영역상 영화 연구(film studies)의 전통에 속한 학자들은 내러티브 또는 미학적 측면에서 텍스트에만 초점을 맞추는 경향을 보였다. 한류를 하나의 초문화적 현상이자 문화적 혼종성 그 자체로 인식하는 우리에게는 사람들과 외국 문화 간의 접촉이라는 측면을 고려하지 않는 텍스트 분석은 한류 연구

에 속하지 않는다. 예를 들어 김경현의 저서 *Virtual Hallyu*(2011)는 명백히 문화적 접촉이 아닌 영화 텍스트에 대한 작업으로 분류된다.

메타 분석의 결과는 이 장의 두 개 절에서 각각 제시될 것이다. 먼저 출간된 한류 관련 연구의 수 등 주로 빈도에 기반하는 기술적인 정보(descriptive information)를 제공할 것이다. 두 번째로는 그러한 작업들에 대한 비판적 검토를 통해 한류 연구에서 나타나는 특정한 경향성을 제시할 것이다.

한류 연구 20년에 대한 검토: 기술적 정보

〈표 1-2〉는 분석 대상 논문들의 주요 주제 현황을 보여준다. 표에서 볼 수 있듯이, K팝은 최근 한류 연구에서 가장 많이 다뤄지면서 논쟁적인 주제가 되었다. 텔레비전 드라마와 영화라는 두 개의 주제를 비등한 비중으로 다룬 논문의 경우 절반 값으로 계산했다. 〈표 1-2〉의 '기타' 항목에는 온라인게임과 문학, 영화, 관광 등이 포함된다.

연구 논문의 절반 이상이 특정한 국가나 권역에 초점을 맞추고 있었는데, 예컨대 싱가포르의 K팝 팬들에 대한 연구가 그 전형적인 사례다. 한류의 기원이 동아시아였다는 점을 고려할 때, 한류 연구 초기의 연구 대다수가 일본과 중국을 다룬다는 것은 당연해 보인다. 이후 한류 관련 논문들이 겨냥하는 권역의 수는 상당히 증대되었다. 한류 연구의 역사를 세 개 시기로 구분해 보니, 그러한 경향은 좀 더 뚜렷해졌다. 초기(2004~2010)에 한류 연구가 대상으로 삼은 권역들은 대개 타이완과 일본 중심의 동아시아였으며, 단하나의 논문만이 미국을 대상으로 한 것이었다. 두 번째 시기(2011~2013)의 경우, 미국뿐만 아니라 인도와 터키, 오스트리아, 호주 내 한류에 대한 연구가 수행되었다. 그 이후 캐나다와 페루 또한 한류 연구에 등장하면서 대상권역은 좀 더 다변화했다. 그러나 여전히 동북아시아와 동남아시아 외의 다

<표 1-2> 연도별 논문 주제 현황

연도	TV 드라마	K팝	한류 일반	기타	총합
2004	-	1	-	-	1
2005	2	-	2	-	4
2006	0.5	-	-	1.5	2
2007	3	1	1	-	5
2008	1			1	2
2009	4	-	2	1	7
2010	-	-	1	-	1
2011	1	-	5	1	7
2012	3.5	2.5	1	2	9
2013	2.5	7.5	4	2	16
2014	4	3	2	-	9
2015	-	7	1	1	9
2016	-	3	1	-	4
총합	21.5	25	20	9.5	76

른 지역을 다루는 사례는 단 10건에 그쳤다.

주제와 지역보다 더 중요한 것은 연구자들이 실제로 무엇을 분석했는 가일 것이다. 이를 정리한 〈표 1-3〉에 나타난 바와 같이, 한국 드라마와 K팝 수용자들에 대한 분석 빈도가 가장 높게 나타난 가운데, 만약 '일반인 들(또는 그들의 일상)'을 관찰의 대상으로 포함할 경우 그 빈도가 39편까지 증대하는 것으로 나타났다. 지난 20여 년간 한류와 관련해서 가장 자주 연구된 문제는 "중년 일본 여성들이 한국 드라마를 좋아하는 이유는 무엇 인가" 또는 "프랑스 10대들에게 K팝이 중요한 이유는 무엇이며, 그들의 일상에서 K팝의 의미는 무언인가"와 같은 질문들이었다. 한편 갈수록 더

<표 1-3> 논문의 분석 대상 현황

분석 대상	편 수
수용자(팬/소비자/관광객)	34
텍스트(동영상, 가사, 블로그/웹 사이트 등)	11
산업(수출입/소비자 행태 등)	10
사람/문화/역사	5
정부 정책	3
기타/모름	13
총합	76

많은 연구자들이 산업과 정책에 주목한 변화상도 흥미로운데, 예를 들어 문화산업을 분석한 10편의 논문 가운데 2011년 이전에 출간된 것은 단 한 편뿐이었다.

한편 양적 연구 방법은 한류 연구 분야에서 인기를 더해가는 것으로 나타 났다. 2010년까지 22편 가운데 단 3편만이 양적 방법론을 사용했으나, 그 수는 두 번째 시기(2011~2013)에 (총 32편 가운데) 4편, 세 번째 시기(2014년 이 후)에는 (총 22편 가운데) 9편(또는 전체 논문 가운데 41%)인 것으로 나타났기 때 문이다. 반면 에스노그래피(심층 인터뷰, 집단 인터뷰, 참여 관찰 등)를 사용한 논문들은, 텍스트 분석 방법론을 사용한 논문들과 마찬가지로, 전체 기간에 걸쳐 지속적으로 일관되게 유지되었다. 흥미로운 것은 구체적인 분석 방법 이 없는 연구들에 우리가 '문헌분석'이라고 이름 붙인 사례들이다. 많은 논 문들이 기사(뉴스)나 정부 보고서, 산업 분석서, 통계 데이터, 동료 연구자들 의 저술 등과 같은 기존 자료들에 대한 (이차적인) 분석에 의존한다. 이 가운 데 일부는 한류의 역사(또는 현 상황)를 묘사하는 에세이로 볼 수 있다. 이러 한 연구 방법을 사용한 논문 수는 감소 추세를 보였는데, 2014년 이후에는 이 방법을 주요 방법 도구로 사용한 논문이 4편에 그쳤다. 소량의 경험적

<표 1-4> 논문의 연구 방법 현황

(주요) 연구 방법	편 수
설문조사와 양적 분석	12
양적/질적 방법의 혼합	5
에스노그래피(심층 인터뷰, 참여 관찰)	12
텍스트 분석(시청각 분석, CDA 등)	11
문헌분석(기존 문헌/접속 가능한 문헌들/정보)	28
경험적 연구 없는 이론적 논의	5
기타/모름	3
총합	76

데이터를 기반으로 한류에 대한 이론적 논의에 초점을 맞춘 것은 5편(6.5%)에 그쳤다. 이러한 논문들은 문화지리학, 글로벌라이제이션 혹은 문화적 흐름에 대해 집중적으로 논의한 것으로 나타났다.

연구 논문들과 마찬가지로, 한류에 대한 단행본들이 북미에서 주목을 받기 시작한 것은 최근 몇 년 전부터다. 앞서 언급한 대로 키스 하워드가 편저한 단행본은 2006년에 출판되었지만, 영어권 음악인류학자(ethnomusicologist)인 그가 주목한 분야는 K팝뿐이었다. 한류를 포괄적으로 다룬 최초의 단행본은 추아와 이와부치(Chua and Iwabuchi, 2008)의 저작인데, 이는 한국인을 포함한 여러 아시아 저자들이 글을 쓰고, 싱가포르와 일본의 학자가 편저했으며, 홍콩에서 출판된 단행본이었다. 이 책은 명백히 북미인들보다는 대중문화와 초문화적 현상에 관심이 있는 동아시아 국가들의 학자들 및 학생들을 대상으로 한 것이었다.

뚜렷한 이유 없이 2008년에서 2013년 사이에는 한류에 진지하게 접근하는 학술 저서들이 많지 않았다. 한국 영화에 관한 단행본(Kim, K., 2011)과 한국 디지털 게임에 관한 단행본(Jin, 2010)이 그나마 눈에 띄었다. 그러나 두 단행본 모두 생소한 문화와의 접촉이나 문화적 혼종성에 대한 심도 있는 논의라기보다는, 한국 대중문화의 특정한 측면을 소개하는 작업에 해당한다. 2013년 이후, 한류에 대한 6권 이상의 단행본들이 북미에서 출간된다. 김유나의 *The Korean Wave: Korean Media Go Global*(2013), 김경현과 조영민의 *The Korean Popular Culture Reader*(2014), 이상준과 에이브 노르네스의 *Hallyu 2.0: The Korean Wave in the Age of Social Media*(2015), 진달용의 *New Korean Wave: Transnational Cultural Power in the age of Social Media*(2016)는 포괄적인 한류 연구의 좋은 사례에 해당한다. 상투적일 수도 있으나, 2013년 이후의 이 작업들을 한류 2.0과의 유비해 '한류 연구 2.0'이라 부를 수 있을 것이다. 이 저작들은 모두 진달용(2016)의 단행본을 제외하고 10여 명의 학자들이 공저한 편저 또는 선집이다.

최근작들 ― 김경현과 조영민(2014), 최정봉과 말리앙카이(2015), 이상준과 노르네스(2015), 진달용(2016) ― 은 모두 미디어 환경의 변화, 특히 소셜 미디어로서 대표되는 변화상에 초점을 맞췄다. 최정봉과 말리앙카이는 K팝이 한국의 신자유주의 체제 내 연예산업 및 글로벌 팬덤과 정치경제적인 측면, 젠더에 미친 영향을 자세히 다루었다. K팝에 초점을 맞추면서 영화와 텔레비전 드라마가 배제되긴 했지만, 이 책은 '아시아 문화'가 '글로벌' 현상이 될 수 있는지와 같은 중요한 이론적 질문을 제기했다는 점에서 유의미하다. 이와 같은 질문에 답하기 위한 주요 개념들로서 후기식민주의 근대화, 냉전 후 동아시아 정치학, 디아스포라 등이 활용되었다. 김경현과 조영민(Kim and Cho, 2014)의 작업은 영화와 음악뿐만 아니라 스포츠, 음식, 관광까지도 포함한다는 점에서 한류를 가장 확장적으로 접근한 연구라 할 수 있다. 이 책은 한국의 역사적 맥락을 강조했으며, 그에 따라 근대성, 후기식민주의 역사, 군사독재, 신자유주의 등이 주요 핵심어가 되었다. 한국의 미디어 테크놀로지와 온라인 문화 또한 강조되었다. 각 장의 저자들은 문학, 영화, 미디어 연구,

음악학, 예술사 등 다양한 학문적 배경을 지녔다.

이상준과 노르네스(Lee and Nornes, 2015)는 '한류 2.0'을 책의 제목으로 내세웠다. 이들의 논의에서 커뮤니케이션 테크놀로지의 발전에 따른 미디어 환경의 변화상은 가장 중요한 변수로 논의된다. 이들은 한류의 전 지구적 인기에서 소셜 미디어의 중요한 역할을 강조하면서, 소셜 미디어와 그 내부에서 이루어지는 지속적인 상호작용들이 없었다면 K팝과 한국 텔레비전 드라마의 인기가 유지될 수 없었을 것이라고 주장한다. 진달용(2016) 또한 한류의 기술적인(technological) 측면에 초점을 맞추었다. 그는 지난 8여 년간 지속되어 온 스마트폰과 소셜 미디어의 부상을 강조하면서, 그러한 현상이 한류를 '한류 2.0'으로 탈바꿈시켰다고 결론을 짓는다. 더불어, 이러한 정치경제학적 분석을 통해 한국 정부와 창의산업, 지적재산권에 따른 문화정책들에 대해서도 심도 있게 접근했다.

한류 연구 20년 비평

한류 연구의 역사를 단순히 기술된 내용 이상으로 고찰하는 것은 매우 중요한 일이다. 따라서 여기서부터는 기존 한류 연구들의 개념적·이론적 기반에 초점을 맞춘다. 편의상 76편의 논문들을 출간 시기에 따라 세 개로 구분할 것인데, 첫 번째 시기는 2004~2010년, 두 번째 시기는 2011~2013년, 세 번째 시기는 2014~2016년이다. 메타 분석의 결과는 각 시기별 '핵심 개념'으로서 요약될 것이다.

이 세 시기가 서로 완전히 구분되는 것은 아니지만, 이와 같은 시기 간 비교를 통해 논문 저자들의 이론적 입장에서 나타나는 특정한 경향을 찾을 수 있었다. 예를 들어 첫 번째 시기 가장 빈번하게 언급된 개념/용어는 '글로벌라이제이션'과 '아시아'였다. 20세기 후반 문화제국주의는 글로벌라이제이선의 개념으로 대체되어 갔는데, 이는 부분적으로 국제적 권력관계에서 한국의 '중간에 끼어 있는(in-between)' 위상에 따른 것이기도 하다. 한편 이 시기 한류의 (공간적으로) 제한된 인기로 인해 '글로벌'이란 아시아의 영토 바깥으로 확장될 수는 없었다. 조혜정(Cho, 2005)과 김현미(Kim, 2005) 등 초기 저작들은 한류를 글로벌라이제이션의 증거로 간주하면서, 서에서 동으로의 흐름이 아니라, 동에서 동으로의 흐름이라는 점을 강조했다. 이와 유사하게 류웅재(Ryoo, 2009)는 한류란 문화·경제적 영역에서 새로운 전 지구적 변동을 보여주는 현상으로서, 특히 초국가적 문화 흐름의 권역화(regionalization)를 의미한다고 보았다. 여기에는 아시아의 국가들이 정치경제적인 영향력을 지닌 국가들보다는, 유사한 역사적·문화적 배경들을 공유하는 이웃의 국가들에서 생산된 문화를 더 많이 소비하고 수용한다는 의미가 담겨 있다.

이 시기 대다수 연구자들은 아시안성(Asianness)을 매우 강조 — 그것이 정말로 무엇인지의 문제와는 별개로 — 하는데, 이는 전규찬과 윤태진(Jeon and Yoon, 2005)이 주장한 바와 같이 한류가 서구 문화로부터 독립적인 아시아 정서의 증거가 되었기 때문이다. 린과 통(Lin and Tong, 2007)의 연구는 홍콩에서 방영된 한국 텔레비전 드라마 및 그것이 홍콩의 남성 수용자들에게 미친 영향 가운데 아시아적 가치에 무게를 더했다. 시리유바사크와 신현준(Siriyuvasak and Shin, 2007)은 태국 내 K팝의 인기를 연구하면서 K팝이 지닌 아시아적 속성으로부터 성공 요인을 찾았다. 더불어 이 시기 가장 빈번하게 논의된 개념들은 문화근접성 이론, 국가 이미지, 신자유주의였다. 특히 문화근접성은 첫 번째 시기에 한류를 설명하는 가장 핵심적인 이론이었다. 문화근접성 개념은 동아시아권 내 한류 현상을 이해하는 데 도움이 되었다. 문화근접성은 1980년대와 1990년대 한국에서 홍콩과 타이완, 일본의 문화 콘텐츠들이 인기를 얻을 수 있었던 것처럼 한류가 다른 동아시아 국가들에서 인기를 얻었던 것이라고 본다. 그 설명이 매우 설득력 있고 매력적이기 때문에 지금까지도 한류를 설명하는 데 이러한 접근이 많이 시도되고 있지만, 문화근접성 개념은 한류의 개별적인 사례를 설명하는 데 한계가 있다. 문화근접성이라는 개념 자체가 모호할 뿐만 아니라, 다양한 배경을 지닌 한류라는 현상을 단일한 개념으로 분석함으로써 그 복잡성을 제대로 포착할 수 없기 때문이다. 이와부치(Iwabuchi, 2001)의 지적대로, 한류의 영향을 받는 국가들에 접근할 때는 문화적 근접성 대신, 한류 콘텐츠를 통해 소비자들이 어떤 즐거움을 얻는지 포착하는 것이 좀 더 한류 소비 맥락의 디테일과 뉘앙스를 얻을 수 있는 접근일 것이다.

두 번째 시기 한류 관련 논의의 주요 개념은 '문화혼종성'이었다. 일방향적인 '글로벌라이제이션'이 글로컬라이제이션(glocalization)과 혼종성으로 대체된 것이다. 일부 연구자들은 특히 지역 수용자들에 의한 문화적 전유(cultural appropriation)를 강조했다. 그러나 이 시기에 혼종성이 새롭게 등장한 개념은 아니었는데, 심두보(Shim, 2006)는 2006년이라는 이른 시기에 이미 '혼종성'을 하나의 핵심 이론 용어로 해서 한류를 설명한 바 있다. 그럼에도 '혼종성'이 본격적으로 부상한 것은 한국 드라마의 전 세계적인 인기 및 K팝의 글로벌 팬덤 구축으로 대표되는 한류 2.0 현상을 이해하는 데 주요 개념이 되면서였다고 보는 편이 합당하다. 문화적 관점에서 볼 때 혼종성은 상이한 문화 간 상호작용 및 그로부터 결과적으로 산출되는 현상들을 설명하는 데 활용된다. 문화혼종성은 특히 초국가적 미디어나 기업들이 각 국가와 문화 권역에서 독특한 특성을 만들어낼 때 발생한다. 이러한 관점에서 이론적으로 문화혼종성으로 한류를 연구하는 것은 유효한 것으로 보인다. 진달용의 한국 온라인게임에 대한 연구(2011)는 K팝을 연구한 장원호와 김영선(Jang and Kim, 2013)의 연구와 마찬가지로, 혼종화와 글로컬라이제이션을 이론적 기반으로 활용한 바 있다.

사실 혼종성은 여러 아시아 국가들 ─ 특히 유교적 관례가 사회적으로 영향력을 미치는 중국과 일본 ─ 에서 나타나는 여성 수용자들의 한국 드라마를 향한 열정을 설명하는 데 활용될 수 있다. 동아시아 국가들에서 성공을 거둔 주요 한국 드라마의 스토리라인은 여주인공을 중심으로 펼쳐지는데, 여주인공의 관점에서 로맨스 또는 가족과 연관된 이야기가 전개되는 식이다. 이처럼 한국 드라마는 동아시아 문화에 존재하는 가치들을 주제로 전용함으로써 문화적으로 혼종적인 측면을 지니는데, 예를 들어 가족의 형성과 그 관계를 지탱하는 가족 중심적 가치들, 이성애 중심의 로맨스는 스토리를 구축하는 주춧돌이다. 도시적이고 현대적인 배경 속에서 그와 같은 사회·문화적 가치들이 표현되면서 전통적 가치가 유지되는 것이다.

그러나 분석 결과 이 시기 한류의 혼종적 요소들을 찾으려는 많은 시도들이 피상적인 수준에 그쳐 있다는 것을 발견했다. 다시 말해 혼종성이 개념적 도구로 유효해 보이긴 하지만, 상당수 연구들이 특정한 사례에 대한 분석 이상으로 확장되지는 못했고, 그리하여 현상을 표면적으로 기술하는 데 그치고 있다는 것이다. 이뿐만 아니라 그러한 연구들은 혼종성을 문화적 전략의 일종으로 보지 않음으로써 한류 콘텐츠의 모호한 문화적 경계선이 생산과정에서 철저히 계산된 전략적인 움직임이었다는 사실을 간과했다. 혼종성 개념을 통해 동양과 서양이 뚜렷이 구분되는 기존의 문화적 경계를 답습하는 접근에서 벗어날 수 있다는 점은 매우 유의미하며, 아시아와 서구 간 이분법적 구분이 흐려지는 것을 혼종성으로 설명하는 것 또한 유효하다. 그러나 축적된 데이터와 연구 결과를 고려하면, 아시아의 국가들과 아시아의 근대적 정체성 내에서 벌어지는 글로벌라이제이션의 구체적인 특성들에 대한 활발한 논의가 필요해 보인다. 그렇게 했을 때만 문화적 혼종성이 발생하는 지점을 포착하고 그 복잡성을 드러낼 수 있을 것이기 때문이다.

한편 혼종성만이 한류 연구 2기의 유일한 핵심어였던 것은 아니다. 한류의 산업적 측면이 주목을 받으면서 '소비' 또한 관련 연구들에서 빈번하게 등장했다. 문화적 역량으로서 기표화되었던 지역화(localization)는 마케팅 전략과 산업적 맥락에서도 광범위하게 논의되었다. 소비, 브랜드화(branding), 창의산업은 2010년 이후 한류 연구에서 눈에 띄는 용어로 부상했다. 후앙

(Huang, 2011)은 '초국가화된 소비'에 초점을 맞췄고, 김예란(Kim, Y., 2011)은 '소녀들 신체의 상업화' 문제를 제기했다. 이들의 작업은 산업적 측면이 아닌 K팝 아이돌의 문화적 측면에 관심을 둔 것이긴 했지만, 전체적인 과정을 상세히 설명하기 위해 글로벌 소비주의와 신자유주의적 국가주의의 개념을 활용했다. 이 시기에는 또한 다른 학계 ─ 특히 경제와 마케팅 분야 ─ 로부터 개념/모델/이론 등을 도입하는 시도도 이루어졌는데, 예를 들어 더블 다이아몬드 모델, 성향 이론(disposition theory) 등이 활용되었다. 이와 같은 경제/산업적 관점은 점차 문화적 관점을 압도해 가면서 한류를 바라보는 지배적인 시각으로 자리를 잡아간다.

마지막 세 번째 시기는 '소셜 미디어'와 '다문화주의'로 정리된다. 진달용과 류웅재가 K팝의 혼종화를 탐구했던 작업(Jin and Ryoo, 2014)에서 나타난 바와 같이, 글로컬라이제이션, 혼종성, 초국가적 소비는 이 시기에도 여전히 한류를 바라보는 기본적인 개념으로서 유지되었다. 그럼에도 불구하고, 미디어 테크놀로지 부문의 빠른 변화는 2010년 초반 이후 한류의 발전에서 많은 연구자들의 관심이 소셜/디지털 미디어 및 그 역할로 집중되는 계기가 되었다. 김용화 등(Kim et al., 2014)은 유튜브와 트위터를 통해 한류 확장에 대한 증거를 찾고자 했고, 송민·정유경·김하진(Song, Jeong and Kim, 2015)은 유튜브 내 K팝 비디오 팬 커뮤니티로부터 데이터를 수집했다. 문화적 확산(cultural diffusion)과 문화적 글로벌라이제이션을 연구한 쉬·박지영·박한우(Xu, Park and Park, 2015) 또한 한류의 새로운 양상을 이해하는 데 웹 2.0을 핵심적인 요소로 보았다. 싸이의 전 세계적인 성공은 유튜브(와 온라인 팬 커뮤니티)가 인기 있는 분석 대상으로 부상하는 계기가 되었다. 이와 같이 지구촌화된 시대가 (다시 한번 새롭게) 형성된 가운데, 한류의 인기를 설명하기 위해 사용되었던 문화적 지배/저항의 개념은 다문화주의와 디아스포라로 대체되었다. 디지털 팬덤 또한 이 시기에 좀 더 중요한 용어로 떠올랐는데, 이를 바라보는 관점으로서 젠더와 인종이 계속해서 필수적인 개념으로 활용되었다. 한류 연구 제3기는 이 책이 작성되는 이 순간에도 여전히 유동적으로 변화하고 있다. 테크놀로지는 한류뿐만 아니라 초문화현상을 설명하는 데 계속해서 핵심적인 요소로서 작동할 것이다. 스마트폰은 음악과 텔레비전 드라마를 향유할 수 있는 지배적인 매체로서 활용되고 있고, 페이스북은 해외의 대중문화를 접촉할 수 있는 주요 플랫폼이 되고 있다. 따라서 이 동성은 앞으로도 계속 새로운 버전의 한류를 이해하기 위한 중요한 개념으로서 유지될 것이다.

한편, 영문 논문과의 비교를 위해 한글로 작성된 한류 논문 161편도 검토했다. 그 결과 한글 논문과 영문 논문 간 주요 개념과 이론에 미묘한 차이가 있긴 했지만, 몇 가지 흥미로운 지점들을 발견할 수 있었다. 우선 한국의 연구자들 ― 특히 한류에 대한 분석 초기 단계의 ― 은 종종 '문화근접성'과 '문화적 할인(cultural discount)' 중심의 해석적 틀을 도입한 것으로 나타났다. 거칠게나마 정리하자면, 그러한 연구들은 동아시아와 일부 아시아 권역의 특정한 유교적 문화유산과 압축적 근대화라는 집합적 경험을 공유한다는 것, 그래서 이와 관련된 복잡한 현실을 담은 한국 드라마가 여러 아시아 지역에 도입될 때 특정한 강점과 우위를 보인다는 것을 이론적 전제로 한다. 말하자면 문화근접성은 1990년대 후반부터 2000년대 초반의 예측하지 못했던 한국 대중문화 붐을 분석할 수 있는 '편리한' 이론적 구조였던 셈이다.

여전히 이 개념을 활용하는 연구자들도 있고, 우리 역시 이를 쓸모없는 개념이라고 주장하려는 것은 아니다. 하지만 '문화근접성'만으로 한류를 다루기에 취약하고 부적합하다는 것은 분명해 보인다. 특히 한국 문화연구계에 속한 연구자들은 한류의 주요 원천들이 '외부'로부터 수입해 온 다양한 장르의 포맷과 문법을 포함한다는 것, 그리고 하나의 통일된 또는 전반을 아우르는 문화적 논리 ― 유교적 가치관과 같은 것을 중심으로 형성되는 ― 하에 분류될 수 없는 특정한 생산가치들을 포함한다는 것을 지적하면서 문화근접성이라는 이론적 전제에 도전하고 있다. 예를 들어 한류에는 역사 드라마와 '팩션',[2] 도시에서의 삶에서 포착한 다양한 장면을 구체화한 멜로드라마 뿐만 아니라 걸/보이 그룹들이 공연하는 강렬한 안무의 역동적인 팝 음악과 댄스음악까지 포함된다. 이러한 문화 형식들 가운데 한국의 전통문화적 가치의 영향을 강하게 받은 것은 많지 않다. 오늘날 좀 더 많은 한국의 연구자들이 문화적 근접성이 지닌 한계를 인식하고 혼종성과 디아스포라, 초문화성을 주요 개념으로 활용하는 양상은 우리가 영문 논문들로부터 찾아낸 경향과 일치한다.

두 번째로 찾아낸 것은, 연구 주제와 관련해 일반적인 경향이 한글 논문이나 영문 논문 사이에서 매우 유사하다는 점이다. 예를 들어 싸이의 「강남스타일」 이후 한국인 연구자들의 관심사는 영화나 텔레비전 시리즈보다 K팝으로 기우는 경향을 보였다. 한국의 기존 연구 대부분은 특정한 권역 내의 특정 텍스트에 대한 사례연구였는데, '한국 드라마 〈천국의 계단〉의 홍콩 시청자들' 또는 'K팝을 사랑하는 젊은 일본인들' 등이 그에 해당한다. 그러나 한류가 겨냥하는 지역들이 확장되면서 사례 또한 좀 더 다양해지고 있는데, 최근 몇 년 사이 남미나 중동의 사례연구를 발견하는 것이 그리 어렵지 않아졌다. 우리는 또한 '디지털/온라인'이 한국 연구자들에게 중요해졌다는 것도 관찰할 수 있었다. 웹·모바일 미디어가 한류 확산의 주요 매개가 되면서 미디어 테크놀로지 환경과 한류 간 상관관계를 분석하거나 전제하는 연구의 수가 증가한 것이다. 이는 한류가 한국 내외의 학자들 모두에게 인터넷과 디지털 문화에 의해 매개되는 현상으로 인식된다는 것을 보여준다.

마지막으로 발견한 점은 정책 또는 비즈니스 중심적인 연구들이 다른 어

---

2   '팩션(faction)'이란 '사실(fact)'과 '허구(fiction)'를 의미하는 단어의 조합이다. 이는 스토리라인이 실제 사람들이나 사건에 기반을 두는 또는 거기서 기인한 문화상품(이 경우엔 텔레비전 드라마)의 형식이며, 그 디테일은 저자의 상상으로 창작된다. 대부분의 '팩션' 드라마들은 역사를 다루면서도 역사에 크게 의존하지는 않는다.

느 나라보다 한국에서 가장 빈번하게 출간되었다는 것이다. 국제 마케팅 분야의 학자들과 마찬가지로, 공공 행정기관에 속한 학자들도 2000년대 초반부터 한류에 주목하기 시작한다. 일부 학자들에게 한류는 문화적이라기보다는, 경제적인 현상이었던 것이다. 이러한 인식은 이 학자들이 한류를 매개로 최대한의 이윤을 창출할 수 있는 최선의 전략을 찾아내도록 유도했다. 이는 연구 자금을 확보하는 문제와도 연계되는데, 왜냐하면 한국 정부와 주요 기업들이 연구자들이 한류의 산업적인 측면을 탐구하도록 장려했기 때문이다. 한국 외 국가들에서 수행된 연구들과 비교할 때, 엔터테인먼트, 관광, 음식과 패션 산업에 한류가 끼친 경제적 효과들은 특히 한국 내 한류 연구에서 인기 있는 주제였다. 이처럼 정책 또는 산업에 중점을 둔 연구가 한국 내에서 증가하는 현상은 문화제국주의라는 오래된 개념을 다시 고려할 필요성을 제기한다. 한류는 유사문화 제국주의(quasi-cultural imperialism)의 또 다른 얼굴에 불과한 것인가? 한국의 여러 학자들이 문화제국주의에 대한 언급 없이, 한류의 경제적 측면에 대해 덜 발전된 국가들에 대한 문화적 지배가 아니라 한국 문화상품의 수출이 마치 국가 발전의 증거인 양 이야기한다는 것은 흥미로운 지점이다.

다시 말해, 대다수 영문 논자들은 (능동적인) 수용자의 관점을 취한다면 상대적으로 한국 연구자들은 생산자/수출자의 관점을 공유한다고 볼 수 있다. 영어권 학계에서 한류 관련 연구를 발표하는 사람들은 정책이나 산업 중심적인 태도를 취할 필요가 없는데, 왜냐하면 그들의 학계는 한국 정부 또는 그 문화정책을 고려할 필요가 없기 때문이다. 게다가 그들은 한국산 문화상품의 수출을 위한 효과적인 마케팅 전략을 고심할 필요도 없다. 또한 한국에서 논문을 발표하는 사람들과 비교할 때, 그들은 정치경제학적 연구에 좀 더 적극적으로 초점을 맞추는 것으로 보인다. 그러나 문제는 '정치경제학 연구'가 산업의 현 상태를 단순히 해석하는 정도에 머물고 있다는 점이다. (많은 한류 연구들이 전제하는) '신자유주의'를 활용하는 경우, 이 용어는

'글로벌라이제이션'을 설명하기 위해 수사적으로 쓰이는 데 그치며, 대부분의 경우 정치적 분석으로까지 나아가지 못했다. 만약 글로벌라이제이션과 신자유주의가 한류를 설명하는 데 문화제국주의라는 시대착오적인 개념을 대체하려면, 이 개념들이 온전하게 통합되고 연계될 수 있는 분석적 연구가 지속적으로 이루어질 필요가 있다. 한국과 해외 모두 자본의 문제, 정부의 개입·불개입 문제, 권력 운영의 방법, 산업구조와 능동적인 수용자/소비자 간의 관계 등을 다루는 연구들이 결여되어 있다.

한국에서 수행되는 연구들과는 달리, 영어권에서 출간된 한류 연구들은 '타자(다른 문화, 다른 사람들)'를 연구하는 것이다. 따라서 특정한 거리를 둔 채 거시적 이미지를 만들어내는 경향이 있다. 이는 아마도 최근 출판된 한류에 관한 저서들이 한류라는 이름 아래 다양한 관점을 바탕으로 여러 학계에서 다양한 주제로 다뤄지는 이유 가운데 하나일 것이다(예를 들어 Kim and Choe, 2014; Choi and Maliangkay, 2015; Lee and Nornes, 2015). 한류 관련 연구 대다수(영문)는, 경제적 발전이나 문화적 지배에 대한 완전한 집중이라기보다는, 흥미로운 외부 문화에 대한 관찰의 결과라고 보는 것이 안전한 결론이라 할 수 있다.

결론

이상 살펴본 지난 십수 년간의 한류 연구의 역사를 검토한 결과는 몇 가지 뚜렷한 경향을 보여준다. 우선 전 세계 여러 지역 사람들이 한국 대중문화를 즐기면서 한류 연구의 주제 또한 권역적으로 매우 다변화했다. 한류에 대한 초기 연구들은 일본, 중국, 홍콩 같은 동아시아를 다룬 것이 대부분이었으나, 현재는 터키, 캐나다, 페루 등에 대한 한류 사례연구들도 볼 수 있다. 분석 대상에서는 최근 K팝이 텔레비전 드라마나 영화보다 인기를 얻고 있는 것으로 나타났는데, 전 세계 연구자들이 K팝 팬덤, 한국 걸 그룹의 춤과 가사, 팬들의 리액션 비디오 등을 연구하고 있다. 이러한 상황은 2010년대 들어와 갑자기 인기를 얻기 시작한 K팝을 고려하면 이해할 수 있다. 한류는 더 이상 아시안성이나 유교에 대한 연구가 아닌 것이다.

둘째로, 연구 방법에서 양적 연구의 수가 증가한 가운데, 많은 연구자들이 지속해 에스노그래피를 채택하고 있었다. 흥미로운 것은 한류 연구에서 가장 빈번하게 활용된 방법론이 '문헌분석'이었다는 점으로, 이는 다른 연구자들의 논의뿐만 아니라 정부나 기업들의 보고서나 통계자료, 언론 기사 등 가능한 모든 자료를 모아 분석하는 연구 방법에 대해 우리가 붙인 이름이다. 이러한 접근이 체계적이라고 하기는 어렵지만, 모든 접촉 가능한 자료들을 제시함으로써 특정한 지역의 한류에 대해 큰 그림을 그리는 데는 매우 효과적인 방법이라 할 수 있다.

셋째, 좀 더 많은 연구자들이 한류가 월경할 수 있도록 해주는 매개에 주목하기 시작했다. 다시 말해, 스마트폰 등의 '미디어'와 페이스북 같은 '플랫폼'들이 한류의 지속적인 확장에 중요한 역할을 한다는 것을 연구자들이 포착했다는 것이다. 미디어 테크놀로지가 한류의 특별한 속성을 변화시키고 있다. 발전된 디지털 테크놀로지 덕에, 멀리 떨어진 곳의 한류 팬들도 한국의 드라마나 K팝을 큰 어려움 없이 즐길 수 있다. 앞서 논의한 대로, 최근에 발표된 많은 연구들이 한류가 확장·지속되고 재생산되는 데 디지털/소셜 미디어가 결정적인 역할을 수행했다고 주장하고 있다. 온라인 테크놀로지는 전 세계적인 팬덤의 형성을 가능케 해주었고, 최근 K팝의 확산은 리액션 비디오를 빼놓고는 제대로 설명할 수 없다. 이제 한국의 드라마가 중국어권 국가의 케이블 채널을 통해 사랑받는 시기가 지났다는 것을 인식하는 것은 매우 중요해 보인다. 이러한 점에서, 최근 발표된 영문·한글을 포함한 대다수의 한류 연구들이 한류 연구에서 디지털/소셜 미디어를 핵심으로 인식하고 있는 것은 당연해 보인다.

넷째, 한류 연구의 이론적 키워드였던 문화근접성과 문화할인율은 한류 초기 문화제국주의라는 개념에 도전했던 것인데, 이것이 이제 문화혼종성으로 대체되고 있다. 이로써 사람들은 일방향적인 문화 흐름을 더는 믿지 않게 되었다. 그 대신 한류는 두 개 이상의 상이한 문화들이 서로 조우하는 초문화적인 현상이 되었다. 다소 임의적으로나마 한류 연구의 핵심어 변화상을 요약한다면, 초기에는 문화제국주의와 문화근접성에 초점을 맞추었다가 글로벌라이제이션으로, 다음으로는 글로컬라이제이션과 문화혼종성으로, 그리고 나서는 다문화주의로 옮겨갔다고 할 수 있을 것이다. 여기서 '혼종성'으로서 지칭되는 것의 모호성은 짚고 넘어갈 필요가 있다. 바바(Bhabha, 1995)는 서구의 문화적 가치관이 피식민 집단에 일방적으로 주입되기보다는, 맥락에 따라 왜곡되면서 능동적으로 수용된다고 주장하면서 이를 혼종성(hybridity)이라고 불렀다. 이 개념은 모방과 독점을 통한 저항의 가능성뿐만 아니라 식민지와 피식민지를 극복할 수 있는 제3 문화의 가능성을 담고 있다. 그러나 이 개념은 특정한 사례연구에 적용될 때는 두 개 이상의 문화들이 만나고 섞이는 현상으로 환원되곤 한다(Yoon and Cheon, 2014). 만약 한류가 내재적으로 한국의 전통적인 문화상품이 아니라 혼종화된 문화라면, 그 문화적 특성이 세계의 여러 문화권에서 다시 한번 어떤 식으로 혼종화되어 수용되는지를 살펴볼 필요가 있을 것이다.

마지막으로 정책 혹은 산업 중심 연구들이, 특히 한국에서 과거에 비해 좀 더 빈번히 등장한다는 점이 발견되었다. 한국 바깥에서도 많은 연구자들이 한류의 산업적인 측면에 관심을 기울이기 시작했는데, 사실 한류는 문화적 현상으로 축소되어서는 안 된다. 일본과 중국에서 야기된 최근 몇 년간의 반한 감정에서도 볼 수 있듯이, 정치적인 속성도 지녔기 때문이다. 한류는 또한 경제적인 문제와도 밀접한 관련이 있기 때문에 이로 인해 국가 간 무역 분쟁이 야기되기도 한다. 그러나 그렇다고 해서 한류 연구에서 경제적인 측면이 가장 중요한 주제가 되어야 하는 것은 아니다. 문화연구와 같은 분야가 한류 연구에 이론적으로 공헌하려면, 수익 최대화를 위한 마케팅 전략을 구상하는 방법보다는, 상이한 문화들이 서로 만나는 현상을 설명할 수 있어야 할 것이다.

이 장은 한류 연구의 역사를 살펴보고 그 특성을 탐구하는 것을 목표로 삼았다. 한류가 20여 년의 역사를 지니고 있지만, 본격적인 한류 연구는 이제 막 10년이 넘었을 뿐이다. 그러나 이 짧은 기간에 한류 연구가 양적으로나 질적으로 상당히 발전했다는 점은 명백하다. 우리는 또한 한류 연구의 주제 및 개념적 기반도 극적으로 변화했다는 것을 발견할 수 있었다.

만약 한류 연구가 단순히 특정 국가의 대중문화에 대한 파편적인 연구 결과들이 축적된 것에 불과하다면 별 의미가 없을 것이다. 하지만 매우 독특한 초문화현상인 한류에 대한 연구는 미디어 연구에서부터 문화연구, 산업 운영으로부터 인류학에 이르기까지 중요한 학문적 기여를 할 수 있다. 예를 들어 한류 연구는 한류가 문화근접성이나 아시아적 가치관 개념으로는 완전히 설명되지 않는다는 사실을 보여줌으로써 초문화성의 복잡함을 보여준다. 한류 연구의 역사는 일방향적 문화 흐름 모델이 더 이상 유효하지 않다는 것을 보여주는 동시에 뉴미디어 테크놀로지 발전이 초국가적 문화 흐름에 미치는 영향을 숙고할 수 있는 기반을 제공하기도 한다. 한류 연구가 지속적으로 발전하고 그 결과가 축적되면, 이를 통해 서구 국가들이 인도 영화를 어떻게 수용하는지나 미국이 멕시코의 텔레비전 드라마를 어떻게 전유하는지 등과 같은 다른 현상 또한 이해할 수 있을 것이다.

그렇다면 이제 한류 연구의 다음 단계는 무엇이 되어야 하는가? 전 세계의 주요 국가들이 보수화하면서 타 문화에 대한 태도 역시 적대적이 되어가고 있다. 종교를 원인으로 하는 테러가 명백히 존재하는 위험이 되었고, 미국과 일부 유럽 국가들의 민족주의적 경향은 몇 년 전에 비해 좀 더 뚜렷해지고 있다. 공식적으로 새로운 문화정책을 천명한 적 없는 중국이 최근 한국 대중문화에 대해 강력한 견제 정책을 시작한 것도 그와 같은 맥락이다.

앞으로의 한류 연구는 이러한 상황에 주목해야 할지도 모른다. 초문화성은 정치적이고 경제적인 변화에 의해 충격을 받기도 하지만, 문화적 조우는 세계가 함께 번영하는 데 공헌할 수 있다. 따라서 한류 연구는 다양한 학문 분야에 기여할 수 있는 가능성뿐만 아니라 가까운 장래에 국제정치 등 실제 세계에서도 의미 있는 변화를 이끌어낼 수 있는 가능성 또한 지녀야 할 것이다.

참 고 문 헌

Bhabha, H. 1995. *Location of Culture*. London: Routledge.

Cho, H. 2005. "Reading the 'Korean Wave' as a Sign of Global Shift." *Korean Journal*, 45(4), pp.147~182.

Cho, Y. 2011. "Desperately Seeking East Asia amidst the Popularity of South Korean Pop Culture in Asia." *Cultural Studies*, 25(3), pp.383~404.

Choi, J. and R. Maliangkay(eds.). 2015. *K-Pop: The International Rise of the Korean Music Industry*. New York: Routledge.

Chua, B. H. and K. Iwabuchi(eds.). 2008. *East Asian Pop Culture: Analysing the Korean Wave*. Hong Kong: Hong Kong University Press.

Howard, K.(ed.). 2006. *Korean Pop Music: Riding the Wave*. Kent: Global Oriental.

Huang, S. 2011. "Nation-branding and Transnational Consumption: Japan-Mania and the Korean Wave in Taiwan." *Media, Culture and Society*, 33(1), pp.3~18.

Iwabuchi, K. 2001. *Transnational Japan*. Tokyo: Iwanami Shoten.

Jang, W. and Y. Kim. 2013. "Envisaging the Sociocultural Dynamics of K-pop: Time/Space Hybridity, Red Queen's Race, and Cosmopolitan Striving." *Korea Journal*, 53(4), pp.83~106.

Jeon, G. and T. Yoon. 2005. "Realizing the Korean Wave into an Asiatic Cultural Flow." *Korean Journal of Broadcasting and Telecommunication Studies*, 19(International Edition), pp. 66~87.

Jin, D. 2010. *Korea's Online Gaming Empire*. MA: MIT Press.

_____. 2016. *New Korean Wave: Transnational Cultural Power in the Age of Social Media*. IL: University of Illinois Press.

Jin, D. and W. Ryoo. 2014. "Critical Interpretation of Hybrid K-pop: The Global-Local Paradigm of English Mixing in Lyrics." *Popular Music and Society*, 37(2), pp.113~131.

Kim, H. 2005. "Korean TV Drama in Taiwan: With an Emphasis on the Localization Process." *Korea Journal*, 45(4), pp.183~205.

Kim, K. 2011. *Virtual Hallyu: Korean Cinema of the Global Era*. NC: Duke University Press Books.

Kim, K. and Y. Choe(eds.). 2014. *The Korean Popular Culture Reader*. NC: Duke University Press Books.

Kim, S., K. Seneviratne and M. Rao(eds.). 2013. *Evolving Asian Culture Gateways: THe Korean Wave and Beyond*. Singapore: Nanyang Technology University.

Kim, Y. 2011. "Idol Republic: The Global Emergence of Girl Industries and the Commercialization of Girl Bodies." *Journal of Gender Studies*, 20(4), pp.333~345.

Kim, Y., D. Lee, N. Han and M. Song. 2014. "Exploring Characteristics of Video Consuming Behaviour in Different Social Media Using K-pop Videos." *Journal of Information Science*, 40(6), pp.806~822.

Kim, Y.(ed.). 2013. *The Korean Wave: Korean Media Go Global*. New York: Routledge.

Kuwahara, Y.(ed.). 2014. *The Korean Wave: Korean Popular Culture in Global Context*. New York: Palgrave Macmillan.

Lee, J. S. 2004. "Linguistic Hybridization in K-pop: Discourse of Self-Assertion and Resistance." *World Englishes*, 23(3), pp.429~450.

Lee, S. and A. M. Nornes(eds.). 2015. *Hallyu 2.0: The Korean Wave in the Age of Social Media*. MI: University of Michigan Press.

Lin, A. and A. Tong. 2007. "Crossing Boundaries: Male Consumption of Korean TV Dramas and Negotiation of Gender Relations in Modern Day Hong Kong." *Journal of Gender Studies*, 16(3), pp.217~232.

Marinescu, V.(ed.). 2014. *The Global Impact of South Korean Popular Culture: Hallyu Unbound*. London: Lexington Books.

Russell, M. J. 2009. *Pop Goes Korea: Behind the Revolution in Movies, Music, and Internet Culture*. CA: Stone Bridge Press.

Ryoo, W. 2009. "Globalization, or the Logic of Cultural Hybridization: The Case of the Korean Wave." *Asian Journal of Communication*, 19(2), pp.137~151.

Shim, D. 2006. "Hybridity and the Rise of Korean Popular Culture in Asa." *Media, Culture and Society*, 28(1), pp.25~44.

Siriyuvasak, U. and H. Shin. 2007. "Asianizing K-Pop: Production, Consumption and Identification Patterns among Thai Youth." *Inter-Asia Cultural Studies*, 8(1), pp.109~136.

Song, M., Y. Jeong and H. Kim. 2015. "Identifying the Topology of the K-pop VIdeo Community on YouTube: A Combined Co-comment Analysis Approach." *Journal of the Associaion for Information Science and Technology*, 66(12), pp.2580~2592.

Xu, W. W., J. Park and H. Park. 2015. "The Networked Cultural Diffusion of Korean Wave." *Online Information Review*, 39(1), pp.43~60.

Yoon, T. 2002. "Korean Media's Coverage of Korean Pop Culture in Asia." Paper presented at the Annual Conference of International Communication Association. Seoul, Korea.

Yoon, T. and H. Cheon. 2014. "Game Playing as Transnational Cultural Practice: A Case Study of Chinese Gamers and Korean MMORPGs." *International Journal of Cultural Studies*, 17(5), pp.469~283.

2장

한류

수많은 담론, 하나의 관점

●
●
●

원용진

한류에 대한 수많은 담론

2014년 3월 19일 드라마 〈별에서 온 그대〉(SBS, 2013년 12월~2014년 2월 방영)의 중국 팬들이 한국의 유력 일간지에 광고를 냈다. 드라마에 대한 자신들의 애정이 왜곡되고 무시당한 것을 항의하는 내용이 담긴 이 광고는, 중국 내 드라마 시청자에 관한 학술 연구 내용을 발표한 서울대학교 강명구 교수 연구팀을 향한 것이었다. 강명구 교수팀은 미국 텔레비전 프로그램의 팬들과 비교할 때, 중국에서 한국 드라마를 열정적으로 소비하는 집단은 소득과 교육 수준이 낮은 개인들로 구성되어 있다고 보고했다(Kang, Shin, Wu, Yang and Bai, 2013: 187~205). 이 연구가 한국 드라마의 중국 팬들을 폄하했다고 여긴 팬들은 분노하면서 중국 팬들과 〈별에서 온 그대〉의 주인공 도민

준한테 공식적으로 사과할 것을 강명구 교수에게 요구했다(Digital News Team, 2014).

'한류'라 불리는 K팝 문화의 국제적인 인기를 앞다투어 다루어온 한국의 주요 언론들도 이 사건을 크게 보도했다. 그러나 이 언론들은 중국 팬들이 강명구 교수에게 사과를 요구한 행동이 합리적인지를 고찰하는 대신, 〈별에서 온 그대〉의 중국 내 성공과 한국산 드라마에 대한 중국 팬들의 헌신을 보도하는 데만 집중했다. 팬들의 이와 같은 분노는 사회·경제·문화적 자본에 따라 다변화되는 중국의 한국 드라마 시청자들의 취향을 고찰하려던 연구(Kang, Shin, Wu, Yang and Bai, 2013: 187~205)의 원래 초점에서 벗어난 것이었다. 그러나 한 온라인 매체는 강명구 교수와의 인터뷰에서 연구의 결과는 뒷전으로 미룬 채, 중국 팬들에게 사과할 의향이 있는지를 묻기도 했다(Kim, 2014). 어떤 면에서 중국 팬들의 항의는 한동안 뜸했던 한류 관련 담론을 다시금 깨우는 데 상당히 일조했다고 할 수 있다.

1990년대 후반 중국의 한 매체에서 시작된 한류라는 용어는, 모호한 의미와 인식론적 정의가 결여되었음에도, 한국의 연구자들이나 미디어 등 다양한 사회집단에 의해 발화되어 왔다. 지난 15년간 한국의 언론들은 타 국가들에서 K팝이 예상치 않은 인기를 얻어 성공한 것을 상세히 다루어왔다. 언론은 또한 일부 아시아 국가들이 K팝의 침투로 자국의 문화적 정체성을 잃을까 봐 우려한다고 전했다. 뒤이어 타국에서 K팝의 인기가 증가하는 데 기여한 여러 측면에 대한 탐구와 해외의 수용자들이 K팝 문화를 수용하는 과정에 대한 연구가 이어졌다(Joo, 2014: 45~46; Shim, 2006). 이러한 연구들은 또한 한류 콘텐츠의 생산과 유통을 담당하는 인프라 구조의 체계와 지리적으로 다양한 지역에서의 한류 팬덤 활동을 자세히 다루기도 했다. 이처럼 한류에 대한 다양한 담론들은 활발하게 유통되어 왔다.

흥미롭게도 한류가 아시아 권역에서 확산되면서 그러한 작업들 또한 양적으로 증가했다. 예를 들어 한국 언론은 중국 언론의 정부 관리들과 학계가 제기하는 담론들을 바탕으로 관련 담론들을 확장시키기도 했다. 중앙기율검사위원회의 왕치산(王岐山, 현 국가부주석) 등 중국 고위 관료들이 한국과 같은 수준의 드라마를 중국에서 만들어내지 못하는 이유를 거론했고(Wan, 2014), 이는 한류 현상이 자국 내에서 발생하는 이유에 대한 중국 학자들의 고민으로 이어졌다. 그리고 그들의 연구 결과는 중국을 휩쓰는 '한국 드라마 열풍'을 열정적으로 찬양하는 한국 언론의 기반이 되는, 연쇄 반응으로 이어졌다.

한편 〈별에서 온 그대〉의 중국 팬들이 올렸던 광고와 유사한 지역적 공명 현상이 한국에서 발생했다. 2014년 3월 20일 청와대 각료 회의에서 박근혜 전 대통령은 〈별에서 온 그대〉의 여주인공이 착용한 것과 비슷한 아이템들을 구매하고자 할 때 어려움을 겪는 팬들의 불평을 거론하면서 한국 인터넷 쇼핑몰에 대한 규제를 즉시 풀 것을 촉구했다(Wan, 2014). 이는 박 전 대통령이 한류의 중국 팬들을 한국산 상품의 예비 소비자들로 간주하면서 국가경제에 대한 자신의 큰 관심을 과시한 것이었다. 이 일화는 한국 드라마의 중국 시청자들이 담론을 형성하면 한국의 대통령이 정부 관리들에게 전달하는, 한류와 연계되는 지역적 공명의 또 다른 사례에 해당한다. 한국의 정부 관리들은 중국인 소비자들이 상품을 구매할 수 있도록 온라인 쇼핑 시스템의 재정비 작업에 착수했고, 이는 다시 한국이나 중국의 연구자들에게 연구 주제를 제공한다. 이와 같은 국내외 간 상호교차적 참고(reference) 상황은 한류 담론이 어떻게 형성되어 왔는지를 보여준다.

이 장은 한국 내외의 학계와 언론이 한류 담론을 어떤 식으로 형성해 왔는지를 비판적인 시각에서 면밀하게 살펴볼 것이다. 우선 한류가 주목받는 조건들을 탐구한 뒤, 여러 집단에 의해 구성되는 다양한 담론을 유형별로 전개할 것이다. 그다음에는 이 담론들이 서로 협동하거나 반목해 온 양상을 살펴본 후, 그러한 양상들을 야기한 특정 요소들을 역사적 맥락 속에서 확인할 것이다. 이후 한국 내에서 한류에 대한 주류 담론을 구축한 것이 어떤 정치·사회적 주체들이었는지, 이 주체들이 자신의 목적을 위해 타국에서 생산된 담론들을 어떤 식으로 전용해 왔는지를 살펴볼 것이다. 마지막으로는 이 모든 측면을 통합해 한류에 대한 전반적인 이해 또는 지식이 ─그 문화적 현상의 실체에 대한 객관적인 이해가 아니라 ─ 서로 공모하는 사회 행위자들에 의해 생산되는 담론 구성체라는 것을 주장하려고 한다. 간단히 말해 이 장에서는 한류를 둘러싼 담론의 현 양상이 어떻게 형성된 것인지를 밝혀낼 것이다.

한류의 역사적 조건들

한류가 아시아권을 가로지르면서 엄청난 인기를 얻은 최초의 '메이드 인 아시아' 대중문화는 아니다. 먼저 1970년대부터 1990년대까지 (4대 천황으로 대표되는) 홍콩 대중문화가 쿵푸 영화나 누아르 영화, 캔토팝(Cantopop)과 같은 장르를 기반으로 아시아 권역을 휩쓴 바 있다(Chow, 2007). 비록 홍콩의 중국 반환 이래 인기가 떨어지긴 했지만, 홍콩 영화와 캔토팝은 청년 하위문화이자 노스탤지어를 자극하는 즐거움으로서 아시아인들 사이에서 광범위하게 지속적으로 인기를 얻어왔다(Chow, 2007). 일본 또한 애니메이션과 망가, (J팝으로 알려진) 대중음악, 만화 캐릭터(헬로 키티나 포켓몬 등)부터 〈도쿄 러브스토리〉나 〈롱 베케이션〉 같은 (트렌디) 드라마에 이르는 다양한 문화상품을 통해 동아시아와 동남아시아에 자국의 대중문화를 확산시킨 전례가 있다(Otmazgin, 2013). 아시아권 내 주요 국가들을 방문했던 사람이라면 일본 대중문화의 지배적인 존재감을 쉽게 확인할 수 있을 것이다. 이처럼 기존 '메이드 인 아시아' 대중문화의 오랜 역사와 엄청난 인기에 비하면, 한류는 아직 유아기에 있다고 할 수 있다.

새로운 작품과 스타들의 등장으로 홍콩과 일본의 대중문화 또한 언론과 학계의 주목을 끌기 시작했다. 여러 언론매체나 연구자들이 한류의 현재 인기를 관찰하면서 과거의 성공적인 대중문화를 회상하면서 언급하곤 하는 것이다(Otmazgin, 2013). 하지만 홍콩과 일본 문화에 대한 논의들은 이 과거의 대중문화들이 아시아 내에서 확산되었던 과정에 주로 국한되는데, 이는 언론매체들과 연구자들이 그 확산과 수용에서 각 경로와 단계를 추적하도록 이끄는 한류의 경우와 다른 점이다(Lee, 2005: 5~22).

분명 한류를 둘러싼 가장 활발한 논의는 한국에(만 한정된 것은 아니지만, 한국에) 기반하고 있다. 한국 내 한류 관련 논의들은 국내외에서 생산된 논문들을 종합적으로 흡수하고 (편리하게) 전유한 결과였다(Kim, 2009: 48~67; Dirlik, 2002: 209~234). 앞서 살펴본 〈별에서 온 그대〉의 중국 팬들 사례에서 볼 수 있듯이, 한국은 국외에서 형성된 담론의 내용을 흡수해 그것을 한국의 우수성을 구축하는 일련의 이야기들로 변환시킨다. 한국으로부터 해외로 이동하는 논문들 또한 그것들을 수용하는 각 지역에서 변형된다. 따라서 한류에 대한 담론의 증대는 인터 아시아적인 현상으로서 이해되어야 할 것이다.

아시아의 학자들이 한류에 관심을 갖기 시작한 것은 동아시아권 국가들을 하나의 공동체로 통합하려는 이상에 따른 것으로, 이는 미국 중심의 글로벌라이제이션을 탈중심화하려는 의도를 지닌 것이었다. (창비라 알려진) 한국의 연구자들은 한반도의 통일이 동아시아 국가들과의 협력을 통해 이루어져야 한다고 주장했는데, 이는 여러 동아시아 국가들 간 협력을 통해 통일 문제를 스스로 정리해야만 서구의 정치지리학적 개입에서 벗어나 이 지역의 '독립성'을 안정화할 수 있다는 입장이다(Chung, Choi, Paik and Jun, 1995: 84~86). 한국의 문화연구자들은 서구 — 특히 미국의 — 대중문화의 전 세계적인 확산 문제를 제기하면서 (문화 교류를 통한) 동아시아 권역 내 문화공동체의 형성을 주장하기도 했다(Paik, 2005). 문화공동체 형성에 대한 이와 같은 생각은 다른 아시아 지역의 일부 권위자들과 공유하는 것으로, 여기에는 세계 권력의 문화제국주의를 연구하는 일본의 문화연구자 이와부치 고이치도 포함된다(Iwabuchi, 2002: 447~469).

이 학자들은 서구의 지배에 저항하기 위한 아시아 내 파워 블록을 구축함으로써 자신들의 이상을 실현할 수 있는 이론적·방법론적 개념들을 고민했다. 이들은 한때 '유교자본주의론(Confucian Capitalism)'(Yan, 2002: 1~20)과 '동아시아 지역통합론(Asian Coalitionism)'(Chung, Choi, Paik, and Jun, 1995) 등을 고민하기도 했다. 유교자본주의론은 유교문화와 가치관에 의거해 아시아의 자본주의를 논하는 것이고, 1990년대 후반 동아시아의 경제위기 때 부상한 동아시아 지역통합론은 범미주의(Pan-Americanism: 외교·정치·경제·사회적 수단을 통한 국가 간 관계와 연합, 협동을 만들어내고 장려하고자 미국이 제안했던)의 변종이다. 그러나 유교자본주의 개념은 반역사적(ahistorical)이고 본질주의적인 측면으로 인해 비판을 받았고, 아시아연합주의는 연합할 국가들 간 권력 불평등에 대한 고려가 결여되어 있다는 점에서 널리 수용되지는 못했다.

한편 '아시아론(Asianism)'(Takeuchi, 2005: 103)이라는 현학적인 개념은 1990년대 중반부터 서구의 문화·철학·정치적 침투에 대항하는 움직임의 이론적 배경으로 부상했다. 아시아론은 협동, 안정, 평화에 의거한 아시아 권역의 정체성에 대한 이론적·방법론적인 관점이다. 문화와 개별성의 역사성을 강조하는 아시아론은 내부 지향(interiority) 원칙을 거부함으로써 앞서의 두 개념들 — 유교자본주의와 아시아 연합주의 — 의 단점을 극복하려 했다. 아시아론은 본래 1940년대 일본 학자인 (중국의 근대성을 참고해 일본의 근대성을 비판적으로 성찰했던) 다케우치 요시미(竹內好)[1]가 처음으로 이론화한 이후, 중국 학

---

1   다케우치는 일본을 아시아에 대해 우월하다고 본 일본의 근대 이론가들을 비판하면서, 일본이 (그러한 이론가들이 일본에 비해 열등하다고 해석한) 아시아의 일부가 아니었다고 결론을 짓는다. 다케우치는 그와 같은 일본의 근대적 아시아론이 1945년

자 쑨거(孫歌)를 비롯한 다케우치 요시미의 학문적 유산을 물려받은 여러 아시아 학자들에 의해 발전되었다(Takeuchi, 2005: 103).

아시아론을 고민하던 학자들에게 1990년대 후반에 부상하기 시작한 한류는 매력적인 것이었다. 이들에게 한류는 아시아 대륙 내 상상의 공동체를 구축할 수 있는 원천이 될 수 있었기 때문이다. 너무 일찍 등장해서 학자들의 주목을 끌지 못했던 홍콩 대중문화의 경우와 달리, 한류는 적절한 시기에 부상했던 것이다. 일본의 대중문화 또한 이 학자들의 논의에 핵심적인 원천은 될 수 없었는데, 왜냐하면 일본이 과거의 과오를 직접적으로 인정하지 않았기 때문이다. 말하자면, 아파두라이(Appadurai, 1996)의 말대로 한쪽의 상상 공동체가 다른 쪽에게는 정치적 감옥이 될 수 있기 때문이다. 나아가 아시아 전체를 순환하던 일본의 자국 대중문화에 대한 태도는 '연성국가주의(soft nationalism)'라는 용어로 요약되는, "내부의 것이되 위에 있는" 또는 "유사하지만 우월한" 것이라는 형태로 인식되었다(Iwabuchi, 2002: 447~469). 이와 달리 한류는 상상의 아시아 공동체를 그릴 수 있는 경험적 자원을 찾는 사람들을 매료시킬 수 있었다. 미국적인 특성에도 불구하고, 한류에는 아시아 국가들이 공유하는 근대성의 경험들이 담겨 있기 때문이다(Paik, 2005).

한국의 문화연구자들 또한 아시아권 내 각 지역의 사회문화적 다양성과 개별성을 강조하는 아시아론의 관점과 맥을 공유하면서 한류에 대해 특별한 관심을 표명했다. 수용자 연구를 발전시켜 온 한국의 문화연구자들은 여러 지리적 영역들에서 나타나는 K팝의 유통 양상들을 탐구하기 시작했다.

태평양전쟁에서 패한 후에 종결되었다는 것을 인정하면서, 일본의 아시아론 내에 존재하는 '침략'과 '통합'이 반드시 구별되어야 한다고 주장했다. 마침내 그는 제국주의로부터 해방된 새로운 아시아론 개념을 제안하는데, 이는 지배자와 주체 간 관계를 제거한 것이었다(Takeuchi, 2005: 103).

이 학자들이 발견한 것은, 한국에서 전형적으로 이해되어 온 것과 달리, 수용자들이 한국이나 한국식 생활양식을 균질적으로 추종하는 것이 아니라 다양한 방식으로 소비한다는 것이었다(Kim, 2005: 183~205; Lin and Tong, 2008: 91~126; Kim, 2009: 48~67). 또한 한류에 대한 한국의 문화연구는 인터 아시아 아카데미 심포지엄과 저널들에서 한류를 주요 주제로 삼으면서 타 아시아 지역의 문화연구에 의해서도 활성화되었다(Lee, 2005: 5~22). 그러나 이와 같은 아시아론과 문화연구적인 관점은 학자들의 지적 논의에 국한되었던 반면, 한류에 대한 대다수의 담론은 비학문적인 논의로부터 쏟아져 나왔다.

사실 아시아 권역 내 문화산업에 대한 관심은 한류에 대한 담론이 확장되는 또 다른 요인이었다. 1990년대 중반에 여러 매스미디어가 아시아의 경제발전과 맞물려 엄청나게 성장(Shim, 2006: 25~44)한 가운데, 매스미디어와 더불어 케이블 채널이나 위성 텔레비전, 컴퓨터와 기타 디지털 미디어 등이 새롭게 부상하면서 콘텐츠 수요 또한 급증했던 것이다. 일부 아시아와 동남아시아 국가들에서 젊은 연령대가 증가한 것도 미디어의 성장을 이끈 부가적인 요인이었다(Lee, 2003: 125~154; Otmazgin, 2005: 499~523). 이러한 가운데 타이완 및 동남아시아 국가들의 일부 미디어들은 K팝, 특히 한국 텔레비전 드라마의 품질이 상업적으로 증명되었다는 점, 한국산 대중문화 콘텐츠의 가격이 적절하다는 점 등을 기반으로 한국 대중문화 선호 성향을 보였다. 주요 한국 기업들(예컨대 삼성과 LG)은 자신들의 상품과 브랜드를 위한 광고 플랫폼으로서 이러한 기회를 활용해 이 국가들에 한국 드라마를 무료로 공급함으로써 한류의 확산을 활성화했다.

한편 한류의 엄청난 유입을 관찰한 타 아시아 지역의 지식인들은 이러한 해외의 대중문화가 자국 고유의 문화적 정체성을 와해하고 미디어와 문화산업을 약화할 것을 우려하기 시작했다(Huat, 2010: 15~24). 당시 한류를 반대했던 타이완의 일부 텔레비전 연기자들은 한류가 자신들의 직업적 안정성을 침해하고 있다고 주장했고(Huang, 2011: 3~18), 중국 또한 자국의 방송국에서 방영되는 한국산 드라마의 수를 제한하는 연간 쿼터제를 도입했다. 베트남의 비평가들은 한류가 자국의 청소년들을 타락시키고 있으며, 문화제국주의의 하위 유형에 불과하다고 비판하기도 했다(Huong, 2009). 일본에서는 한국 드라마를 좋아하는 중년 여성 팬들이 혐오의 대상이 되고 있으며, 한국 드라마의 방영을 반대하는 반대 시위도 여러 번 열렸다.

그러한 가운데, 여러 국가들이 자국의 고유한 대중문화산업을 발전시킬 수 있는 계획에 집중하기 시작한다. 한류가 아시아 권역 내 문화산업 간 경쟁을 유발시킨 것이다. 일본의 문화산업 종사자들은 한국 정부처럼 자국의 문화산업을 지원할 것을 일본 정부에 촉구했다(Moon, 2006). 그들은 또한 한류 스타를 기용해 한일 합작투자 방법도 찾아냈다. 태국의 문화산업 또한 한류의 산업적 마케팅 방식을 연구하면서 중국의 틈새시장을 겨냥함으로써 자국 고유의 대중문화를 발전시키고 있다. 아시아 전역에 걸쳐 각국이 한류에 대한 연구 조사를 통해 자국의 문화산업을 체계화하고 활성화하고 있는 것이다.

따라서 한류에 대한 담론의 급증은 아시아론, 문화연구의 유행, 아시아 권역 내 미디어 및 관련 산업의 폭발적인 성장, 대중문화를 탐닉하는 젊은 연령대 인구의 증가서부터 문화산업 사회로의 전환에 이르는, 광범위한 요인들 간의 상호 영향의 결과인 셈이다. 단일한 요인이 다른 요인들에 대해 지배적으로 영향을 미치는 것이 아니라, 이 요인들이 서로 엮였다가 해체됐다가 다시 엮이는 과정 속에서 한류에 대한 엄청난 수의 담론이 생산되는 것이다.

한국 내 한류 담론의 계보학과 지형

1990년대 후반 K팝은 중국, 홍콩, 타이완, 일본, 싱가포르를 비롯한 아시아 내 여러 지역에서 센세이션을 일으켰다(Won and Kim, 2011). 한국산 TV 드라마가 아시아 청소년들 사이에서 갑작스럽게 많은 인기를 모으면서 K팝 가수들의 콘서트에 많은 청소년들이 모였고, 열렬한 K팝 팬들이 자국에 팬클럽을 조직하기 시작했다. 또한 유럽과 남미에서도 인기를 얻기 시작한 K팝은 중동에 이르기까지 강력한 반응들을 이끌어내고 있다. 이와 같은 중요한 사건들은 한국 바깥에서 한류에 대한 담론들이 지속적으로 생성되는 기반을 형성했다. 물론 해외와 한국의 한류 담론은 상이한데, 해외에서는 K팝의 인기를 간결히 암시해 주는 파편적인 뉴스 기사로 구성되는 반면, 한국에서는 다양한 사회 주체가 담론의 형성에 개입하면서 한류의 다층적이고 다면적인 배경들이 기술되고 있다.

즉, 한국에는 다양한 형태의 담론이 존재하는데, 이 모두는 동시에 서로 협력하기도 하고 대립하기도 한다. 그 가운데 하나가 앞서 언급한 아시아론의 관점에 기반을 둔 담론으로, 여기서 아시아론이란 아시아권 내 대칭적인 문화 교류의 기회로서 한류를 활용하려던 문화연구자들이 주목해 온 개념이다. 그러나 이는 학계 내에서만 통용되어 왔고, 그에 따라 공적인 영역이나 언론에서 중요하게 논의된 적이 없었다. 즉, 한류 담론에는 엄격하게 규정된 위계가 있는 것이고, 아시아론에 기반을 둔 담론은 가장 밑바닥에 위치했던 것이다(Cho, 2003). 반대로 (아시아론 관점과 대응되는) '문화민족주의(cultural nationalism)'와 '문화경제주의(cultural economism)'는 한류에 대한 주요 논의들을 이끌면서 긍정적인 반응과 공적인 동의를 얻고 있다(Cho, 2003). 이러한 관점을 기반으로 한 논의들은 한류 담론이 (재)생산되고, 유지되고, 확산되는 바탕이 되고 있다.

한류 초기 때부터 '문화민족주의'는 한국에서 한류 현상을 이해하고 논하는 데 지배적인 것이었다. 이 관점에 포섭된 여러 저널리스트, 비평가 그리고 기타 공적 영역의 구성원들은 국가의 치솟는 위상에 대해 논하곤 했는데, 한류에 대한 그들의 언급들은 대체로 다음과 같다(Won and Kim, 2011). ① 한국이 마침내 세계적으로 존재감을 인정받기 시작했다는 것, ② 한국이 세계의 주목을 받는 위상에 올랐다는 것, ③ K팝이 해외에서 거둔 경제적 성공은 한국 문화와 감성의 우수함에 기인한다는 것, ④ 이 현상을 좀 더 발전시킬 수 있도록 더욱 노력해야 한다는 것. 이러한 문화민족주의 담론은 1997~1998년의 경제위기로 인해 강화된 것인데, 왜냐하면 당시 한국으로서는 그러한 상황으로부터 벗어날 희망의 담론이 절실했기 때문이다. 한류가 국가적 희망과 자긍심의 원천이 되었던 이유는 바로 이러한 맥락에서였다.

구체적으로 볼 때, 문화민족주의는 '국가 브랜딩'과 '문화산업의 육성'이라는 두 개 프로젝트를 촉진시키는 것이었다. 국가 브랜딩 프로젝트는 한류가 한국의 국가적 이미지와 위상을 향상시키는 것이라고 공론화함으로써 대중에게 국가에 대한 자긍심을 불어넣는 것을 목표로 한다. 매스미디어, 정부 부처들, 학계, 문화산업 부문은 의도적으로 또는 의도하지 않게 이 프로젝트에 참여했는데, 예를 들어 한국의 뉴스 매체들은 역사적 선례가 없는 사건으로 한류를 묘사함으로써 대중을 현혹했다(Kim, Lee and Lee, 2005). K팝이 최근 한류의 중요 장르로 부상하자, 공중파 방송들은 "한국의 유럽 공습"이나 "아시아를 정복한 한국 대중문화가 이제 전 세계로 나아가고 있다"라는 제목으로 런던과 파리, 바르셀로나에서 열린 아이돌 그룹의 K팝 콘서트를 상세하게 적극적으로 보도했다. 방송사들은 또한 아이돌 그룹의 성공담을 다룬 다큐멘터리들을 방영하기도 했다(Kim, 2013: 45~83).[2] 케이블 음악 채널 엠넷(Mnet)은 2010년 마카오와 홍콩, 싱가포르에서 열린 〈MTV 아시아 뮤직 어워드〉를 위성 생중계하면서 많은 화제를 낳기도 했다.

언론에서 한류를 앞다투어 다루자 문화관광부나 통상부 같은 정부 기관

2   이 프로그램들은 한류 스타가 극적인 고난을 극복하는 과정과 그러한 스타들이 소속된 기획사들이 당면하는 문제들을 보여준다. 이러한 프로그램은 언제나 한류 스타들이 해외에서 팬들을 만나는 장면으로 끝이 난다.

들도 한류 이벤트에 대한 국가적인 지원을 정책화하기 시작한다. 각국의 대사관과 영사관은 해외에서 열리는 K팝 콘서트의 기획과 조직을 지원했다. 문화관광부는 심지어 한국 문화 프로모션과 문화 교류라는 이름으로 전 세계 여러 곳에 한국문화센터(Korean Cultural Centers)를 설립하겠다는 목표를 세우기도 했다. 정부의 이와 같은 행태가 지방정부에도 영향을 미치면서, 국가와 지방정부 모두 대학을 위시한 여러 연구소에 한류에 대한 정부 지원 정책과 계획을 위한 기획 연구를 지시하기도 했다(Choi, 2013: 252~285).

한류 연구에 대한 지원 자금 또한 증가했다. 그 연구 결과들은 대개 한류의 역사적 중요성을 강조했는데, 이는 정부의 한류 지원 정책들을 정당화해 주었다. 연구소들은 심지어 신한류, 한류 2.0, 한류 3.0, 한류 4.0, 디지털 한류 등과 같은 한류에 관한 다양한 명칭을 쏟아내었는데, 이는 각기 다른 장르(TV 드라마, 영화, K팝, 게임산업 등)가 주류 한류 콘텐츠로 부상하는 것을 강조하기 위해서였다.

(국가에 대한 자긍심을 고양하기 위해 한류를 활용하려는) 담론이 한국을 휩쓸면서, 한류 산업 종사자들 스스로가 국가적 과업에 관여하고 있다고 여기기 시작한다(Won and Kim, 2012: 319~361). 먼저 한류 스타들이 국가적 영웅으로 부상하기 시작하는데, 이들은 베트남과 일본에서 장관들과의 저녁 만찬에 초대되는가 하면, 일부는((겨울연가)의 배용준, 「강남스타일」의 싸이, SM 엔터테인먼트의 설립자인 이수만 등) 국가 훈장을 수상하기도 했다.[3] 대중은 이들을 국가적 영웅 또는 열렬한 애국자로 인식했으며, 이들 또한 공공연하게 자신을 애국적인 영웅으로서 자랑스럽게 여겼다. 서울광장에서 만 명의 관객들 앞에서 애국가 퍼포먼스를 했던 싸이의 공연은 그러한 측면을 잘 보여주는

---

3   SM 엔터테인먼트의 CEO인 이수만은 한류의 영웅 또는 아버지, 아니면 국가적 자긍심의 사절로 여겨지곤 한다. 그는 문화훈장을 수여받는 자리에서 "대한민국 만세!"를 외치기도 했다.

데, 공연 후 싸이는 '말춤' 퍼포먼스를 통해 세계 무대를 휘저으며 느꼈던 벅찬 감정을 전하기도 했다.[4]

그러한 분위기 속에서 일단 한류라는 용어와 연관되기만 하면 무엇이든 대중적인 지지를 얻게 되면서, 여러 글로벌 비즈니스 프로젝트들이 한류의 일종으로 포장되었다. 한국 대중 또한 한국과 관련된 것은 무엇이든 한류로 간주하는 경향이 있었는데, 예를 들어 한국이 전통적으로 뛰어났던 태권도나 양궁 같은 스포츠에서 한국인 코치가 해외의 팀에 기용된 것도 한류로 인식했다. 즉, 한류가 '메이드 인 코리아'와 동일한 것으로 활용되기 시작한 것이다. 한국인들 또한 글로벌 무대에서 대화를 시작하고 주목을 끌기 위해 한류를 활용하기 시작했는데, 예를 들어 한국을 방문하는 외국의 대표자들에게는 가장 먼저 "두 유 노 「강남스타일」?"이라는 질문을 던졌다. 유튜브에 올라 있는 한 영상[5]은 2012년 10월 미국 국무부 주재 기자회견장에서 한국 기자가 다음과 같은 질문하는 장면을 보여준다. "우선 저는 당신이 한국의 가수 싸이와 그의 노래인 「강남스타일」을 아는지 궁금합니다." 이처럼 문화민족주의는 사회에 깊숙이 파고들면서 한국인들 일상의 모든 측면에 영향을 미치고 있다.

문화산업 육성은 국가가 주도하는 문화의 산업화에 의해 추진되어 왔는데, 이러한 측면은 오랫동안 한국 정부의 정책에 반영되어 왔다. 한국은 전통적으로 정부가 문화산업을 주도해 왔다. 1990년대까지 한국 정부는 문화 영역에 대해 보호주의적인 정책을 유지했는데, 미국과 무역 분쟁의 소지가 있음에도 스크린쿼터가 법제화되면서 국내 영화 시장은 해외시장으로부터 보호를 받았다(Yecies, 2007). 또한 1998년까지는 일본 대중문화의 수입 또한

---

4   싸이의 「강남스타일」은 한류 현상의 절정기를 보여주는 것이었다(Korean Culture and Information Service, 2011).

5   http://www.youtube.com/watch?v=7ssS9UTimWk

금지되어 있었다. 그러나 1990년대 중반부터 보호주의 정책은 육성 정책으로 변화하기 시작한다. 새로 들어선 정부마다 국가 주도의 문화산업화 문제를 고민했고, 그 정책과 계획을 한류의 발생에 맞춰 확장했다.

국가 주도로 문화를 산업화하려는 정부의 정책은 문화의 산업화가 국가 경제의 발전에 이바지할 것이라는 믿음을 바탕으로 정당화될 수 있었다. 그 믿음을 증명이라도 하듯이, 국가적 네트워크와 연구센터들은 한류가 소비품 및 여행 상품의 수출에 큰 기여를 한다고 발표했다.

일련의 마케팅 전략들 또한 한류를 활용하면서 발전했다. TV 드라마와 영화의 촬영 장소는 관광지로, TV 드라마의 소품들은 상품으로 전환되었다. 테마파크는 해외 관광객들을 유인하기 위해 개장되었고, 한류 드라마에 등장했던 의류와 식품들은 관련 드라마가 인기를 얻었던 지역으로 수출되었다. 기업들은 특정 지역에서 인기를 누린 한류 스타를 기용해서 자신들의 상품을 광고했다(예를 들어 베트남에서 특히 인기가 많았던 김남주는 베트남 내 LG 화장품 광고에 등장했다).

한국콘텐츠진흥원이나 한국관광공사, 방송통신위원회, 한국국제문화교류진흥원 등 정부 기관들은 한류의 경제적 효과에 대한 연구를 담당하는 부서를 신설했다. 이러한 부서들은 한류 발전의 지속을 위한 연구를 통해 그에 대한 자료들을 체계화할 것이라고 공표했다. 이들은 심지어 한류 지수(the Korean Wave Index)까지 만들었는데, 이는 해외 한류의 현 상태를 측정하기 위한 것이었다(KOFICE, 2009).

문화경제주의적 측면이 빠르게 성장하면서, (아시아와 서구에서 아이돌 그룹을 한류 스타로 변모시키는 데 커다란 역할을 수행한) 엔터테인먼트 기획사들은 사회적으로 '산업 전사'의 롤모델로 여겨지기 시작한다(Won and Kim, 2011). 음악을 프로듀스하고 매니지먼트 작업을 하는 이러한 기획사들은 가능성 있는 연기자들을 발굴해서 아이돌 그룹으로 키우기 위해 트레이닝을 시킨다. 현재 한국 내 연예기획사 가운데 '빅3'는 SM 엔터테인먼트[6](전직 가수였던 CEO 이수만이 설립)와 JYP 엔터테인먼트(전직 가수인 박진영이 설립), YG 엔터테인먼트(전직 가수였던 양현석이 설립)로, 이 업체들은 광범위한 기획, 펀딩, 전술적 마케팅을 통해 음악산업에서 상당한 비중을 차지하고 있다(Jang, 2009: 217~238).

이러한 기획사의 CEO들은 종종 대학이나 기업 등에서 자신들의 글로벌 비즈니스 전략에 대해 강연하곤 했는데, 케임브리지대학교와 하버드대학교에서 진행했던 강연은 텔레비전 뉴스와 토크쇼 프로그램, 유튜브 등을 통해 대중에게 공개되기도 했다.[7] 그들은 한국의 국가 이미지와 국격을 높인 한국의 대중문화와 K팝의 발전에 자신들이 공헌한 바를 잘 정리해 전달하면서, 궁극적으로 그 모든 것이 국가를 위한 파생적인 이득으로 이어질 것이라고 말했다. 특히 가장 큰 규모인 SM 엔터테인먼트는 자신이 '문화기술(cultural technology)'의 창안자라고 과시하면서,[8] 한국 대중음악이 전 세계로 확산되는 데 기여해 왔고 앞으로도 세계 연예 비즈니스를 주도할 것이라고

---

6 이 대표적인 음반 및 연예 기획사는 연속적으로 여러 가수들을 스타덤에 올리면서 한류 현상을 주도했다. H.O.T.는 중국에서 한류 붐을 일으킨 그룹이었고, 보아는 일본에서 큰 인기를 얻었으며, 소녀시대와 동방신기는 아시아권 전역에서 인기를 누렸다. 이 그룹들을 통해 해외시장에 진출함으로써 이 회사는 전 세계적으로 유명해졌다(Kim, 2012).

7 한국의 뉴스 채널들은 SM 엔터테인먼트의 CEO 이수만의 스탠퍼드대학교 강연과 JYP 엔터테인먼트 박진영의 하버드대학교에서의 강연을 두고 열띤 취재 경쟁을 벌였다. http://video.cnbc.com/gallery/?video=3000562091

8 2011년 6월 11일 파리에서 70명의 유럽의 음악 작곡가들과 TV 프로듀서들이 모인 강연장에서 이수만은 자신의 문화기술 이론과 한류로서 K팝 해외 수출의 3단계론에 대해 발표했다(≪중앙일보≫, 2011.6.13). 첫 단계는 글로벌 오디션을 통해 훈련받을 인재를 스카우트하는 것이다. 선정된 소수의 지원자들을 추려낸 후 기획사는 3년에서 7년 동안 연습생의 목소리와 외모의 변화 시뮬레이션을 만들어낸다. 그러고 나서 연습생들은 '인 하우스 시스템'이라 불리는 육성 시스템에 들어간다. 두 번째 단계는 K팝 뮤지션들의 존재를 해외 음악시장으로 확장시키는 과정으로, 이 과정에서 지역 연예기획사와 협업하고 한국 바깥에서 가상 콘서트를 조직한다. 마지막 세 번째 단계에서는 지역 기업들과 합작투자 계약을 맺는 것이다.

주장하기도 했다.

지금까지 살펴본 대로 문화민족주의는 다른 관점들을 압도하면서, 국가의 브랜드화와 문화산업 육성이라는 두 프로젝트를 뒷받침해 왔다. 이러한 관점은, 한류를 타국과의 쌍방향 문화 교류를 위한 기회로 삼기보다는, 일방향적인 흐름의 한류를 고집하는 공격적인 태도를 추동하는 것이다. 한국의 지식인들이 한때 미국과 기타 서구 문화 강국들의 문화제국주의적인 정책들을 거칠게 비판했던 경험에도 불구하고, 현재 한국인들은 한류가 국가 이미지와 국격, 경제적 성취 등을 향상시키는 것에만 관심을 표명하고 있다. 그러나 그와 같은 태도는 다른 국가들의 반감을 자극하는 것이다. 그렇다면 이제 한국인들 스스로가 당연하게 여겼던 것을 성찰해 볼 시간 아닐까.

권력 조절자의 네트워크

한류 담론의 위계는 '권력 조절자(power controller)'에 의해 유지되어 왔다. 한국 문화산업을 지원하는 데 정부가 적극적으로 나선다는 사실은 잘 알려져 있으나(Huang, 2011), 한국 정부가 한류에 대한 담론의 관점을 어떻게 통제해 왔는지를 추적하는 것은 쉽지 않다. 정부가 다양한 정치적·사회적 주체들로 구성된 복잡한 네트워크 배후에서 자신의 의제를 심기 위해 그러한 주체들을 은밀하게 조작하기 때문이다(Tung and Wan, 2010: 211~229). 안정성 유지를 위해 각 주체가 다른 관점들을 주변화하면서 문화민족주의 관점에 기반하는 담론들을 확산시키면, 정부는 각 주체별로 상이한 역할들을 부여하면서 자금을 할당한다(Choi, 2013: 252~285). 이러한 식으로 담론의 위계가 유지되는 한, 정부는 헤게모니를 영속화할 수 있다.

그러한 네트워크가 구축되기 시작한 것은 김영삼 정부 시기(1993~1998)였다. 문화산업에 대한 관심은 김영삼 전 대통령이 스티븐 스필버그의 블록버스터 〈쥬라기 공원〉 한 편이 벌어들인 수익이 현대 자동차를 150만 대 수출한 이익과 같다는 신문보도를 언급하면서 시작되었다. 김영삼 정부는 경제적 기여가 가능한 새로운 문화정책을 모색하기 시작했는데, 먼저 문화부 산하 문화산업 부서에 관련 업무를 위임했다. 이 부서는 본래 전통문화 보존과 순수예술 진흥을 지원하던 곳이었다. 또한 정부는 영화나 대중음악, 방송 같은 문화산업에 투자하기 위해 삼성, 현대, 대우와 같은 전자제품 제조사들로부터 기업자본을 끌어온다(Shim, 2006: 25~44).

1995년에 개시된 케이블방송은 대중문화가 유통되는 플랫폼이 될 수 있다는 점에서 문화산업을 육성하려는 정부 계획에 낙관적인 전망을 더했다. 정부의 계획과 노력이 뒷받침되면서 한국의 일부 텔레비전 드라마와 대중음악 가수들이 중국에서 인기를 얻기 시작한다.

뒤이은 김대중 정부(1998~2003)는 1998년의 경제위기 속에서 출범했다. 이러한 상황 속에서 김대중 정부는 K팝 인기의 증가가 한국인들에게 희망을 주는 이야기이자 경제회복을 위한 엔진으로 작용할 수 있다는 것을 발견했다. 그에 따라 문화산업을 국가 기간산업으로 고려하기 시작한 김대중 정부는 전 정부 대비 500배의 예산을 배정하고 '문화산업진흥기본법'을 제정하는 등 좀 더 체계적인 지원을 제공한다. 1998년에는 한국 문화가 국제시장에서의 경쟁을 통해 성장할 수 있도록 장려하려는 적극적인 시도로서 일본 대중문화 금지를 해제했다. 이와 같은 시장개방은 또한 K팝의 일본 수출을 활성화하는 것이기도 했다.

동시에 김대중 정부는 국가가 주도해 온 영화산업 부문을 관리 체제로 전환시켰다. 영화 전문가들이 영화진흥위원회를 구축해 국산 영화를 할리우드로부터 보호하는 한편, 국산 영화의 다양성을 향상시키고 접근성을 확장시킴으로써 한국 영화의 수출 증대를 꾀했다. 다른 정부 기관들과 비교할 때 영화진흥위원회는 완전히 새로운 거버넌스 시스템으로 운영되었다(현재 한류의 일환으로서 2000년대 한국 영화의 글로벌 확산에 기여했다고 여겨진다). 1999

년에는 다른 영역의 문화산업을 위해 한국게임산업개발원(KOGIA)과 한국
방송영상산업진흥원(후에 한국콘텐츠진흥원으로 통합)이 추가로 설립되었다.
이러한 조직들은 정부 정책을 시행할 수 있는 관련 업계 및 민간 사회조직
을 구성원으로 불러들였다(Lee, 2009: 128~130).

뒤이은 노무현 정부(2003~2008)는 〈겨울연가〉나 〈대장금〉 등의 드라마와
〈엽기적인 그녀〉 같은 영화들이 아시아 권역 내 다른 국가들에서 좋은 반
응을 얻고 있었지만 아직은 한류의 전성기에 도달하지는 않았던 시점에 집
권했다. 노무현 정부는 한류 관련 문화산업과 비즈니스를 장려하는 강력한
우대 정책을 만들었다. 문화관광부는 한국국제문화교류진흥원을 새로 설립
하고, 다른 아시아권 국가들에 한국콘텐츠진흥원(한류 진흥을 위해 2001년 설
립)이 한류 연구를 할 수 있는 새 사무국들을 열 것을 요청했다. 외교부, 미
래창조과학부를 비롯한 기타 정부 관련 조직들 ― 대한무역투자진흥공사, 한국
관광공사, 방송통신위원회 등 ― 또한 한류 산업 지원 정책에 협조했다.

국가경제 회복을 약속했던 이명박 정부(2008~2013)는 한국을 '콘텐츠 산
업' 강국으로 발전시키겠다는 목표를 세우고 정책명을 '문화산업'으로부터
'문화콘텐츠산업'으로 바꾸었다. 이명박 정부는 국무총리 산하 11개 부처가
참여한 '콘텐츠산업진흥위원회'를 설립하고, 이를 통해 문화콘텐츠산업에
대한 지원 제공 및 진흥 계획을 직접적이고 세밀하게 세워 공약을 이행했
다. 이처럼 강력한 정부 조치는 1960~1970년대 한국이 권위적인 군부독재
하에서 경험했던 경제발전을 연상시키는 것이었다(Nam, 2013: 209~231).[9]

이명박 정부 집권 동안 한류는 새로운 국면으로 접어들었다. 초기 한류
때 일본을 비롯해 아시아 내 여러 지역에서 돌풍을 일으켰던 TV 드라마는

---

9 군부가 특정 부문을 선별해 육성하는 방식은 높이 평가받지 못했는데, 왜냐하면 너
   무 많은 생산 단위들이 극소수의 산업 부문으로 묶인 한편, 다수의 가치 있는 경제
   프로젝트들이 실패했기 때문이다.

전성기 이후 침체되었다. 그때부터 아이돌 중심의 K팝이 아시아에서 새롭게 센세이션을 일으켰는데, 당시 언론은 신한류, 한류 2.0과 같은 용어를 내세우며 이러한 변화를 강조했다. 한류를 주요 수출품으로 규정한 정부는 아시아 너머로 K팝을 진출시키는 글로벌 플랜도 기획한다. 미디어 및 콘텐츠 산업, 학계, 시민 집단들은 한류의 글로벌화라는 목표에 헌신하면서 정부의 이와 같은 정책을 뒷받침했다. 이들이 노력한 결과 K팝은 유럽과 남미를 비롯한 전 세계의 여러 지역으로 진출해 인기를 얻을 수 있었지만, 이러한 방식으로 한류가 확산될수록 정작 한류에 대한 관점은 협소해졌다. 한류가 전세계로 확산되었지만, 한국 내에서는 경제적 민족주의 관점에서 논의되는데 그쳤던 것이다.

박근혜 정부는 2013년 '창조경제'라는 비전을 내세우며 출범했다.[10] 박근혜 정부는 이 모호한 개념을, 한국이 전통적인 제조업 기반 이후로 이동하는 가운데 ICT(Information Communication Technologies)와 문화를 비롯한 여러 영역 간의 혼성을 통해 새로운 비즈니스 기회를 창출해 내는 통합적인 계획이라고 소개했다. 이 개념의 모호함에도 불구하고, 박근혜 전 대통령은 해외 출장 때마다 자신의 비전에 대해 언급하면서 한류 산업과 비즈니스야말로 자신의 비전을 달성할 수 있는 수단이라고 주장했다.[11] 박근혜 정부는 사회 모든 부문을 가로지르는 핵심적인 논의 주제로 한류를 상정하면서, 정보기술과 같은 관련 부문을 포함시켜 한류의 경계를 더욱 확장시켰다.[12] 그

---

10 '창조경제'에 대한 더 많은 정보는 미래창조과학부의 영문 웹 사이트(english.msip.go.kr)를 참조.

11 박근혜 전 대통령은 스위스의 다보스에서 열리는 세계경제포럼에 K팝 가수인 싸이를 초청해서 그가 자신의 창조경제에서 챔피언이라고 소개했다(Chang, 2014).

12 문화관광부는 콘텐츠진흥원과 함께 '문화기술포럼'이라는 이름의 포럼과 심포지엄을 열었다. 2013년 4월 16일의 문화기술포럼에서 문화기술은 창조경제와의 연관성 속에서 다루어졌는데, K팝은 문화기술이 적용된 사례로서 언급되었다. SM 엔터테인먼트의 CEO 이수만은 '가상현실'을 만들어내는 디지털 테크놀로지를 시연하면서,

에 따라 현재 대중문화 또는 ICT와 관련된 비즈니스라면 정부의 지원을 기대할 수 있는 상황이 되었다.

1993년부터 현시점에 이르기까지 모든 행정부는 문화산업 정책을 '보호'로부터 '육성 중심'으로 전환시키면서 문화산업에서 정부 부처들이 관여할 수 있는 범위를 확대해 왔다.[13] 문화민족주의적 관점을 기반으로 한 이러한 조치는 역대 정부들이 한류에 적극적으로 개입하도록 이끌었고, 한류를 (상호 문화 교류의 수단이 아니라) 국가 브랜드 제고와 경제발전의 수단으로서 간주하도록 유도했다.

한류 진흥 정책을 추진하는 과정에서 각 정부는 다양한 사회 주체들을 한류 네트워크에 포함시켰는데, 점진적으로 구축되어 온 이 네트워크 체제는 한국 외부에서 쉽게 이해할 수 없을 정도로 복잡해졌다. 우선 정부 관련 기관(콘텐츠진흥원이나 한국국제문화교류진흥원 등)이 정부 정책의 이행을 위해 조직되었는데, 이 기관들에 문화산업계와 민간 집단들이 포함되면서 한국 대중이 정부의 정책에 대해 사회적으로 합의했다는 이미지를 만들어냈다. 앞서 언급한 대로 공중파 방송과 학계 또한 정부 정책의 이행을 지원하도록 동원됐는데, 신문 등 언론매체들은 다른 나라에서 벌어진 한류 관련 사건들의 세부 사항을 전달하는 수단이 됐고, 학문적 연구들은 한류의 경제적 기

이 기술이 K팝 퍼포먼스에 활용될 수 있다고 주장했다(*Policy News of the Ministry of Culture and Tourism*, 2013.4.4).

13 정부의 문화산업 육성 정책은 신자유주의 글로벌라이제이션의 소용돌이 속에서 시작된 것이었다. '신자유주의'는 정부 개입의 축소, 시장의 탈규제와 자유를 강조하는 정치경제학적 원칙 또는 이데올로기다. 한국은 1997~1998년 사이 IMF 구제 기금 협약의 일부로서 처음으로 신자유주의적 기준을 수용했다. 이후의 한국 정부들은 연속적으로 신자유주의 정책을 추진했다. 그러나 한류 전반에 걸쳐 정부는 후퇴하는 모습을 보였다. 경제발전 초기 단계에서 특정한 경제 부문을 선별해 육성했던 과거의 군부 정권과 마찬가지로, 최근의 정부들은 특히 한류와 관련해 정부 중심의 경제 체제를 보여주고 있다(Nam, 2013: 209~231).

여를 강조했다.

　연예 기획사들 또한 문화민족주의에 기반한 담론을 유통함으로써 정부 정책이 이행되는 데 기여한 또 다른 핵심 주체였다. 이 기획사들은 해외에서 끊임없이 이벤트를 만들고 아이돌 그룹을 한류 스타로 만듦으로써 언론에 뉴스 자원을 제공했고, TV 방송사들은 정부의 입맛에 맞는 뉴스 자원을 얻기 위해 이 연예 기획사들과 좋은 관계를 유지했다. 이 기획사들은 국제적인 명성을 이용해 해외의 인재들을 영입해 '글로벌' 아이돌 그룹을 만들기도 했는데, 이는 다시 해외의 언론매체를 위한 뉴스의 원천으로서 작용했다 (Kim, 2013: 45~83). 이러한 기획사의 CEO들은 미디어 동원력을 활용해 스스로를 스타로 전환시키면서 국가의 브랜드화와 경제적 이익을 위한 수단으로서 한류를 보는 관점을 대중 사이에서 확산시키려 했는데, 이는 한국 대중이 그러한 개인들의 광범위한 영향력을 쉽게 수용하는 결과로 이어졌다. 이 모든 것들이 정부의 지원을 매개로 연결된 것이었다.

　한류의 성공 및 연예기획사들의 화려한 퍼포먼스를 보여주는 미디어는 정부의 문화산업 지원 정책을 홍보하는 최고의 수단이 되어왔다. 이러한 성과에 대한 대중의 인식은 정부의 헤게모니를 확대하는 것이었고, 이는 정부가 문화 및 콘텐츠 산업 진흥을 위한 정책을 새롭게 기획하는 것으로 이어진다. 그리고 그러한 정책들은 정부 관련 조직과 시민 단체들, 미디어 기업, 연예 기획사들에 의해 이행된다. 이 순환의 고리 속에서 문화민족주의와 경제중심주의가 대중의 일상을 관통하면서 일반적인 상식으로 자리잡은 것이다.

결론

　한류에 대한 일반적인 인식이나 이해가 문화현상의 실체에 대한 객관적인 이해라기보다는 담론구성체라는 것을 보여주기 위해, 이 장에서는 우선 한류에 대한 담론들이 구축-해체-재구축되는 역사적 요인들을 탐색했다. 첫째, 한류의 역사적 조건에 대한 비판적이고 세밀한 분석을 통해, 이 연구는 1990년대 중반부터 아시아의 학자들의 아시아론에 대한 관심 증가 및 미디어 수용자 연구에 초점을 맞추는 문화연구자들의 경향에 따라 한류에 대한 담론들이 한국 안팎의 학계와 언론매체에서 범람하기 시작했다는 것을 밝혔다. 이 아시아의 지식인들과 문화연구자들은 한류를 서구 지배에 대한 저항 수단이자 동아시아 내 문화(교류)공동체를 형성할 수 있는 수단으로서 활용하려 했다. 문화산업에 대한 다른 아시아 국가들의 관심이 증대한 것도 한류가 여러 집단으로부터 상당한 관심을 받을 수 있었던 또 다른 요인이었다.

둘째, 문화민족주의적 관점이 아시아론을 밀어내면서 한류에 대한 지배적인 관점이 되었다는 것을 확인했다. 문화민족주의는 한국이 '국가 브랜드'와 '문화산업 육성'이라는 두 개의 정치적·경제적 프로젝트를 추구하도록 이끌면서 국가 이미지와 한국의 우수성을 제고하거나 경제적 이익을 달성하기 위한 수단으로서 한류를 인식하도록 유도했다.

셋째, 이 연구는 1990년대 중반 이래 집권해 온 모든 정부가 유지해 온 문화민족주의적 관점을 한류로 제시했다. 한류 현상을 지속하기 위해 문화산업에 대한 지원 정책이 구축되었고, 여러 정치·사회적 주체들 — 정부 부처들과 조직들, 매스미디어, 학문 집단, 민간단체, 연예기획사 등 — 이 동원된 네트워크가 형성되었다. 이러한 네트워크 내 주체들은 정부가 할당한 역할에 자신을 헌신하면서 문화민족주의 관점만이 반영된 한류 담론을 재생산했으며, 이는 한류에 대한 담론의 중심이 이 관점으로 수렴되는 결과로 이어졌다.

특히 연예기획사들이 이 네트워크를 공고히 하는 역할을 수행했다. 능력 있는 인재들을 발굴해 아이돌 그룹으로 키워내는 트레이닝을 제공한 후, 기획사는 상업적 기획과 미디어 동원력을 발휘해 이 아이돌 그룹들을 한류 스타로 전환시켰다. 이렇게 만들어진 스타들은 다른 국가에서 성공한 한류에 대한 직접적인 경험을 이야기로 만들어내고, 이러한 성공담은 정부의 한류

진흥 정책을 정당화하는 한편, 문화민족주의를 강조한다. 대중에게 이와 같은 이야기가 방송됨으로써 연예기획사들은 자신들의 사업이 국가의 미래 성장 동력이자 국가적 자긍심의 원천이라는 것을 확산시킨다. 이러한 이야기들이 한국인들의 일상을 관통하면서 한류와 관련해 어려운 의문을 제기하거나 비판을 가하는 것을 거의 불가능하게 만들었다.

문화민족주의를 기반으로 형성된 담론은 한국 사회의 모든 부문에 깊숙이 파고들었다. 그러한 가운데 한국인들은 일본과 중국, 동남아 문화에 접근할 수 있는 기회를 충분히 얻지 못하고 있다. 왜냐하면 미디어가 거의 보여주지 않기 때문이다. 그에 따라 타 아시아 지역에서 온 문학과 영화는 한국에서 거의 인기를 얻지 못하는 실정이다. 결국 한국인들은 아시아의 나머지 지역들을 협소한 틀과 단색의 창을 통해 한정적으로 보게 된다. 한국인들은 통합된 아시아공동체를 상상하는 것이 아니라, 한류가 걸어온 길을 그대로 따르는 경향을 보이고 있다. 정부 주도 네트워크의 최전선에 있는 한류에 대한 담론이 문제인 이유는 바로 여기에 있다.

참 고 문 헌

Appadurai, A. 1996. *Modernity at Large: Cultural Dimension of Globalization*. Minneapolis, MN: University of Minnesota Press.

Bhabha, H. K. 1994. *The Location of Culture*. London, UK: Routledge.

Chang, J. S. 2014. "President Park Champions 'Creative Economy' as Solution to Global Economic Woes." Yonhap News.

Cho, H.(ed.). 2003. *Hallyu and Asian Popular Culture*. Seoul, Korea: Yonsei University Press. (in Korean).

Choi, Y. 2013. "The Korean Wave Policy as a Corporate-state Project of Lee Government." *Economy and Society*, 97, pp.252~285. (in Korean).

Chow, S. Y. 2007. *Before and after the fall: Mapping Hong Kong Cantopop in the Global Era*. Hong Kong: Hong Kong Baptist University. LEWI Working Paper Series, 63.

Chung, M., W. Choi, Y. Paik and H. Jun(eds.). 1995. *East Asia: Issues and Perspectives*. Seoul, Korea: Moonhak-gwa-Jiseong-sa. (in Korean).

Digital News Team. 2014.3.19. "Are We Really Poor and Uneducated?" Kyunghyang Daily.

Dirlik, A. 2002. "Literature/identity: Transnationalism, Narrative and Representation." *Review of Education, Pedagogy, and Cultural Studies*, 24(3), pp.209~234.

Hall, S., D. Held and T. McGrew(eds). 1992. *Modernity and Its Futures*. Cambridge, UK: Polity Press.

Huang, S. 2011. "Nation-Branding and Transnational Consumption, Japan-mania and the Korean Wave in Taiwan." *Media, Culture and Society*, 33(1), pp.3~18.

Huat, C. B. 2010. "Korean Pop Culture." *Malaysian Journal of Media Studies*, 12(1), pp.15~24.

Huat, C. B. and K. Iwabuchi(eds.). 2008. *East Asian Pop Culture: Analysing the Korean Wave*. Hong Kong: Hong Kong University Press.

Huong, D. T. T. 2009.6.3. "Hallyu and Its Effect on Young Vietnamese." Korea Herald.

Iwabuchi, K. 2002. "Soft Nationalism and Narcissism: Japanese Popular Culture goes Global." *Asian Studies Review*, 26(4), pp.447~469.

Jang, G. 2009. "Overseas Advance Instance and Strategic Study of Korean Pop Music." *Journal of Global Cultural Contents*, 2, pp.217~238. (in Korean).

Ju, H. 2014. "Transformations of the Korean media Industry by the Korean Wave: The Perspective of Glocalization." in K. Yasue(ed.). *The Korean Wave: Korean Popular Culture in Global Context.* New York, NY: Palgrave Macmillan.

Kang, M., M. Shin, C. Wu, S. Yang and W. Bai. 2013. "The Map of Drama Tastes of Chinese Television Viewers." *Studies of Broadcasting Culture*, 25(1), pp.187~233. (in Korean).

Kim, C. N. 2012. *K-Pop: Roots and Blossoming of Korean Popular Music.* Seoul, Korea: Hollym.

Kim, H. M. 2005. "Korean TV Dramas in Taiwan: with an Emphasis on the Localization Process." *Korea Journal*, 45(4), pp.183~205.

Kim, S. 2013. "Television Discourses on K-Pop and K-Pop Idol Stars' passion." *Information and Communication Research*, 50(1), pp.45~83. (in Korean).

_____. 2009. "Interpreting Transnational Cultural Practices: Social Discourses on a Korean Drama in Japan, Hong Kong, and China." in H. Wright and M. Morris(eds.). *Cultural studies of transnationalism* . London, UK: Routledge.

Kim, Y. C., D. Lee and K. Lee. 2005. "The Political and Cultural Implications of Hallyu Contents." *Report to Korean Association of Media Studies.* (in Korean).

KOFICE. 2009. *Korean Wave Beyond Asia.* Seoul, Korea: Korean Foundation for International Exchange. (in Korean).

Korean Culture and Information Service. 2011. *The Korean Wave: The New Pop Culture Phenomenon: Contemporary Korea, 1.* Seoul, Korea: Ministry of Culture, Sports and Tourism of Korea.

Kwon, Y. J. 2014.3.20. "President Park Urged to Get Rid of Regulation for Chinese On-Line Purchasers." Yonhap News.

Lee, D. 2003. "Cultural Formations of Korean Trendy Drama." in H. Cho(ed.). *Hallyu and Asian Popular Culture.* Seoul, Korea: Yonsei University Press. (in Korean).

Lee, J. 2012. "Managing the Transnational, Governing the National: Cultural Policy and the Politics of the 'Culture Archetype Project' in South Korea." in N. Otmazgin and E. Ben-Ari(ed.). *Popular Culture and the State in East and Southeast Asia.* London, UK: Routledge.

Lee, K. 2005. "Assessing and Situating 'The Korean Wave'(Hallyu) through a Cultural Studies Lens." *Asian Communication Research*, 9, pp.5~22.

Lin, A. and A. Tong. 2008. "Re-imagining a Cosmopolitan 'Asian Us': Korean Media Flow and Imaginaries of Asian Modern Femininities." in C. B. Huat and K. Iwabuchi(eds.). *East Asian Pop Culture: Analysing the Korean Wave.* Hong Kong: Hong Kong University Press.

Moon, O. 2006.10. "An Analysis of Hallyu Impact and Related Discourses in Japan." Paper presented at the World Congress of Korean Studies.

Nam, S. 2013. "The Cultural Political Economy of the Korean Wave in East Asia: Implications for Cultural Globalization Theories." *Asia Perspectives*, 37(2), pp.209~231.

Otmazgin, N. K. 2013. *Regionalizing Culture: The Political Economy of Japanese Popular Culture in Asia.* Honolulu, HI: University of Hawaii Press.

_____. 2005. "Cultural Commodities and Regionalization in East Asia." *Contemporary Southeast Asia*, 27(3), pp.499~523.

Otmazgin, N. K. and E. Ben-Ari(eds.). 2012. *Popular Culture and the State in East and Southeast Asia*. London, UK: Routledge.

Paik, W. 2005. *Hallyu: East Asia's Choice in the Cultural Sphere*. Seoul, Korea: Pentagram. (in Korean).

Shim, D. 2006. "Hybridity and the Rise of Korean Popular Culture in Asia." *Media, Culture and Society*, 28(1), pp.25~44.

Takeuchi, Y. 2005. *What is Modernity?: Writings of Takeuchi Yoshimi*. (R. F. Calichman, trans.). New York, NY: Columbia University Press.

Tung, A. and H. Wan Jr. 2010. "High Tech, Low Fertility, Korea becomes a Role Model in Cultural Industrial Policy." *Korea and World Economy*, 11(2), pp.211~229.

Wan, W. 2014. 3.7. "Chinese Officials Debate Why China Can't Make a Soap Opera as Good as Korea's." The Washington Post.

Won, Y. and J. Kim. 2012. "Inventing a New Social Apparatus: Idol Stars and Entertainment Agencies." *Studies on Popular Narratives*, 28, pp.319~361. (in Korean).

_____. 2011. "Soft Nationalism, Entertainment Agencies, and the Future of Hallyu." Paper presented at the meeting of the Korean Society for Journalism and Communication Studies (KSJCS), Jeju, Korea. (in Korean).

Yasue, K.(ed.). 2014. *The Korean Wave: Korean Popular Culture in Global Context*. New York, NY: Palgrave Macmillan.

Yao, S. 2002. *Confucian Capitalism: Discourse, Practice and the Myth of Chinese Enterprise*. New York, NY: Routledge.

Yecies, B. M. 2007. Parleying Culture Against Trade, Hollywood's Affairs with Korea's Screen Quotas. Retrieved from the University of Wollongong Research Online website: http://ro.uow.edu.au/cgi/viewcontent.cgi?article=1119&context=artspapers.

Yim, H. 2002. "Cultural Identity and Cultural Policy in South Korea." *The International Journal of Cultural Policy*, 8(1), pp.37~48.

3장

신한류 시대 문화산업에 대한
비판적인 해석

•
•
•

진달용

들어가는 말

1990년대 후반부터 문화산업이 빠르게 성장하면서 한국은 지역 대중문화의 주요 생산자로 떠올랐다. 대중문화와 디지털 테크놀로지 부문에서 매우 작은 비중을 차지했던 문화상품이 부상하면서 한국 문화산업의 수출도 증가했으나, 그 대상은 거의 동아시아권에 한정되었다. 하지만 최근 들어 비서구적인 문화 형식으로 구성된 한국의 문화상품들과 스마트폰 등의 디지털 테크놀로지가 전 지구적으로 확산되고 있다. 특히 2000년대 후반부터 한국은 유튜브나 페이스북 같은 소셜 미디어를 기반으로 글로벌 시장에 진출하는데, 이는 전 세계 팬들이 한국의 여러 대중문화 형식들을 소셜 미디어 플랫폼을 통해 향유하기 때문이다. 이처럼 글로벌 팬들이 소셜 미디어를 통해 친구들 및 지인들과 한국 대중문화를 공유하는 현상은 신한류(the New Korean Wave)로 분류되기도 한다(Jin, 2016).

이와 같은 한류의 최근 성장은 한류에 대해 우호적인 문화정책과 초기 단계에서의 아시아 국가들 간의 문화적 친밀성, 아시아 권역의 경제적 성장, 디지털·소셜 미디어의 발전 등 여러 가지 중요한 요소들이 관여한 것이었다. 그러나 가장 중요하지만 아직까지 거의 논의되지 않은 요소는 한류 현상에서 핵심적인 역할을 수행했던 문화산업이다. 방송, 영화, 음악, 게임, 애니메이션 등 핵심적인 문화산업들은 차례차례 고유한 대중문화를 발전시켰는데, 한류를 개시한 방송과 영화산업이 2000년대 중반까지 한류를 주도했다면, 2008년부터 시작되는 신한류 현상은 디지털 게임과 음악산업이 주도하고 있다. 한국에서 볼 때 문화산업의 개념은 각 정부의 정치적 우선순위에 따라 여러 번 변화해 왔는데, 이는 지역의 문화산업이 정부 정책과 밀접히 연관되는 것을 함의한다. 이처럼 한류의 발전상 한국 문화산업의 중요성에도 불구하고, 한국 문화산업의 변화해 온 역할에 초점을 맞춘 연구는 소수에 그쳤다(Otmazgin and Eyal, 2011; Kwon and Kim, 2013; Ju, 2014; Jin and Otmazgin, 2014). 따라서 문화산업의 핵심적 측면에 대해 주의 깊은 분석이 필요한 상황이다.

이 장에서는 비판적 정치경제학 접근법을 통해 한류에서 문화산업이 수행했던 주요한 역할들을 좀 더 광대한 사회구조의 맥락 속에서 고찰할 것이다. 이를 위해 먼저 지난 20여 년간의 주요 정책 변화에 따라 한국 문화산업을 역사화하는 작업을 진행할 것이다. 그리고 나서 한국의 문화산업이 지역 문화상품과 디지털 테크놀로지를 배양하고 발전시켜 온 방식들을 분석할 것인데, 여기서 시도하려는 것은 지역 문화산업의 증대하는 역할에 대한 찬양과 격려가 아니다. 그 목표는 문화산업에 대한 분석을 통해 신자유주의 글로벌라이제이션의 한가운데서 문화산업이 지니게 되는 중요한 역할에 대해 논의하는 것이다. 특히 대중문화와 디지털 문화의 상품화와 시장화 과정에 대한 분석을 통해, 이 장에서는 문화산업과 문화정책들이 신한류 시대의 문화적 다양성을 어떻게 발전시켜 왔는지에 대해 논의할 것이다.

문화산업의 정치경제학

20세기 초반 영화와 음악, 텔레비전 프로그램 등의 대중문화가 빠르게 성장하면서 문화산업은 미디어 연구자들과 실천가들에게 중요한 논의 주제가 되어왔다. 문화산업은 20세기에 여러 지식인들을 곤란하게 만들었던 매스 컬처(mass culture)의 부상과 상당 부분 엮여 있다(Hesmondhalgh, 2007). 매스 컬처라는 용어가 대중적으로 잘못 알려졌다고 여긴 두 명의 독일 철학자들 ─ 막스 호르크하이머(Max Horkheimer)와 테오도어 아도르노(Adorno, 1972) ─ 은 문화산업의 개념을 "계몽의 오인된 유산을 비판하면서 발전시켰는데, 당시에 문화산업이라는 용어는 예술의 상품화에 대해 비판적으로 주목하도록 의도된 것"이라고 했다(Hesmondhalgh and Pratt, 2005: 1).

문화산업이라는 용어가 처음 사용된 것은 호르크하이머와 아도르노가 1947년에 출간한 『계몽의 변증법(Dialectic of Enlightenment)』에서였는데, 그에 따르면 르네상스 이래 "예술은 인간 창의성의 가장 고귀한 형식으로 여겨져"온 반면, 문화산업은 창의성의 개발 대신 특정한 유형의 작업물들을 관리·판매하는 것이었다(Hesmondhalgh, 2007: 4). "영화, 라디오, 잡지가 전체를 그리고 모든 부분들을 일정하게 만드는 체계를 형성하며, 정치적 저항의 미학적 행위들마저 철 생산 체계의 리듬에 열정적으로 복종하고 있다"라는 것이 호르크하이머와 아도르노의 주장이다. 이러한 우려는 "산업화된 상품으로서 표준화된 방식으로 수용되는 것과 많은 관련"(Miller, 2009: 89~90)이 있는데, 그들은 매스 컬처 및 이데올로기와 자본주의 간 관계의 문제를 엘리트/대중 또는 토대/상부구조라는 구분을 바탕으로 인식했다(Horkheimer and Adorno, 1972). 따라서 문화산업의 이론은 커뮤니케이션의 정치경제학에 그 뿌리를 둔 셈이다(Miege, 2012, n.p., cited in George, 2014). 니컬러스 가넘(Nicholas Garnham)은 한발 더 나아가 다음과 같이 주장했다(2005: 17).

아도르노와 호르크하이머는 이 문제를 상품화, 그리고 소외와 관련된 것으로 보았다. 문화(culture)라는 용어는 사회집단이 공유하는 가장 심층적인 가치에 대한 표현으로서 문화를 인식하는, 그리고 예술을 자유의 영역이자 유토피아적 희망의 표현으로서 인식하는 독일의 이상주의적 개념을 담고 있다. 이러한 문화의 개념은 엘리트의 세심하고 피상적인 취향이자 사회적 실천에 불과한 문명(civilization)과 반대되는 것이다. 반면 산업이라는 용어는 ······(중략)······ 상품화와 상품 교환, 자본 집중, 생산 지점에서 노동자 소외라는 마르크스주의적 경제적 개념을 담고 있다.

20세기 초반 이후 "문화산업은 많은 국가에서 경제정책의 중심부로 진입해 왔다. 실물경제에서 문화산업 기업들은 더 이상 부차적인 것이 아닌" 것이다(Hesmondhalgh, 2007: 1). 유네스코(UNESCO, 1980)가 규정했던 바와 같이 문화산업은 문화상품과 서비스가 산업적이고 상업적인 선에서 생산·재생산·저장 또는 유통될 때 발생한다. 즉, 좀 더 거대한 규모로 그리고 문화적 발전보다는 경제적 고려 사항들을 기반으로 하는 전략에 부합하는 방식으로 발생하는 것이다. 이와 유사하게 실러(Schiller, 1989)는 문화산업이 개념적이고 실천적인 예술과 창의성 간의 융합을 소비자 지향적인 상품으로 제공하는 것으로 보고, 이러한 것들이 (기업의) 문화적 메시지들이 만들어지고, 포장되고, 전송되고 배치되는 장소로서 작동한다고 주장했다. 이처럼 문화산업이 그 영역·규모·개념에서 성장을 지속해 온 것은, 대중문화와 디지털 테크놀로지가 사람들의 주요 활동으로 자리를 잡아왔기 때문이다. 좀 더 중요한 사실은, 문화산업이라는 용어가 처음으로 주목받기 시작했던 시점과 비교할 때 그 속성에서 심오한 변화가 일어났다는 점이다. 특히 복수형 표현의 사용(culture industry 대신 cultural industries)은 호르크하이머와 아도르노가 비판했던 원래의 형식으로부터 상당히 변화했다는 것을 보여준다(George, 2014: 34).

문화산업 담론이 1980년대에 학계로 귀환하는 것은 ICT 및 관련 산업들이 부상하면서였다. 문화산업과 연관되는 정책들이 이제 ICT와 분리할 수 없는 것이 된 셈이다. 영화, 방송, 잡지 등 전통적인 문화산업과 텔레커뮤니케이션, 컴퓨터, 디지털 테크놀로지 등 ICT 산업의 융합은 문화산업과 관련해 현재 벌어지는 논쟁에 커다란 영향을 미치고 있다. 왜냐하면 일부는 산업들을 서로 분리시킬 필요가 있었던 반면, 다른 편에서는 하나의 전체로 융합된 것으로서 문화산업에 초점을 맞췄기 때문이다.

1990년대 중반 이후 창의산업(creative industries)을 지향하는 디지털 테크놀로지와 지적재산권(IP: Intellectual property rights)이 성장하면서 문화산업의 개념은 다시 한번 변화를 겪는다. 1994년 호주가 예술을 새로운 뉴미디어 테크놀로지와 통합시키는 문화정책을 계획하면서 문화산업의 개념이 창의산업으로 이동해 간 것이다(Flew, 2014; Jin, 2015). 창의산업의 개념은 1997년 영국 정부가 채택하면서 좀 더 광범위하게 수용된다. 당시 영국 정부는 창의산업을 개인의 창의성, 기술, 재능에서 비롯되는 활동으로 규정하면서, 이를 지적재산의 생산과 활용을 통해 부와 직업을 창출할 수 있는 가능성을 지닌 것으로 인식했다(O'Conner and Gibson, 2014). 유네스코(2010: 2)는 "창의산업이라는 용어는 문화산업에 모든 유형의 문화적 또는 예술적 생산을 합한 것 ― 그것이 실황이든 개별적인 단위로 생산된 것이든 간에 ― 을 포함하는, 좀 더 광범위한 활동을 통합한 것이며, 그 상품 또는 서비스에 상당한 정도의 예술적 또는 창의적인 노력이 들어간 것으로서 건축이나 광고와 같은 활동도 포함하는 것"이라고 보았다. 산업 자본주의적 연합하에서 예술과 문화에 대한 이데올로기적 비판에서 기원했던 문화산업이라는 용어와 달리, 창의산업은 디지털 테크놀로지와 융합의 성장과 연계되어 발전해 왔던 것이다(Jin, 2015).

물론 맥락적 접근을 강조하는 정치경제학 및 문화산업에 대한 연구는 여러 가지 이유로 비판받아 왔으며, 그에 따라 창의산업, 컨버전스 컬처, 생산 연구, 문화 경제 등의 다양한 분야에서 영향을 받은 몇 가지 새로운 접근법들이 부상했다. 이러한 새로운 접근들은 종종 대중문화 연구를 위한 틀로서 정치경제학적 접근을 거부하곤 한다(Wasko and Meehan, 2013: 151). 일부 연구자들(Grossberg, 1995; Garnham, 1995)이 주장하듯, 정치경제학은 미디어 콘텐츠와 수용자를 적절하게 설명해 내지 못한 측면이 있다. 또한 헤이븐스 등(Havens et al., 2009: 237)의 지적대로, 문화산업을 논하는 데 정치경제학 이론의 한계는 주로 "좀 더 거대한 수준에서 미디어 기관들의 운영을 강조하면서 오락 프로그램에 대해 전반적으로 무관심한 것, 그리고 미디어 산업 내의 복잡성과 모순을 제공하는 경제적 권력을 해석하고 강조하고 재지시하는 인간 행위자의 역할에 대해 (대기업 위계의 정점에 있는 인물들은 제외하고) 불완전하게 설명"하는 데서 기인한다.

이처럼 비판이 증가하고 새로운 접근법이 부상하는 가운데, 커뮤니케이션과 문화를 다루는 정치경제학은 소유, 계급투쟁, 정치경제와 문화 간 관계와 관련된 통제에 대한 연구 너머로 이동하고 있다. 다시 말해 정치경제학 이론의 주요 목표가 소유, 제도화된 구조, 문화산업 정책 등을 포함하는 문화산업의 구조적 전환에 대한 분석인 가운데, 수용자들과 콘텐츠의 중요성 또한 인식되기 시작했다는 것이다. 한류와 관련된 문화산업에 대한 현재의 연구들은 이러한 점을 염두에 두고 비판적으로 정치경제학 이론을 활용하고 있으며, 따라서 문화산업과 관련 문화정책에서 정치경제학 이론의 역할을 두고 벌어지는 논쟁들이 해결될 수 있는 실마리를 제공할 것이다.

전(前) 한류 시대 문화산업의 신자유주의적 전환

문화산업에는 박물관, 갤러리, 출판, 사운드 레코딩, 애니메이션, 방송, 음악, 게임, 영화 등 다양한 하위 부문이 있다. 이처럼 문화산업 내 다양한 형식들 가운데 "여러 국가들은 역사·종교·언어·지리적 차원이 반영되어 있는 해외의 특정한 문화상품 형식들에 대해 다양한 감수성을 발전"시켜 왔다 (Choi, 2002: 88). 1990년대 후반에 시작되는 한류 이전의 한국 정부들은 문화산업을 상품으로서 상업적 이익을 창출하는 데가 아니라, 국가 건설 또는 윤리적으로 유해한 혹은 정치적으로 위험한 외래문화의 침투를 방어하는 데 활용해 왔다(Otmazgin and Eyal, 2011). 상업용 상품으로서의 가능성에도 불구하고, 문화는 판매를 위한 것이 아니라 국가정체성이나 자주권을 고양시키기 위한 것으로서 여겨졌던 것이다. 일본제국주의 통치(1910~1945)와 한국전쟁(1950~1953), 베트남전쟁 참전(1955~1975), 장기간의 군부 통치(1961~1993), 한반도 분단(1945~현재) 등 평범하지 않은 역사적 경험으로 인해, 한국의 문화적 정체성은 민족문화뿐만 아니라 전통과 민족주의로서 문화정책의 주요 대상이었다(Yim, 2002). 이 기간에 요구되었던 문화산업의 역할은 한국 정부가 강조하는 수출 주도 산업 발전과 군부 정권의 국가 재건을 지원하는 것이었다(Kwon and Kim, 2013).

김영삼 정부(1993~1998)가 세계화 전략의 일환으로 국가경제발전을 위해 영화 등 문화 부문을 발전시키기 시작한 1990년대 중반부터 한국(이라는 지역의) 문화를 둘러싼 상황이 변화하기 시작했다. 최초의 문민정부로서 김영삼 정부는 문화적 관점이 아닌 경제적인 관점에서 문화산업에 접근하는 새로운 우선순위를 구축했고, 이는 문화의 상품화와 자본화를 심화하는 결과로 이어졌다(Jin, 2016). 다시 말해 김영삼 정부의 집권 기간에 문화산업의 발전은 문화적 가치의 향상과는 별 연관이 없었던 것이다. 신자유주의 행정부의 거버넌스 영역은 생산성과 수익성, 다시 말해 비즈니스 규범에 기반을

〈표 3-1〉 문화상품의 수출 현황, 1998~2015

(단위: 미화 100만 달러)

연도	1997	1998	1999	2000	2001	2002	2003	2004	2005	2006
방송	6.96	10	12.7	13.1	18.9	28.8	42.1	70.3	122	134
영화	0.49	3.1	5.9	7.1	11.2	15	31	58.3	76	24.5
애니메이션	100	85	81.6	85	121.3	89.2	75.7	61.8	78.4	66.8
음악	*	8.6	8.1	7.9	7.4	4.2	13.3	34.2	22.3	16.6
게임	*	82.2	107.6	101.5	130.4	140.7	182	388	585	672
캐릭터	*	0	65.7	69.2	76.9	86	116	117	164	189
만화	*	0	2.9	3.7	6.8	8.2	4.1	1.9	3.3	3.9
총합	*	188.9	284.5	287.5	372.9	372.1	464	732	1051	1,107

연도	2007	2008	2009	2010	2011	2012	2013	2014	2015
방송	151	171	185	184.7	222.4	233.8	309.4	340	370
영화	24.4	21	14.1	13.6	15.8	20.1	37	26.3	29.3
애니메이션	72.7	80.5	89.6	96.8	115.9	112.5	109.8	110	120
음악	13.8	16.4	31.2	81.3	196.1	235.1	277.3	310	360
게임	781	1,094	1,241	1,606	2,378	2,638	2,715	2,720	3,220
캐릭터	203	228	237	276.3	392.3	416.4	446	490	550
만화	3.9	4.1	4.2	8.2	17.2	17.1	20.9	46	30
총합	1,250	1,675	1,786	2,266	3,237	3,673	3,915	4,056	4,679.3

자료: 문화관광부. Establishment of Film Development fund(2006.12.22). 방송 부문의 경우 2008년부터 독립 제작사가 포함되었다. MCST(2014b); 한국콘텐츠진흥원(2015: 6). 한국콘텐츠진흥원(2016: 9).

둔 것이었다(Brown, 2006). 그에 따라 김영삼 정부는 문화산업의 개념을 문화정책에 도입하면서 한국 대중문화의 상품화를 심화했다. 1990년대 중반 이후 한국 정부는 신자유주의 흐름에 따라 문화산업을 탈규제화하면서도 직접 지원에 나섰는데(Jin, 2016), 이러한 새로운 경향은 한국의 문화산업과 이후의 정부들에 지속적으로 영향을 미친다.

이러한 배경을 바탕으로 한국 문화산업은 대중문화를 발전시키고 다른 나라로 수출되기 시작한다. 〈표 3-1〉에서 볼 수 있듯이, 1990년대 후반 이전까지, 한국의 문화산업은 글로벌시장에서 존재감 있는 문화상품을 거의 만들어내지 못했다. 1996년까지 수출할 만한 특별한 문화상품이 없었고, 문화상품의 수출이 본격화된 것은 한류의 시작 단계였던 1997년부터였다. 그에 따라 문화의 속성도 문화적 정체성에 대한 강조로부터 국내 소비뿐만 아니라 해외 수출을 염두에 둔 상업적 필요성으로 변화해 갔다. 다른 곳과 마찬가지로 한국 또한 대중문화를 국가의 경제를 향상시키고 소프트파워를 제공해 줄 수 있는 것으로 인식하기 시작하면서, 문화산업의 경제적 실적에 관심이 집중되어 간다(Jin and Nissim, 2014). 이는 민족국가가 글로벌 정치학적으로 타국의 사람들을 유인하는 데 문화를 활용할 수 있다는 것을 함의한다(Nye, 2004).

여러 문화산업 가운데 한류 현상을 촉발시킨 것은 방송산업이었다. 1997년 한국이 역사상 최악의 경제위기를 겪었을 때, 해외 프로그램들을 수입할 예산이 없었던 한국의 문화산업은 영화나 방송 등 지역 대중문화 상품을 직접 개발해야 했다. 다시 말해, 1997년 경제위기 직후 텔레비전 프로그램을 직접 개발해야 하는 절박한 필요성 속에서, 역설적으로 한국 방송사가 텔레비전 드라마들을 발전시켜 주변국으로 수출하기 시작했던 것이다. 주변 국가들이 미국이나 일본의 문화상품과 비교해 저렴하면서도 괜찮은 품질의 상품이 필요했던 당시의 상황상 이는 시의적절한 것이었다.

H.O.T. 등 소수의 뮤지션들을 접한 후 타이완이나 중국 등 일부 국가들이 한국 대중음악을 향유하기 시작하면서 한국산 문화상품에 대한 수요가 증가하기 시작한다. 따라서 동아시아 내 한류가 처음 시작되었던 것은 양측으로부터의 필요와 수요 — 한국이 자국 문화상품을 스스로 개발해야 했던 필요성과 동아시아가 한국산 대중문화를 원했던 수요 — 에 있었다고 할 수 있다. 따라서

중국의 CCTV(2015)가 보도한 바대로 "(동아시아 내 한국 대중문화의) 성공은 1997년 아시아 경제위기 이후 한국의 발전 정책상의 전환으로 거슬러 올라갈" 수 있다. 이 초기 단계에서 문화산업은 주요 행위자로 작동했는데, 이는 1990년대 후반 한류의 성장을 둘러싼 지형을 설명하는 데 '흐름(wave)'이라는 용어를 완벽하게 만드는 것이었다. 흥미로운 지점은 한류 드라이브를 시작한 것이 한국 정부가 아니라, 문화산업 그 자체였다는 점이다. 그렇다고 해서 주요 행위자 가운데 하나로서 한국 정부의 역할을 제외하는 것은 아니지만, 그럼에도 한류 현상의 시작에서 문화산업의 핵심적인 역할은 분명히 강조할 필요가 있다.

신한류 시대 지역 문화산업의 상품화

한국 대중문화의 인기와 함께, 한국의 문화상품 수출은 1998년 1억 8890만 달러에서 2015년 46억 7930만 달러 수준으로 지난 20년간 빠르게 증대했다(Korean Creative Content Agency, 2016). 그 가운데 게임산업은 언제나 제일 앞서는 것으로, 처음부터 전체 수출에서 가장 큰 부분을 차지해 왔다. 이는 한국이 〈리니지〉, 〈리니지 2〉, 〈아이온〉 그리고 이후의 모바일 게임들 등 여러 유명 온라인게임을 개발했기 때문이다. 그에 따라 한국 디지털 게임은 1998년 8200만 달러 수준이던 수출액을 2015년 32억 2000만 달러로 크게 증가시키면서 전 지구적으로 상당한 존재감을 갖게 되었다. 두 번째로 큰 산업은 캐릭터 부문으로 2015년에 5억 5000만 달러를 기록했고, 뒤를 이어 방송(3억 7000만 달러), 음악(3억 6000만 달러)이 따르고 있다(〈표 3-1〉). 영화산업은 2015년 2930만 달러로, 가장 낮은 수출 실적을 기록했다.

한국 대중문화 수출의 특성이 크게 변화하기 시작하는 것은 2008년 즈음인데, 특히 주요 수출 권역의 변화상이 눈에 띈다. 2000년대 초반 일본, 중국, 타이완, 싱가포르 등 주변국으로 대중문화를 수출하기 시작한 한국의 관점에서 보면 동아시아는 한류 성장에서 가장 중요한 지역이었다. 최근 들어 한국은 온라인게임뿐만 아니라 영화와 대중음악 부문에서도 북미와 유럽을 포함한 서구 시장에서 인기를 더해가고 있다. 비록 아직 주변적이긴 하지만, 서구 시장에서 K팝과 디지털 게임, 애니메이션도 인기를 얻고 있다. 〈런닝맨〉이나 〈슈퍼스타K〉 등의 일부 텔레비전 프로그램도 전 세계 청소년들 사이에서 인기를 얻고 있다.

주도적 문화산업 또한 변화하고 있다. 첫 단계에서는 방송과 영화가 가장 중요한 산업이었다. 한류가 몇 편의 웰 메이드 드라마와 함께 시작했다는 점에서 한류의 초기 성장 단계에서 드라마 부문의 공헌은 명백하다. 한국 영화 또한 〈쉬리〉(1999)와 〈공동경비구역 JSA〉(2001) 등 블록버스터 몇 편이 아시아 국가에서 인기를 얻으면서 그러한 경향을 이어갔다. 그러나 2008년 이후부터는 음악, 게임, 애니메이션/캐릭터 산업이 한류의 가장 큰 비중을 차지하기 시작한다.

이처럼 한국 문화산업의 역할이 변화해 간 주요 원인으로는, 자국 문화상품의 해외 수출에 차질이 빚어지면서 그로부터 탈출할 수 있는 새로운 성장 엔진을 찾으려 했던 것을 들 수 있다. 두 문화산업 — 디지털 게임과 음악 — 은 노력을 강화하면서 미국과 멕시코, 프랑스까지 도달했다. 한국 게임산업은 가파르게 성장했고, 모바일과 콘솔, PC, 온라인을 포함한 여러 게임 플랫폼 가운데 온라인게임이 한국의 문화 수출에서 가장 중요한 상품으로 떠올랐다. 영화나 텔레비전 프로그램 같은 시청각 상품들이 주로 아시아권 국가들에 확산되었던 데 반해, 디지털 게임은 북미와 유럽을 포함한 서구 문화 시장에서 그 존재감을 확장해 갔다. 특히 한국 게임산업의 새로운 성장 동력이 된 모바일 게임은 서구 시장에 빠르게 파고들었고, 그에 따라 북미와 유럽 등의 권역은 한국 모바일 게임의 주요 활동 영역이 되었다.

한편 K팝도 최근 한국 문화산업의 선두 주자로 부상하고 있다. 비록 해외 수출 규모에서 K팝은 여전히 게임이나 방송, 캐릭터 등 일부 문화산업에 뒤처져 있지만, 그 전 지구적 존재감과 영향력은 결코 만만치 않다. K팝이 문화산업 내에서 별 역할을 차지하지 못했던 2007년까지의 한류 초기와 달리, 2008년 이후 싸이나 아이돌 그룹 등 잘 기획된 음악과 재능으로 무장한 K팝은 한류의 성장 동력으로서 새롭게 부상했다. 2008년 1640만 달러에 그쳤던 한국의 음악 수출은 2015년 3억 6000만 달러로 22배나 증가했는데, 이와 함께 K팝은 한류 가운데 가장 중요한 문화 형식으로 자리를 잡았다(〈표 3-1〉 참고).

홍미롭게도 한국 음악산업은 글로벌시장에서 K팝의 최근 붐에도 불구하고 그로부터 온전하게 수익을 올리지 못하고 있다. 이는 글로벌 K팝 팬들이 CD나 카세트테이프의 구매보다는 유튜브 같은 소셜 미디어를 통해 K팝을 향유하기 때문이다(Jin and Yoon, 2016). 그러나 소셜 미디어를 통해 글로벌시장에서 인기를 얻은 K팝 뮤지션들은 콘서트와 광고 등을 통해 수익을 올리고 있다. 따라서 소셜 미디어는 "물리적 복제의 필요성을 제거"하면서(Havens and Lots, 2012: 214) 대중문화의 전통적인 규범들을 변화시키고 있는 셈인데, 그에 맞춰 한류 또한 변화할 것을 주문하고 있다.

게임과 K팝 외 애니메이션과 캐릭터 부문 또한 한국 문화산업 내에서 성장을 지속하고 있다. 1998년 한류가 시작되었을 때 애니메이션과 캐릭터 산업의 수출은 8500만 달러에 그쳤지만, 2015년 두 부문은 6억 70만 달러 수출을 달성하면서 신한류의 주요 부문으로 떠올랐다. 〈표 3-1〉에서 볼 수 있듯이, 영화산업은 수출 전성기였던 2005년 그 수출액이 7600만 달러였으나 2015년에는 2900만 달러에 그쳤는데, 이러한 마이너스 성장은 영화 부문이 유일하다. 방송산업도 성장을 지속했지만, 주요 프로그램들이 드라마로부터 리얼리티쇼로 크게 변화했다는 점에서 그 속성은 근본적으로 달라졌다.

이러한 상황으로 미루어볼 때, 글로벌 자본주의 내에서 대중문화의 상품화를 의미하는 문화와 경제 간 융합에 대한 최근의 주장은 적절해 보인다. 파워와 스콧(Power and Scott, 2011: 70)이 주장하듯이 "현재 현대의 일상에서 빠르게 증대되는 경제와 문화의 융합이 도시와 지역에 새로운 결과를 가져오고" 있는 것이다. 한국 문화산업 전반은, 호르크하이머와 아도르노(1972)가 특히 주장했던 대로, 사람들의 일상에서 문화적이고 사회적인 차원들을 상품화함으로써 자본주의 시장을 확대하는 한편, 그 생산방식에 내재하는 적대적 속성을 진압하고 무력화하려는 자본주의의 시도를 보여주고 있다(Huna, 2009: 9). 21세기 자본주의에서 이러한 흐름이 불가피한 가운데, 한국의 문화산업도 한때 국가 발전과 문화적 자주권을 위한 것이었던 한국 대중문화의 상품화를 빠르고 효율적으로 추구하고 있다.

신한류 시대 창의 콘텐츠 산업 시장

한류 2.0을 설명하는 데는 새로운 플랫폼으로서 소셜 미디어의 역할 증대, 한국 대중문화의 한국 정서와 미국식 구조 및 체계 간 혼종화 등 몇 가지 차원을 들 수 있다. 또한 2008년 이후 수정된 문화산업 정책이 수행한 역할의 중요성도 언급할 필요가 있다. 2008년 이후 문화산업은 디지털 테크놀로지와의 연관성 속에서 문화콘텐츠의 중요성을 좀 더 강조하기 시작한다.

이명박 전 대통령(2008~2013)은 21세기 국가경제에서 문화콘텐츠를 중요시했기 때문에 문화산업, 특히 문화콘텐츠의 시장화를 추진했다. 대중문화가 가치 있는 상품이 되자 정부와 문화산업이 국가경제를 위한 시장화에 돌입한 것이다. 2008년 2월 자신의 취임 연설에서 이명박은 산업의 주요 부문으로서 문화를 다음과 같이 강조했다.

최근 세계 무대에서 주목받는 한류는 그런 전통(오랜 역사를 가진 문화 국가로서 한국이 이어온 전통 _옮긴이 주)과 맥이 닿아 있습니다. 전통문화의 현대화와 문화예술의 선진화가 함께 가야 경제적 풍요도 빛이 날 것입니다. 이제는 문화도 산업입니다. 콘텐츠산업의 경쟁력을 높여 문화 강국의 기반을 다져야 합니다. 문화 수준이 높아지면 삶의 격조가 올라갑니다. 문화로 즐기고, 문화로 화합하며, 문화로 발전해야 합니다. 정부는 우리 문화의 저력이 21세기의 열린 공간에서 활짝 피어날 수 있도록 최선을 다하고자 합니다.

이 연설에서 나타난 바와 같이, 이명박은 문화산업을 '콘텐츠산업'으로 규정함으로써 문화콘텐츠의 속성에 초점을 맞추었다. 그에게 예술과 민족 전통을 포함한 전통문화는 상품으로서 국가경제에 이바지해야 하는 것으로, 이는 한류가 국가경제발전을 위한 도구에 불과하다는 것을 의미한다. 원용진(2012: 2~3)이 지적한 대로 이명박 정부의 문화콘텐츠 정책은 콘텐츠라는 용어가 문화에서 예술보다는 산업적인 측면을 강조한다는 점에서 기존 정부와 차이가 있다. 이는 이명박 정부의 문화정책들이 경제적 이익에 초점이 맞춰져 있다는 것을 명백히 보여주는 것으로, 뒤를 이은 박근혜 정부에 들어와서는 '창조산업'이라는 이름으로 지속된다.

좀 더 구체적으로, 이명박 정부는 문화산업에 대한 지원의 척도를 정치·경제적 필요성에 맞췄다. 문화 교역이 경제적으로 수익을 거둘 수 있다는 인식이 증대되면서 정부 내에는 문화 수출 진흥을 지원하는 분위기가 조성되었는데, 이는 이명박 정부가 대중문화의 시장화를 대대적으로 추구했다는 것을 의미한다. 정부가 이 분야를 지원한 것은 부분적으로는 관광과 메디컬 한류, 캐릭터산업 등의 관련 산업을 발전시키기 위해서였다(Won, 2012). 헤스몬달(Hesmondhalgh, 2007: 3)은 "문화산업이 다른 생산 형식들 이상으로 우리의 세계에 대한 이해에 영향을 미치는 상품 ─ 즉, 텍스트 ─ 의 제작 및 유통에 개입"하고 있다고 주장했는데, 이명박 정부는 문화산업의 역할을 경제적인 가치 외에는 인식하지 않았던 것으로 보인다. 그에 따라 이명박 정부의 주요 특성은 다른 나라에서 배운 대로 전통문화의 근대화를 동반하는 문화의 산업화를 발전시키는 것, 창의 콘텐츠산업을 개발하면서 문화와 예술 산업의 발전을 꾀하는 것이었다고 할 수 있다.

잘 알려진 대로 영국과 호주, 뉴질랜드 등 여러 국가들은 창의산업을 부상하는 글로벌 정보 경제를 대비하는 새로운 성장 동력으로 인식하고, 그 육성을 위한 기술적 발전의 진흥을 추진하는 공공정책에 주목했다(Flew, 2007: 21~24). 다시 한번 말하지만 창의산업이라는 용어는 1990년대 초 호주에서 유래했고 1998년 이후부터 영국에 의해 제도화되었다. 영국의 문화매체체육부는 그 개념을 포괄적으로 명명한 바 있는데, 그에 따르면 창의산업에는 "개인의 창의성, 기술(skill), 재능에 기원을 두면서 지적재산의 생성과 활용을 통해 부와 직업을 창출할 수 있는 가능성을 지닌 활동"들이 포함되며, 여기에는 "광고, 건축, 예술과 골동품 시장, 공예품, 디자인, 디자이너 패션, 영화, 인터랙티브 오락 소프트웨어, 음악, 퍼포먼스 예술, 출판, 소프트웨어, 텔레비전과 라디오"가 해당된다(Blythe, 2001: 145~146). 따라서 창의산업의 개념을 다음과 같이 정의한다.

…… 대량으로 재생산되는 문화상품들뿐만 아니라 (그 속성상 재생산이 불가할뿐더러 그로 인해 산업적이라 할 수 없어 종종 문화산업 연구에서 배제되곤 하는) 예술과 퍼포밍 예술의 영역을 통합하는 것이라 할 수 있다. 그래픽 디자인, 패션 디자인 또는 광고와 같은 하위 부문들뿐만 아니라, 비록 그 결과물(output)이 (건축과 디자인처럼) 대개 기능적임에도 문화를 인풋(input)으로 활용함으로써 문화적 차원을 지니고 있는 산업 또한 그에 포함된다(Rodriguez-Ferrandiz, 2014: 337).

그러나 이명박 정부 시기에 문화산업으로부터 문화콘텐츠로 개념이 전환되었다고 해서 텍스트에서 중요한 변화가 발생하지는 않았다. 이명박 정부가 경제적 필요성하에서 한류와 관련된 문화콘텐츠를 지원한 것이었기 때문이다(Choi, 2013: 257). 이명박 정부 시기에 강조되었던 것은 기업의 영역으로, 다시 말해 이명박 정부는 문화정책의 초점을 시장에 맞추었을 뿐 집합적 시민 기반의 관심사에는 별 의미를 두지 않았던 것(Clarkson, 2002)이다. 따라서 이명박 정부 시대 문화산업의 발전은 국가정체성과 자주권 문제에 따른 것이 아니었다.

이명박 정부는 또한 소프트파워로서 한류를 활용하는 것에도 주목했다. 한류의 증대하는 인기를 국가경제의 성장과 국가 이미지 개선에 활용하려고 했던 것이다(Kim and Jin, 2016). 이명박 정부는 브랜드 가치 증대를 위한 계획을 수립하는 관리 기관인 국가브랜드위원회를 구축했다. 이 위원회는 '글로벌 코리아(Global Korea)'라는 슬로건을 개발했는데, 이 슬로건은 삼성, LG, 현대-기아 자동차 및 SM, YG, JYP와 같은 주요 연예기획사 등 대기업 구성원들과의 밀접한 관계 속에서 정부에 의해 만들어진 캠페인이었다(Il-Prost and Bondaz, 2014). 나이(Nye, 2004)에 따르면, 소프트파워란 강압이나 경제력이 아닌 문화, 가치, 해외 정책들을 통한 매력으로 원하는 것을 얻을 수 있는 능력을 의미한다. 이명박이 문화와 함께 국력을 구축하고 한국 문화를 전 지구화하기 위해 지속적으로 문화의 역할을 강조한 것은 바로 그러한 관점에 기인한 것이었다. 이명박 정부는 집권 첫해 동안 국가경쟁력의 기준이자 국가 브랜드 향상에 필수적인 것으로 문화를 강조했고, 이로써 공적인 외교 능력을 강화하고 외국 사람들에게 긍정적인 인식을 주면서 한국 기업의 해외 이미지를 제고하려고 했다(Ministry of Culture, Sports and Tourism, 2009).

임기 내내 이명박은 소프트파워의 핵심적 기제로서 한류의 중요성을 강조했고, 한류를 문화외교의 개념과 연결시켜 국가의 브랜드 파워와 경쟁력을 연결시켰다. 이명박이 한류의 범주를 패션과 음식 등 타 문화 부문으로 확장시키려 했던 것도 바로 이 때문이었다. 취임 직후, 이명박 정부는 한식의 글로벌라이제이션에 대한 업무 계획을 제시했고, 2009년 5월에는 그 임무를 수행할 업무 팀이 결성되었다(Kim and Jin, 2016). 문화외교와 연결된 한류에 대한 이명박의 관점은 후임자 박근혜 시대에 들어와 약간의 변형을 거친다.

박근혜 정부(2013~2017)는 문화산업 내 지원체계 구축을 이어갔다. 앞서의 대통령들과 마찬가지로, 박근혜 또한 경제적 이익의 맥락에서 특히 '창조경제'라는 개념을 통해 한류의 역할을 강조했다. 창조경제란 영화와 방송산업 등의 전통적인 문화산업과 정보통신 기술 간의 융합을 의미하는 것으로, 이를 통해 국가경제의 새로운 성장 동력을 구축한다는 것이 핵심적인 내용이다. 박근혜는 주요 정책의 하나로서 문화와 관광 분야에 대한 정부지출을 문화체육관광부 예산의 2%까지 늘리는 새로운 문화정책을 제시하면서 한국 문화의 번영을 약속했다(Presidential Transition Team, 2013: 121).

박근혜는 또한 문화정책에 대해 문화예술가들로부터 조언을 듣고자 문화융성위원회를 구축했다. 특히 문화 융성과 관련된 10가지 업무 중 최소한 두 개 — 문화적 다양성의 고양과 '한국 스타일(Korean Style)'을 위한 창조적 문화산업의 배양 — 는 한류와 관련되었다. 그러나 한류를 대하는 박근혜의 입장은, 그녀가 강조하는 창조경제의 개념과 결합해, 문화적 다양성에 대한 지원보다는 기업의 이익과 소프트파워의 고양에 초점을 맞춘 것이었다(Kim and Jin, 2016). 이처럼 두 보수 정권에 걸쳐 문화콘텐츠의 중요성이 지속적으로 강조되어 왔지만, "혁신과 창의성은 파티에 여전히 초대받지 못"했다(Miege, 2011: 58). 문화산업에 새로운 개념을 도입했지만, 대중문화의 표준화, 시장화, 상품화에 초점을 맞춘 이 두 정부의 접근은 거의 비슷했던 것이다.

그리고 그 과정에서 한국 정부는 지속적으로 개입했다. 박미숙(2015: 11)의 언급대로 "한국이 군부독재에서 선거 민주주의로 전환되면서 정부의 통제가 점진적으로 완화되어 왔지만 한국의 문화산업은 정부의 개입으로부터 아직 완전히 벗어나지 못했다. 지금까지 문화정책의 발전은 사실상 정부에 의해 강력히 주도되어 온 것"이다. 한국의 문화산업은 국가경제를 위한 상업적 이익을 위해 정부의 강력한 지원을 필요로 하며, 이는 정부와 문화산업 간의 밀접한 상호연결성을 강화한다.

창의산업 내 문화적 다양성의 감소

전통적으로 글로벌 문화 시장에서 문화 부문은, 민족문화를 발전시키기 위해 어느 정도의 보호를 정당화하는 정치적 주장과 자유무역을 주장하는 경제적 주장으로 형성되어 왔다(Maule, 1989). 한편 문화산업은 "예술을 인간 창의성의 가장 고차원적인 형식"으로 여기는 인식을 바탕으로 경쟁 우위를 강조함으로써 차별화되는 위치를 점해왔다(Hesmondhalgh, 2007: 4). 다른 한편으로는 상업적 중요성을 추구해 온 문화산업이 대량의 부가가치를 생성하면서 정부로부터 집중적인 지원과 투자를 유인하기도 했다. 김대중 정부부터 문재인 정부에 이르기까지 역대 정부들이 신속하게 지원 정책을 발전시켰던 이유는 ─ 창의성의 향상이 아니라 ─ 국가경제의 성장을 위해 문화 부문을 발전시켜야 하는 정치적 우선순위 때문이었다.

중요한 사실은 대중문화의 빠른 상품화와 시장화로 인해 몇 가지 심각한 문제가 야기됐다는 것이다. 문화산업의 확장으로 그 수익이 크게 올랐지만 그로 인해 "생산·소비되는 문화콘텐츠의 질과 다양성 및 관련된 문제들이 발생"한다. 다양한 문화산업 영역에서 소수의 지배적인 기업들이 전체 산업을 수직적으로 통합하고 고도로 상업화된 상품들을 생산하기 시작한 것이다(Lee, 2011). 대중문화가 고도로 상업화되면서 정부 정책은 종종 오도되어 문화산업뿐만 아니라 한국 사회에도 부정적으로 영향을 미쳤다. 특히 박근혜 정부가 창조경제 발전 계획의 일환으로서 문화산업의 개념을 창조산업으로 바꾼 후, 문화 부문은 신한류의 성장을 지연시키는 여러 부정적인 양상에 당면한다.

최순실이 여러 정책, 특히 문화관광체육부 부문[1]에 개입한 것이 알려져 박근혜가 대통령으로서의 책임을 제대로 수행하지 못하고 탄핵되면서 박근혜의 문화정책은 복잡하게 꼬였다. 앞서 언급한 대로, 박근혜는 창조경제의 가장 중요한 부문으로 문화를 홍보하면서 그 융성을 강조한 바 있다. 예를 들어 법적·재정적 수단을 통해 문화 부문을 지원하는 데 더해, 박근혜 정부는 대통령 직속 문화융성위원회를 출범시켜 매월 문화의 날을 운영 ─ 문화 행사나 박물관 무료 또는 할인 ─ 했다. 그러나 "그처럼 문화를 강조했지만 박근혜 정부는 문화정책을 진두지휘해야 할 정부 기관인 문화부의 몰락을 야기했다. 박근혜 정부가 문화부에 ─ 심지어 그것을 거부하는 문화부 직원을 서슴없이 자를 정도로 ─ 자신들의 요구를 수행할 것을 압박하는 데 주저하지 않았기 때문이다(Kim, 2016).

한국 영화산업에서 가장 큰 문화 행사가 된 부산영화제(BIFF) ─ 많은 영화 관계자들이 교역을 위해 방문하면서 한국 영화의 해외 수출에 주요 통로가 되었던 ─ 또한 가장 큰 위기를 맞이했다. 2014년 부산영화제는, 부산 시장이 공공연하게 상영 목록에서 제외할 것을 요구했지만, 세월호 재난(〈진실은 침몰하지 않는다〉, 〈다이빙벨〉)을 다룬 논란의 다큐멘터리 상영을 앞두고 있었다. 문화체육관광부 장관 또한 작품의 상영을 강력히 반대했고 부산영화제에 대한 예산을 줄이겠다며 위협[2]했는데, 이는 박근혜 정부의 규제적인 성격을 잘 보여준다.

---

1   박근혜의 오랜 친구인 최순실은 정부 내에서 아무런 공식적인 직책을 맡고 있지 않으며, 그녀 자신이 명백히 행사했던 권력을 지닐 만한 자격도 없었다. 그녀는 문화 부문 내의 여러 문제에 개입했는데, 예를 들어 문화체육관광부 내에서 자신의 결정에 반대하는 사람은 그 누구라도 자신의 말을 잘 듣는 친구들로 대체해 버리곤 했다.

2   실제로 2015년 부산국제영화제의 예산은 2014년과 비교해서 58만 7000달러가 삭감되었다. 독립영화의 경우 KOFIC으로부터 4편을 지원받았던 2014년에 비해, 2015년

이 정부는 자신에 반대하는 편의 예산을 삭감함으로써 창의성을 억압했다. 대통령은 자신의 절친한 친구에게 권력을, 특히 문화 부문에서 행사하도록 허용한 것으로 보인다. 최순실과 그 일당은 문화 관련 행사와 조직을 개인적으로 유용한 것으로 의심된다. 문화 융성이라는 고귀한 목표가 대통령의 절친한 친구와 그 동료들에 의해 전용된 것이다. 문화를 소생시켜 다시 건강한 생태로 복귀시키기까지는 먼 길이 될 것이다(Kim, 2016).

문화체육관광부를 둘러싼 최근의 스캔들은 정부와 문화산업이 지나치게 긴밀하게 엮인 탓에 벌어진 일이었다. 정부에 있어 대중문화가 창조경제를 위한 주요 도구가 되었다면, 대중문화 생산을 위해 문화산업 정부의 지원을 필요로 했다. 양측에게는 대중문화가 가장 중요한 상품이 되어왔던 것이다. 대중문화를 상품으로 본 그들이 몰두한 것은 대중문화를 자본화할 수 있는 방법이었다. 그에 따라 문화 및 기업 정책은 그들의 단기적인 계획과 필요성에 따라 쉽게 뒤집혔기 때문에 문화 영역은 취약해질 수밖에 없었다. 문화산업 프로젝트의 수립과 이른바 창조경제 진흥의 추진은 창의성과 문화적 다양성을 확장시켜 '새로운 창의산업으로 포괄되는 광범위한 활동과 영역'으로(Miege, 2011: 64) 발전해 나갔어야 했다. 그러나 문화 영역에 대한 이 정부들의 비전과 철학이 부재한 탓에 그 실현은 아직 요원한 상황이다.

이러한 위기는 문화의 상품화에 너무 많은 사람들이 매료되었던 탓이라 할 수 있다. 호르크하이머와 아도르노(1972: 95~96)는 다음과 같이 주장한 바 있다.

오늘날 문화는 모든 것을 동일성으로 오염시키고 있다. 영화, 라디오, 잡지

에는 3편으로 줄어들었다(Noh, 2015).

는 단일한 체계를 형성한다. 문화의 각 가지(branch)는 그 자체로서 서로 다를 바 없이 모든 것들이 함께 일치하고 있다. 정치적 저항의 미학적 표현들조차 똑같이 융통성 없는 리듬을 보여준다. ……(중략)…… 영화와 라디오는 더 이상 스스로를 예술로서 표명할 수 없다. 그것들이 단지 비즈니스에 불과하다는 사실은 그것들이 의도적으로 생산해 내는 쓰레기들을 적법화하기 위한 이데올로기로서 활용된다.

갈수록 현대 경제의 중요한 구성 요소가 되어가는 문화산업이지만, 이 산업이 문화적 다양성을 고양시키는 문화적 정체성의 수단으로서 작동하는지는 의문이다. 민족국가들이 문화산업을 발전시키는 것이 전 지구적인 경향이라는 것, 그리고 한국 정부에서 문화가 진정으로 가치 있는 상품이라는 사실은 부인할 수 없다. ≪사우스 차이나 모닝 포스트(South China Morning Post)≫(2012)가 지적했듯이, "마케팅과 브랜드화는 창의성을 현금으로 전환시키는 것이고, 한국이 가속화하는 것은 바로 그것이다. 문제는 한국 정부가 (상품으로서만) 콘텐츠를 발전시키고 있다"라는 것이다. 이러한 점에서 플루(Flew, 2014: 12)는 문화산업과 연관해서 문화적 다양성의 중요성을 명백하게 지적한 바 있다.

문화와 창의성에 대한 초점은, 직업 창출과 혁신 그리고 수출 성장이라는 경제적인 목표와 사회통합, 문화적 다양성과 환경적으로 지속 가능한 성장에 대한 기여라는 좀 더 인간 중심적인 발전을 가능케 할 수 있는 가능성을 지닌다. 창조경제 전략을 특별히 매력적으로 만드는 한 가지 요인은 그것들이 ― 대규모의 자본투자에 기대기보다는 ― 인간의 능력을 이끌어내어 소규모의 발전을 이끈다는 것으로, 이는 사람들의 정체성과 가치와 연계된 무형의 문화자본을 축적할 수 있다는 것이다. 외부의 전문성에 의존할 필요성보다는, 지역의 문화 실천 전략들을 활용함으로써 창의산업은 문화 다양성을 보존하면서 문화적 지속성을 촉진할 수 있을 것이다.

예를 들어 K팝의 인기는 SM 엔터테인먼트나 JYP 엔터테인먼트, YG 엔터테인먼트 등 여러 연예 기획사들이 강도 높게 상업화 및 시장화를 추진한 결과다. 이 연예 기획사들이 체계적으로 훈련시킨 여러 아이돌 그룹과 개별적인 뮤지션들이 최근 글로벌시장에서 K팝 붐을 일으키는 데 핵심적인 역할을 수행했기 때문이다. 한류 문화산업 및 그 실천가들은, K팝 아이돌 그룹에서 볼 수 있듯이, 표준화와 수익을 위한 대중문화의 상품화에 깊숙이 개입해 왔다.[3] 이는 문화적 다양성과 자주권의 결여로 인해 한류가 탈정치화하는 결과를 낳았다. 문화산업은 열정적으로 상업적 수익을 추구하면서 지원을 확고히 하기 위해 정부와 호의적인 관계를 지속해 왔고, 이로 인해 한국의 문화산업은 문화 영역 그리고 한국 사회 전반에 걸쳐 다양한 목소리들을 확보해 주는 사회적 기구(social apparatus)로서의 역할을 잃어버리게 된 것이다.

결론 및 논의

이 장은 한류와 함께해 온 한국 문화산업의 발생을 비판적으로 분석했다. 방송과 게임, 음악, 영화 등 여러 문화산업들이 지역 문화의 발전에 크게 기여하면서 한류 현상에서 주요 행위자가 되었다. 이 문화산업들이 한국 정부와 상호작용 하면서 고유한 대중문화를 발전시켜 글로벌시장으로 수출했다

---

3   예를 들어 한국 최대 연예기획사 SM 엔터테인먼트는 1990년대에 K팝을 출범시켰다. "연습생을 위한 신병 훈련소 스타일의 트레이닝을 제공하고 음악을 생산하는 프로덕션 라인을 구축함으로써, SM 엔터테인먼트는 아시아와 그 외 지역들에 걸쳐 Top 40 차트에서 돌풍을 일으키고 관객석이 꽉 찬 콘서트를 연달아 성취할 수 있는 모델을 완성"해 냈다(Forbes, 2013).

는 것은 명백하다.

문화산업의 성장이 시작된 것은, 최소한 부분적으로, 한국 정부가 신자유주의 글로벌라이제이션적 접근을 받아들인 이후부터였다. 그러나 작은 정부를 함의하는 신자유주의 글로벌라이제이션이지만, 한국은 발전주의에 기반해 국가경제를 발전시켜 왔을 뿐만 아니라 문화 영역 내에서도 국가 주도의 발전을 포기하지 않았다. 문화산업이 민족 예술이 아닌 상품으로서 성장하는 과정에서 정부의 개입이 요청되었고, 그에 따라 한국 정부는 문화정책과 경제정책을 통해 문화 시장화를 활성화했다(Jin, 2016). 한국의 문화산업은 상업적 의무를 이행하는 과정에서 권역적으로 세력을 확장했을 뿐만 아니라 전 지구적인 존재감 또한 상당히 확장시켰다. 다시 말해, 한국의 문화산업은 "글로벌라이제이션이 추동하는 상업성을 증대시킴으로써" 한류에 기여했던 것이다(Ju, 2014: 4).

보수와 진보를 막론하고 한국 정부들은 연속적으로 "한국 사회에 대해 포스트 산업주의적인 관점을 공유하면서 문화를 국가의 새로운 동력으로서 옹호"했다. 각 정부는 발전주의적인 접근을 유지하면서도 "정부는 문화의 상업화와 산업화라는 신자유주의적인 목표를 지속적으로 추구"했는데(Lee, 2013: 190), 이는 매우 독특한 것이다. 한국의 여러 정부들이 일반적으로 창의산업에 적극적으로 자본을 제공하면서 지원했던 이유는 "1998년 즈음부터 기둥 산업으로서 문화를 인식하면서인데, 창의산업이 해외로 진출하게 된 것은 크게 보아 한국의 거대 연예 기획사들의 수익 주도적이고 계산된 계획"이라고 할 수 있다(South China Morning Post, 2012).

후에 창조 콘텐츠 산업이라고 불리게 되는 문화산업은 소프트파워와도 밀접하게 연관되는데, 왜냐하면 2008년 이후 두 번에 걸쳐 집권했던 보수 정부가 문화정책의 우선순위를 전환시켰기 때문이다. 이 정부들은 창조 콘텐츠 산업에 대한 지원을 확장하는 한편, 문화외교를 도울 수 있는 한류에 협력하는 방향으로 그 산업을 활용했다. 한류는 언제나 국가경제를 위한 것이거나 국가 이익을 추구할 수 있는 소프트파워를 위한 상품으로서 인식되어 왔던 것이다.

한류 현상에서 문화산업의 핵심적인 역할이 인정되는 가운데, 한류 2.0과 연관해서 정부와 문화산업이 문화적 가치들을 발전시키지 않았다는 점에 대한 우려가 증대하고 있다. 사실 1990년대 이후 신자유주의가 강화되면서 상품으로서의 문화에 대해 많은 우려가 제기되어 왔다. 한국에서 신자유주의적 접근이 확산되면서 문화정책에서의 강조점은 문화산업의 시장 기반의 측면에 맞춰져 왔는데(Jeannotte, 2010), 이 과정에서 한국 문화산업이 "문화적 다양성과 정체성에 대한 집합적인 시민 기반의 중요성을 간과해 왔다는 것이다. 이는 한국의 문화정책들이 운영되는 데 기업의 이익을 우선시함"을 의미한다(Jin, 2016: 39). 한국 문화산업의 성장에 공공의 이해관계의 개념이 그 틀을 구축한 것도 아니었고, 한국 정부가 문화적 다양성의 보존에 관여한 것도 아니었다. 1990년대 후반 이후 한국 문화산업은 철저하게 상업주의의 경로를 따라왔고, 예술을 창조할 수 있는 부문으로서 스스로를 혁신하고 헌신하는 대신, 수출을 위해 상품을 정형화하는 데 좀 더 관심을 두어왔다(Kim, 2004: x, cited in Rist, 2004). 최근 정부들의 창의 산업에 대한 강조는 문화 정체성의 보존이나 또는 확장과는 무관하다. 유네스코의 정의(2010: 2)에 따르면 "창의 산업은 그 상품이나 서비스가 예술적인 또는 창의적인 노력과 활동의 요소를 상당 부분 포함하는 산업"이지만, 한국 정부의 실천은 이러한 중요한 목표를 실현하는 대신 대중문화의 상업화를 심화하는 데 그쳤다.

와스코와 미언(Wasko and Meehan, 2013: 153)은 문화산업이 "내러티브와 주장, 전망, 상징 세계, 상상적 가능성을 전달하는 상품을 생산"하는 것이라 언급한 바 있다. 다시 말해, 문화상품이란 "예술가에 의해 창조되거나 노동자들에 의해 제조되는 인공물이자 상품으로서, 해석을 위한 시각과 소비를 위한 이데올로기를 광고주들이 겨냥하는 소비자이기도 한 해석자들로 구성된 적극적인 대중에게 제시"하는 것이다. 문화와 경제가 이미 긴밀하게 연결된 21세기의 상황에서 문화가 상품으로서가 아니라 순수하게 민족 전통과 역사의 상징으로서 민족 예술을 반영하기를 바라는 것은 불가능할 것이다. 그럼에도 오늘날 지역 문화의 핵심적인 특성은 고유한 지역 전통과 사람들의 문화적 정체성에 기반해야 할 것이며, 이는 한류 내 문화산업들이 지역 정서를 고양할 수 있는 방향으로 지역의 대중문화를 발전시킬 필요가 있다는 것을 의미한다.

참 고 문 헌

Brown, W. 2006. "American Nightmare: Neoliberalism, Neoconservatism, and Democratization." *Political Theory*, 34(6), pp.690~714.

Blythe, M. 2001. "The Work of Art in the Age of Digital Reproduction: The Significance of Creative Industries." *International Journal of Art and Design Education*, 20(2), pp.144~150.

CCTV. 2015.1.25. "Culture Industry: an Economic Pillar in S. Korea." http://english.cntv.cn/2015/01/25/VIDE1422167759786735.shtml

Choi, B. I. 2002. "When Culture Meets Trade: Screen Quota in Korea." *Global Economic Review*, 31(4), pp.75~90.

Choi, Y. H. 2013. "The Korean Wave as a Corporate-State Project of Lee Government." *Economy and Society*, 97, pp.252~285.

Clarkson, S. 2002. *Uncle Sam and Us: Globalization, Neoconservatism, and the Canadian State.* Toronto, ON: University of Toronto Press.

Flew, T. 2007. *Understanding Global Media.* New York: Palgrave

_____. 2014. "Creative Industries—a New Pathway." *Intermedia*, 42(1), pp.11~13.

Forbes. 2013.7.31 "Korea's S. M. Entertainment: The Company That Created K-Pop." http://www.forbes.com/sites/forbesasia/2013/07/31/koreas-s-m-entertainment-the-company-that-created-k-pop/#139c8cd05ce9

Garnham, N. 2005. "From Cultural to Creative Industries." *International Journal of Cultural Policy*, 11(1), pp.15~29.

George, E. 2014. "The Theory of the Cultural Industries: a Milieu for Building Dynamic Knowledge." *Canadian Journal of Communication*, 39(1), pp.29~54.

Havens, T., A. Lotz and S. Tinic. 2009. "Critical Media Industry Studies: A Research Approach." *Communication, Culture and Critique*, 2, pp.234~253.

Havens, T. and A. Lots. 2012. *Understanding Media Industries.* Oxford University Press.

Hesmondhalgh, D. and A. Pratt. 2005. "Cultural Industries and Cultural Policy." *International Journal of Cultural Policy*, 11(1), pp.1~13.

Hesmondhalgh, D. 2007. *The Cultural Industries*(2rd edition). London: Sage.

Horkheimer, M. and T. Adorno. 1972. *Dialectic of Enlightenment.* (Trans. John Cumming). New

York: Verso.

Huna, J. 2009. "Historical Changes in the Commodification of Popular Culture: Implications for Communication and Rhetoric." Presented in the National Communication Association Conference, pp.1~31.

Ih-Prost, O. and A. Bondaz. 2014. "South Korea Trying to Improve Its Nation Brand." *Korea Analysis*,1, pp.1~3. http://www.centreasia.eu/sites/default/files/publications_pdf/ note_ka1_south_korea_trying_to_improve_its_nation_brand.pdf

Jeannotte, S. 2010. "Going with the Flow: Neoliberalism and Cultural Policy in Manitoba and Saskatchewan." *Canadian Journal of Communication*, 35 (2), pp.303~324.

Jin, D. Y. 2014. "The Power of the Nation-state amid Neoliberal Reform: Shifting Cultural Politics in the New Korean Wave." *Pacific Affairs*, 87(1), pp.71~92.

_____. 2015. "New Perspectives on the Creative Industries in the Hallyu 2.0 Era: Global-Local Dialectics in Intellectual Properties." in A. M. Nornes and S. J. Lee(eds.). *Hallyu 2.0: Korean Wave in the Age of Social Media*. Ann Arbor, MI: University of Michigan Press.

_____. 2016. *New Korean Wave: Transnational Cultural Power in the Age of Social Media*. Urbana, IL: University of Illinois Press.

Jin, D. Y. and K. Yoon. 2016. "The Social Mediascape of Transnational Korean Pop Culture: Hallyu 2.0 as spreadable media practice." *New Media and Society*, 18(7), pp.1277~1292.

Jin, D. Y. and N. Otmazgin. 2014. "Introduction: East Asian Cultural Industries: Policies, Strategies, and Trajectories." *Pacific Affairs*, 87(1), pp.43~51.

Ju, H. J. 2014. "Transformations of the Korean Media Industry by the Korean Wave: the Perspective of Glocalization." in Y. Kuwahara(ed.). *The Korean Wave: Korean Popular Culture in Global Context*. New York: palgrave.

Kim, H. R. 2016.10.27. "Troubling Revelations about Seoul's 'Shadow President': The Korea Herald Columnist." The Straits Times. http://www.straitstimes.com/asia/east-asia/troubling-revelations-about-seouls-shadow-president-the-korea-herald-columnist

Kim, T. Y. and D. Y. Jin. 2016. "Cultural Policy in the Korean Wave: An Analysis of Cultural Diplomacy Embedded in Presidential Speeches." *International Journal of Communication*, 10, pp.5514~5534.

Korea Creative Content Agency. 2015. *2015 Contents Industry Perspective*. Naju: KOCCA.

_____. 2016. *2016 Contents Industry Perspective*. Naju: KOCCA.

Kwon, S. H. and J. Kim. 2013. "From Censorship to Active Support: The Korean State and Korea's Cultural Industries." *The Economic and Labour Relations Review*, 24(4), pp.517~532.

Lee, D. Y. 2011.2. "Monopoly in Korea's Culture Industry." Monthly Art World. http://www.koreafocus.or.kr/design2/layout/content_print.asp?group_id=103492

Lee, H. K. 2013. "Cultural Policy and the Korean Wave: from National Culture to Transnational Consumerism." in Y. N. Kim(ed.). *The Korean Wave: Korean Media Go Global*. London: Routledge.

Maule, C. 1989. "The Nation State and Trade in Cultural Services." *Canadian Journal of Communication*, 14(2), pp.88~94.

Miege, B. 2011. "Principal Ongoing Mutations of Cultural and Information Industries." in D. Winseck and D. Y. Jin(eds.). *The Political Economies of Media: the Transformation of the Global Media Industries*. London: Bloomsbury.

Miller, T. 2009. "From Creative to Cultural Industries." *Cultural Studies*, 23(1), pp.88~99.

Ministry of Culture and Tourism. 2006. *2006 Cultural Industry White Paper*. Seoul: MCST.

Ministry of Culture, Sports and Tourism. 2009. *Munhwayesul Baekseo*(White paper on cultural policies). Seoul: MCST.

_____. 2011. *Summary of 2011 Content Industries*. Seoul: MCST.

_____. 2014. *2013 Contents Industry Whitepaper*. Seoul: MCST.

Noh, J. 2015.6.18. "Korean Industry Protest KOFIC Budget Cuts." *Screen Daily*. http://www.screendaily.com/territories/asia-pacific/korean-industry-protests-kofic-budget-cuts/5089529.article

Nye, J. 2004. "Soft Power and American Foreign Policy." *Political Science Quarterly*, 119(2), pp.255~270.

O'Connor, Justin and M. Gibson. 2014. Culture, Creativity, Cultural Economy: A Review a Report as Part of the Australia's Comparative Advantage Study under the Wider Securing Australia's Future Program.

Otmazgin, N. and B. A. Eyal. 2011. "Cultural Industries and the State in East and Southeast Asia." in N. Otmazgin and E. B. Eyal(eds.). *In Popular Culture and the State in East and Southeast Asia*. London: Routledge.

Park, M. S. 2015. "South Korea Cultural History Between 1960s and 2012." *International Journal of Korean Humanities and Social Sciences*, 1, pp.71~118.

Presidential Transition Team. 2013. *The 21st Century National Goals*. Seoul: Presidential Transition Team. Press Release.

Power, D. and A. Scott. 2011. "Culture, Creativity and Urban Development." in A. Pike, A. Rodriguez-Pose and J. Tomaney(eds.). *Handbook of Local and Regional Development1*. London: Routledge.

Rist, P. H. 2004. "Korean Cinema Now: Balancing Creativity and Commerce in an Emergent National Industry." *Cineaction*, 64, pp.37~45.

Rodríguez-Ferrándiz, R. 2014. "Culture Industries in a Postindustrial Age: Entertainment, Leisure, Creativity, Design." *Critical Studies in Media Communication*, 31 (4), pp.327~341.

Schiller, H. 1989. *Culture, Inc.: the Corporate Take over of Public Expression*. New York: Oxford University Press.

South China Morning Post. 2012.11.30. "How Korean Culture Stormed the World."

UNESCO. 1980. *Many Voices, One World: Communication and Society Today and Tomorrow*. Paris: UNESCO.

_____. 2010. *Understanding Creative Industries Cultural Statistics for Public-Policy Making.* Paris: UNESCO.

Wasko, J. and E. Meehan. 2013. "Critical Crossroads or Parallel Routes? Political Economy and New Approaches to Studying Media Industries and Cultural Products." *Cinema Journal*, 52(3), pp.151~156.

Won, Y. J. 2012.4.27. "Evaluation of Cultural Contents Policies of Lee Myung-bak Government." paper presented at the Cultural Policy Forum. Seoul.

Yim, H. S. 2002. "Cultural Identity and Cultural Policy in South Korea." *The International Journal of Cultural Policy*, 8(1), pp.37~48.

Yonhap News. 2016.1.26. "Exports of Korea's Content Industry exceed US$5 Billion in 2014."

2부

/

한류 연구의 새로운 관점들

4장

동아시아 너머의 한류

한류의 전 지구적 소비에 대한 이론적 고찰

●
●
●

홍석경

들어가는 말

동아시아 문화 연구 분야에서 한류가 중요한 연구 주제로 부상한 지도 10여 년이 지났다. 홍콩과 일본의 대중문화가 동아시아에서 광범위하게 공유되었지만, 그보다 나중에 등장한 한류가 문화연구자들과 학자들을 사로잡은 데는 몇 가지 이유를 들 수 있다. 우선 1980년대 대중문화의 전성기에 그 영토가 영국에 복속되었던 홍콩은, 그 실제적인 시장이 중국 그리고 거대한 규모의 중국인 이주민 인구였다는 점에서 특징적이었다. 일본의 경우 견고한 국내 경제와 시장이 '재팬 마니아'를 지탱했다. 이러한 사례들과 비교하면 한류는 작은 나라의 국지어로 생산되었다는 점에서 차이가 있다. 더구나 한국은 다른 국가에 쉽게 영향을 미칠 수 있는 하드파워도 지니지 않았다. 그럼에도 불구하고, 해외에 수출될 거라고는 예상되지 못했던 한국 드라마가 주변의 동아시아 국가들 사이에서 신드롬을 일으키면서 한류가 해외에서 큰 성공을 거둔 것이다. 이는 기존의 경제 논리나 언어정치학으로는 설명될 수 없는 특이한 현상이었다. 이에 대한 호기심은 다양한 방식의 수용 연구로 이어졌는데, 많은 연구자들은 아시아 수용자들이 한국 드라마를 시청함으로써 자신들의 정체성을 재확인한다는 점에는 최소한 동의하고 있으며(Lin, 2004), 결과적으로 한류 콘텐츠의 소비가 아시아 수용자들에게 한국에 좀 더 관심을 갖도록 할 뿐만 아니라 아시아권 내 상호작용을 가능케 했다는 긍정적인 목소리가 형성되었다(Chua, 2004).

둘째, 한류가 2000년대가 시작되는 시점에 매우 빠르고 폭발적으로 전파되었다는 사실, 그리고 무엇보다도 동아시아 국가들을 동시적으로 횡단하면서 발생했다는 사실에 주목할 필요가 있다. 그에 따라 초기 한류 연구들은 각국의 미디어 경제 상황, 번역 과정, 수용 경로 등을 살펴봄으로써 한국 미디어가 아시아 국가들 사이에 유통될 수 있었던 매개의 과정에 초점을 맞췄다. 그러나 2000년대 중반 〈겨울연가〉와 〈대장금〉이 초국가적으로 엄청난 성공을 거두면서 한류는 전성기를 맞이한 듯 보였고, 그에 따라 한류의 최전성기가 이미 지났다는 인식과 함께 문화연구 내에서는 새로운 화두가 없다 또는 연구의 방향성을 잃었다는 이야기가 회자되었다. 그런데 2010년을 넘어서면서 한류는 동아시아권 바깥으로 새롭게 팬덤을 형성해 가기 시작한다. SM 엔터테인먼트는 2011년 6월 프랑스 파리에서 소속 아이돌들이 출연하는 거대 콘서트를 개최했는데, 한국 언론은 콘서트 티켓이 순식간에 동났으며, 티켓을 사지 못한 팬들이 콘서트 연장을 위한 플래시 몹 시위를 벌였다는 소식을 전했다. 이전까지 한국인 가수가 음반을 발표한 적도 없었고 한국 드라마가 방영된 적도 없었기 때문에, 유럽은 그동안 여러 가지 이유로 행사를 개최하기가 매우 어려운 곳으로 알려졌었다. 따라서 파리에서의 SM 콘서트는 한류가 마침내 유럽에서도 통했다는 점에서 한국에서 엄청난 취재 세례를 받았다. 언론매체들은 이 행사를 한류가 동아시아를 넘어 세계로 광범위하게 확장되는 중요한 전환점으로 해석했으나, 이러한 해석은 지나친 애국주의적인 과장이라는 비판을 받기도 했다.

이듬해에는 유럽 내 한국 가수의 합동 또는 솔로 콘서트들이 성공적으로 이루어졌다.[1] 무엇보다도 2012년 7월 초반에 싸이의 「강남스타일」이 빠르게 입소문을 타면서 몇 달 만에 유튜브에서 가장 많은 조회수를 기록한 뮤직비디오가 되었는데,[2] 이는 한류가 거둔 성공을 가장 생생하게 전해주는 증거로 간주되었다.[3]

한국의 한류 연구자들은 한류가 동아시아 수용자들에게 아시아인으로서의 '동질성'을 환기하는 기회를 제공한다고 보는 경향이 있었다. 하지만 한류가 서구에서 '타자'로 인식되면서도 유통된다는 사실은 그와 상반되는 것이었다. 이러한 평가가 애국주의의 발로에서든 그로부터 거리를 두려는 비판적 태도에 의한 것이든 간에, 다양한 관점에서 이 두 입장에 기반하는 평가가 이루어지고 있다. 그러나 더 중요한 사실은 이 두 입장들이 모두 한류가 예상치 못한 특별하고 중요한 현상이라는 점에 동의한다는 것이다. 따라서 앞으로는 그 복잡성에 주목하면서 객관적으로 한류 현상을 설명하고자 시도해야 할 것이다. 한국의 미디어들은 동아시아를 넘어 확장되는 한류에, 마치 한류의 질적 특성이 바뀐 것처럼 동아시아의 바깥으로 전파되는 한류

---

1   2012년 유럽에서는 KBS 뮤직뱅크(2월, 파리)와 JYJ 콘서트(10월, 바르셀로나와 베를린), 빅뱅 콘서트(12월, 런던) 등 여러 번에 걸쳐 대규모 콘서트가 열렸다.

2   지금까지도 이 기록은 유지되고 있다. http://www.techtimes.com/articles/198870/20170223/psy-gangnam-style-is-still-youtube-most-watched-music-video-ever-video.htm

3   「강남스타일」은 유튜브 역사상 3개월 미만의 짧은 기간 내에 2억 뷰 이상에 도달한 동영상이라는 기네스 공식 기록을 보유하고 있다(Guninness World Records, 2012). http://www.guinnessworldrecords.com/news/2012/9/gangnam-style-now-most-liked-video-in-youtube-history-44977/

에 웹 2.0의 중요성을 보여주고자 신한류 또는 '한류 2.0'이라는 꼬리표를 붙여 구별하곤 한다. 그러나 이 현상은 동아시아에서 관찰되었던 한류 현상의 연속이자 디지털 문화와 글로벌라이제이션 시대의 문화적 논리로서 이해될 필요가 있다. 2016년 UN의 세계 인구조사 자료에 따르면, 글로벌화된 세계에서 2015년 세계 인구의 3.3%가 이주민에 해당하는 것으로 나타난다.

이 자료에 따르면 2000년에서 2015년 사이 이민이 41% 증가했고, 아시아계 후손들이 전 세계 이주민 인구 가운데 거의 절반을 차지하는 것으로 나타난다.[4] 해외에 사는 사람들은 종종 고향의 콘텐츠를 소비할 필요성을 느끼게 되며, 자신들의 정체성을 지속적으로 협상해 나갈 수 있는 대상을 찾아다닌다. 사람들이 좀 더 발전된 기술적 수단을 장착하면서 국제적인 맥락 속에서 다변화된 문화를 접촉할 가능성이 크게 늘어났다. 가장 디지털화된 국가 가운데 하나인 한국의 연결성은 문화콘텐츠를 디지털 파일로 전환시켜 확장적으로 유통시키는 데 기여했다. 다시 말해, 디지털 문화와 글로벌라이제이션으로부터 기인하는 새로운 미디어 환경 속에서 한 국가가 생산한 모든 미디어 콘텐츠는 제도화된 미디어 없이도 세계 어디에서나 접촉과 유통이 가능해졌으며, 그 결과 나름의 수용자층의 형성에 이르게 되었다는 것이다. 누군가에게는 노스탤지어의 대상인 것이 다른 이들에게는 호기심 어린 소비를 불러일으키기도 하는 등, 온라인에서 가능해진 콘텐츠 이용 상황은 모두를 위한 정체성의 정치학 공간을 생생하게 만들어내고 있다.

이 장의 목적은 글로벌화된 디지털 문화에서 하나의 거대한 문화현상으로서 한류를 인식하는 것이다. 이 장에서 필자는 제도권 미디어를 매개로 한 동아시아 내부의 한류와 새로운 디지털 문화로부터 기인한 '글로벌' 한류

---

4   http://www.un.org/sustanabledevelopment/blog/2016/01/244-million-interna-
     tional-migrants-living-abroad-worldwide-new-un-statistics-reveal/

를 구분할 것이다. 또한 새로운 디지털 플랫폼에 의해 추동된 문화적 변화의 사례로 현재의 한류를 인식하고, 이를 제대로 이해하기 위해서 새로운 통합적인 틀이 필요하다는 것을 주장할 것이다. 이와 같은 새로운 학문적 틀이 필요한 이유는 우선 한류가 이 새로운 유형의 문화적 유통 과정을 보여주는 하나의 전형이기 때문이다. 나는 한류의 사례가 앞으로 발생할 여러 유사 사례들에 대해 적절한 설명을 제공할 것이라 생각한다. 둘째로는 수없이 많은 문화적 흐름들 가운데 한류가 가장 가시화되었다는 점을 들 수 있다. 필자는 한류로 인해 새로운 문화콘텐츠뿐만 아니라 글로벌라이제이션 내 다양한 문화들 간 새로운 커뮤니케이션 모델에 대한 이론적 고찰로 이어질 것이라 생각한다.

이 장은 1999년 이후 동아시아의 바깥에 거주했던 필자의 관찰에 크게 의존하고 있다. 분명 외부자의 관점이라는 부분에 따른 장단점이 존재하는 가운데, 필자는 한류에 대한 기존 이론들을 재해석함으로써 한류가 글로벌라이제이션 및 가속화되는 디지털 문화 속에서 나타난 독특한 현상이라는 새로운 연구의 틀을 제안하려고 한다. 즉, 한류를 좀 더 보편적인 학문적 틀을 통해 조망하려는 것이다. 필자는 신뢰할 만한 반대 주장들과 새로운 가설을 통해 다음 절에서 이어갈 세 가지 연구 조사에 대해 앞으로 좀 더 많은 논의와 비판이 제기되기를 기대한다.

미디어스케이프의 변화: 인터넷과 디지털 시대의 대중문화

아파두라이는 저서 『고삐 풀린 현대성(Modernity at Large: Cultural Dimensions of Globalization)』(1996)을 통해 글로벌라이제이션의 문화적 결과에 대해 영향력 있는 통찰을 제공한 바 있다(Appadurai, 1996). 이 저작은 '중심부(center)'와 '주변부(periphery)' 간 위계적인 관계로부터 벗어나 오늘날 진행되는 전 지구화의 과정 내 문화적 현실을 직시할 수 있는 새로운 패러다임을 제시했다는 점에서 중요하다. 아파두라이는 "오늘날 글로벌 문화는 복잡다단하게 중첩적이고 이접적(disjunctive)인 질서의 관점에서 이해되어야 한다"라고 주장한 바 있는데(Appadurai, 1990: 296), 여기서는 특히 문화와 국경을 넘나드는 사람들의 이동 영역인 '에스노스케이프(ethnoscape)'와 미디어 콘텐츠와 재현의 영역인 '미디어스케이프(mediascape)'의 개념에 주목할 것이다.

글로벌라이제이션으로 인해 수없이 많은 사람들이 국경을 넘나드는 이동이 발생하고 있다. 상대적으로 발전된 사회에서는 경제적인(직업 구하기) 또는 문화적인(문화적 선호) 이유로 자발적인 이동으로서 나타났다면, 덜 발전된 사회에서는 전쟁, 자연재해, 경제위기 등으로 인한 좀 더 비자발적인 이동이 관찰되고 있다. 20세기 이후 환태평양대 아시아권에서도 대규모의 이주가 진행되어 왔는데, 대부분 식민화의 역사를 거친 이 동아시아의 이주민들은 고유한 아시아 문화 정체성을 강화하는 동시에 해외 문화에 적응해야 하는 모순적인 필요성과 맞닥뜨리게 된다. 따라서 아시아계 이주민들은 외국어 능력과 더불어 자신들의 정체성 문제에 대한 감수성도 갖추게 되었다. 영어뿐만 아니라 한두 개의 아시아 언어에 정통한 이 인구들은, 문화적 엘리트로서 한국의 미디어를 번역하고 자막을 달아 영어권을 비롯한 세계 여러 지역으로 유통시키는 주요 매개자의 역할을 수행하고 있다.

이처럼 에스노스케이프와 미디어스케이프가 교차하면서 발생하는 융합으로 인해 제기되는 연구 문제가 바로 이주자들의 문화 정체성을 형성하는 미디어의 역할이다. 예를 들어 인도나 파키스탄의 이민 2, 3세대들이 영상 미디어 소비를 통해 자신의 문화적 정체성을 어떻게 구성하는지, 또는 이주민 문화가 영국의 문화에 어떠한 영향을 미쳤는지(Mattelart, 2007) 등과 같은 질문이 제기되는 것이다. 오늘날 미디어 환경은 인터넷의 발명과 디지털 문화의 발전으로 인해 모든 미디어 콘텐츠가 디지털화되어 인터넷을 매개로 국경을 넘나들며 유통되고 있다. 이러한 현실로 인해 또 다른 통찰이 아파두라이의 관찰에 추가되고 있다. 현재의 미디어스케이프 환경에서는 한국계 미국인, 영국계 인도인, 독일계 터키인 등과 같은 이주민 집단들만이 자신들의 실제 거주지의 상품들과 초국가화된 문화상품들을 소비하는 것이 아니라, 인터넷 접속이 가능한 곳이라면 누구라도 디지털화되어 온라인상에서 유통되고 있는 모든 문화콘텐츠를 접할 수 있게 된 것이다.

인터넷 연결성과 속도에서 세계 최상위권인 한국에서는 이러한 상황을 당연한 것으로 간주해 왔다. 그러나 한국이 1990년대 후반에서야 이러한 시스템을 구축했다는 점, 인터넷이 유럽에서는 2000년대 중반부터 대중화되었다는 점에 주목할 필요가 있는데, 왜냐하면 이는 그러한 상황이 그리 오래된 것이 아니며 세계가 속도와 연결성에서 균질한 정도로 연결된 것이 아니라는 것을 의미하기 때문이다. 그러나 '연결성'은 '속도'보다 중요한데, 왜냐하면 저속 인터넷이 불편하기는 해도 엄청난 양의 온라인 미디어 콘텐츠와의 연결로 매개되어 있는 한 문화적 소통의 가능성은 무한하기 때문이다. 유튜브나 데일리모션 같은 소비자 지향적인 웹 사이트 등에 최근 업로드된 수많은 콘텐츠 가운데 한국산 콘텐츠는 다채로움과 다양성과 같은 눈에 띄는 특성을 통해 다른 것들을 제치고 세계적으로 확산되었다. 물론 양적인 확대를 통해 질적 현상을 설명하려는 것은 아니지만, 한국의 앞선 디지털 환경이 한류 콘텐츠가 전 세계로 확산되는 데 필요조건이었다는 것은 분명하다. 한국의 발전된 초고속 인터넷과 디지털 문화는 2000년대 중반즈음 한류 콘텐츠의 소비와 팬덤의 형성을 가속화했는데, 한국의 쇼 프로그램들이 즉각적으로 업로드되어 전 세계 팬들에 의해 공유될 수 있었기 때문이다. 즉, 인터넷의 속도가 빨라지면서 한류 콘텐츠가 전 세계에 유통될 수 있는 우호적인 환경이 정비된 것이다.

디지털화된 콘텐츠는 찰흙처럼 가변적인 것으로, 수용자들은 마치 찰흙을 가지고 놀듯이 이 콘텐츠들을 가지고 논다. 디지털화된 콘텐츠는 원할 때면 언제나 볼 수 있고 빨리 감기나 점핑, 반복, 캡처, 저장 기능을 통해 시청 시간을 조정하는 것이 가능하다. 화면에 자막을 넣고 대화와 음악을 편집할 수 있을 뿐만 아니라 포토샵 수정도 가능하다. 이러한 것들은 제2의 콘텐츠로서 재출시되면서 나름의 방식으로 생존력을 이어간다. 미디어 콘텐츠의 디지털화에 의해 가능해진 이러한 '리믹스(remixes)'로부터 콘텐츠 상품들은 재탄생한다. 이것이 보여주는 것은 바로 수용자 유형의 변화상이다. 즉, 수동적으로 원본 콘텐츠를 수용하는 수동적인 수용자들로부터 원본 콘텐츠에 의문을 제기할 뿐만 아니라 그로부터 새로운 의미를 개발하고 재생산하는 적극적인 수용자들로의 변화상이다. 2차 콘텐츠를 생산하는 이른바 '프로슈머(prosumer)'는 적극적인 수용자가 최고 수준에 이른 단계라 할 수 있다.

이러한 리믹스 현상 및 인터넷에 기인하는 시너지 효과는, 사람들로 하여금 정체성에 대한 폐쇄적인 개념에 기반하는 특정한 집단으로서 스스로를 정체화하든가, 또는 그러한 집단의 외부에 존재하는 불특정한 무명의 타자로서 정체성을 형성토록 하는 것이다. '외면성(exteriority)'과 '내밀성(intimacy)'이라는 단어가 조합되어 만들어진 '외밀성(ex-timacy)'이라는 용어는, 이 새로운 커뮤니케이션 논리에서 비롯되는 현상을 보여준다(Allard, 2005). 온라인상에서 자신을 노출하는 것 ─ 아바타 매개를 통해서든 실제 정체성을 통해서든 간에 ─ 은 자아를 이상적인 방식으로 연출하고 조작하는 일이 개입된다. 이와 같은 자기 꾸미기(self-grooming)는 과거에는 개인적인 일기나 독서 또는 다양한 문화콘텐츠의 소비 같은 개인적인 활동을 통해서 이루어졌다. 그러나 오늘날의 인터넷은 ─ 그것이 블로그, 페이스북 또는 트위터인지와 무관하게, 특정·불특정 집단들에게 공개되어 있는지와 무관하게 ─ 공공연하게 공개된 공간(public space)이다. 이러한 공간에 선별해 올리는 사진들, 일상의 에피소드들, 사유들, 정치적 관점들, 미학적 취향들은 다른 사람들을 위해 공개된 것이며, 이러한 것을 올린 사람에게는 자신이 원하는 자신의 모습 일부를 만들어가는 '자아의 함양(culture de soi)' 과정이기도 하다(Foucault, 1984).

이처럼 디지털 문화와 인터넷이 가능케 한 전 지구적 소통의 가능성, 그리고 갈수록 중요한 문화 원리가 되어가는 '외밀성'의 논리는 '미디어스피어 (mediasphere)'를 새로운 차원으로 진화하고 있다.[5] 즉, 이 시대는 "포스트 텔레비전 시대'로도 불리는 '하이퍼스피어(hypersphere)'의 시대로 진입하고 있는 것이다. 기존의 '비디오스피어(videosphere)'에서는 텔레비전이 모든 구조의 중심에 놓였지만, 새로운 시대를 맞아 인터넷과 디지털 문화가 텔레비전을 대체하고 있다. 한국에서 텔레비전은 여전히 문화콘텐츠의 주요 생산 주체로서 역할을 수행하지만, 전 세계적인 유통을 조정하면서 2차 소비 영역을 생산하고 문화 이벤트를 만들어가는 것은 인터넷이다. 모든 텔레비전 프로그램들은 방송에 이르기까지 생산, 유통, 편성의 긴 과정을 수반하기 때문에, 그 속도는 프로슈머들의 리믹스 및 바이러스적으로 전파되는 인터넷과 경쟁이 불가능하다.

현재의 텔레비전 쇼 프로그램들은 종종 온라인상에서 재생산된 문화상품들을 인용함으로써 확대 전파하면서 그에 대한 문화적 정당성을 부여하곤 한다. 가수 싸이는 '하이퍼스피어' 내 문화적 소통이 어떻게 이루어지는지를 보여주는 사례에 해당한다. 싸이의 비디오는 2012년 7월 초에 유튜브에 업로드되자마자 한국 수용자들의 주목을 끌면서 국내 시장에서 높은 순위에 올랐다. 오래지 않아 미국의 한 유명인의 '트윗'이 다양한 믹스들을 이끌어 냈는데, 전 세계적으로 플래시 몹, 패러디, 커버, 리액션 비디오 등이 생산되었다. 이 독특한 현상은 SNS를 통해 확산되었고 마침내 미국의 주요 방송사들이 싸이 개인을 초청하거나 뮤직비디오를 방송하기에 이른다. 텔

---

5   '미디어스피어(médiasphère)'는 프랑스에서 정치, 종교, 종교 미디어 등을 연구하는 레지스 드브레(Régis Debray)의 미디올로지(Mediology) 연구에서 비롯된 용어다. '미디어스피어'란 인간 문화의 진화에서 현 시대 미디어 구조를 규정하는 미디어 생태를 지칭하는 단어로, 관련 내용은 그의 저서 *Cours de médiologie générale* (Paris: Minuit, 1990)을 참고.

레비전 쇼가 온라인 공간으로부터 인기 있는 아이템과 콘텐츠들을 채용해서 문화적으로 정당화한 사례는 이전에도 많았지만, 싸이의 경우는 그 속도와 규모, 지역성에서 전례 없는 수준으로 담론을 이끌어냈다.[6]

이 장에서는 동아시아 너머에서 한류가 번성하고 있는 현상을 다루되, 주로 '하이퍼스피어'의 영역에서 벌어지는 일들을 다룰 것이다. 사실 한류가 전 세계적으로 인기 있는 문화콘텐츠로 떠오른 계기였던 〈겨울연가〉와 〈대장금〉의 성공은, 방송사들이 중요한 문화 에이전트로 기능함으로써 발생한 것이었다. 하지만 동아시아를 넘어서는 한류는 디지털 문화의 결과로서 이해되어야 한다. 디지털 문화와 글로벌라이제이션으로 인해 전 세계의 어디라도 팬클럽이 형성될 수 있는 가능성이 생겼으므로, 한류 2.0은 전혀 예측 불가능했던 사건은 아니었다고 할 수 있다. 그러므로 이제는 한류 2.0이 어떻게 벌어질 수 있었는지가 아니라, 왜 벌어졌는지를 이해하는 것으로 나아가야 할 것이다. 이러한 질문으로부터 우리는, 동아시아권에 한정된 사례연구로서가 아니라, 글로벌라이제이션에 기인하는 문화현상으로서 한류 2.0에 대한 좀 더 깊은 이해를 위해 인식론적 과제들을 조사할 것이다.

한류 연구의 동아시아 정체성에 대한 강박에서 벗어나기

1990년대 초반 이후 동아시아 내 초국가적 문화 교류가 가시화되면서, 동아시아 국가들의 미디어 산업과 초국가적 문화 교류에 대한 여러 연구들이 이어졌다(Iwabuchi, 2002; Chua and Iwabuchi, 2008; Keane, 2006). 홍콩과 일본의 사례와 비교할 때, 한류는 분명 그 확산의 규모와 속도뿐만 아니라 다

---

6   내가 아는 한, 최소한 프랑스에서는 비유럽 언어로 이루어진 노래가 인기를 얻었던 전례가 없었다.

양한 문화적·지리정치학적 원인에 비추어볼 때 매우 매력적인 현상이었다. 정치경제학 분야에서는 한류 현상을 전 지구적 자본 흐름의 맥락 속에서 동아시아 내 문화적 역학의 중요한 사례로서 보았다. 그에 따르면 동아시아 문화산업이 이룬 최근의 성취는 문화산업 내 국제 노동시장 분업의 결과로서, 이는 미디어 콘텐츠에 도시 중산층과 상류층의 소비 욕구가 반영되어 있다는 것을 의미한다. 한편 이러한 초국적 문화 교류를 긍정적이고 유망한 시각에서 평가하려고 했던 아시아의 연구자들은 단순히 전통적인 미디어 연구를 반복한다거나 서구에서 생산된 적극적 수용자 연구 등의 메타 이론들을 강화하는 데 그친다는 비판을 받았다(Keane, 2006). 반면 문화연구에 기반을 둔 연구들은 초국가화된 수용 과정에서 배급, 각색, 협상되는 수용, 더빙 등에 대한 연구들(Iwabuchi, 2004; Kim, 2005), 특정한 젠더, 국가, 계급, 이민자들 내 수용의 경향에 대한 연구들(Lin, 2004; Shim, 2006; Kwon, 2006), 그리고 콘텐츠의 내러티브 구조 및 다양한 수용자층을 대상으로 하는 비교 접근(You and Lee, 2001; Lee, 2004) 등을 다루었다.

요약하자면 기존의 연구들은 동아시아 지역의 수용자들을 대상으로 한류의 수용에 편향된 경향을 지녔다고 할 수 있다. 여기에 기반한 한류 및 그 수용 양상에 대한 연구들은 종종 순수한 동아시아 정체성의 맥락 속에서 결론에 이르곤 했다. 즉, 현재까지의 한류 관련 문화연구들은, ① 한국 대중문화를 열정적으로 선호하는 동아시아 내 여러 국가들의 수용자들에 대한 관찰, 그리고 그러한 사실을 증명해 주는 한국 미디어 콘텐츠의 중요성을 보여주는 데이터, ② 국가 A가 B의 콘텐츠를 좋아하는 이유를 문화적 원인에서 찾거나 내용 분석을 통해 찾으려는 질적 수용 연구들, ③ 콘텐츠 분석과 수용 연구를 통해 동아시아 수용자들을 유인하는 문화적 요소들을 밝혀낸 후, 초국가적인 수용자들일지라도 한국 콘텐츠를 시청한 후 자신을 동아시아인들과 동일시한다는 것을 발견한 연구들로 정리된다. 여기서 동아시아인으로서 자신의 정체성 확인은 그들이 한국 콘텐츠에서 유사성을 '재확인'

하고 자신들이 원하는 또는 잃어버린 것들을 '재인식(recognition)'함으로써 가능해진다고 언급된다.

다양한 분야에서 다양한 방식으로 접근한 논의들은 동아시아 정체성에 대한 의문으로 이어졌다. 대부분의 수용자 연구는 한국 드라마의 관객성이 유대와 애정, 애착의 감정이 담긴 정(情)이라 불리는 정서와 연관된다고 주장한다. 이 정서가 한국 드라마에서 최초로 생성되었던 것은 아니지만, 이 드라마들이 그러한 감정들을 '확인'하고 '되찾기' 할 수 있는 기회를 제공했다는 것이다. 고학력 대기업 여사원들에 대한 홍콩의 연구에 따르면, 결혼 적령기를 넘긴 여성 시청자들은 함께 모여 한국 드라마를 시청한다. 이들은 잘생기고 현대적인 남자 주인공이 여자 주인공과 주변 인물들을 따뜻하고 정성스럽게 배려하는 것에 감동하는데, 이를 통해 '정'이라는 감정을 공유할 수 있었다고 언급된다(Lin, 2004). 일본에서 거둔 〈겨울연가〉의 예상치 못한 성공은 40대 이상의 일본 중년 여성들이 고도 성장기에 자신들의 남편으로부터 얻지 못했던 고전적인 낭만주의적 '향수(nostalgia)'와 더불어 포스트모던 일본이 잃어버린 '순수성'을 찾으려는 욕망이 투사된 것이라고 분석되었다(Yang, 2006; Hayashi, 2006; Kim, 2006). 또한 중화 문화권에서 〈대장금〉이 성공했던 이유는 동아시아 전반에 걸쳐 '확인할 수 있는' 문화적 공통 요소들로 가득 차 있었기 때문이라고 본다. 이러한 관점에서 이 사례들은 미디어 콘텐츠를 통한 동아시아 정체성의 재확인과 상응한다(Hong, 2008).

'문화할인율(cultural discount)'은 이와 같은 동아시아 내 한류와 동아시아 정체성에 대한 논의를 연결하기 위해 문화경제학에서 유래한 중요한 개념이다(Yoo and Lee, 2001; Lee, 2002). 이는 한류가 기본적으로 동아시아에서 문화 할인율이 낮아 소통이 원활하다는 것을 의미하며, 그에 따라 동아시아 권역 내에서 한류가 성공할 수 있었던 것이라 설명한다. 즉, 배용준이 일본에서 인기를 얻었던 이유는 백인이나 아프리카계 미국인과 비교해서 그의 문화 할인율이 낮았기 때문이라는 것(Yang, 2006)이다. 이러한 설명은 동아시아 내 한류를 설명하는 데 비록 다소 거칠기는 하지만, 다음과 같은 삼단 논법에 근거할 때 어느 정도 유효해 보인다. ① 문화할인율이 낮을수록 문화 교류는 더 효율적이다. ② 동아시아 내 한류 신드롬이 관찰된다. ③ 따라서 동아시아 국가들과 한국은 문화할인율이 낮다. 즉, 이 국가들은 문화적으로 근접하다는 삼단논법이 성립되는 것이다.

그러나 한류의 맹아가 인근 국가들의 '인식'과 '재확인'으로부터 기인한다고 설명하는 주요 이론들은 동아시아권을 넘어서는 초국가적 수용 현상을 설명할 수 없다는 한계를 지닌다. 문화근접성이 초국가화된 수용을 설명할 수 있다면, 동일한 이론으로 홍콩 영화와 재팬 마니아의 성공도 설명할 수 있어야 한다. 하지만 아이러니하게도 재팬 마니아들의 존재는 그 콘텐츠의 '무취성(odorless)'에 기인해 가능했던 것으로 알려져 있다(Iwabuchi, 2002).

그렇다고 해서 문화근접성과 동질성의 관계가 항상 부적당한 것은 아닌데, 동일 언어의 사용이 그에 해당한다. 즉, 퀘벡에서 만들어진 문화콘텐츠는 프랑스에서 소통되고, 호주의 프로그램들은 영어권 사회에서 성공하곤 한다. 그러나 동일 언어의 사용은 하나의 문화 정체성을 규정하는 하나의 측면일 뿐이다. 예전에 방송사들이 초국가적인 문화콘텐츠를 독점하던 시기에는 언어가 강력한 요인이었지만,[7] 인터넷이 지배적인 위치를 점하는 하이퍼스피어의 시대인 오늘날 동일 언어의 사용은 충분조건이나 필요조건이 아닌, 단순히 영향력 있는 조건에 불과하다.

따라서 낮은 문화할인율에 따른 동아시아의 문화적 동질성 담론은 동아시아 외 지역에서의 한류를 이해하는 데 도움이 되지 않을 뿐만 아니라 이론적으로도 불완전하다. 한류 콘텐츠가 동아시아 외의 지역에서 소비되고 있으며 믿을 수 없게도 한류 팬덤이 형성되고 있다는 소문들은, 2011년 파

---

7 매끄럽고 원활한 커뮤니케이션을 목적으로 하는 프랑코포니(La Francophonie) 관련 정책들이 대표적이다.

리에서 열렸던 K팝 콘서트 이후 현실인 것으로 판명됐다. 이후 유럽의 10대들과 젊은 세대들이 어떻게 해서 낮은 문화적 근접성에도 불구하고 K팝에 열광하게 되었는지에 대한 질문이 제기되기 시작했다.

하지만 이 논의는 한류에 한정되어서는 안 된다. 왜냐하면 한류는 글로벌라이제이션에 의해 '에스노스피어'와 '하이퍼스피어'가 융합되는 새로운 환경하에서 전 세계의 문화 소비자들이 문화적 다식자(cultural omnivores)의 가능성을 지니게 되면서 발생한 현상이기 때문이다. 아시아 문화에 관심을 가진 서구인들은 한국의 콘텐츠뿐만 아니라 일본과 타이완, 홍콩, 중국의 콘텐츠까지 널리 소비하려는 경향이 있다. 그들은 동아시아 너머 인도나 남미의 콘텐츠까지 섭렵할 수 있는 환경을 공유하고 있다. 파리의 K팝 콘서트에 참여했던 팬들은 일본 망가와 아니메의 팬이기도 한데, 대개의 경우 일본 망가로부터 시작해 점진적으로 그 범주를 망가 원작의 일본 드라마로 그리고 다른 동아시아 국가들의 드라마로 확대해 갔다. 이 드라마 팬들은 한국, 일본, 타이완의 드라마들을 구별하지 않고 시청하며, 한 국가의 콘텐츠에 한해 시청하는 경우는 소수에 불과하다. 즉, 대다수 K팝 팬들은 동아시아 대중문화의 팬들이기도 한 것이며, 따라서 그들은 X재팬 콘서트와 재팬 엑스포(the Japan Expo)에 대해서도 마찬가지로 열광적[8]이다. 프랑스 내 문화적 취향과 실천에 대한 한 연구에 따르면(Donnat, 2009), 부르디외가 주장했던 계급 관계를 재생산하는 위계적 문화 향유는 쇠퇴하는 대신, 디지털 문화권 내 젊은 세대들 사이에서 '다식성(omnivore)'의 성향이 증대하는 것으로 나타났다. 따라서 한류는 최근 프랑스 내에서 발생하는 다식성 문화 향유라

8 　파리의 재팬 엑스포는 일본 바깥에서 열리는 가장 거대한 규모의 동아시아 대중문화 연간 행사인데, 여기서는 코스프레나 영화 상영회, 전시회, 상품 판매 등 다양한 이벤트들이 열린다. 사실 한국 드라마는 2011년에서야 프랑스 재팬 엑스포에 처음으로 등장했다.

는 현상으로 이해될 수 있다. 즉, 한류는 일본 대중문화가 건설하고 닦아놓은 고속도로를 달리고 있는 한국산 자동차와 같다. 따라서 곧 타이완, 중국, 태국, 베트남산 자동차들이 나타나서 이 고속도로 위에서 달린다 해도 놀랄 이유는 없는 것이다.

'하이퍼스피어'의 시대 동아시아 외 지역에서 한류가 유통되는 상황을 제대로 이해하기 위해서는, 잃어버린 것에 대한 향수를 인식하고 동질성을 재확인하는 문화적 근접성 이론을 극복하고, '타자'에 대한 변증법적 논의로 한 단계 더 발전시킬 필요가 있다(Descombes, 1979). '자아'는 타자와의 동질성뿐만 아니라 차이를 통해서도 인식되고 또 재규정된다. 자아는 좀 더 광범위한 감각으로 형성되어야 하는데, 따라서 타자와의 동질성뿐만 아니라 차이를 바탕으로 자신을 관찰해야 한다. 그렇게 함으로써 자아는 타자와는 다른, 그러면서도 선호하는 요소들에 의해 형성될 수 있다. 이와 같은 '자신'과 '타자'들 간 변증법적 상호작용은 디지털 문화의 시대에 자신의 정체성을 포착할 수 있는 새로운 '자기 함양'의 방식이 될 수 있다. 만약 동아시아 내부에서의 정체성 문제로부터 시선을 돌려 동아시아와 그 타자인 서구와의 동일성과 차이의 문제로 시각을 넓힌다면, 생산, 소비, 문화산업, 문화적 실천 등과 관련해 한류, 일본, 홍콩의 문화콘텐츠들이 교차하는 지점에 좀 더 주목할 필요성이 생긴다.

이러한 접근을 통해 찾아낼 수 있는 균질한 특성에는 어떤 것들이 있을까? 특히 한류 배우들의 인기는 아시아와 서구 간 인종정치학적인 측면에서 중요한 의미를 지닌다. 성형으로 정비된 한국 연예인들의 아름다움은 서구인들이 미의 이상적인 기준으로 삼는 '하얀 얼굴(white face)'이라는 미학적 이상을 따른 것이다. 그러나 이처럼 '백인성(whiteness)'을 모방하는 실천은, 서구와 한국의 지역적 표준이 '혼종화'됨으로써 한국식으로 변형된 미의 기준이 형성되는 결과로 이어졌다. 이러한 타협의 과정을 통해 한류는 아시아 청소년들을 위한 '아시아적 미의 전형(Asian beauty model)'을 구축했고, 이는 할리우드에서 온 '백인 지상주의'를 대체하는 기능을 수행했다. '아시아적 미의 전형'이 인공적인 성형 상업주의를 심화한다는 사실에도 불구하고, 이러한 새로운 미의 전형은 인종 간 정체성 투쟁에서 기인한 결과로서 학문적 관심을 받을 만하다. 정리하자면 한류와 관련된 논의들은 동아시아 권역 내 문화 유사성에 초점을 맞추는 정체성 담론 너머로 나아갈 필요가 있으며, 동양과 서양 간 또는 양자 사이에서 바바의 '혼종성'(Bhabha, 2007)을 담은 제3의 공간에서의 문화 정체성에 대한 비교 연구를 통합할 수 있도록 확장되어야 한다.

서구 중심의 품질 담론 재고하기

한국 미디어 콘텐츠를 동아시아의 맥락에서 벗어나 바라볼 때, 우리는 그 콘텐츠의 품질을 어떻게 평가할 것인지와 관련해서 어려움에 직면하게 된다. 이와 같은 어려움이 일본, 타이완, 중국을 비롯한 다른 아시아 국가들의 콘텐츠, 나아가 비서구권 전체 콘텐츠에서 나타나는 것이긴 하지만, 이 장에서는 한국 영화와 드라마, K팝, 패션, 성형에 한정된 한류 콘텐츠에만 초점을 맞추기로 한다.

유럽에서는 '퀄리티 텔레비전(Quality TV)'이라고 불리는 미국 TV 쇼가 대규모 유입되면서 기존 텔레비전 문화의 헤게모니가 크게 바뀌었다. 이론의 여지없이 영화를 '고급'의 문화로 여겨온 프랑스에서 텔레비전은 문화적 위계상 오랫동안 '저급'에 놓여왔다. 그러나 이러한 이데올로기는 2005년 이후 흔들리기 시작하는데, 미국의 쇼 프로그램들이 프랑스에서 오랫동안 유지되어 왔던 프라임타임대 영화를 사실상 대체해 가기 때문이다. 또한 남성 및 석사 학위 이상의 고학력자들의 문화 실천에 대한 연구들은, ①좀 더 많은 교육을 받은 사람들은 텔레비전 쇼를 덜 본다. ②텔레비전 쇼 프로그램들의 주요 시청자들은 여성이며 텔레비전 쇼를 보는 것은 저급한 것이다

(Mehl, 1992)와 같은 기존의 선입견을 뒤집었다.

1990년대 중반부터 '네오 시리즈(Neo-Series)'로 브랜딩되어 전 세계에 광범위하게 유통되기 시작한 미국의 텔레비전 시리즈들은 전례 없이 미국 사회에 대한 비판과 성찰을 담았는데, 이는 오랫동안 문제점으로 지적되었던 백인 남성 중심성 및 미국식 제국주의라는 규칙을 무너뜨리는 것이었다. 그러한 프로그램들은 복잡하고 다층적인 스토리와 함께 백인 남성 중심적인 내러티브를 줄임으로써 '양질' 콘텐츠의 본보기가 되었다.

그러나 미국산 텔레비전 쇼의 수요와 공급을 주도하는 퀄리티 텔레비전 붐은 그러한 품질(quality)의 포착에 대한 질문을 제기한다. 미디어 비평가들과 연구자들은 양질(good quality)이 복잡한 내러티브, 빠른 스토리 진행, 선악 간의 모호한 경계, 다수 주요 인물들에 대한 다양한 해석들 및 그들 각자의 복수와 연계되는 다층적인 플롯들, 추한 현실과 대면하는 방법들과 그에 대한 핵심적인 접근들, 초현실적 주제들과 설정, 훌륭한 연기와 연출, 새롭게 재생된 장르 등에 의해 형성된다고 분석했다. 하지만 이러한 요소들의 상당수는 문학과 영화 부문의 '수작'들을 솎아낼 수 있는 기준에도 해당하며, 제작·창작 중심적으로 편중되어 있다. 동시에 그것들은 반복적인 문화 경험을 통해 성취될 수 있을 뿐 학교교육을 통해 성취될 수 없는 것으로, 부르디외의 용어로 '정당한 문화'를 규정짓는 엘리트주의적인 기준에 해당한다. 이러한 기준을 성공적인 동아시아 드라마 — 특히 한류 드라마 — 에 적용해 보면, 과도하게 멜로드라마적인 순애보와 시추에이션 코미디의 관습이 두드러지는 로맨틱 코미디들은 지극히 대중적이고 여성 취향이라는 평가를 받게 된다.

그러나 이러한 제작자 중심적이고 고급 문화적인 품질에 대한 논의들은 적극적이고 창의적인 수용자들 그리고 프로슈머가 된 팬들의 존재를 포용하지 못한다. 앞서 말했듯이, 디지털 문화 시대의 콘텐츠들은 재생산이 가능한 것이며, 또한 수용자들은 더 이상 주어진 방식으로 콘텐츠를 해독하는 수동적인 수신자들이 아니다. 프랑스 내 한국 드라마 팬덤에 관한 한 연구에서는 일부 프랑스 수용자들이 미국산 시리즈의 양질에 대한 정의에 저항하는 것이 관찰되기도 했다(Hong, 2013). 해당 집단의 대다수는 미국 쇼 프로그램의 팬들로서 대개 대학 이상의 고학력인 것으로 나타났다. 그들 중 일부는 여전히 미국 쇼 프로그램을 시청하면서도, 미국 시리즈는 "'너무 완벽'해서 흥미가 없다"라고 말한다. 미국 드라마는 해마다 시리즈가 발전해 가는데 시나리오가 의도적으로 복잡해지면서 논리적인 결말로 이어지지 못한다는 지적이다. 반면 일본에선 10편, 한국에선 20편 정도 길이의 '수줍은 사랑 이야기'를 담은 드라마는 낭만주의가 사라진 서구 대중문화에 싫증이 난 여성 관객들에게 호소력을 지닌다. 그들은 한국의 로맨틱 코미디에 담긴 동시대적 관습들 ― 잘생긴 배우들이 아시아 버전의 〈로미오와 줄리엣〉이나 〈신데렐라〉 또는 유명한 〈엽기적인 그녀〉 등을 연기하는 ― 에 찬사를 보낸다. 다시 말해, '저급'한 미디어인 텔레비전에서 방영되는 것이지만 어느 정도의 두뇌 활동과 주의를 요하는 양질의 미국 드라마들은 '고급' 문화적인 측면을 지닌다. 반면 동아시아의 인기 드라마들은 시청자들로부터 감정적 공감을 이끌어내면서 시청자들의 욕망을 반영하는 스크립트를 제공함으로써 목표를 달성하는데, 이는 콘텐츠를 자기화하는 능동적인 팬덤 활동으로부터 발생하는 '컬트 드라마'와 유사한 방식이다. 거의 컬트 드라마라 할 수 있는 몇몇 한국 드라마들은 걸작으로 칭송받으면서 팬덤 내에서 수많은 논의들을 이끌어내고 재상영을 반복한다.[9] 다시 말해 동아시아 드라마들은 서구 세계에서 주요 방송사를 통해 방송되거나 유통되지는 않지만 의심할 여지없이 국제적으로 방영된 타 미디어의 픽션들과 경쟁하고 있다. 즉, 동아시아 드라마들은 글로벌화된 미디어 환경하에서 전 세계 수용자들이 향유하는 TV

---

9   예를 들어 〈풀하우스〉, 〈미안하다 사랑한다〉, 〈마이걸〉, 〈커피프린스〉, 〈내 이름은 김삼순〉, 〈시티홀〉, 〈궁〉 등.

용 픽션 프로그램의 대안적 장르에 위치하는 것이다.

그렇다고 해서 생산 차원에서의 품질이 필요 없다는 주장을 하려는 것은 아니다. 다만 품질의 문제가 텍스트의 구성뿐만 아니라 텍스트의 생산 및 소비 차원에서의 위계와 어떻게 연계되는지를 관찰하고 포착할 필요가 있다는 것을 말하는 것이다. 앞서 언급한 대로, 특정한 문화적 산물에 집중하는 컬트문화는 텍스트 중심적인 품질을 넘어서는 깊은 이해를 요한다. 우리는 위계가 픽션 콘텐츠상에서 어떤 식으로 구축되는지, 그러한 위계를 따르든지 또는 저항하든지와 무관하게, 문화적 취향으로서 문화 실천들은 어떤 식으로 발전했고 구체화되어 왔는지에 대해 연구해야 한다. 말할 필요도 없이 미국의 시리즈들은 현재 프랑스의 텔레비전을 지배하고 있으나, 미국 외 지역의 콘텐츠들을 이해하거나 평가할 수 있는 척도는 존재하지 않는다. 여러 사례들이 보여주듯이, 한 시리즈의 팬덤은 시간의 경과에 따라 세대적 변환을 거치며, 팬덤의 형성은 양질의 텍스트를 지닌 시리즈에만 한정되지 않는다. 〈꽃보다 남자〉, 〈내 이름은 김삼순〉, 〈커피 프린스〉의 팬덤 및 컬트 문화는, 마치 서구의 〈스타워즈〉, 〈닥터 후〉, 〈X파일〉, 〈프렌즈〉와 마찬가지로, 동아시아의 맥락에서 연구될 가치가 있다. 한국 드라마의 프랑스 팬들은 미국 시리즈, 일본 드라마, 한국 드라마를 섬세하게 구분하는 것으로 보인다. 그들은 미국 시리즈가 좀 더 나은 포맷을 가지고 있으나 '재미'를 주지는 않는다고 말한다. 일본 드라마는 한국 드라마와 유사하며 웰 메이드 이지만, 덜 매력적이고 흥미롭지 못하다. 포맷의 품질이 수용자들에게 별로 중요치 않은 것이다. 또한 일본 드라마를 통해 한국 드라마로 진입했기 때문에, 그들은 기본적으로 일본 드라마에 대해 친밀감과 향수를 지니고 있다. 그러나 프랑스의 수용자들은 반복해서 보게 되고 다음 회를 기다리며 보게 되는 중독적 드라마는, 매력적인 배우들과 현대와 전통이 한데 엉켜 있는 한국산 드라마라고 고백한다. 따라서 드라마 콘텐츠에 대한 연구를 넘어, 수용자들의 취향과 선호 및 그러한 문화 향유를 가능케 하는 논리를 찾는 연구야말로 글로벌라이제이션 내 새로운 문화적 실천들을 제대로 이해하는 것이라 할 수 있을 것이다.

북미 중심적 문화산업 논의에서 벗어나기

문화가 산업이 된 이래, 미국 영화산업의 고향인 할리우드는 아마도 가장 빈번하게 연구된 주제일 것이다. 할리우드는 이상적인 미국식 라이프스타일과 가능성으로 가득한 꿈의 무대로서 제2차 세계대전 후 1950년대 이래 국제적으로 유명한 연예인들의 본거지였다. 1960년대 및 1970년대의 유럽은 비틀즈로 대표되는 노동자 문화 기반의 대중문화라는 새로운 문화를 통해 전후의 상처를 치유받았다. 1980년대 들어와서는 이러한 경향에 대한 대응으로서 마이클 잭슨과 일본의 망가 및 아니메가 등장하면서 대중문화가 좀 더 다변화되었다. 그리고 방송 환경의 변화, 즉 탈규제와 채널의 다양화가 텔레비전 콘텐츠에 대한 수요의 증가를 수반하면서 국제시장에서 미국 문화의 입지가 강화되는 결과로 이어졌다. 이와 같은 미국산 대중문화의 지배적인 유통 상황은 학계에서 문화제국주의, 문화적 예외주의, 나아가 2001년에 유네스코를 비롯한 비판적인 입장들이 발표했던 「문화 다양성에 대한 보편 선언(Universal Declaration on Cultural Diversity)」[10]에 이르는 여러 담론이 등장하는 계기가 되었다. 이 담론들이 시작된 것은 호전적이고 적대적인 논쟁에서였지만, 결과적으로 문화 다원주의라는 긍정적인 가치로 발전해 왔다.

이와 같은 전 지구적인 문화정책의 방향 전환은 디지털 문화의 발전과 글로벌라이제이션의 진행과 연관된다. 유네스코의 선언은 상이한 문화권 간

---

10   http://portal.unesco.org/en/ev.phpURL_ID=13179&URL_DO=DO_TOPIC&URL_
      SECTION=201.html,AcessedonMay10,2017.

'디지털 격차(digital divide)'가 해소되어야 한다는 것인데, 오늘날 문화적 소통에서의 불균형은 전통적인 방송 시스템상의 불균형 위에 디지털 문화의 불균형이 더해진 것이다. 1990년대 후반에서 2000년대에 걸쳐 세계 방송 문화에서 나타났던 미국산 텔레비전 프로그램의 헤게모니는 이러한 방송 정책의 변화와 디지털 문화가 중첩된 결과였다. 1990년대에 걸쳐 발전한 디지털 문화는 거의 모든 문화 생산 내 하부구조를 뒤흔들었고, 그에 따라 모든 문화콘텐츠는 디지털화된 정보의 형태로 상이한 플랫폼 사이를 가로지르며 자유롭게 이동하게 되었다. 이와 동시에 단일한 장르가 단일 플랫폼을 통해서만 유통되던 것으로부터, 다양한 장르들이 다양한 유형의 플랫폼을 통해 거대 내러티브를 발전시킬 수 있게 되었다. 이것을 '트랜스 미디어 스토리텔링(trans-media storytelling)'이라고 부르는데, 헨리 젠킨스(Henry Jenkins)는 저서 『컨버전스 컬처(Convergence Culture: Where Old and New Media Collide)』(2006)에서 올드 미디어와 뉴 미디어 간의 충돌, 그리고 그러한 상황이 북미에서 진화하고 있는 상황을 다룬 바 있다. 젠킨스는 미국의 새로운 디지털 환경과 함께 거대화하고 있는 문화산업의 핵심적인 개념으로서 트랜스 미디어 스토리텔링을 발전시켰다. 젠킨스가 '트랜스 미디어' 현상을 확인한 학술적 성취 이후, 영미권 학계에서는 컨버전스 문화와 트랜스 미디어 전략에 대한 연구가 수없이 쏟아졌다.

그런데 영미권과 유럽의 연구들은 동아시아를 전혀 다루지 않았다. 이러한 한계를 고려할 때 동아시아의 사례를 적절하게 설명할 수 있는 이론과 논의를 일반화하려면 두 가지 조건을 강조할 필요가 있어 보인다.

우선 그 규모와 문화적 실천이 풍부하다는 것과 관련해서 동아시아 문화산업의 중요성이 다뤄져야 한다는 것이다. 2012년 한국, 중국, 일본, 타이완의 인구는 15억을 넘어섰고, 동남아시아까지 포함하면 그 인구는 21억 명까지 증가하는데, 이는 전 세계 시장에서 가장 큰 비중이다.[11] 한류가 동아시아와 동남아시아를 한데 묶는 계기가 되었지만, 사실 이 지역들 간 문화 교류의 역사는 한류의 번성 이전부터 오랫동안 이어져 왔다. 따라서 이 시장은 좀 더 동질한 콘텐츠와 실천 양식을 공유하게 되는데, 이는 결과적으로 학자들로 하여금 이 권역을 단일한 시장 단위로 여기도록 만들고 있다.

동아시아 내 수용자들과 문화산업 간 능동적인 상호작용은 미국 문화산업의 트랜스 미디어 전략에 대응하는 것이 될 수 있다. 예를 들어 1970년대의 '야오이(Yaoi)'[12]는 서구의 '슬래시 픽션(slash fiction)'[13]에 앞선 것이었다 (McHarry and Pagliassotti, 2008). 이 시기 여성 망가 독자들 사이에서는 자신들의 '팬 픽션(fan-fiction)'을 통해 젊은 남성들 간 러브 스토리를 묘사하는 것이 유행했는데, 이러한 경향을 수용한 출판업계가 여성 작가들을 고용해 여성 독자들을 겨냥한 '보이스 러브 스토리(boys' love story)'를 대량 생산했다. 발전된 인터넷 환경은 좀 더 많은 수용자들이 이러한 경향에 합류하도록 촉진했고, 그 결과 수많은 텔레비전 시리즈와 소설, 영화들이 인터넷의 팬 픽션이나 집단 창작 소설들을 원작으로 삼기에 이르렀다.

한국 또한 발전된 디지털 문화라는 환경에서 다를 바 없다. 동아시아 내에서 초국가적으로 벌어지는 미디어 교차 생산은 종종 일본의 망가를 원작으로 이루어지곤 한다. 이는 일본의 망가가 여전히 동아시아 문화산업에서 강력한 영향력을 행사한다는 것을 보여준다. 국경을 넘나드는 원작 망가의

---

11   2011년과 2012년에 실시된 동남아시아의 11개국(버마, 브루나이, 캄보디아, 인도네시아, 라오스, 말레이시아, 필리핀, 싱가포르, 태국, 티모르, 베트남)의 공식 인구조사는 이 권역의 총인구가 6억 명이 넘는다고 보고했다

12   '아무것도 없음'을 의미하는 야오이는 소설이나 텔레비전 드라마, 영화, 망가 등의 남성 등장인물들 간 로맨틱한 혹은 섹슈얼한 관계에 초점을 맞춘 픽션 미디어이다. 이는 1970년대 일본의 여성 망가 독자들 사이에서 발생한 독특한 순향적인 현상이다.

13   '슬래시(slash)'라는 표현처럼, 슬래시 픽션은 톰/제리처럼 두 명의 연관된 인물들을 다룬다. 팬들은 둘 다 남성인 A와 B 간의 사랑 이야기를 창작하는데, 이러한 사랑 이야기를 향유하는 데 이 캐릭터들은 본래 서로 간에 별 관계가 없다.

드라마화는 원작의 인지도에 의해 그 마케팅이 자발적이고 침투적으로 이루어지는데, 이와 같은 방식은 한국의 타블로이드를 통해 향후 제작될 작품에 대한 기대와 호기심을 추동함으로써 동아시아와 서구권의 팬덤을 지속적으로 촉발시키려는 트랜스 미디어 전략 중 하나다. 이에 따라 온라인상의 재방영이 본 방송 때보다 성공적인 경우도 종종 발생한다. 〈꽃보다 남자〉가 그러한 사례인데, 이 소녀만화는 1992년부터 2003년까지 37권으로 출간되었으며, 타이완(2001, 2002), 일본(2005, 2007), 한국(2009), 중국(2009)에서 TV 드라마화되었고, 영화(1996, 1997)와 아니메(1996, 1997)로도 만들어졌다. 이미 원작 망가를 접한 유럽 팬들은 그것이 드라마화될 때마다 각 버전별 주요 인물과 감독을 비교하고, 캐스팅을 예측하고, 배우들의 연기를 분석하면서 시청했다. 아이돌 가수들이 등장인물로서 캐스팅되고 드라마의 오리지널 사운드트랙에 참여하면서, 이 드라마는 온라인상에서 상당한 영향력을 행사하는 거대 이벤트가 되었고 그에 따라 여러 등장인물들이 유명 스타로 등극하기도 했다.

이와 같은 현상은 문화연구자들이 기존의 북미 중심적 컨버전스 문화연구로부터 벗어나 좀 더 넓은 시각을 가질 필요가 있다는 것을 보여준다. 북미와 서구의 트랜스 미디어 프랜차이즈 전략뿐만 아니라 동아시아의 크로스 미디어와 미디어 믹스의 복잡체에 대한 연구가 필요한 것이다. 궁극적으로는 이 두 상이한 컨버전스의 전통이 상호 소통하고 있는지에 대해서도 살펴볼 필요가 있다.

두 번째로는 동아시아 시장이 경제 규모와 인구수에서 명백히 전 세계에서 가장 큰 문화 시장이라는 점이다. 이를 고려할 때, 한류는 '동아시아'라는 유동적인 용어에 관한 의문을 제기한다. 동아시아로서 여겨지는 것은 무엇인가? 이러한 모호성에도 불구하고, 다양한 범주의 문화적 요인들이 공유되는 유통시장은 분명 존재한다. 동아시아 대중문화의 실질적인 소비 지역은 동아시아권을 훨씬 넘어서는데, 중국인, 한국인, 일본인의 이주 경로를 따라 전 지구적인 차원에서 그 소비가 이루어지기 때문이다. 텔레비전 드라마의 전 지구적인 유통이 이주 경로 너머에 있는 문화적 소비의 네트워크를 드러내는 셈이다. 수십 년간 미국의 텔레비전 프로그램들은 영미권 국가들에서뿐만 아니라 유럽, 동아시아, 남미의 국가들에서도 지배적이었으며, 전 세계 수용자들의 취향을 재구성했다. '텔레노벨라(telenovelas)'라고 불리는 남미의 드라마들이 종종 스페인어권 세계를 넘어 방영되곤 했으나, 북미와 유럽의 국가들은 〈어글리 베티(Ugly Betty)〉의 사례에서 볼 수 있듯이 프로그램 전체를 각색한 것을 선호했다. 또한 프랑스 드라마가 프랑스어권 너머로 수출되는 경우도 매우 드물다. 반면 동아시아의 세 국가들에서 생산된 텔레비전 드라마들은 자막 과정을 거쳐 직접적으로 유통되거나 번안 각색을 통해 동 시장 내부에서 초국가적으로 확대 재생산되는 경우가 많다. 이러한 동아시아 내 초국적인 각색은 망가 문화를 공유하는 역사의 결과인 것으로 보인다(Hong, 2013).

결론적으로 동아시아 내에서 벌어지는 문화콘텐츠의 초국가적 유통은 동일한 정체성에 한정된 현상도 아니고 권역 내의 역사적 또는 정치적 연계에 한해서 벌어지는 것이 아닌, 독특한 현상이라 할 수 있다. 즉, 글로벌라이제이션 및 디지털 융합의 시대에 북미와 유럽의 사례에 한정되는 기존의 협소한 문화산업 이론은 보편화될 수 없다는 것이다. 동아시아의 대중문화와 미디어 산업에 대한 고찰은, 문화산업의 발전 그리고 동아시아의 거대한 규모의 이주민 인구를 고려해 재평가되어야 하고, 또한 컨버전스 컬처와 글로벌라이제이션이 반영된 보편적 이론으로 통합될 필요가 있다.

결론

지금까지 우리는 디지털 문화와 글로벌라이제이션의 영향하에서 형성되는 현시점의 미디어스케이프 내에서 동아시아를 넘어 전 지구적으로 소비되는 한류를 이해할 수 있는 새로운 패러다임을 살펴보았다. 디지털 문화가 발전하면서 문화콘텐츠는 전 세계적으로 확산되는 한편 문화 소비의 주요 원천으로 떠올랐다. 이 새로운 미디어스케이프가 디지털 문화의 영향 속에서 에스노스케이프와 만나면서, 새로운 유형의 문화적 실천들이 등장했다. 글로벌라이제이션 내에서 한류를 포착하기 위해 이 장에서는 다음과 같은 세 가지 연구를 제안했다. ① 한류에 대한 지배적인 담론 중 하나인 동아시아권으로 한정된 정체성 논의로부터 한발 더 나아갈 것, ② '양질' 텔레비전 쇼에 대한 서구적인 기준을 재고려할 것, ③ 북미 중심의 문화산업이라는 지배적인 관점으로부터 벗어날 것.

①의 제안은 동아시아의 문화 정체성을 고려하는데, 동아시아권 내 초국가적 문화 소비에 대한 관찰에서 비롯되는 문화적 '동질성'에 대한 논의로부터 글로벌 콘텐츠 흐름에 기반하는 '타자성'으로 연결되는 정체성에 대한 논의로 전환되어야 할 필요성을 제기하는 것이었다. ②와 ③의 제안은 서구 사례들에 초점을 맞춘 서구 연구들에 대한 비판이다. 유럽 중심적인 '프로그램의 품질' 개념을 넘어설 필요성이 있다는 것이다. 한류 현상이 '보편적인' 커뮤니케이션 연구와 이론의 발전으로 이어지려면 동아시아의 문화산업에 대한 학술적 노력이 필요하다는 것을 보여주기 때문이다.

한편 프랑스 내 한국 드라마의 수용에 대한 현장 조사(Hong, 2013)를 통해서는 계급 기반의 문화적 소비와 취향에 대한 부르디외의 이론을 끌어옴으로써 디지털 문화의 변화하에서의 문화적 실천의 논리를 재고하려고 했다. 프랑스의 한국 드라마 팬들은 주변 문화의 수용자들이 아니라, 일본 망가와 아니메, 일본의 드라마와 대중음악을 적극적으로 소비하다가 궁극적으로 한류 콘텐츠에 이른 것이었다. 그들 대다수는 동아시아 콘텐츠뿐만 아니라 서구의 컬트적인 대중문화 콘텐츠 또한 경험했다. 문화적 다식가(cultural omnivore)이자 간문화적 엘리트(intercultural elites)라 불리는 이들은, 전 세계의 대중문화 콘텐츠가 '좋기'만 하다면 그것이 무엇이든 열정적으로 수용할 준비가 되어 있다. 따라서 한류의 소비는 다른 사례들과 구별되는 하나의 독특한 사례로서 볼 것이 아니라, 글로벌라이제이션의 과정 및 디지털 문화라는 환경 속에서 '소비할 만큼 좋은' 문화콘텐츠 가운데 하나인 것으로 조망될 필요가 있다. 나아가 한류는 디지털 친화적인 조건을 지녔다는 점에서도 오늘날 문화적 상호작용을 보여주는 하나의 전형이 될 수 있다.

마지막으로는 이 장을 통해 발전시킨 이론적 고찰이 한류를 연구하는 동아시아의 연구자들을 보조하는 데 그치지 않고, 글로벌라이제이션의 과정 내 디지털 문화 내에서 벌어지는 문화적 실천의 변화상을 연구하는 모든 커뮤니케이션 연구자들에게 도움이 되길 바라는 마음을 전한다.

Appadurai, A. 1990. "Disjuncture and Difference in the Global Cultural Economy." *Theory, Culture and Society*, 7 (2 and 3), pp.295~310.

_____. 1996. *Modernity at Large: Cultural Dimensions of Globalization*. Minnepolis: University of Minnesota Press.

Allard, L. 2005. "Express yourself 2.0!" in E. Maigret and E. Macé(eds.). *Penser les médiacultures: Nouvelles pratiques et nouvelles approche de la représentation du monde*. Paris: INA/Armand Colin.

Bhabha, H. K. 2007. *Les lieux de la culture*. Paris: Payot.

Chua, B. H. (2004). "Conceptualizing an East Asian Popular Culture." *Inter-Asia Cultural Studies*, 5(2), pp.200~221.

Chua, B. H. and K. Iwabuchi. 2008. *East Asian Pop Culture: Analysing the Korean Wave*. Hong Kong: Hong Kong University Press.

Descombes, V. 1979. *Le même et l'autre*. Paris: Edition Minuit.

Donnat, O. 2009. *Les pratiques culturelles des français à l'ère numérique*. Paris: La Découverte.

Foucault, M. 1984. *Histoire de la sexualité 3: Le souci de soi*. Paris: Gallimard.

Hong, S. 2008. "To Watch Dae Jang Geum in France." *Episteme*, 1, pp.258~271. (in Korean).

_____. 2013. *Hallyu in the Era of Digital Cultures and Globalization*. Seoul: Hannul. (in Korean).

Iwabuchi, K. 2002. *Re-centering Globalization: Popular Culture and Japanese Transnationalism*. Durham: Duke University Press.

_____. 2004. *Feeling Asian Modernities: Transnational Consumption of Japanese TV dramas*. Hong Kong: Hong Kong University Press.

Jenkins, H. 2006. *Convergence Culture*. New York: New York University Press.

Karori, H. and H. Kim. 2006. "The Limitation of Hallyu 'Boom' in Japan, 2006." *Korean-Japanese Women Intellectuals' Program*, 2006, 7, pp.79~97. (in Korean).

Keane, M. 2006. "Once were peripheral: Creating Media Capacity in East Asia." *Media, Culture and Society*, 28(6), pp.835~855.

Kim, H. 2005. "Korean TV dramas in Taiwan: With an Emphasis on the Localization Process." *Korea Journal*, 45(4), pp.183~205. (in Korean).

Kwon, D. 2006. "Is it too early to talk about 'Hallyu' in the Philippines?: Kore-anovela and its reception among Filipino audience." Paper presented at Cultural Space and Public Sphere in Asia 2006, Seoul, Korea, pp.257~288. (in Korean).

Lahire, B. 2004. *La culture des individus. Dissonances culturelles et distinction de soi.* Paris: La Découverte.

Lee, K. 2004. "Hallyu and Television Dramas." *Program/Text*, 11, pp.41~64. (in Korean).

Lin, A. 2004. "The Dilemma of the Career Women in Post-Confucian Asian Societes: Spectatorship of Korean Dramas in Hong Kong." *Program/Text*, 11, pp.121~142. (in Korean).

Maigret, E. and E. Macé(dir.). 2005. *Penser les médiacultrues: Nouvelles pratiques et nouvelles approches de la représentation du monde.* Paris: Armand Colin.

Mattelart, T. 2007. *Médias, migrations et cultures transnationales.* Paris and Bruxelles: INA-DeBoek.

Mehl, D. 1992. *La fenetre et le miroir.* Paris: Documents Payot.

Shim, D. 2006. "Hybridity and the Rise of Korean Popular Culture in Asia." *Media, Culture and Society*, 28(1), pp.25~44. (in Korean).

Yang, E. 2006. "The Formation of East Asian Cultural Identity and the Consumption of Television: A Study of the Family Discourse in a Japanese Fan Community for Bae Yong-jun." *Korean Journal of Broadcasting and Telecommunication Studies*, 20(3), pp.198~238. (in Korean).

Yang, F. I. 2008. "The Genrification of Korean Drama in Taiwan." *China Information*, 22, pp.277~304.

Yoo, S. and K. Lee. 2001. "A Comparative Study on the Cultural Similarity of the Television Dramas in East Asian Countries." *Korean Journal of Journalism and Communication Studies*, 45(3), pp.230~267. (in Korean).

5장

가내수공업자의 짝사랑?

소셜 미디어 시대 K팝의 (초국가적) 팬덤 관리

•
•
•

리사 육밍 룽

들어가는 말

K팝은 지난 수년간 초국가적으로 수많은 팬들을 매료시켜 왔다. 많은 연구들이 대체로 K팝이 국경을 초월해서 호소력을 발산하는 원인을 파악하기 위해 수행되어 온 한편, 또 다른 연구자들은 전 지구적인 팬덤을 전략적으로 형성하고 관리해 온 온라인/소셜 미디어의 역할을 추적해 왔다. 글로벌 대중문화산업에서 핵심적인 위치를 차지하는 팬들은 아이돌을 추종하고 홍보하기 위해 소셜 미디어를 십분 활용해 왔다. 이 장은 팬클럽 운영자들이 K팝 연예산업을 글로벌하게 운영하는 자본가(capitalist)이자 지역의 매개자(local intermediaries)로서 초국가적으로 팬덤을 조직하고, 동원하고, 관리하기 위해 소셜 미디어의 알고리즘을 어떤 식으로 활용하는지 고찰할 것이다.

오랫동안 국제적인 팬덤에 대한 연구가 이어져 온 가운데, 필자는 '문화 매개 (cultural intermediaries)'의 개념을 사용해 한류라는 글로벌 대중문화 현상이 소셜 미디어 시대 팬덤 관리의 발전에 어떤 식으로 기여하는지 밝힘으로써 기존 팬덤 연구에 K팝 팬클럽의 문화적 생산의 문제를 결합해 보려고 한다. 또한 소셜 미디어를 둘러싼 여러 비평들을 통합적으로 고찰함으로써 자본 과 노동의 관점에서 팬덤의 활동을 살펴볼 것이다.

이러한 문제의식에 따라 이 장에서는 다음과 같은 질문을 제기할 것이다.

① 초국가적인 팬들(여기서는 홍콩)은 소셜 미디어를 통해 자신의 팬클럽 을 어떻게 관리하고 있는가? 초국가적인 팬들은 아이돌에 대한 자신의 욕망을 충족시키는 동시에 아이돌 팬들을 동원하려 한다. 이를 위해 초 국가적 팬들이 지리문화적 경계를 넘나들면서 소셜 미디어의 텍스트를 밀렵(text poaching)하면서 그 알고리즘 구조를 활용하는 방식에는 어떠 한 것들이 있는가? (온라인) 팬클럽은 지역 및 해외의 팬들에게까지 호소 력을 발휘하기 위해 소셜 미디어의 알고리즘 구조를 어떤 방식으로 활 용하는가?

② 한편, 팬클럽 운영자(fanclub organizer)들은 '그들의 노동의 대가'로서 주 어진 보상/혜택을 어떻게 평가하고 있는가? 자발적이라는 특성을 지닌 팬클럽 운영자들은 소셜 미디어를 위한 '노동'을 기꺼이 수행해 왔다. 팬 클럽 운영자들은 K팝 팬덤의 초국가화 과정에서 자신들이 제공한 '노동' 의 가치를 어떤 식으로 협상하고 있는가?

K팝 팬덤: '참여적 소비자들?'

팬들의 생산성이 국제 학계를 뒤흔들고 있다. 매트 힐(Matt Hill)이 제시했던 '하위문화'로서 팬 문화에 대한 초창기 개념(Hills, 2002)에 이어, 헨리 젠킨스는 팬들을 "텍스트 밀렵꾼(textual poachers)"으로 묘사한 바 있는데, 그에 따르면 팬들은 "대안적 커뮤니티를 구축할 수 있는 기반으로서 자신들이 밀렵해 온 상품들을 활용하려고 하는" 존재들이다(Jenkins, 2013: 223). 팬들은 넘치는 애착을 추진력 삼아 적극적으로 아이돌에 대한 정보를 생산·유통시키는 한편, 아이돌 관련 상품들을 만들어 유통시킨다. 이처럼 온라인 미디어의 창세기를 맞아 팬덤의 지형이 바뀌면서, 온·오프라인을 넘나드는 팬덤의 참여적인 실천에 초점을 맞추는 새로운 연구 경향이 부상하고 있다. 커뮤니티 중심의 소셜 미디어는 다른 사람들과 연결될 수 있고, 초국가적으로 수용자층이 형성되며, 종종 다른 나라의 것을 차용해서 생산된 비디오에 대한 피드백을 얻을 수 있는 중요한 장을 제공한다. 소셜 미디어에서는 코멘트를 다는 시청자들의 출신도 확인할 수 있는데, 이들은 광범위한 지역 출신일 뿐만 아니라 연령층 또한 다양한 것으로 나타난다. 유튜브는 초국가화된 팬들이 생산뿐만 아니라 소비도 할 수 있는 공간이다. 젠킨스는 "팬 미학은 레디 메이드 이미지들과 담론들을 선별하고, 굴절시키고, 병렬하면서, 재유통하는 것에 중심"을 두는 것으로 보았다(Jenkins, 2013: 223~224).

'문화매개'의 개념은 이와 같은 팬들의 복합적인 활동과 역할 ― 예술적 생산을 관리하고 코디네이트하고, 게이트키핑을 하고, 전시하고, 분류·정리하고, 편집하고, 일정을 조율하며, 유통을 하고, 마케팅/홍보를 하고 소매/판매까지 하는 ― 을 포괄한다. 이혜경은 일본 망가의 사례를 통해 팬들이 갈등에 직면하게 되는 양상에 대해 논의한 바 있다. 즉, 매개자들이 한편으로는 인정과 평판과 같은 문화자본과 상징 자본을 축적하려고 하면서도, 다른 한편으로는 상업적인 필요성에 매이기도 한다는 것이다(Lee, 2012: 131). 이는 팬들이 시장경제의 맥락에서 활동하기 때문으로, 이러한 맥락에서 볼 때 팬들이 생성하는 창의적인 아이디어/이미지/사운드 및 노동은 거래 가능한 자산으로서 취급된다 하겠다(Lee, ibid). 따라서 중요한 문제는 팬들이 이와 같은 '창의경제

(creative economy)'의 상이한 층위들을 충족시키면서 그 두 논리를 조화할 수 있는 상징적·물질적 문화상품들을 만들어낼 수 있느냐라고 할 수 있다(Lee, 2012: 133).

소셜 미디어 활용 전략으로 인해 '참여적'인 것처럼 여겨지기도 하는 팬들의 문화적 생산은 본질적으로 소비적 양식이다. 팬들의 번역과 '팬자막(fansubbing)'은 참여적인 문화 소비의 맥락 속에서 생각될 수 있다. 이러한 소비는 그간 미디어 연구과 문화연구 분야에서 소비자들이 소비자 공동체에 적극적으로 참여하면서 소비자와 생산자 간의 융합이 발생하고 공동으로 가치를 창조하는 것이자, 문화적 텍스트에도 적극적으로 참여하는 것으로서 논의되어 왔다(Banks and Deuze, 2009; Jenkins, 2006; Ritzer and Jurgenson, 2010). 한편 참여적 소비에 내재된 긴장을 지적하는 연구도 있는데, 특히 소비자가 공동/생산한 콘텐츠 또는 소비자들이 애정을 가지고 무료로 제공한 노동을 문화 기업들이 상업적으로 이용하는 것에 대한 논의가 있다(van Dijck, 2009; Terranova, 2004).

참여적 소비자의 이론적 특성은 마케팅 연구와 소비자 연구 분야의 논의들에 의해 좀 더 풍부해진다. 이 분야들에서 참여적 소비자는 사회적·문화적으로 구축된 온/오프라인 집단으로서 특정한 브랜드나 상품, 활동 등과 관련해서 경험과 열정, 감정을 공유하는 브랜드 공동체 또는 부족으로서 개념화된다(Cova and Dalli, 2009; Kozinets et al., 2008; Schau et al., 2009). 이러한 공동체의 구성원들은 자신의 정체성과 생활양식을 특정 브랜드나 상품에 깊이 연동시키며, 관련 지식과 기술을 가지고 있고, 그것을 혁신하는 과정에 기꺼이 관여하려 하며, 문제 해결을 위해 자원해서 일을 할 수 있는 능력과 동기를 지니고 있다. 이러한 관점에서 볼 때 참여적 소비는 기업/브랜드와 소비자 간 기존의 관습적인 경계에 상당한 압박을 가한다고 볼 수 있다. 기업이 소비자로 하여금 생산과 마케팅 과정에 개입시키는 것의 중요성에 주목하면서도, 우리는 이처럼 새롭게 형성되는 기업과 소비자 간의 관계에서 발생할 수 있는 갈등의 가능성 또한 찾을 수 있다. 기업이 언제나 소비자의 문화와 행태를 예측하거나 관리하거나 조정할 수 있는 것이 아니고, 소비자들은 기업에 의해 착취와 통제의 대상이 되기 쉽기 때문이다(Cova and Dalli, 2009; Zwick et al., 2008).

이상의 내용을 참고하면서, 이 장에서는 K팝 팬들의 사례를 통해 '참여적인 문화 소비자들'로서 K팝 팬들의 복잡한 위상을 탐구할 것이다. 먼저 '문화 매개자'로서 팬들이 K팝이라는 글로벌 대중음악 브랜드와 어떤 식으로 전략적인 관계를 맺게 되었는지, 그러한 팬들이 자신이 좋아하는 아이돌의 소속사와 대립적인 역할 또는 착취적인 관계에 포섭되어 있는지에 대해 질문을 던질 것이다. 다른 한편으로는 초국가적인 K팝 팬들이 소셜 미디어의 알고리즘 자원들을 어떤 식으로 활용해서 지리적·문화적인 경계를 극복해 연결되는지를 살펴볼 것이다. 팬들은 자신이 좋아하는 아이돌을 조용히 추종하는 데 그치지 않고 소셜 미디어의 알고리즘 자원들을 — 그 보상이 심지어 무형일지라도 — 적극적으로 활용하고 있기 때문이다.

여기서 더 나아가 필자가 주장하려는 것은, 마케팅 및 가상 세계의 팬 집단 관리를 목적으로 온·오프라인을 넘나들면서 탐닉 활동을 조직할 뿐만 아니라 아이돌 텍스트를 활용할 수 있는 생비자적(prosumptive) 기술 및 실천 능력을 지닌 팬들이, 팬 공동체 내 자신들의 지위를 향상시키려는 이면의 동기를 가지고 (상호) 문화 매개자로서 활동한다는 것이다. 미디어 융합의 시대를 맞아 이러한 참여적인 창의경제에 대한 논의는 멀티미디어적이면서 전 지구화가 전제된 상상 속에서 이루어질 필요가 있다. 왜냐하면 팬클럽들이 기술·알고리즘·문화의 경계를 넘나들면서 팬들의 우주(fannish cosmos)라 할 만한 것을 만들어내고 있기 때문인데, 이 세계관은 팬클럽 운영자들이 연결시켜 관리하는 글로벌화된 네트워크의 층위들에 기반해 상상된 세계다. 헨리 젠킨스는 최신 저작에서 텍스트 생산에 적극적으로 참여(그의 전작에서 이는 '텍스트 밀렵'이라고 일컬어졌다)하는 — 특히 온라인 미디어를 통해 — 팬들의 주체성에 대해 논하면서, 그들이 글로벌한 수준에서 형성될 수 있는 문화적 인식에 기여하고 있다고 주장했다. 이와 같은 젠킨스의 '팝세계주의(pop cosmopolitanism)'는 대중문화상품이 유통되는 하나의 공유된 공간을 함의하는데, 이 공간은 유통되는 물질적 텍스트뿐만 아니라 해당 아이돌의 영향력이 미치는 전 지구적 범주의 틀을 규정한다(Jenkins, 2009). 그러나 이 '문화적 인식'은, 타 문화에 대한 좀 더 깊은 호기심과 이해를 추구하는 것이 아닌, 단순히 문화적 개방성에 대한 피상적인 감각만 불러일으키는 데 그칠 수 있다. 문화적 경계의 횡단이 훨씬 수월해진 소셜 미디어의 시대에 초국가적인 K팝 팬클럽의 경우 '팝세계주의'는 어떤 식으로 구현되고 있는가?

이 모든 논의를 통합해 이 장에서는 다음과 같은 질문을 제기할 것이다.

① K팝 팬들은 이와 같은 '정동 경제(affective economy)'를 어느 정도까지 보여주었는가? 그 방정식은 문화 매개자로서 K팝 팬클럽 운영자들에게 어느 정도 작동했는가? 특히, 이 방정식에서 소셜 미디어는 어떤 역할을 했는가?
② 초국가화된 K팝 팬 사이트들은 참여 문화적 측면에서 전 지구적 수준의 '팝세계주의'를 어느 정도까지 구현하면서 운영되고 있는가?

제2의 한류 10년: K팝의 장

2000년대 초반 한류가 부상하던 현상은 초국가적인 팬덤에 대한 연구가 국제적으로 수행되는 계기가 되었다. 대중문화가 언제나 글로벌한 측면들을 지니기는 했지만, 일본 팝 음악의 부상은 일본 대중문화의 전 지구적인 성공과 관련해 문화적 전유(cultural appropriation)와 혼종화(hybridization)의 개념을 확산시켰다(Otmazgin et al., 2012; Iwabuchi, 1993). 팬덤 연구와 관련해 한류에서는 초국가적인 팬 실천이 미디어 테크놀로지를 통해 복합적으로 발전되었다는 측면에서 그 의미를 찾을 수 있다. 「강남스타일」의 예상치 못한 유례없는 성공은 팬 생산력의 빠른 속도와 텍스트의 창의성을 보여주는 사례였다. 지역 및 글로벌 기반의 팬들은 싸이의 뮤직비디오와 관련해서 유튜브의 확장력을 이용해 짧은 동영상들을 생산하거나 시청하는 등 즉각적으로 반응했다(Jung and Shim, 2013). 많은 이들은 「강남스타일」을 사실상 '신한류'의 분수령으로 보고 있는데, 이 '신한류'란 K팝 산업이 영향력을 극대화하면서 (소녀시대와 같은) K팝 그룹들이 글로벌라이제이션을 위해 소셜 미디어의 전략적 활용에 이른바 'G-L-G(globalization-localization-globalization)' 과정을 결합한 것이라 할 수 있다(Oh, 2013; Jung and Shim, 2013).

온라인이나 소셜 미디어 관련 연구들이 미디어에 능숙한 네티즌들의 공간으로서 참여 문화를 인식하는 것이라면, 최근의 K팝 팬덤 연구들은 K팝 팬들이 자신들의 스타를 관리하고 팬 자선 행사를 열며 일련의 행동(자경주의, 팬 전쟁, 인종주의 공격)에 나서는 데 소셜 미디어를 어떻게 사용하는지와 연계되어 왔다(Jun, 2011). 이는 K팝 팬들이 다양한 — 나아가 모순이 될 수도 있는 — 방향성(과 결과)을 지닐 수 있다는 것을 보여준다. 다양한 소셜 미디어 형식들이 지닌 확장성과 교차성은 팬들의 정동을 기를 수 있는 일종의 플랫폼을 제공한다. 이 플랫폼에서는 아이돌에 대한 소식이 표현·공유·유통되면서 팬들의 '개인적인 집착과 열정'이 극단적으로 눈덩이처럼 불어나기도 한다. 그 결과 팬들은, 팬 전쟁에서 볼 수 있듯이, 고도로 정치적인 집단으로 나타나거나(Sperb, 2009; Earl and Kimport, 2009), 아이돌의 일에 적극적으로 관여하는 집단으로 여겨진다(Jung, 2011).[1] 제이슨 스퍼브(Jason Sperb)는 팬 문화에서 팬들의 '감정적 애착과 열정'의 중요성을 강조하면서, 이러한 애착들

---

1   예를 들어 팬들은 심지어 미디어 환경의 변화에 영향을 미치면서 자신이 좋아하는 스타의 사업 결정에 개입해 왔다. 가장 유명한 사례로는 동방신기의 팬들이 그룹 해체에 대해 집단적으로 그리고 전문가처럼 반응했던 방식을 들 수 있다(Jung, 2011).

이 특히 "정치적 사안이 담긴 텍스트를 다룰 때" 얼마나 결정적인 작용을 하는지를 강조한 바 있다(Sperb, 2010: 29). 소셜 미디어에서 볼 수 있는 일부 K팝 팬들의 행동주의적 실천들은 엘리트주의적 교육 체계와 연결을 지을 때 맥락 있게 이해될 수 있다(Jung, 2012). 팬들의 주체성이 다양한 것은 당연하며, 소셜 미디어의 사회성, 확장성, 편의성, 알고리즘/네트워크성이 팬의 활동성을 좀 더 풍부하게 해준 것은 분명하지만, 다른 한편으로는 피터 달그렌(Peter Dahlgren)의 경고처럼 그 수준의 사회적 정치를 좀 더 광범위한 사회 내 '정치'로 붕괴시키면서 팬 정치성을 악화하기도 한다(Dahlgren, 2012). 아이돌을 추종하는 정동적인 동원력은, 팬덤의 참여적 속성을 실현하면서도 정치적 행동을 위한 동원력으로 어렵지 않게 뒤집힐 수 있는 것이다.

K팝의 초국가적 매력

특정 지역 팬들의 정치적 참여를 고양시키는 소셜 미디어의 역할은 이 장에서 다루는 범위를 넘어서는 문제다. 하지만 글로벌 팬덤에서 '초국가적인 상상'의 발전은 논할 만한 가치가 있다. 여기서 다루는 팬 실천의 다양성, 범위, 초국가성은 K팝 팬들에 한정되지 않는다(예를 들어 세계적인 연예인 저스틴 비버 팬덤에서도 팬 전쟁은 발생한 바 있다). 그러나 K팝 팬덤은 한류에서 연예 (및 팬) 산업이 어떤 식으로 전략적으로 운영되는지를 보여줄 수 있다. K팝은 박지윤, 보아에서부터 세븐이나 동방신기에 이르기까지 오랫동안 문화적 경계를 극복해 왔는데(Shin, 2009), CJ를 통해서든 SM을 통해서든, 주의 깊게 마케팅된 상품으로서 이 K팝 가수들은 일본 가수들의 대체 가능성을 지닌 존재로 여겨졌다. 다시 말해 '그것은 일본 다음(next Japan)'의 것으로 여겨졌던 것이다(McIntyre, 2002). K팝이 거둔 성공은 한류와 동일한 의미로 여겨졌던 한국 TV 드라마의 성공을 뛰어넘는 것으로 여겨지기도 했는데,

왜냐하면 한국의 아이돌들은 다양한 미디어 형식에 참여하는 '토털 스타 (total stars)'이기 때문이다(Shin, 2009). 사실 슈퍼주니어 같은 일부 그룹들은 중국인 멤버 등이 속해 있다는 점에서 국제적인 그룹이며, 따라서 'K팝'이라는 용어는 그러한 그룹들의 출신을 정확히 반영하는 것은 아니라 할 수 있다(Shin, 2009; Howard, 2006). 따라서 이처럼 K팝 가수들이 크로스 미디어적으로 참여하는 것은 한류를 국가 브랜드로 만들어내기 위한 '전략적 혼종주의'의 증거라 할 수 있다(Shin, 2006).

비(가수)로부터 소녀시대에 이르는 K팝의 전 지구적인 성공을 둘러싼 논쟁은, 비의 사례에서 볼 수 있듯이, 그들의 '무국적성(stateless)'을 중심으로 형성되고 있다(Jung, 2010). 좀 더 중요한 것은 다른 학자들 또한 K팝 아이돌의 무국적성을 한국 대중문화에 전반적으로 내재된 혼종주의의 징후로서 여긴다는 것이다. 그러나 JYP 엔터테인먼트가 일궈낸 비의 성공은 본질적으로 '권역적인(regional)' 것으로 생각된다. 이후 그의 (미국 내 월드 투어로서 입증되는) 좀 더 글로벌한 성공은 글로벌라이제이션을 위한 노력으로서 사랑과 평화라는 좀 더 글로벌한 이미지를 통해 자신을 문화적으로 탈취(de-odorize)함으로써 이룬 것이기도 했지만, 동시에 자신을 '아시아의 스타'로서 포지셔닝하면서 마케팅을 펼친 덕분이기도 했다(Jung, 2010). 슈퍼주니어나 원더걸스, 소녀시대 등 걸/보이 그룹들의 최근 성공은 초국가적인 매력 발산을 위해 '초국가적인 요구 사항'에 따라 (다양한 장르와 다양한 외국어 실력을 바탕으로) '표준화되었을 뿐만 아니라 멀티태스킹도 가능한 연예인'을 대량 생산하는, 좀 더 전략적인 초국가적 스타 생산기술 덕분인 것으로 보인다(Oh and Park, 2012: 382). '전략적 혼종주의'라 불리는 전술에는, 서구 수용자들에게도 호소력을 지닐 수 있는 두 개 언어로 구성된 가사와 더불어 전자 음악과 비디오 아트, 패셔너블한 복장 및 사슴 눈의 순수함이 약간의 섹슈얼리티와 혼합된 것들이 뒤섞여 있다(Choe and Russell, 2013).

소셜 미디어를 활용한 전략적 마케팅

싸이의 「강남스타일」이 거둔 커다란 성공은 유튜브 등의 소셜 미디어를 전략적으로 활용해 문화상품을 대량으로 생산하는 'B2B' 또는 'B2C'라 불리는 현상에 기반한다는 점에서 '신한류' 현상에 해당한다(Oh and Park, 2012). 이러한 성공을 거두려면 K팝 아티스트들은 우선 쉽게 접근 가능한 텍스트를 만들어야 한다. 싸이의 말춤이 패러디되면서 글로벌한 성공을 이루었던 것처럼, 유튜브와 같은 전 지구적으로 접속 가능한 플랫폼을 활용하는 것이 핵심이다. 싸이 이후 한국은 예술의 영역을 넘어서는 새로운 글로벌 비즈니스 모델을 촉발시킨 선구자로 떠올랐는데, 한국이 만들어낸 이 모델은 즉각적으로 융합 미디어 플랫폼을 매개로 전 지구적으로 마케팅과 거래가 가능한 유형(tangible)의 상품들을 엄청나게 만들어냈다. SM 엔터테인먼트 같은 한국 대중음악 에이전시나 연예 기획사들은 K팝의 전 지구적인 성공에서 중요한 매개자라 할 수 있다. 왜냐하면 이 기업들이 B2B와 B2C를 통해 그들 고객 — K팝 아티스트들 — 의 상품들을 프로모션 및 마케팅하기 위해 소셜 미디어에 투자해 왔고, 유튜브나 구글 같은 거대 검색 엔진들과는 K팝 비디오 보기를 통한 광고 수익을 공유해 왔기 때문이다(Oh and Park, 2012).[2]

유튜브(를 비롯한 소셜 미디어 일반)의 전략적인 활용은 또한, 싸이의 사례에서 볼 수 있듯이, K팝 그룹들의 매출에 '다운로드'의 차원을 추가했다(Messerlin and Shim, 2013). 기획사들은 자사 K팝 고객들의 이미지를 — 순수해 보이는 얼굴과 '속살을 드러내는 섹스어필'이 혼합된 '묘하게 쿨한 요소'에 취약한 — '사춘기 이전'의 대다수 수용자들에 닿을 수 있도록 관리하고 홍보한다(Ahn,

---

2   'B2B'란 한 생산자로부터 다른 생산자로 직접적으로 물건을 공급하는 것을 의미한다. 반면 'B2C'는 생산자가 소비자에게 물건을 공급하는 것을 말한다(Oh and Park, 2012).

2011; Shin and Kim, 2013; Choe and Russell, 2013).[3] K팝 스타들의 신체적 아름다움에 대한 강조는 섹시하고 생동감 넘치는 '댄스에 중점을 둔 부분'과 잘 맞아떨어지는데, 그리하여 댄스는 K팝 그 자체를 규정하는 특징이 될 정도다(Messerlin and Shin, 2013). K팝 그룹의 노래와 댄스 스타일이 지닌 브랜드 이미지는 명백히 한국의 연예산업의 공격적인 연예인 생산 정책 — 고도로 강력한 트레이닝, 선별, 팀 구축, 음악 프로듀싱, 데뷔 — 의 결과다. 이러한 방식으로 한국 연예산업은 K팝의 글로벌한 성공을 미국/할리우드 스튜디오들을 능가하는 수준으로 이끌어온 중요한 매개자 역할을 수행해 왔다고 할 수 있다(Messerlin and Shim, 2013).

유튜브는 연예인들 그리고 그들의 초국가적인 팬들 모두가 활용하는 장소가 되고 있다.[4] 신솔이와 김란우는 「강남스타일」의 팬 바이럴 비디오 — 팬들이 유튜브 플랫폼을 활용해서 패러디나 플래시 몹 비디오를 창작한 것 — 에서 나타난 것과 같은 K팝 글로벌화의 구성 요인들에 대해 논한 바 있다(Ahn, 2011). 연예인들 또한 자신들의 글로벌한 확장을 위해 글로벌 PR 기업이나 소셜 미디어들과 협업한다(Jung and Shim, 2014). K팝 그룹의 성공은 또한 팬들로 하여금 패션, 뷰티 정보를 비롯한 여러 상품과 서비스를 동료 팬들에게 판매하는 프로그램을 유튜브 채널을 통해 시작하는 동기가 되었다.[5]

---

3 SM 엔터테인먼트는 현재 한국의 가장 큰 아이돌 음악 기업이다. 현재 SM 최고의 자산으로 꼽히는 소녀시대와 더불어, SM 엔터테인먼트는 H.O.T., SES, 보아와 같은 과거의 성공 연예인들과 슈퍼주니어, 샤이니, f(x) 등의 새로운 인력들을 보유하고 있다. SM의 매출, 운영 수익, 주식 가치는 치솟고 있다. 2007년부터 2010년 사이 SM의 연간 평균 매출은 37.5%에 달하며, EPS(1주당 이익)는 2008년 -479원에서 2008년 +266원으로, 나아가 SM의 가수들이 유럽에 진출했던 2010년에는 +1342원까지 올랐다(Ahn, 2011).

4 유튜브는 한국 대중음악이 전 지구적으로 확산·유통되는 데 가장 중요한 역할을 수행했다. K팝 뮤직비디오의 유튜브 시청 규모는 235개국 23억 뷰에 달하며, 그에 따라 많은 가수들은 유튜브를 자신의 음악을 보여줄 수 있는 플랫폼으로 활용하고 있다. 이들이 종종 진행하는 생방송은 수백만 명이 동시에 시청하곤 한다.

K팝 및 기타 한국의 (패션과 뷰티 상품 같은) 문화 생산물들을 향한 집합적인 팬덤을 활용하면서, 소녀들은 스스로 패션과 화장품을 찾아다니며 서울을 여행하는 소개자로서 유튜브 프로그램들을 생산하고 있다. 변화무쌍한 글로벌 문화산업에서 이러한 사례들이 보여주는 것은, 팬들이 텍스트 및 경제적 이익을 위해 K팝의 글로벌한 흐름을 전유하고 활용하는 가운데서 소셜 미디어가 '팬 자본주의'적 공간으로 바뀌어간 과정이다. 하지만 그렇게 함으로써 팬들은 또한 온라인상에서 한국 연예인에 대한 관심과 트래픽을 올리기도 하는데, 이는 팬들이 자신이 좋아하는 아이돌에 후광을 드리우는 것인 동시에, 자신 또한 '준연예인(sub-celebrity)'의 지위를 얻는 윈윈 상황으로 이어진다. 수많은 문화 생산자들이 소셜 미디어를 통해 자신들의 넘치는 에너지로 창의적인 작품을 만들어낼 뿐만 아니라 팬 공동체를 구축하고 유지하면서 팬들의 생산성에 대해서 많은 논의가 이루어졌다. 주요 연령이 25세 미만인 K팝 팬들은 자신의 아이돌을 위해 그리고 단결을 통해 팬으로서 자신의 즐거움을 강화하기 위해, 집합적으로 자원과 정보를 공유하고 플래시몹과 같은 활동이나 이벤트들을 조직한다(Hubinette, 2012; Ahn, 2011).[6]

이처럼 팬들을 활동적이고 열정적인 소셜 미디어의 '프로슈머' 공동체로 보는 관점이 광범위하게 논의되어 온 가운데, 팬덤을 조직했을 뿐만 아니라 제도화하는 팬클럽들이 K팝의 글로벌라이제이션 및 팬 정동의 자본화에서 어떠한 역할을 수행해 왔는지를 지적하는 연구는 소수에 그쳤다. 이러한 문

5 'K-Style channel'은 그 사례다. http://www.youtube.com/watch?v=19IHj2Z_
   3Bw&list=PLZ3FkAH-jI6J20naOVu9YdY64CnG-rwIL
6 독일 베를린에서 8월 21일에 한국 문화센터 주관으로 열렸던 첫 K팝 나이트 행사에
   는 300여 명의 K팝 팬들이 모여 정보를 공유하고, 비디오를 시청하고, 노래를 함께
   부르고, 댄스를 연습하고, 퀴즈 맞추기와 가라오케 콘테스트 등을 즐겼다. 미국, 영
   국, 폴란드, 카자흐스탄, 아르헨티나, 태국 등 다른 국가에서는 사람들이 모여 한국
   가수들이 공연해 주기를 기원하는 플래시 몹 행사가 열리기도 했다(Ahn, 2011: 85).

제의식에 따라 이 장에서 주장하려는 것은 초국가적인 팬클럽들이 K팝 산업의 전 지구적인 성공에서 중요한 '일상적 매개자(ordinary intermediaries)'라는 것이다. 이 팬클럽 운영자들은 소셜 미디어 시대에 일상적인 모습으로 활동적이고 창의적인 주체성을 보여주는 한편, 아이돌을 추종하기 위해 동료 팬들을 조직하고, 관리하며, 동원하는 사업가적 속성을 지닌 특수한 팬들이다. 특히 초국가화된 팬클럽들은 한국의 연예기획사들과 매개/협상하기 위해 그리고 자신들의 팬 멤버십의 글로벌 영향력을 최대화하기 위해서 문화적 경계를 극복해야 한다. 지금부터는 K팝 보이 그룹인 VIXX(빅스)의 사례를 통해 초국가적인 소셜 미디어 팬덤의 역학에 대해 논할 것이다.

초국가적인 팬 참여 양상: 자본의 전유 ― 소셜 미디어상의 K팝 팬덤

VIXX는 아마도 수많은 K팝 보이 밴드가 전 지구적으로 유명해지는 과정을 보여주는 전형적인 사례에 해당할 것이다. 'Voice, Visual, Value In Excelsis'의 약어인 VIXX는 젤리피쉬 엔터테인먼트 출신으로 엔, 레오, 켄, 라비, 홍빈, 혁, 이렇게 6명의 멤버로 구성된다. VIXX는 생방송 TV 쇼 〈엠카운트다운(M!Countdown)〉을 통해 데뷔했다. 여타 보이 밴드들과 마찬가지로 VIXX 또한 TV 드라마와 영화, 뮤지컬, 버라이어티쇼 등 다양한 분야에 출연했다. 그들의 노래는 희망, 꿈 그리고 고통스러울지라도 한 소녀와 깊은 사랑에 빠지는 등의 주제들을 다루며, 대개 날것의 인간적 감정을 노래한다.[7] VIXX는 자신들의 음악 프로듀싱 작업에 능동적으로 참여하고 있는데,

---

7   「I'm Ready to Get Hurt」로 문자 그대로 번역된 「On and On」(한글 곡명: 다칠 준비가 돼 있어), 「Voodoo Doll」, 「Chained Up」 등이 이에 해당한다. 또 다른 주제로는 「Love Equation」, 「Don't want to be An Idol」과 같은 연인과의 이별이 있다. 집착과

모든 멤버들이 아이디어와 콘셉트 등에 참여하고 있다. 또한 다수의 음악상을 수상하기도 했다.[8]

K팝 그룹으로서 VIXX는 매우 명민하게 글로벌 마케팅을 수행해 왔다. 2015년 3월 18일 VIXX는 타이완의 가수 위청칭(分澄慶, 유징경)의 곡 「Destiny Love」를 리메이크한 「命中注定(Destiny Love)」를 연예기획사 에이벡스 타이완(Avex Taiwan)을 통해 출시하면서 중국 및 타이완 시장에 진출했다. 그해 10월과 11월에는 글로벌 쇼케이스 투어를 열었는데, 밀키웨이 글로벌 쇼케이스라 이름 붙은 이 공연은 한국, 일본, 이탈리아, 스웨덴, 말레이시아, 미국에서 열렸다. 그들은 또한 전 지구적 인기를 유지하기 위해 해외 투어를 열심히 수행하는데, 2013년 한 해에만 말레이시아, 일본, 스웨덴, 이탈리아, 미국을 방문했고, 2014년에는 유럽을 겨냥하면서 헝가리와 포르투갈을 다녀왔다. 2013년부터 2016년 사이에는 일본의 여러 도시를 돌기도 했다(VIXX 웹 사이트).

VIXX는 또한 팬들에 대한 영향력을 확장하는 데 ― 특히 소셜 미디어를 통해 ― 열심인데, 공식 홈페이지와 유튜브 채널 외에도 페이스북 페이지를 운영하고 있다. 이 페이스북 페이지는 100만 건이 넘는 '좋아요'를 받았는데, 이 수치는 그들의 실제 팬 숫자에 상응하는 정도인 것으로 보인다. 공식 페이스북 페이지는 향후 이벤트와 투어 일정, 인터뷰 또는 개별적인 사진들을 업로드한다. 이 페이지는 또한 모기업인 젤리피쉬 엔터테인먼트의 프로

광기의 주제를 다룬 어둡거나 슬픈 사랑 노래들로는 「Hyde」와 「G.R.8.U」가 있으며, 감정적 좌절을 다룬 「Error」나 영원한 사랑을 노래한 「Eternity」도 있다(http://en.wikipedia.org/wiki/VIXX(검색일: 2016.12.18).

8 VIXX는 SBS MTV의 2013년도 Best of The Best에서 최고 신인상을 처음으로 수상했고, 23회 서울가요대상에서는 본상을 수상했다. 「Voodoo Doll」은 뮤직뱅크의 음악 프로에서 최초로 1위를 수상했다. VIXX는 한국의 텔레비전 음악 프로그램에서 총 24번 1위를 차지했다.

모션들을 '공유'한다. 팬 정체성은 'starlights'와 같은 닉네임 ─ 별 같은 아이돌의 팬이라는 것을 나타내는 ─ 의 활용으로 나타난다(VIXX 페이스북 페이지). 지역 및 글로벌 팬들을 겨냥하는 공식 페이지들은 가장 정확한 최신의 정보를 업데이트하고 그룹 멤버들의 아름다움을 강조하는 시각 자료들을 제공함으로써 팬 추종의 요람이 될 뿐만 아니라 향후 활동에 팬들의 지원을 동원하려고 한다. 공식 페이지들은 또한 팬들이 열광하는 개별적인 브랜드/아우라를 만들어내면서 멤버 개별 사진과 그룹의 사진을 게시함으로써 페이스북과 트위터의 포스팅 메커니즘을 활용하고 있다.

팬 페이지의 존재는 팬들의 소셜 미디어에 대한 선호를 보여준다. 이러한 팬 페이지들 다수가 동일한 팬클럽에 기반하지만, 팬 사이트로서 트위터와 페이스북의 인기는 문화/지리적으로 차이가 나는데, 예를 들어 페루·폴란드·인도 등은 페이스북에만, 아제르바이잔·아르헨티나·멕시코는 트위터에만 팬 페이지가 존재한다. 물론 그렇다고 해서 어느 국가의 개인이든지 간에 두 플랫폼상에 고유한 팬 사이트를 만드는 것이 불가능한 것은 아니다. 인기와 관련해, 이 팬 페이지들의 인기는 팬/열정적인 팔로워들의 수에 비례하는 '좋아요'의 숫자로 나타난다. 이처럼 지리에 기반해 제작된 페이스북 팬 페이지에 대한 '좋아요'의 숫자로 미루어볼 때 VIXX의 팬층은 대체로 여러 대륙에 골고루 퍼져 있으나, 터키·브라질·페루와 같은 국가들에는 특히 고도로 팬층이 응집된 것으로 보인다.

팬들의 코멘트는 VIXX의 글로벌한 영향력과 인기를 '수행(performing)'하는 데 중요한 역할을 수행한다. 이 국제적인 팬들은 팬 페이지의 게시글에 좋아요를 누르고 그것을 자신의 개인 페이지에 공유하는데, 이를 통해 이들은 하나의 집단으로 묶이면서 VIXX의 외교 대사이자 프로모터의 역할을 수행하게 된다. 이러한 게시글에 담긴 내용이 VIXX의 선호 취향 ─ 예를 들어 투어 장소로서 특정 국가(일본, 한국 등)를 선호하는 것 등 ─ 을 함의할 경우 의도치 않게 팬들 사이에는 문화적 위계가 형성되기도 한다. 한편, 트위터 팬 페이지의 경우에는 멤버 개인들의 비주얼에 좀 더 한정되는데, 그룹의 콘서트나 활동 일정뿐만 아니라 TV 출연 영상 캡처 등이 올라온다. 팬 페이지별로 다양하게 나타나는 팬들의 행태를 비교하는 것은 이 장의 범위/목적을 벗어난다. 하지만 팬들의 그와 같은 상이한 행태 요인들 및 그러한 요인들이 전략적인 마케팅과 프로모션과 어떤 식으로 연계되는지에 대해서는 좀 더 심층적으로 연구할 필요가 있을 것이다. 다음 절에서는 팬클럽 사이트로 초점을 돌릴 것이다. 이는 소셜 미디어상에서 전략적으로 운영되는 팬덤의 양상 및 온라인 팬덤의 운영에 개입될 수 있는 정치학에 대해 탐구하기 위해서다.

소셜 미디어 팬덤: 홍콩 스타일

페이스북은 홍콩의 K팝 팬들 사이에서 인기가 있는데, 이는 홍콩인들 사이에서의 소셜 미디어 인기와 연계된 것이다. 페이스북의 K팝 팬클럽들은 소셜 미디어의 네트워크 특성을 활용해서 페이스북, 트위터, 인스타그램 등에 팬 사이트뿐만 아니라 이 다양한 사이트들에 대한 링크를 제공하는 메인 온라인 블로그도 구축하고 있다. 그들은 또한 멤버별로 개별적인 페이스북 페이지도 운영한다. 따라서 이 팬클럽 운영자들은 아이돌 텍스트를 전유·유통·공유할 뿐만 아니라 소셜 미디어 알고리즘을 활용해 문화적 경계를 극복하고 연예기획사와 팬들을 연결함으로써 글로벌하게 경제체제를 관리하고 있다는 점에서 '문화적 매개자(나아가 사업가)'로서 중요한 역할을 수행한다고 할 수 있다. 그러한 팬 사이트 가운데 하나가 바로 VIXX 홍콩 팬클럽인데, 이 장에서는 'VIXX 홍콩 스톱(Hong Kong Stop)' 운영자들과의 포커스 인터뷰를 통해 그 운영자들이 초국가화된 소셜 미디어 팬덤을 어떤 식으로 운영하는지 살펴볼 것이다.

'VIXX 홍콩 스톱'은 2012년 여대생인 '핑(Ping)'과 '럭(Luk)'(둘 다 가명)에 의해 설립되었다. 이들은 우연히 VIXX를 '발견'했다(소셜 미디어에서 다른 보이 밴드를 팔로우하다가 우연히 VIXX를 알게 되었고, 그들의 '다크'한 쿨함에 매료되었다고 한다)고 하는데, 이들의 VIXX에 대한 애정을 확고하게 만든 것은 VIXX의 정중함과 접근성이었다. "그들(VIXX)은 정말 친근해요. 그리고 매우 친절하고 사려 깊죠. 우리가 (오프라인에서나 스카이프를 통해) 만날 때마다 어떻게 지냈느냐고 물어봐 주죠"(인터뷰, 2016.6.18). 남성 연예인들이 여성 팬들에게 호소하는 이성애적으로 남성적(가부장적)인 매력 외에, 남성 K팝(또는 TV/영화) 아티스트들은 부드러운(나아가 여성적인) 미학적 특성 그리고 점잖은 특성을 지닌 것으로 보이는데, 이는 유럽/백인 남성 연예인들과 한국의 남성 연예인들이 차별화되는 지점이기도 하다. 일부 학자들은 나아가 이를 '한국적인 것(Koreanness)'으로서 브랜드화하기도 한다. K팝의 매력에 대한 인터뷰를 보면 유럽인들(10대와 부모들, 최근 이민자 또는 오래 거주한 시민)은 종종 K팝이 유럽과는 '다른 가치'를 제공한다고 말한다. 그 '다른 가치'가 무엇이냐고 물으면 유럽의 인터뷰 대상자들은 보편적이지만 유교적 유산의 핵심이기도 한 가치들 — 친절함, 존중, 겸손 — 등을 꼽는다(Messerlin and Shin, 2013).

핑과 럭이 팬클럽을 구축한 데는 세 가지 목적이 있었다. 우선 동료 팬들/'starlight'들과 정보를 공유하는 것, 그리고 지역 및 국제적으로 이미 팬인 사람들 또는 팬이 될 수 있는 사람들에게 페이스북 페이지가 최대한 닿도록 하는 것이 두 번째였다. 핑에게는 숨은 동기가 또 하나 있었는데, '팬 페이지의 운영자가 됨으로써 좀 더 눈에 띄는 존재가 된다는 것은 아이돌들에게 좀 더 가깝게 다가갈 수 있다는 것'을 의미하기 때문이다('핑"과의 인터뷰, 2016.6.18). 팬클럽은 주로 웹상에 존재하지만, 나중에 언급할 것처럼, 종종 오프라인 활동도 수행한다. 온라인 플랫폼에 대한 의존성은 메인 페이지에서 나타나는데, 멤버십 등록 체계를 가지지 않은 '클럽'의 '멤버십'이 페이지상의 '좋아요'

숫자에 의해서만 규정되기 때문이다. 팬클럽 운영자는 2012년 당시 '멤버십'을 1만 명 정도인 것으로 추정했다(인터뷰, 2016.6.18). 등록 체계의 느슨함과 유일한 클럽 플랫폼으로서 페이스북에 대한 의존은 가입비가 없다는 것을 의미한다. 그와 같은 느슨한 멤버십의 좋은 점은 진입과 탈퇴가 자유롭다는 것이다. 단점은 '클럽'의 재정적 자원이 VIXX의 CD를 판매하는 것에 한정된다는 것인데, 이는 클럽의 '멤버'들에게 주어지는 얼마 안 되는 매력이자 팬클럽이 그 구성원들에게 약속한 임무이기도 하다.

동시에 그들은 또한, 그들의 아이돌 그룹들과 마찬가지로, 트위터와 인스타그램 페이지를 구축하고 유튜브상에 동영상을 게시한다. 플랫폼별로 알고리즘이 상이하기 때문에 '핑'과 '럭'은 소셜 플랫폼의 미디어별로 상이한 역할을 부여했다. "페이스북이 코멘트를 달 수 있는 좀 더 많은 공간을 제공한다면, 그렇지 않은 트위터는 비주얼을 업로드하는 데 주로 사용해요. 소셜 미디어의 활용은 또한 지리적으로 구분되는데, 트위터는 좀 더 유럽 팬들이 많으면서 전 지구적인 범주를 가지는 반면 아시아인들은 페이스북과 인스타그램을 사용하죠"(인터뷰, 2016.6.18). 나이 격차 또한 존재하는데, 인스타그램은 '핑'이 '무이'(mui: 어린 여동생을 뜻하는 광둥어)라고 부르는 10대 '어린 여동생'들이 많이 사용한다. 페이스북이 제공하는 통계 정보는 페이스북을 활용하는 K팝 팬들의 인구통계학적 특성을 보여주는데, 가장 높은 비중은 10대 초반이고, 그 뒤를 10대 후반/20대 초반이 따르고 있다('핑'의 세대). 페이스북 페이지의 경우 국제적인 팔로워를 보유하는데, 다수가 동아시아와 동남아시아 출신으로 구성되어 있다. 언어학적으로 볼 때 이러한 양상은 중국(타이완과 홍콩)이 여전히 페이지의 텍스트에 대한 접근에서 결정적인 역할을 한다는 것 그러나 작은 비중의 영어 사용자들 또한 페이지상의 텍스트/비주얼/동영상 활용에 영향을 미친다는 것을 보여준다.

지역적으로, 국제적으로 팬들에게 영향력을 발휘하기 위해 한국어를 공부한 핑은 공식 VIXX 웹 사이트(와 페이스북)뿐만 아니라 한국의 대중잡지들에서 뉴스를 퍼오고 있다. 그녀는 또한 이러한 웹 사이트들을 통해 아이돌 사진 및 한국 TV 웹 사이트로부터 인터뷰 동영상 등을 다운로드하며, 인터뷰를 중국어로 번역해서 VIXX 홍콩 스톱에 업로드하고 있다. 비중국계 팬들을 위해서는 VIXX의 영어로 된 비디오들(예를 들어 혁의 영어 동영상)을 긁어오는 한편, 동남아시아와 미국/유럽에 거주하는 홍콩과 타이완, 중국계 이주민 공동체의 공식적인 언어인 전통 중국어로 게시글의 제목을 달고 있다. 이는 미디어를 횡단하면서 나타나는 초국가화된 팬들에게 일상화된 노동/실천의 양상이다. 예를 들어 일본 망가 팬들은 '스캔 번역(scanlation)' 작업에 참여하는 것으로 알려져 있는데, 이는 동료 팬들이 소비할 수 있도록 망가를 스캔·다운로드해서 영어로 번역하는 일이다(Lee, 2012). 한국어를 배운 팬클럽 운영자들은 아이돌 그룹의 인터뷰를 중국어로 번역하고 그것을 유튜브와 페이스북에 재포스팅한다. 시각 자료들에 매료된 국제적인 팬들이 페이지상에 다양한 코멘트를 남기는 가운데, 가장 활동적인 것은 홍콩과 타이완의 팬으로, 이는 페이스북 페이지가 전통 중국어로 작성되었기 때문이다. 이와 같은 언어·알고리즘·시각적 전략은 페이스북/트위터/인스타그램의 한계를 넘어서서 자신들의 소비를 최대화하려는 국제적인 팬들을 매료시키고 있다.

팬 자본주의: 소셜 미디어상 팬덤의 마케팅

팬 텍스트가 그 영향력을 전 지구적으로 최대화하는 데 여전히 언어가 가장 큰 장애물인 가운데, 팬클럽 운영자들은 페이스북 페이지를 채우기 위해 VIXX의 사진/시각 자료 및 방송 출연 영상들, 앞으로의 투어/팬 미팅 일정 등의 정보 업데이트에 의존하게 된다. 팬들이 최대한 VIXX를 탐닉할 수 있도록 하기 위해, 팬클럽은 페이스북 페이지의 알고리즘 설정을 활용해서 팬 페이지를 다층적으로 디자인해 운영하고 있다. 이와 같은 게시글에 더해, 팬클럽은 또한 VIXX의 CD나 MD 판매를 통해 자신들의 활동을 홍보하고 있다. VIXX 관련 상품 및 CD의 판매는 젤리피쉬 엔터테인먼트를 통해 관리되며, 팬클럽은 적은 수익으로 한국의 매개자들과 타 팬들 간의 중간자로서 역할을 수행하고 있다. 팬클럽의 또 다른 재정적 원천은 팬 활동 때 또는 VIXX가 홍콩으로 투어하러 와서 팬 미팅을 할 때 이루어지는 팬들의 기부다. '플래시 몹은 K팝 팬들이 벌이는 특유의 팬 활동'으로 알려져 있는데, '핑'은 플래시 몹 활동은 (시간을 소비하는 활동이기 때문에) 가끔 진행할 뿐이며 재정적으로도 비용이 많이 든다고 밝혔다. 팬클럽의 주요 활동은 VIXX가 방문하는 동안 팬 미팅을 조직하는 것인데, 여기에는 VIXX가 홍콩에 머무는 동안 실제 만남을 제공하는 것뿐만 아니라 음식을 비롯한 여러 가지를 제공하는 것도 포함된다. 페이스북과 트위터는 운영자들이 참여와 지원을 동원하기 위해 그와 같은 활동을 홍보하는 데 사용된다.

예를 들어 팬클럽의 4번째 기념일을 축하하는 최근 행사에서 팬클럽은 클럽 멤버들에게 팬클럽에 대한 생각과 바람을 담은 게시글을 올리는 조건으로 뽑기 행사를 진행했다. 참여한 멤버에게는 보상으로 지난 팬 미팅을 위해 만들었던 한정판 '비품'들(예를 들어 수건, 레코드, VIXX의 다양한 퍼포먼스를 담은 심 카드 등)을 받을 수 있는 기회가 주어졌다. 놀랍지 않게도, 이 행사는 페이스북상 35개의 게시글과 인스타그램상의 17개 게시글을 모았다.[9] 게시글 작성자들은 대개 홍콩 출신인 것으로 보였으며, 그중 일부는 지역의 팬들과 VIXX 간의 연결 고리 역할뿐만 아니라 소셜 미디어상에 다양하게 정보를 업데이트하는 것에 대해 공개적으로 감사를 표현하기도 했다. 이와 같은 게시글의 갑작스러운 증가는 글 게시에 대한 물질적 인센티브를 약속

---

9   2016년 6월 1일 오후 7시 현재 기록이다.

한 결과이기도 했지만, 동시에 게시글을 모으려는 '핑'의 전략이 성공했다는 것을 보여주는 것이기도 했다. 또한 이것은 지난 4년간 '핑'의 노동에 대한 감정적인 보상이자 텍스트적인 보상이기도 했다. 대다수의 팬들이 단순히 '좋아요'를 누르는 것에 그치는 데 반해, 일부는 게시글에다가 코멘트를 다는 식으로 흔적을 남기기도 했는데, 이를 통해 팬클럽의 '국제적인 특성'이 드러나기도 했다. 오프라인 활동의 관리는, 명백히 애정 어린 온라인 프로모션에서부터 시작해서 인원 동원, 음식과 음료 준비, 오락 활동, 이벤트 조직에 이르는, 하나의 마케팅이자 PR 활동이었다. 이러한 운영상의 노동과 위업을 기록하기 위해, '핑'과 '럭'은 자신들의 일상 활동에 대한 셀피(사진과 동영상)를 찍었고 하루가 끝난 후 자축하는 식사 사진도 올렸다.[10] 그 동영상은 그들이 웃는 얼굴로 자랑스럽게 자신들의 여정을 묘사하는 모습을 보여주는 것으로, 여기에는 그들이 VIXX의 방문을 준비하면서 팬들을 모으고 그날의 마지막에 식사를 즐기는 것까지 담고 있었다.

알고리즘 검열을 관리/협상하기

팬클럽은 페이스북의 알고리즘 설정을 활용하지만, 그 활용은 소셜 미디어 페이지에 잠복해 있는 검열에 의해 약화될 수 있다. '핑'은 일상적인 게시글이 닿는 범위에 대한 보고를 받고 있었는데, 지속적으로 페이지상의 게시글들이 전체 유저의 일부에게만 닿는다는 것을 알게 되었다. '핑'은 이 문제에 대해 다음과 같이 설명했는데, ① 페이스북이 마케팅 전략의 차원에서 의도적으로 덜 활동적인 유저들보다 자주 '좋아요'를 누른 사람들에 닿을 수

---

10   VIXX HongKong Stop 페이스북 페이지.

있도록 한 것이거나, ②트래픽 최고조 시간 동안 데이터의 흐름을 줄임으로써 비용을 절감하려는 알고리즘적 전략이라는 것이다. 이러한 상황을 피하기 위해 '핑'은, 예를 들어 중요한 게시글은 데이터 흐름이 적은 낮 시간에 전송하는 식으로, 페이스북 시스템보다 명민하게 활동해야 했다. "우리는 늦은 아침과 오후 시간대가 페이스북이 덜 바쁜 시간대라는 걸 알게 됐어요. 그래서 좀 더 중요한 메시지들은 모두가 받을 수 있도록 그때 보내기로 했죠." 예를 들어 4주년 기념 포스터는 오후 6시에 보내졌다(인터뷰, 2016. 6.1).

또 다른 전략은 메시지에 '양념을 쳐서' '좋아요'와 '공유하기'를 최대한 끌어내는 것이다(인터뷰, 2016.6.18). 핑은 VIXX의 공식 페이지를 부지런히 긁어서 VIXX 멤버들의 가장 잘 나온 사진을 엄선하거나, 게시글의 제목을 자극적으로 달며, 연예인의 사진에 친근한 중국어를 달아 개인적으로 가깝게 느끼도록 만들었다. 게시글의 제목은 문화적 격차를 메우고 전통 중국어를 읽는 다수의 지역민/타이완/중국계 이주민을 위한 지역화에서 중요한 역할을 담당한다. 그렇다고 해서 비중국인들을 제외하는 것은 아닌데, 왜냐하면 그러한 중국어 제목들은 다시 영어로 번역되기 때문이다. 이와 같은 영어 번역에는 빈틈이 많은데, 일부 사례에서 보이듯이, 구글 번역기를 통한 번역들이 중국어로 쓰인 글 속의 언어적 유희들을 제대로 포착하지 못하기 때문이다. 하나의 사례로는 중국어로 'rice(飯)'라는 단어가 '팬'의 발음으로서 유희적으로 활용된 사례(중국어로 둘은 발음이 같다)가 있었는데, 영어 번역에서는 그대로 'rice'로 번역되기도 했다.

국경과 민족을 초월하는 팬덤 관리의 정치학

앞에서 언급한 언어적 분열에 더해, 시나블로그(Sinablog)의 관리에는 좀 더 결정적인 분열이 발생한다. 홍콩 팬클럽이 시나블로그에 사이트를 구축하고 중국 본토의 VIXX 팬들에게 닿기 위해 단순화된 중국 문자를 활용했는데, 이것이 중국 본토의 정치적 검열을 위반했던 것이다. 블로그를 관리해 온 4년 동안 중국 본토의 팬들과 홍콩의 운영자들 사이에서는 갈등이 발생했는데, 팬클럽의 시나블로그 페이지에서 두 지역의 팬클럽들 간에 경쟁이 벌어진 탓이었다. 홍콩 다푸(Taipo)에서 열렸던 팬 미팅을 준비하면서 불거진 언쟁은 중국 본토의 팬들이 예산에 대해 운영자들에게 문의하면서 시작됐다. 홍콩 팬클럽은 (홍콩의 PR 기획사를 통해) 한국의 VIXX에게 메시지를 보냈는데, 이는 팬클럽의 지위를 홍보하기 위한 것이자 VIXX의 주목을 받기 위한 것이었다. VIXX가 VIXX 홍콩이라고 쓰인 케이크를 들고 있는 사진을 자랑스럽게 게시하면서, 핑은 페이스북의 팬들로부터 감사와 찬사를 기대했다. 그러나 반대로 이는 시나블로그상에 분노의 흐름을 촉발시켰는데, 중국 본토의 팬들이 케이크 전달식에 대해 상의도 없었고 정보를 얻지도 못했다는 점을 지적하면서, 팬클럽의 일부 ― 특히 기부금의 용처와 관련해서 ― 에 투명성이 부족하다고 비판했던 것이다. 이는 집합적으로 모은 자금의 부정직한 활용을 의심하는 것으로, 팬클럽의 윤리가 깨졌다는 것을 의미한다. 시나블로그의 알고리즘 설정은 팬들로 하여금 그러한 혐의를 잘라내기와 붙여넣기를 하면서 자신들의 비난을 그 위에 더하도록 유도했다. 반복된 비난에 핑은 감정적으로 고통을 받았는데, 혐의를 벗기 위해 시나블로그에다가 팬클럽의 금융 정보를 올리는 수밖에 없었을 뿐만 아니라 소동을 유발시킨 것에 대해 중국 본토의 팬들에게 사과문도 게시해야 했다. 지나고 보니 이 사건은 홍콩 팬클럽과 시나블로그 팬 간 이미 어그러져 있던 관계에 대한 결정타였다. "그 사건 이후 시나블로그에는 덜 게시글을 올리게 되었어요. 저는 그 사건, 그리고 우리와 그쪽 팬들 간의 불편한 관계로 인해 심적으로 크게 다쳤죠." 2016년 5월 4일의 마지막 게시글 이후 6월 1일까지 시나블로그에는 새로운 게시글이 올라가지 않았다. 6월 1일은 홍콩 팬클럽이 4주년 알림을 게시한 날로 7개의 축하글을 메시지로 받았다고 한다.

팬 전쟁이 온라인(과 오프라인)상에서 새로운 것은 아니지만 홍콩과 중국 본토 간의 싸움은, 홍콩이 1997년 이후 중국 관할로 넘어갔지만 일상적이고 문화적인 불신과 갈등에 의해 복잡하게 강화되어 온 두 지역 간의 정치적 균열로 인해 오랫동안 이어져 온 것이다(Law, 2015). 전성기의 한류 드라마는 중국 본토와 한국 팬들 사이에서(Leung, 2008; Jang, 2012)뿐만 아니라 일본인들과 한국 팬들 사이에서도 애국 논쟁을 일으킨 바 있는데, 그 범주는 한국이 생산한 미디어 콘텐츠에 대한 비판에서부터 반(反)한류 사회운동을 조직하는 데까지 이른다(Chin and Morimoto, 2013). 그러나 VIXX 홍콩 팬클럽에 대한 이 에피소드는 중국 본토와 홍콩의 팬들 간 오래 묵은 문화적이고 정치적인 오해와 적개심에 기인하는 지리정치학적 논쟁의 양상을 보여준다. 다른 인터넷 포럼에서도 유사한 논쟁들은 빈번하지만, 이 팬(들 내부의) 전쟁은 팬덤 내 문화적 하위 국가/민족주의가 존재한다는 것을 드러내고 있는데, 왜냐하면 팬들 간 상호 불신이 팬들 간 가상의 '전쟁'으로까지 번졌기 때문이다. 이는 중국 본토와 홍콩의 팬들이 각기 모여 집단을 이룸으로써 국경을 사이에 둔 두 중국인들 간의 오래된 골을 드러낸 것인데, 이 오래된 골이 온라인상의 언어·알고리즘적 경계(시나블로그 vs. 페이스북 페이지)에 의해 드러났던 것이다.

팬들의 감정노동 관리: 짝사랑?

VIXX 홍콩 팬클럽의 에피소드는 팬 관리에서 분열로 인한 팬들 간 감정적 갈등을 반영하는 것일 뿐만 아니라, 온라인 팬사이트의 보상받지 못하는 고독한 노동의 양상을 보여주는 것이기도 하다. 'VIXX 홍콩'은 VIXX와 직접 만나는 것은 말할 것도 없고, VIXX의 한국 기획사와의 상호작용도 드물었다. "우리는 홍콩의 PR 회사를 통해 한국의 기획사로부터 메모를 전달받을 뿐이에요. 그들은 VIXX가 홍콩에 투어한다고 알리고서는 우리가 그들의 방문에 대비해서 모든 준비를 하기를 기대해요(지역 팬들을 위한 음식 준비를 포함해서). 금전이나 노동력 또는 감정적인 자원을 제공하지도 않으면서요'('핑'과 '럭'과의 전화 인터뷰, 2016.8.10). 한국 연예기획사가 일하는 방식에 대해서 타이완 웹 사이트에서 논의된 적이 있는데(2012년에 작성되었던 온라인 자료를 2016년에 검색), CY 엔터테인먼트 스태프의 "사업가 같으면서 조작적이고 차가운" 태도에 대한 불만이 제기되었다('핑'과의 인터뷰, 2016.6.7). 보상 받은 소량의 '친절'로는 핑더러 VIXX 홍콩 스톱의 팬 멤버들을 대상으로 VIXX 상품들(CD, DVD, 플래시 카드, 티셔츠 등을 포함)을 담당하는 공식 에이전트가 되라는 제안 정도가 있었다. 핑에게 4년간의 노동에 대한 보상은 거의 없었는데, 특히 그녀가 좋아하는 아이돌로부터 좀 더 주목을 받거나 친절을 받는 지위로 올라가는 것에 대해 아무런 보상이 없었다. 그녀는 "초기에 제가 사인회에서 만났을 때 그는 저를 기억하고 심지어 내 이름도 기억했을 거예요. 저는 그들이 이제 엄청 유명해졌고 따라서 더 멀어질 것이라는 것을 이해합니다. …… 바로 얼마 전에 저는 홍콩 팬클럽의 창시자로서 VIXX 콘서트 티켓을 예매했는데, 아직 도착하지도 않았네요. 당시에 정말 우울했어요. 제 팬클럽 파트너는 그녀의 아이돌(VIXX의 멤버 중 한 명)이 라이벌 팬 사이트가 준비한 케이크를 먹는 사진을 게시한 것을 발견했어요. 그녀는 말 그대로 무너졌죠"(인터뷰, 2016.6.18).

VIXX에게 선물 세례를 했지만, VIXX에 대한 가장 최근의 소식을 받는다는 것, 그들이 홍콩에 왔을 때 실제로 VIXX를 가장 처음 만나게 된다는 것 외에 핑은 그녀의 아이돌과 좀 더 자주, 직접 만날 수 있는 보상은 받지 못했다. 그녀가 받는 유일한 감정적인 보상은 페이스북상에 동료 팬들이 보내주는 감사의 인사뿐이다. 그녀는 페이스북에 글을 올려 이처럼 도움을 받지 못하고 있는 상황을 다가오는 4주년을 '축하'하는 방식으로 드러낸 적이 있다.

"'스타를 쫓는 사람들'만이 이해할 수 있는 세계. 지난 4년은 쉽지 않았습니다. …… 저는 제가 애초에 왜 이 일을 시작했는지 모르겠습니다. …… 저는 떠났었지만 오로지 라비의 글에 힘을 얻어서 돌아왔어요. 그동안 팬클럽 활동을 열심히 하지 않았던 것을 사과합니다. 그리고 4주년을 열심히 준비하는 좋은 사람이 될게요!"

결론

K팝으로 대표되는 한류는, 소셜 미디어를 통한 한국의 연예기획사와 홍보 업체들의 엄격한 팬 관리를 포함하는, 고도의 전략을 통해 글로벌화된 문화산업으로 변화하고 있다(Jin, 2014). 다른 한편으로 한류는 '일상적인 K팝 팬들'이 애착을 가지고 전략적으로 팬을 관리하는 것을 고양시키기도 했는데, 이 팬들은 K팝 그룹들이 글로벌화되고 성공을 유지하는 데 중요한 공헌자들이다. 많은 연구자들이 창의적이고 풍부한 주체성이 긍정적이고 참여적인 팬 문화에 공헌했다고 본 반면, 또 다른 많은 학자들은 과도한 애착과 창의적인 팬 생산이 종종 착취를 유발한다고 비판했다. 이 장에서 나는 K팝의 사례를 통해 K팝이 ① '창의경제'를 발전시키기 위해 소셜 미디어를 어떻게 활용했는지, ② 이러한 풍부한 초국가적 팬 활동이 어떻게 해서 '팝세계주의'를 이끌어내는지라는 두 가지 관점을 바탕으로 소셜 미디어 팬덤의 역학에 대해 논의했다.

이 장에서는 'VIXX 홍콩 스톱'의 사례를 통해 팬클럽 운영자가 문화적 매개자의 역할 — 소셜 미디어의 알고리즘을 활용해서 융합된 미디어 플랫폼을 횡단하면서 아이돌의 이미지를 유통시킬 뿐만 아니라 전유하고, 복사 및 붙여넣기를 하면서 — 을 어떤 식으로 수행하는지를 살펴보았다. 그들은 또한 아이돌 영상을 적극적으로 번역하고 자막화했으며, 이를 통해 전 지구적 팬들의 수용/소비를 위해 아이돌 텍스트를 언어적으로 지역화하고 초국가화했다. 이와 같은 시각적 소비는 또한 관련 상품들의 초국가적인 소비를 활성화했는데, 여기서도 그들은 아이돌 상품의 판매에서 중간자 역할을 수행했다. 운영자들이 바랐던 것은 물질적 혜택이 아니라, 무형의 상징적인 혜택이었다. 이러한 상품의 판매를 통해 얻는 소득은 매우 적지만, 이들은 온라인 K팝 팬 사이트들이 연예산업의 글로벌한 관리에 정동 노동으로서 기여하는 매개적 자본가이자 문화적 생산자들이라 할 수 있다. 어떤 면에서 이 팬 운영자들은 아마추어 마케터이자 심지어는 자본가라고 볼 수 있는데, 왜냐하면 자신들이 운영하는 페이지의 적법성을 향상시키기 위해 아이돌 텍스트를 활용하고 복제하기 때문이다.

K팝 스타의 (순수한 소년다움과 쿨하고 섹시한 외모를 현란한 댄스 스텝과 통합시킨) 혼종화된 이미지는 젊은 여성들에게 호소력을 지닌다. 평범하면서도 열정적 유저들인 팬들은 집합적인 추종과 단합을 동원하기 위해서뿐만 아니라 '환심'을 획득하기 위해 자신들의 넘치는 애정을 확산하려고 하는데, 그렇게 함으로써 자신을 팬 위계상에서 진급시켜 아이돌의 초인간적인 위상에 좀 더 다가가기 위해서다. 앞에서 논의한 대로, 일상적 매개자로서 팬클럽은 팬들의 감정적·문화적 자원들을 활용하고 동원하기 위해, 나아가 자신들의 숨겨진 목적을 위해 페이스북의 알고리즘 설정을 활용해 왔다. '이미지 관리'가 일상에서 가장 중요해진 소셜 미디어의 시대에 팬클럽 운영자들은 자신들의 영상을 게시해 '준유명인'이 됨으로써 그리고 이를 통해 자신들을 페이스북의 광대한 텍스트 영역 내의 시각적 상품으로 전환시킴으로써 이익을 얻는다.

한편, 페이스북의 팬클럽 페이지들은 '팝세계주의'의 한계를 보여준다. 소셜 미디어는 가상의 크로스 미디어 영역을 활용하고자 초국가적인 팬덤을 운영하는 K팝 팬들의 지략과 성숙도를 향상시켰다. 운영자들은 언어적 스크리닝과 번역을 통해 '국제적인 수용자'들의 수요에 맞추었지만, 대부분의 오프라인 활동은 (VIXX의 경우) 홍콩에 국한되었다. 그러나 VIXX의 홍콩 팬클럽 운영자들의 활동이 보여주듯이, 초국가화된 팬덤은 '멤버들'로부터의 통계와 코멘트들에 의해서만 가시화되는 것으로, '글로벌 문화 의식'은 기껏해야 텍스트나 수행적으로 나타날 뿐 적극적인 초국가적 교류나 이해에 의해 이루어지지는 못했다. 홍콩 팬클럽 또한 홍콩과 중국 본토 네티즌 간에 아이돌의 주목을 두고 벌어진 경쟁이 오래된 정치적 반목을 건드리면서 지리문화적인 긴장에 발목을 잡혔다. 이는 한국과 홍콩의 전문적 매개자들과의 (착취적인 것이 아니라면) 별 지원을 못 받는 관계에 더해 '공공'적인 갈등에 대한 회의를 야기하는 것이자, 상호 합의적이고 (어느 정도는 조화롭다고) 상상된 '공공'의 장으로서의 소셜 미디어의 개념에도 문제를 제기하는 것이라 할 수 있다. 소셜 미디어는 K팝 아이돌 팬들로 하여금 자신들이 좋아하는 아이돌을 위한 인간적·재정적 자본을 촉진하고, 홍보하고, 동원할 수 있도록 문화·국가·알고리즘적 경계를 횡단할 수 있는 추진력을 제공했다. 하지만 소셜 미디어는 팬 전쟁을 촉발시키기도 하며, 이러한 전쟁은 사이버 괴롭힘과 인종적 타자화에까지 이를 가능성을 지닌다.

소셜 미디어의 시대 '팬 노동'은 무조건적인 자원 봉사와 초국가적인 알고리즘 능력을 전제하곤 하는데, 여기서 '노동'은 시간의 제공으로서 나타난다. 왜냐하면 팬들이 집합적으로 아이돌을 추종하는 다른 한편으로는, 동료 팬들을 감탄시킬 수 있도록 아이돌의 비주얼을 전략적으로 재생산하기 때문이다. 알렉시스 로디언(Alexis Lothian)과 애비게일 드코스닉(Abigail de Kosnik)은 팬 영상에 대한 연구에서 팬덤의 '무상 노동'을 팬 영상에서 줄줄 흘러나오는 팬덤 내 '지하 공용어(undercommon)'와 결합한 바 있다(Lothian, 2015). 이와 같은 팬들의 무상 노동은 크리스티안 푹스(Christian Fuchs)가 소셜 미디어에 대한 정치경제학적 비평에서 논했던 열정적 소셜 미디어 이용자들에 의한 기존의 디지털 감정노동에 부합한다(Fuchs, 2010). 페이스북의 알고리즘 설정은 팬클럽이 그들의 정동적 팬 문화 생산을 극대화하는 것을 가능하게 해주지만, 그러한 가능성은 동료 팬들이 수행하는 (하위)민족주의적 비판에 의해 상쇄되기도 한다. 하지만 이는 '대립적'이라기보다는, VIXX 홍콩 스톱의 사례가 연예인과 그들의 초국가적인 팬들 간의 복잡다단한 관계를 효율적으로 보여주는 것이라 할 수 있다. 팬들이 팬 집단 내 이타적인 유대를 바탕으로 팬 페이지를 구축하기 위해 자발적인 노동에 몰두하는 한편, 모두가 정동 및 주목 경제체제 내에서 능동적으로 노동하는 시대의 팬들은 또한 아이돌뿐만 아니라 소셜 미디어상의 상상된 팬들로부터 상상된 주목, 나아가 '애정'이라는 보상을 얻기도 한다. 시각적 아름다움에 대한 탐닉 또한 K팝 연예인들이 섹시한 외모로 매력을 발산함으로써 팬 관리를 전략적으로 촉진하는 역할을 해왔다. 이러한 애정에 기반한 노동은 전 지구화하고 있는 팬들 내 연대감에 기반하는 수행적 전망으로 확장되는데, 이는 초국가화된 팬들 내에 존재하는 긴장의 가능성을 가리기도 한다. 각각 다른 상황에서 VIXX가 케이크를 들고 있던 사진은 초국가화된 팬덤 관리뿐만 아니라 아이돌과의 환영적인 친밀감을 보상으로 삼아 팬클럽이 쏟았던 노력에 대해서도 파열의 미학으로 작동했다. 한편 이 팬들은 아이돌의 홍보사로부터 올 다음 팬 미팅에 대한 또 다른 메시지를 갈망하며 기다림으로써 연료를 공급받고 있다. 그들이 기다릴 수 있는 것은 앞으로 단 한 번뿐이다.

참 고 문 헌

Ahn, S. H. 2011. "Girls' generation and the new Korean Wave." *SERI Quarterly*, October, pp.81~86

Banks, J. and M. Deuze. 2009. "Co-creative Labour." *International Journal of Cultural Studies*, 12 (5), pp.419~431.

Barton, K. M. and J. H. Lamley. 2014. *Fan Culture: Essays on Participatory Fandom in the 21st Century*. North Carolinaand London: McFarland and Company, Inc.

Chin, B. and L. H. Morimoto. 2013. "Towards a Theory of Transnational Cultural Fandom." *Participation: Journal of Audience and Reception*, 10(1), May.

Choe, S. H. and M. Russell. 2013. "Bringing K-Pop to the West: Social Media Help South Korean Bands Find New Fans." *The New York Times*, Mar 5, 2012, B10.

Cova, B. and V. Cova. 2002. "Tribal Marketing: the Tribalisation of Society and Its Impact on the Conduct of Marketing." *European Journal of Marketing*, 36(5/6), pp.595~620.

Cova, B. and D. S. Dalli. 2009. "Working Consumers: the Next Step in Marketing Theory?" *Marketing Theory*, 9(3), pp.315~339.

Deuze, M. 2007. "Convergence Culture in the Creative Industries." *International Journal of Cultural Studies*, 10(2), pp.243~263.

Duffett, M. 2013. *Understanding Fandom: an Introduction to the Study of Media Fan Culture*. NY: Bloomsbury Publishing.

Earl, J. and K. Kimport. 2009. "Movement Societies and Digital Protest: Fan Activism and Other Non-political Protest Online." *Sociological Theory*, 27, pp.220~243. doi:10.1111/j.1467-9558. 2009.01346.x. cited in Jung, S. Fan Activism, Cybervigilantism, and othering mechanisms in K-pop fandom. Transformative Works and Fan Activism, edited by Henry Jenkins and Sangita Shresthova, special issue, Transformative Works and Cultures, no.10. doi:10.3983/ twc.2012.0300. (retrieved on Dec 22, 2016).

Fuchs, C. 2014. *Social Media: a Critical Introduction*. London: Sage Publications.

Hills, M. 2002. *Fan Cultures*. London: Routledge.

Howard, K. 2014. "Mapping K-pop Past and Present: Shifting the Modes of Exchange." *Korea Observer, Autumn*, 45(3), pp.389~414.

Hsu, Y. T. and Y. C. Chang. 2013. "Social Media and Music Consumption: K-Pop Fan." MPhil

Thesis, National Cheng Chi University, Taiwan. Retrieved Aug 2, 2016. http://nccur.lib.
nccu.edu.tw/handle/140.119/65773

Hubinette, T. 2012. "The Reception and Consumption of Hallyu in Sweden: Preliminary Findings
and Reflection." *Korea Observer*, Vol. 43, No.3, Autumn, pp.503~525.

Huq, R. 2006. *Beyond Subculture: Pop Youth and Identity in a Postcolonial World.* NY: Taylor and
Francis Group.

Jang, S. H. 2012. "The Korean Wave and Its Implications for the Korea-China Relationship." *Journal
of International and Area Studies*, 19.2(Dec), pp.97~113.

Jenkins, H. 2006. *Fans, Bloggers, and Gamers: Exploring Participatory Culture.* New York
University Press, New York, NY.

_____. 2013. *Textual Poachers: Television Fans and Participatory Culture.* London: Routledge.

Jin, D. Y. 2014. "The Power of the Nation-State Amid Neo-Liberal Reform: Shifting Cultural Politics
in the New Korean Wave." *Pacific Affairs*, 87(1), pp.71~92.

Jones, B. 2014. "The Fandom is out there: Social Media and the X-files Online." in K. M. Barton
and J. M. Lamley(eds.). *Fan Culture: Essays on Participatory Fandom in the 21st Century.*
North Carolina and Lodon: McFarland and Company, Inc.

Jung, S. 2012. "Fan Activism, Cybervigilantism, and Othering Mechanisms in K-pop Fandom."
Transformative Works and Fan Activism, edited by Henry Jenkins and Sangita Shresthova.
Special Issue, Transformative Works and Cultures?, No.10. doi:10.3983/twc.2012.0300.
(retrieved on Dec 22, 2016)

Jung, S. and D. Shim. 2014. "Social Distribution: K-pop Fan Practices in Indonesia and the
'Gangnam Style' Phenomenon." *International Journal of Cultural Studies*, 17(5), pp.485~501.

Kozinets, R. V., A. Hemetsberger and H. J. Schau. 2008. "The Wisdom of Consumer Crowds."
Journal of Macromarketing, 28(4), pp.339~354.

Lee, H. K. 2009. "Manga Scanlation: Between Fan Culture and Copyright Infringement." *Media,
Culture and Society*, 31(6), pp.1011~1022.

_____. 2012. "Cultural Consumers as New Cultural Intermediaries." *Manga Scanlators*, 2(2), pp.
131~143.

Lee, S. 2012. "The Structure of the Appeal of Korean Wave Texts." *Korea Observer*, Autumn, 43(3),
pp.447~469.

Leung, L. 2008. "Mediating Nationalism and Modernity: The Transnationalization of Korean Dramas
on Chinese (satellite) TV." in B. H. Chua and K. Iwabuchi(ed.). *East Asian Popular Culture:
Analyzing the Korean Wave.* Hong Kong: Hong Kong University Press.

Lothian, A. 2015. "A Different Kind of Love Song: Vidding Fandom's Undercommons." *Cinema
Journal*, 54, No.3, Spring, pp.138~155.

Oh, I. 2009. "Hallyu: The Rise of Transnational Cultural Consumers in China and Japan." *Korea
Observer*, Autumn, 40(3), pp.425~459.

_____. 2013. "The Globalization of K-pop: Korea's Place in the Global Music Industry." *Korea

Observer, Autumn, 44(3), pp.389~409.

Otmazgin, N. and I. Lyan. 2013. "Hallyu across the Desert: K-pop Fandom in Israel and Palestine." *Cross-Currents: East Asian History and Culture Review*, *E-Journal*, No.9. Retrieved from http://cross-currents.berkeley.edu/e-journal/issue-9(retrieved on Dec 22, 2016).

Ritzer, G. and N. Jurgenson. 2010. "Production, Consumption, Prosumption: the Nature of Capitalism in the Age of the Digital 'Prosumer'." *Journal of Consumer Culture*, 10(1), pp.13~36.

Schau, H. J., A. M. Mun ˜iz and E. Arnould. 2009. "How Brand Community Practices Create Value." *Journal of Marketing*, 73(5), pp.30~51.

Shim, D. 2006. "Hybridity and the Rise of Korean Popular Culture in Asia." *Media, Culture and Society*, 28(1), pp.423~441.

Shin, H. J. 2009. "Reconsidering Transnational Cultural Flows of Popular Music in East Asia: Transbordering Musicians in Japan and Korea Searching for 'Asia'." *Korean Studies*, 33, pp.101~123.

Shin, S. I. and L. Kim. 2013. "Organizing K-pop: Emergence and Market Making of Large Korean Entertainment Houses, 1980~2010." *East Asia*, Springer 20, pp.255~272.

Sperb, J. 2010. "Reassuring Convergence: Online Fandom, Race, and Disney's Notorious Song of the South." *Cinema Journal*, 49, pp.25~45.

Terranova, T. 2004. *Network Culture: Politics for the Information Age*. Pluto Press, New York, NY.

Thorton, N. 2010. "YouTube: Transnational Fandom and Mexican Divas." *Transnational Cinemas 1*, (1), pp.53~67.

van Dijck, J. 2009. "Users Like You: Theorizing Agency in User-Generated Content." *Media, Culture and Society*, 31(1), pp.41~58.

Zwick, D., S. K. Bonsu and A. Darmody. 2008. "Putting Consumers to Work: 'Co-Creation' and New Marketing Governmentality." *Journal of Consumer Culture*, 8(2), pp.163~196.

朱筱微. 2012. 藝人粉絲間的橋樑. 小漂漂. 喀報 (Cast Net) 第兩百零三 [Ju. (2012). The Link Between Artists and Fans. Xiao Piao Piao. Cast Net, No.203 blog]. https://castnet.nctu.edu.tw/castnet/article/4431?issueID=173

6장

글로벌 K팝의
포스트 식민주의적 생산과 소비

•
•
•

윤경원

들어가는 말

아시아를 넘어 전 지구화되고 있는 K팝의 유통은 글로벌라이제이션이 수반하는 아이러니를 담고 있다는 점에서 미디어 연구에 특히 흥미로운 현상이다.[1] 오노와 권정민은 이러한 현상이 "한국이 20세기의 상당 기간 피식민지의 위치에 놓였었다는 사실을 고려하면 거의 아이러니"(Ono and Kwon, 2013: 199)하다고 말한 바 있다. 이러한 관점에서 볼 때, 그 생산과 확산이 한국의 포스트 식민주의 투쟁의 결과로서 이루어진 글로벌 K팝은 포스트 식민주의적 미디어 현상이다. 따라서 K팝의 전 지구화에 대한 분석은 반드시 그 포스트 식

---

[1]   이 장은 한국학 중앙연구원의 지원을 받았다는 것을 밝힌다(AKS-2015-R03).

민주의적 차원을 고려해야 하지만, 서구 중심적 미디어 이론으로는 그러한 측면을 충분히 포착할 수 없었다. K팝의 전 지구화가 의미하는 바는 미디어 시장의 범위가 글로벌화되었다는 것 또는 영향력이 성장했다는 것 이상이다. 왜냐하면 전 지구화된 K팝의 흐름은 글로벌 차원에서 이루어지는 미디어의 생산과 수용 과정에 내재하는 복잡성과 불평등을 드러내는 것이기 때문이다. K팝 텍스트의 생산은 한국의 포스트 식민문화의 역사(Lie, 2012)와 국가가 주도한 미디어 산업의 전략적인 혼종화(Jin, 2016)에 기반해 발생한 '미미크리'의 결과로 볼 수 있다. 따라서 K팝의 수용 과정은 전 지구적 미디어 수용 양상에서 균질성보다는 균열을 보여줄 것이다(Choi and Maliangkay, 2015). 이러한 관점에서 볼 때 K팝의 전 지구적 생산과 소비는 서구 중심적으로 보편화된 미디어 분석에 대한 '포스트 식민주의적 가로막기(postcolonial interruption)'의 사례로 볼 수 있을 것이다(Shome, 2016: 247).

이 장은 미디어 글로벌라이제이션에서 K팝의 '포스트 식민주의적 가로막기'를 탐구하기 위해 K팝이 초국가적 맥락에서 어떻게 생산되고 소비되는지를 분석할 것이다. 우선 포스트 식민주의 과정으로서 K팝의 생산을 살펴보면서, 이 문화 형식이 특정한 역사·문화적 순간들을 통해 어떻게 변화해왔는지를 살펴볼 것이다. 둘째로는 포스트 식민주의적 과정으로서 K팝의 소비가 초국가적인 맥락에서 어떻게 이루어지는지를 살펴본다. 특히 서구의 하위 주체(subaltern) 수용자들의 미디어 경험을 효과적으로 살펴보기 위해 이 연구에서는 상대적으로 주변적인 수용자층을 이루고 있는 소수 집단 ― 아시아계 캐나다 청소년층 ― 에 대해 논의할 것이다.

최근 전 지구화되고 있는 K팝 현상은 향후 포스트 식민주의 미디어 연구에서 흥미로운 사례가 될 것이다. 기존 미디어 연구들은 "필연적으로 언제나 어느 정도의 포스트 식민주의적 함의를 지니게 되는" 미디어의 글로벌라이제이션을 연구해 왔다(Merten and Kramer, 2016: 13). 그러나 글로벌 미디어 연구는 서구 중심의 미디어 분석에 도전하는 포스트 식민주의적 관점을 아직 충분히 발전시키지 못했다(Merten and Kramer, 2016; Shome, 2016). 여타 사회과학 연구 분야들과 마찬가지로 미디어 연구는 고도로 서구 중심적인 관점을 유지해 왔는데, 그에 따라 "남반구 세계(선진국일지라도)에서 미디어가 어떻게 작동하는지는 소홀히" 다뤄져 왔다(Shome, 2016: 246). 매개된 세계가 지닌 역사적 복잡성과 권력관계를 이해하는 데 포스트 식민주의적 분석을 미디어 연구에 적용하는 것이 꾸준히 제안되어 왔지만(Cere, 2011, 2016; Fernández, 1999; Shome, 2016; Shome and Hedge, 2002), 포스트 식민주의 미디어 연구 분야는 여전히 초기 단계에 머물고 있는 것이다. 미디어 연구 분야에 기본 설정되어 있는 연구 틀 ― 포스트 식민주의 관점이 제대로 반영되지 못한 ― 의 함정을 극복하기 위해서는 미디어 실천에서 다층화되어 있는 권력관계에 대한 연구 조사가 필요할 것이다.

최근 미디어 연구 분야에서는 식민자, 피식민자 간 관계, 혼종성, 오리엔탈리즘, 종속성 등의 주제들이 어떤 식으로 글로벌 및 지역의 미디어 실천과 통합되는지와 같은 포스트 식민주의적 관점을 활성화하려는 노력이 이루어지고 있다[Cere, 2011(2016)]. 그렇게 함으로써 미디어 연구는 점진적으로 식민지 및 비서구 지역의 미디어에 대한 연구뿐만 아니라 미디어 생산과 소비에서의 지리정치학적 측면을 설명하려고 하는 것이다(Merten and Kramer, 2016: 13; Shome, 2016). 이 장에서는 경험적 분석을 통해 초국가화된 미디어 흐름에 함축된 권력관계에 대한 이해를 증진시키는 한편 향후 포스트 식민주의 미디어 연구를 활성화할 수 있는 통찰을 제공하려고 한다.

정착민에 의한 식민화 이후 이민을 통해 발전해 온 민족국가인 캐나다의 경우, (인종적으로 아시아에 기원하는) 아시아계 캐나다인들은 2011년 현재 전체 국민의 약 15%에 해당한다(Statistics Canada, 2013). 이처럼 캐나다 내에서 상당한 비중을 차지하는 아시아 인구는 캐나다가 K팝의 주요 서구 시장으로서 여겨지는 이유를 설명해 준다(Yoon and Jin, 2016). 캐나다는 K팝의 시장일 뿐만 아니라, 헨리(2008년 이후 슈퍼주니어 M의 멤버로 활약 중인 Henry Lau)

와 같은 캐나다 출신의 또는 캐나다에서 자란 젊은 인재들을 배출했다는 점에서 K팝 붐 현상의 공헌자이기도 하다. 세계 7위 규모의 음악시장을 가진 캐나다는(Smirke, 2015) 지역에서 생산된 콘텐츠의 부재 그리고 미국 음악산업에 대한 과도한 의존 등의 문제로 고민해 왔다. 2011년 현재 캐나다 음악시장에서는 국제적인 아티스트가 앨범 판매율 76.5%, 디지털 음원 판매율 85.6%를 차지하고 있다(CIMA, 2016). 현재 캐나다 시장 내 K팝의 시장점유율에 대한 데이터는 거의 축적된 바 없으며, 빌보드 캐나다 차트와 같은 예외적인 소수에 한해서만 기록되고 있다. 빌보드 톱 100 캐나다 앨범 차트에 등장한 K팝 뮤지션으로는 싸이(2012년 7주간 1위를 차지한 「강남스타일」, 2013년 9위를 기록한 「젠틀맨」, 2015년 36위를 기록한 「아버지」), 엑소(「콜 미 베이비」, 2015년 98위), 방탄소년단(「날개」, 2016년 19위), 단 셋이다(Benjamin, 2016). 따라서 싸이의 글로벌한 성공 사례를 제외하면, 캐나다 내 K팝 매출은 상대적으로 미미해 보인다. 그러나 K팝의 미미해 보이는 시장점유율에도 불구하고, 어린 캐나다 청소년들 사이에서, 공식적인 시장 보고서에서는 다뤄지지 않는 소셜 미디어 주도의 환경 내에서는 K팝의 영토가 증대하고 있다(Yoon and Jin, 2016). 이러한 맥락을 염두에 두고서, 이 장에서는 한국 및 초국가적인 시장 내 대중문화상품의 한 형식이자 캐나다 청년층 내 주변화된 집단을 위한 문화 텍스트로서 '글로벌 K팝'의 역할을 탐색하려고 한다.

글로벌 K팝의 생산

K팝이 한국 대중음악의 핵심으로 부상한 이유는 식민지 권력의 유산 — 미국과 일본의 영향 — 에 대항하는 한국의 문화적 투쟁에 내재하는 포스트 식민주의적 복잡성에서 찾을 수 있다. 한국 내 미군 기지의 음악 클럽(미8군)에서는 서구의 대중음악 스타일이 연주되곤 했고, 주한 미군 대상의 라디

오 채널 — AFKN(American Forces Korean Network, AFN Korea로 개명) — 은 한국의 뮤지션들과 수용자들을 훈련시키는 데 핵심적인 역할을 수행했다(Shin, 2013). 1950~1970년대 수많은 한국 뮤지션들의 경력은 실제로 미군기지의 클럽에서 시작되었으며, 한국 대중음악에 대한 미국의 영향력은 1970년대 이후에도 줄어들지 않았다. 오히려 1990년대 한국 대중음악산업의 팽창은 빠른 서구화에 따른 것이었다고 할 수 있는데, 예를 들어 큰 성공을 거두었던 서태지와 아이들(1991~1996)은 서구의 힙합 음악이 한국의 주류 대중음악시장에 도입되어 지역화되는 과정을 보여준다. 여기서 흥미로운 점은 당시 젊은 수용자들이 서태지의 음악을 열정적으로 받아들이면서 팬덤을 형성했던 주요 이유 중 하나가 그들의 음악이 "한국의 것처럼 들리지 않았"기 때문이었다는 것이다(Lie, 2012: 349).

서구 대중음악과 더불어, 일본의 미디어 시스템 또한 한국의 음악 프로듀서들과 기업이 중요한 참고 대상이었다. 한반도 식민화 시기(1910~1945)의 과거 및 그에 따른 트라우마로 인해 일본의 대중문화는 1997년까지 한국에서 금지되었다. 그리고 1997년 해금 조치 이후에도 한국 미디어 시장에서는 일본산 대중문화상품에 대해 수많은 제한이 지속되었다. 그러나 일본 대중문화에 대한 오랜 제한에도 불구하고, 한국의 미디어 산업은 쇼의 포맷, 음악 스타일, 홍보 시스템에서 J팝의 영향을 받았다. 특히 (1980년대 이후) 일본의 '아이도루(idol) 시스템'은 2000년대 이후 한국의 아이돌 시스템에 상당한 영향을 미쳤다. 경제적 호황과 함께 '버블 시대'라 불렸던 1980년대에 구축된 일본의 아이도루 시스템은 연예 매니지먼트사 또는 에이전시가 중요한 역할을 수행한다는 점이 특징적인데, 이 기업들은 다양한 미디어 플랫폼과 충성스러운 팬층을 바탕으로 자사 아이돌의 상업적 가치를 극대화한다(Gallbraith and Karlin, 2012). 메이저 K팝 기업인 SM 엔터테인먼트는 J팝의 아이도루 시스템을 적극적으로 수용했는데, J팝 시스템을 통해 트레이닝되어 일본과 한국에서 스타덤을 누렸던 보아가 대표적인 사례다.

K팝의 전 지구화에 서구와 일본이 미친 영향은 포스트 식민주의 미디어 연구에 흥미로운 사례를 제공한다. 글로벌 K팝은 호미 바바(Homi Bhabha) 같은 일부 이론가들이 "거의 동일하지만 완전히 같지는 않은 차이의 주체로서 개량되고 식별되는 타자"에 대한 식민화된 욕망을 설명하기 위해 활용한 개념인 '미미크리'의 사례에 해당한다(Bhabha, 1994: 86). 포스트 식민주의 한국에서 부인되어야 했던 두 식민화 권력 — 일본과 미국의 권력 — 의 흔적은 이미 한국의 미디어 텍스트, 산업, 수용자들에게 새겨져 있었다. 특히 미국의 문화 텍스트는 고품질로서 인식되었을 뿐만 아니라 자유롭고 젊은 상품으로 여겨졌다.

식민지 권력의 유산들이 한국의 일상 내에 매우 지속적으로 존속해 왔기 때문에, 한국의 문화적 특성들이 K팝에서 희박하다는 사실은 놀라운 것은 아니다. 퀴르(Fuhr, 2016: 118)는 K팝이 "한국의 정체성을 표현하는 이미지들"을 제한적으로 담은 대신 "미국의 복고 이미지들"을 수용하고 있는데, 이러한 것들이 "한국 고유의 문화적 저장고를 대체하는 역할"을 수행한다고 보았다. 이러한 관점에서 퀴르(2016: 118)는 프레드릭 제임슨(Fredric Jameson)의 포스트모더니즘 이론을 가져와, K팝에서 'K의 부재'가 "결코 존재한 적 없었던 과거를 향한 노스탤지어" 증상이라고 기술하기도 했다.

그러나 K팝에 새겨진 포스트 식민주의적 혼종성이 단순히 한국의 문화적 속성의 부재나 사라짐을 뜻하는 것은 아니다. K팝의 텍스트나 맥락적인 측면들에는 식민지 유산을 극복하기 위한 투쟁을 통해 민족국가로서의 정체성을 확고화할 수 있는 민족적 기표들을 생성하려는 한국의 포스트 식민주의적 욕망이 드러나기 때문이다. 예를 들어 해외의 인력들을 채용하는 사례가 증가하는 가운데서, K팝 스타들은 민족적 자긍심을 드높이는 자신들의 역할을 강조함으로써 스스로를 '국가적 아이돌(national idol)'로서 표현해 왔(고 미디어에 의해서 그렇게 표현되어 왔)다(Lee, 2012). 또한 2012년 유튜브에서 센세이션을 일으켰던 K팝 가수 싸이는 'NBC의 〈투데이 쇼(Today Show)〉'에 출연해서 한국어로 "대한민국 만세!"를 외치기도 했다(Shin, 2013: 157~158). 싸이의 행동은 그의 민족적 자긍심을 보여주었을 뿐만 아니라 「강남스타일」의 유행 및 K팝의 전 지구적 부상이라는 현상 전반이 한국의 수용자들과 미디어에서 어떻게 소비되고 기표화되는지를 보여준다. 즉, K팝이 전 지구적으로 인식되기 시작하면서 그 원산지인 한국에서 민족주의적인 반응이 촉발되었던 것인데, 이는 한국에서 한국산 문화상품이 해외에서 소비되는 것이 한국 문화의 고유성과 우수성에 기인하는 것으로 여겨지곤 하는 데서 기인한다.

한국의 뉴스 매체들이 만들어내고 있는 글로벌 K팝에 관한 담론이 강조하는 것은 글로벌 미디어 시장 내 K팝의 핵심적인 매력 요소로서 민족주의적 문화다. K팝이 전 지구적으로 인정받는 상황은 한국인들이 집합적으로 국가적 정체성과 민족주의를 확고화하는 방법이 되고 있다. 이 최신의 대중문화민족주의(pop cultural nationalism)는 한국 민족주의적 역사 맥락 속에서 이해될 수 있는데, 한국 민족주의는 "일본의 식민지 인종 차별과 동일화 정책에 대응해서 형성되었고, 이후에는 포스트 식민주의적 국가정체성으로서 발전"되어 왔기 때문이다(Kal, 2011: 122). 이러한 관점에서 볼 때 역대 한국 정부들이 K팝을 지배 체제의 문화적 헤게모니를 강화하기 위한 상징적 도구로서, 다른 한편으로는 한국산 상품과 문화가 해외에서 인정받을 수 있도록 하는 국가 브랜드로서 또는 '소프트 권력'으로서 활용해 온 것은 당연한 것이라 할 수 있다. 예를 들어 박근혜 전 대통령(2013~2017)은 '문화외교'의 일환으로서 해외 순방 중 여러 차례 글로벌 투어 중인 K팝 스타들을 만나 격려한 바 있다(Kim and Jin, 2016).

K팝은 이러한 방식으로 식민화 역사 이후 문화적 정체성을 구축하기 위해 투쟁해 온 한국인들에게 모호하면서도 고도로 활용되어 온 기표가 되어왔다. 그러나 서구와 일본의 대중음악 스타일을 (패러디까지는 아니더라도) 패스티시(pastiche)해 온 K팝의 텍스트적 속성은 K팝의 전 지구적인 확산에 대해

일부 비판적인 시각을 자아내기도 했다(Fuhr, 2016). 하지만 포스트 식민주의적 관점에서 본다면 K팝은 "미미크리의 양가성에 의해 생성되는 과잉(excess) 또는 미끄러짐(slippage)"을 담은 것이라 할 수 있다(Bhabha, 1994: 123). 다시 말해 비록 K팝이 서구와 일본산 텍스트에 대한 완전한 패스티시 또는 모방인 것처럼 보일지라도, 그 효과는 글로벌 음악산업과 소비에서 서구의 헤게모니를 와해시킬 수 있다는 것이다. 실제로 일부 연구자들과 비평가들은 "K팝이 포스트 식민주의적 전복의 신호탄"이라고 주장하기도 한다. 예를 들어 심두보(Shim, 2006: 40)는 21세기의 한국 미디어산업을 "하위 주체 복원의 신호"라 정의했고, 오노와 권정민(Ono and Kwon, 2013)은 서구화되고 식민화하려는 권력에 하위 주체들이 도전할 수 있는 혼종적 문화로서 K팝을 인식했다. 오노와 권정민(2013)이 제시하는 것처럼, K팝의 전 지구적 유통은 (주변은 아닐지라도) 비서구권으로부터 온 음악 형식이 대중음악 유통의 지배적인 흐름에 도전하기 위해 글로벌 플랫폼을 어떤 식으로 전유하는지 보여주는 하나의 사례일 수 있다. 실제로 한국의 음악산업은 자신들이 만들어낸 상품을 확산시키고 그로부터의 수익을 증대시킬 수 있는 효율적인 통로로서 유튜브를 비롯한 다양한 글로벌 소셜 미디어 플랫폼들을 활용해 왔다(Jung, 2015).

K팝의 전 지구적 유통은 미디어 연구 내에 보편화된 내러티브 ― 서구가 스테레오타입화되어 있는 나머지 지역들과 대비되는 ― 에 도전하는 것이면서, 글로벌 미디어스케이프 내에서 존속하는 식민화 권력의 영향력을 보여주는 하나의 사례일 수 있다. 그러나 한국 미디어 내 포스트 식민적 문제들을 다루려는 최근의 노력들(Choi and Maliangkay, 2015; Ono and Kwon, 2013; Shim, 2006)에도 불구하고, K팝에 새겨진 포스트 식민성이 전 지구적 수용자들에게 어떻게 인식될 것인지 어떤 도전을 받을지를 다루는 연구, 그리고 글로벌 K팝 수용자들이 자신이 놓인 특정한 수용의 위치에서 포스트 식민주의적 주체성을 어떤 식으로 구현할 것인지에 대한 연구는 거의 없다. 이뿐만 아니라, K팝의 텍스트가 지닌 포스트 식민성이 탈구된 비한국적인 맥락에서 K팝이 어떻게

재의미화될 수 있는지 또한 충분히 설명되지 않고 있다. 따라서 K팝의 전 지구적인 수용 양상에 대한 경험적인 분석이 요구되는 상황이다.

글로벌 K팝의 소비

최근 한 캐나다 신문이 다룬 시리아 난민 가족의 캐나다 정착기 기사는 K팝이 서구에서 어떻게 소비되는지와 더불어 K팝을 누가 소비하는지에 대해 힌트를 준다. '시리아를 떠난 지 3년, 9명의 가족이 캐나다에 가정을 꾸리다'라는 제목으로 ≪글로브 앤드 메일(The Globe and Mail)≫에 실린 기사(Bascaramurty and Kullab, 2015)에는 K팝에 열광하는 11세의 딸 알리사(Alysar)의 이야기가 담겨 있는데, 기사에 따르면 알리사는 영어 실력이 "아직 불완전"하지만, K팝 가사는 여러 편 외우고 있다. 기사는 또한 알리사의 아버지가 병원 진료 예약을 나갈 때면 알리사가 "잽싸게 TV 리모컨을 쥐고" K팝 뮤직비디오를 시청한다고 유머러스하게 전하고 있다. 알리사의 이야기는 초국가화된 디아스포라 청소년들이 서구의 대중문화를 알 필요 없이 K팝에 열광하고 있다는 것을 보여준다. 이뿐만 아니라 이 이야기는 K팝이 음악을 시각적 형식으로 편리하게 재매개해 주는 디지털 테크놀로지를 통해 전 지구화되고 있다는 것 또한 함의하고 있다.

글로벌 K팝이 생산되어 온 역사와 그 텍스트에 혼종적 특성을 새겨온 포스트 식민주의적 흔적들은, 다른 한편으로는 K팝이 해외에서 소비되는 방식을 보여주기도 한다. 앞서 알리사의 이야기를 통해 간단히 살펴보았듯이, K팝의 전 지구적인 유통에 담긴 포스트 식민주의적 특성을 논하는 데 수용자 집단의 종속성과 그들이 글로벌 테크놀로지를 전유하는 방식이라는 소비의 두 가지 측면은 유의미해 보인다. 즉, 한국 역사의 포스트 식민주의적 맥락으로부터 형성된 K팝 텍스트가 초국가화의 맥락 속에서 이민자, 난민,

디아스포라 혹은 소수인종 등 주변적 주체에 해당하는 팬들에 의해 재의미화되고 있다는 것이다. 여기서 서구에서 개발된 미디어 플랫폼(특히 유튜브)이 전용되는 상황은 서구의 주류 대중음악이 다른 음악 형식들에 대해 우위를 지니는 지배적인 미디어 체제와의 협상 과정을 보여준다.

K팝의 소비에 새겨진 포스트 식민주의적 흔적을 탐색하고자, 이 장의 나머지 부분에서는 캐나다의 맥락 내에서 K팝을 즐기는 젊은 디아스포라 팬들의 이야기를 살펴보려 한다. 캐나다 전국의 K팝 현상을 살펴보는 좀 더 거대한 프로젝트(2015~2016)의 일환으로서, 20명의 젊은 캐나다 K팝 팬들(한국에서 온 인물 제외)과의 반구조화된 형식의 인터뷰를 분석했다. 온라인광고 및 캐나다의 지역인 온타리오와 브리티시컬럼비아에서의 스노볼링 표집을 통해 모집한 인터뷰 대상자들은 스스로를 열성적인 K팝 팬으로 인식하는 서른 미만의 젊은 아시아계 캐나다인들(여성 19명, 남성 1명)로, 직장인 두 명을 제외한 모두가 대학생이었다. 일부는 캐나다에서 자란 K팝 팬으로서 어렸을 때 이웃을 통해 K팝을 접하게 된 사례였고, 다른 사람들은 국제적인 또는 국내적인 이민자들로 현재 위치에 거주하기 전부터 K팝을 접했던 사람들이었다. 흥미롭게도 많은 대상자들이 교육과 가족 사업 등의 이유로 어느 정도 국내 또는 국제적인 이주를 경험했는데, 이로 인해 글로벌 팬의 K팝 경험의 수용 위치를 명확하고 정확히 짚어내는 데 어려움이 있었다.

인터뷰 대상자 가운데 11명은 동아시아계 젊은이들(중국, 홍콩, 타이완계 캐나다인)이었고, 9명은 동남아시아 또는 서남아시아계(필리핀, 베트남, 브루나이, 파키스탄)였다. 이 장에서 직접적으로 내용을 인용한 응답자들의 경우 가명을 이용했다. 약 60~120분 정도 소요된 개별 인터뷰에서 응답자들은 K팝을 어떻게 알게 되었는지, K팝 및 K팝 아이돌에 대해 그들이 좋아하는 또는 그렇지 않은 측면은 무엇인지, 팬 활동을 위해 소셜 미디어는 어떻게 활용하고 있는지, 다른 대중음악과 K팝 간의 차이 또는 유사성을 어떻게 인식하고 있는지 등 여러 주제의 질문을 받았다. 전반적으로 볼 때 스스로의 정체성을 K팝 팬으로 규정하는 응답자들은 팬 활동에서는 다양성을 보여주었는데, 따라서 그들은 "공적이고 창의적이며, 공동체적이고 정치적으로 활동적"이라는 젊은 대중문화 팬들의 전형(Duffett, 2014: 5)에 완전히 들어맞지는 않는 듯했다. 일부 젊은 사람들은 참여적인 팬 문화에 능동적으로 참여했지만(예컨대 K팝 커버 댄스 클럽 등), 또 다른 젊은이들은 별다른 가시적인 집단 활동에 참여하지 않는 것으로 나타났기 때문이다. 이상의 인터뷰 데이터를 바탕으로 이 장에서는 K팝 팬들의 하위 주체성(subalternity)과 기술적 전유에 대해 논의할 것인데, 이 두 측면들은 전 지구적 문화 흐름에서의 서구 헤게모니에 대한 어떤 도전을 함의하는 것으로 보인다.

하위 주체 수용자들

캐나다에서 공식적으로 사용되는 '시각적으로 구별되는 소수 민족(visible minorities)'이라는 용어(백인도 아니고 원주민도 아닌 이들을 지칭)에서 볼 수 있듯이(Statistics Canada, 2016), 비백인계 캐나다인들은 시각적으로 식별 가능한 소수 민족으로서 인식되며, 이로 인해 개별적으로 인식되는 백인들과는 달리 종종 집단으로서 묶이거나 스테레오타입화되곤 한다(Karim, 1993). 연구에 참여한 아시아계 캐나다인 팬들이 K팝 아이돌들에게서 찾아낸 특별한 매력은, 인종적인 소수를 주변화하는 캐나다 미디어 내 백인성의 헤게모니 담론에 대한 대안으로서 K팝의 가능성인 듯하다(Mahtani, 2008). 캐나다에서 나고 자란 21세의 중국계 여성인 웬디는 다음과 같이 말했다.

(내가 K팝 아이돌을 좋아하는 이유는) 그들이 아시아인들이기 때문이에요. 제가 어렸을 때 TV를 볼 때면 그 어떤 아시아인 캐릭터만 나오면 그 사람이 한국인이든 일본인이든 중국인이든 상관없이 좋았어요. "와, 내가 좋

아하는 캐릭터다! 아시아인이다!!" K팝 아이돌들은 노래하고 춤추면서 유명해지고 있는데, 갈수록 존재감이 뚜렷해지고 있어요.

많은 인터뷰 응답자들은 이런 식으로 주류 TV에서 자주 보는 백인 인물들과는 다른 K팝 아이돌들의 아시아적 인물상(Asian personality)에 대해 좀 더 개인적으로 가깝게 느끼고 있었다. 앞서 인터뷰 대상자의 말대로, 캐나다의 TV 방송에서 아시아계 인물들은 존재감이 거의 없거나 부정적으로 연출되어 왔다. 국가 정책 및 미디어 내에서 여전히 진행 중인 지배적인 백인 이데올로기의 기용(Mahtani, 2008)이 글로벌 미디어 시스템에서 유색인종의 주변화와 함께 병행되는 것이다(Fleras, 2011).

서구 수용자 가운데 상대적으로 주변화된 구성원들이 글로벌 K팝의 열성적인 팬덤을 구성하고 있다는 사실은 아마도 우연이 아닐 것이다. 최근의 경험적 연구들이 제안하는 것처럼(Choi and Maliangkay, 2015; Yoon and Jin, 2016), 백인 중심의 문화 정경(cultural scape) 내에서 문화적인 인정을 받기 위해 투쟁해 온 하위 주체의 역할에 대해 논의하지 않고는, 전 지구화되고 있는 K팝의 수용자들에 대해 온전히 설명하는 것은 불가능해 보인다. 특히 최정봉과 말리앙카이(Choi and Maliangkay, 2015: 14)는 전 지구적인 K팝 팬들을 "문화적 하위 주체" 집단으로 규정하면서 이들이 "소수 집단 간 결속의 정서"를 공유한다고 본 바 있다. 포스트 식민주의 미디어 연구에 따르면 인종적 소수자들과 마찬가지로 종속적인 사회집단으로 규정되는 하위 주체의 에이전시는 미디어 내에서 무력화되는 동시에 복구되어 왔다(Cere, 2011: 10). 하위 주체 수용자들은 그들의 문화적 취향과 정체성의 주변화에 시달려온 것이다.

미디어 소비에서 이와 같은 종속적인 측면은 응답자들로부터도 관찰되었다. 예를 들어 17세의 중국계 소녀인 에이미(Amy)는 그녀의 비아시안계 친구들 중 일부가 K팝을 좋아하는 그녀의 취향을 존중하지 않는다고 느꼈다고 말했다. "그 애들은 종종 다른 문화에 관한 새로운 지식이나 정보에 대해 마음을 열지 않으려 해요. 그리고 때로는 그러한 것들(K팝)에 대해 이야기하는 것도 못 하게 하죠." 이와 유사하게 21세의 파키스탄계 여성 사라(Sarah) 또한 K팝이 스테레오타입을 어떻게 제거하고 있는지에 대해 언급했다. "(사람들은) 그저 예쁘장하게 생긴 남자들이라고 여기곤 '그저 춤추고 돌아다니면서 짙은 메이크업'을 하는 등, 기본적으로 1990년대 (미국의) 보이 밴드를 베끼는 것 같다"라고 말한다는 것이다. 이러한 방식으로 응답자들의 K팝에 대한 열정은 종종 아시아의 인종적 취향으로서 주변화되곤 했으며, 따라서 K팝은 캐나다에서 서구 대중문화에 대해 인종적으로 차별화된 타자로서 인식되는 것으로 보인다.

K팝의 주변화된 지위는 소수 인종인 젊은 아시아계 캐나다인들의 일상적 경험에 퍼져 있었다. 아시아계 캐나다인 젊은이들은 다층적인 소속감을 찾는 반면(Song, 2003), 백인의 응시에 의해 타자화되는 경향이 있다. 상징적인 인종성을 수행할 수 있는 백인 청년들과는 달리, 아시아계 청년들은 "'인종적'인 상태를 드나드는 것"이 불가능한 것이다(Kibria, 2002: 101). 젊은 아시아계 캐나다 팬들은 다른 아시아계 청년들과 연결됨으로써 자신들의 인종적 배경에 대해 좋은 감정을 갖게 된 것으로 보인다. 29세의 필리핀계 여성 재스민(Jasmine)은 K팝이 다음과 같이 자신의 친구 네트워크를 활성화했다고 말했다.

전 K팝을 통해 만난 친구와 함께 가족 없이 처음으로 혼자 여행길에 나서게 됐어요. 그리고 나서 아시아 전체를 좀 더 자주 여행하게 되었고, 새로운 사람들을 만나게 됐어요. …… 호스텔에서 만나 이런저런 이야기를 나누다가 "아 너도 K팝을 좋아하니"에 이르게 되면 친구가 되는 거죠.

이러한 식으로 K팝은 서로 친구 맺기를 통해 젊은 아시아계 디아스포라들의 범아시아 정체성의 감각을 자극하면서 아시아인 또는 아시아계 캐나다인들의 자아를 구성하는 중요한 요소가 된다(Kibria, 2002). K팝 팬덤에 참여하는 것은 긍정적인 자아 정체성을 찾도록 함으로써 일부 응답자들에게 좀 더 발전된 문화적 주체성을 제공하는 것으로 보였다. 젊은 한국인 아이돌들이 활동하는 전 지구적 K팝이 인터뷰 대상자들에게는 자신들의 인종적으로 차별화되는 신체와 정체성을 강화할 수 있는 자원을 제공하는 셈이다.

'시각적으로 차별화되는 소수성' ─ 특히 아시아계 청년들 ─ 이 캐나다 내 K팝 팬 기반의 중심을 형성하는 가운데, K팝이 어떤 식으로 그리고 왜 하위 주체 수용자들에게 특별히 호소력을 갖는지에 대해 논의할 필요가 있다. 이번 연구의 응답자들은 K팝의 매력적인 요소로서 그 혼종적 속성을 인식하면서도, K팝을 하나의 '하기(doing)' 또는 실천의 형식으로서 향유하고 있었다. 특히 커버 댄스 그룹 활동을 하는 응답자의 경우 자주 K팝의 퍼포먼스의 활력을 칭찬했다. K팝 커버 댄스 동아리의 멤버였던 사라는 "그들(K팝 밴드)의 안무는 언제나 정말 세고 어려워요. 그래서 강력한 한 방이 있지요. …… 그들은 모든 노래에 대해 안무를 만드는데, 저는 그게 정말 하기 어려운 일이라고 생각해요. 그래서 정말 칭찬받을 만한 것이지요"라고 말한다. K팝 커버 댄스의 수행은 젊은 아시아계 캐나다인들이 자신들의 신체와 긍정적으로 관계를 맺도록 함으로써, 궁극적으로 도시 공간 내 자기 존재를 표현하는 것으로 이어지는 하나의 과정이 될 수 있다.

일부 팬들은 자신들의 퍼포먼스를 디지털 방식으로 녹화해서 다른 커버 댄스 팀과 경쟁하곤 한다. 또한 일부 응답자들은 종종 플래시 몹이나 기타 다른 오프라인 이벤트를 조직하곤 했는데, 그렇게 함으로써 그들은 인종적으로 차별화된 청년들에게 별 의미 없었을 도시 공간을 영토화하고 재전유한다. K팝을 소비하는 것 자체가 "그 어떤 형식의 저항을 보증"하는 것은 아닐지라도(Grossberg, 1992: 64), 하위 주체들의 K팝 전유가 팬들로 하여금 지배적인 사회질서에 대해 상징적으로 저항할 수 있도록 하고 자신들 고유의 정체성을 재상상하는 것을 가능케 하는 것이다. 이번 연구에서 나타난 청년 팬들의 문화적 소비는 자신의 하위 주체성을 초국가적인 문화 형식의 전유를 통해 협상하는 과정으로서 암시적으로 '새로운 언어와 의미 그리고 미래에 대한 비전'(Duncome 2002: 8)을 창조하는 데 기여하는 문화적 저항이 될 수 있다는 것을 보여준다.

서구 테크놀로지의 재전유

인터뷰 응답자들의 K팝 소비에 대한 내러티브는 소셜 미디어의 광범위한 활용 및 미디어 융합의 증대 경향을 보여준다. 특히 소셜 미디어는 특정한 팬덤 내 문화 경제를 생성하고 지탱함으로써 재미있고 저렴하면서 사회적으로 네트워크된 문화적 소비의 과정을 가능케 하고 있다. 18세 베트남계 캐나다 여성인 린(Linh)의 인터뷰는 해외의 팬들이 어떻게 K팝에 접속하고 소비하는지를 보여준다. "페이스북에 접속하면 새로 출시된 음악에 대해 올케이팝(AllKpop)이 뉴스를 제공해요. 이후 저는 유튜브로 가서 뮤직비디오를 보거나 노래를 듣죠. 그리고 나서는 블로그에 다운로드해요"라고 말한다. 이처럼 K팝의 소비는 반드시 물질을 구매하는 것을 의미하는 것은 아니며, 오히려 디지털적으로 내비게이션하고 공유하며 다운로드하는 것으로 구성된다. 예를 들어 사라는 "우리는 온라인상에 여러 페이스북 커뮤니티에 소속되어 있어요. 그래서 사람들이 뮤직비디오를 공유하고 그에 대해 이야기를 나누거나 이건 누구일까요. 같은 게임 따위를 즐기곤 하죠"라고 말하기도 했다. 이러한 식으로 K팝 뮤직비디오는 정보와 감정이 유희적으로 공유되는 소셜 미디어를 통해 소비되고 있다. 그러나 K팝의 이와 같은 글로벌 소비 패턴은 K팝 산업에 대한 도전으로 여겨지기도 하는데, 왜냐하면 K팝 원본 상품들에 대한 저작권 침해 및 사적인 재생산에 해당하기 때문이다 (Jin, 2015).

K팝 팬덤의 이와 같은 디지털 공유 경제는 서구가 지배하는 뉴미디어 플랫폼에 크게 의존하고 있다. 여러 소셜 미디어 채널들 가운데 전 지구적으로 지배적인 디지털 플랫폼인 유튜브는 특히 K팝 뮤직비디오의 유통 및 K팝의 글로벌 팬층을 확장시키는 데 중요한 역할을 수행하고 있다. 여러 응답자들에게는 K팝의 소비가 단순히 듣거나 보는 것에 그치지 않고 유튜브에서 '하는 것(doing)'을 의미했다. 예를 들어 K팝 커버 댄스 그룹의 멤버였던 에이미는 K팝에서의 참여 및 K팝 산물에 대한 재작업의 중요성을 지적한 바 있다.

저는 정말로 좋아하는 것을 보게 되면 나를 위해서 그와 관련된 비디오를 제작해요. 저는 춤을 추는데, 그래서 커버 댄스를 올리거나 리뷰 비디오 또는 리액션 뮤직비디오 같은 것들을 올리곤 하죠. 이건 저에게 일종의 기술적 도전 같은 건데, 그처럼 짧은 시간 내에 편집을 해서 다른 사람들도 즐길 수 있도록 올려야 하는 거니까요. 그리고, 음, K팝은 별 볼 일 없는 제 삶의 원천 같은 거죠(웃음). …… 네, 제 일상 행위들은 K팝을 중심으로 공전하고 있어요.

에이미의 K팝 '하기'에서 유튜브 또는 여타의 소셜 미디어 플랫폼은 그녀의 팬 활동이 기록되고 반영되고 공유되는 데 효율적인 수단으로서 기능한다. 에이미의 설명은 오노와 권정민(Ono and Kwon, 2013)이 수행했던 K팝 팬 문화에서 유튜브의 역할에 대한 연구와 부합하는데, 해당 연구에서 유튜브는 포스트 식민 주체에게 미디어 흐름을 다방향적으로 활성화할 수 있는 기회를 제공하는 플랫폼으로서 서구 지배적인 미디어 시스템에 새로운 방향성을 줄 수 있는 것으로 논의된 바 있다. 즉, 서구가 생산한 지배적인 미디어 플랫폼인 유튜브가 역설적으로 서구 중심적 미디어 시장에 도전하는 수단으로 전유될 수 있다는 것이다. 유튜브는 사실 미디어 제국주의의 새로운 단계를 보여주는 것으로서 기술 발전과 뉴미디어 플랫폼의 기반 시설 부문에서 서구의 지배력을 보여주는 '플랫폼 제국주의'의 주요 구성 요소로서 간주되어 왔다(Jin, 2013). 그러나 오노와 권정민(Ono and Kwon, 2013)은 서구가 소유하고 통제하는 미디어 플랫폼들이 포스트 식민 미디어 생산자들과 수용자들에 의해 활용될 수 있으며 그에 따라 궁극적으로 서구 헤게모니에 도전하는 전유의 가능성이 있다고 주장한 것이다.

K팝 팬들에 의한 서구 미디어 플랫폼의 재전유는 유튜브상의 리액션 비디오와 유저 제작 콘텐츠(UCC)에서 볼 수 있다. 이번 연구의 여러 응답자들은 종종 자신의 리액션 비디오 혹은 커버 댄스/커버 송 비디오를 유튜브에 올리는 것으로 나타났다. 사라는 팬들이 K팝 리액션 비디오를 만들거나 보는 이유는 "그들도 나와 같은 반응을 보일 것인지를 보고 싶기 때문이죠. 만약 그들이 당신이 그랬던 것만큼 충격을 받거나 음악을 좋아하는지를 알고 싶은" 것이라고 말한다. 리액션 비디오는 원본 텍스트에 대해 코멘트를 하거나 비평을 하는 문화가 확장된 양식이라 할 수 있다. 그러나 다른 형식의 소비자 비평 활동과 비교할 때, 리액션 비디오는 특정한 미학 ― 비디오 텍스트의 일상적이고 자연스러우며, 자기 몰입적인 속성과 같은 ― 과 함께, 시각적인 퍼포먼스와 코멘터의 모습으로 구성되는 독특한 특성을 지닌다(Kim, 2015: 336).

또한 리액션 비디오는 K팝 팬덤을 향한 특정한 갈망과 감수성이 개입되는 경향이 있는데, 왜냐하면 팬들 간의 지리적인 또는 문화적인 거리를 넘어 일종의 소속감을 만들어낼 수 있기 때문이다. 에이미가 말한 바와 같이, 리액션 비디오는 전 지구적인 인터넷 유저들 및 K팝 팬들 사이에서 상상된 공동체의 감각을 강화함으로써 K팝이 확산되는 데 공헌한 것으로 보인다.

사람들이 리액션 비디오를 만들 때는 자신들의 동영상과 (자신들이 리액션을 취할 대상인) 뮤직비디오를 위한 작은 스크린을 띄웁니다. 그러니까 그건 아직 뮤직비디오를 보지 않은 사람들한테 뮤직비디오를 홍보하는 셈이 되지요. 그리고 또 어떤 사람들한테 그것은 "와 저 사람들(즉, 뮤직비디오 업로더들)은 정말로 누군가와 함께 뮤직비디오를 보고 싶었나 봐, 그렇지만 그럴 수 없었던 거야". 그러니까 그건 일종의 소속감 같은 것이지요. 그래서 그들은 뮤직비디오를 다른 사람들과 간접적으로나마 같이 보고 싶은 거예요.

이러한 방식으로 리액션 비디오의 제작자들과 시청자들은 자신들이 좋아하는 뮤직비디오를 홍보하고 그에 관해 이야기하는 동시에, 다양한 문화적·언어적 맥락을 지닌 사람들이 그 뮤직비디오를 어떻게 생각하는지를 탐색하는 행위에 참여한다. 그렇게 함으로써 그들은 다른 이들과 자신의 리액션을 비교하면서 상상적인 방식으로 소속감을 찾아가는 것이다.

이러한 리액션 비디오의 인기는 포스트 식민적 과정으로서 K팝의 전 지구적 소비를 이해할 수 있도록 해준다. 무엇보다도 리액션 비디오에 유희적으로 참여하는 팬들의 행위는 전 지구적인 규모의 비서구 문화 텍스트의 묶음으로서 K팝이 부상하는 것을 활성화하는데, 이는 초국가적 문화상품의 전형적인 국가적 게이트키퍼와 방송매체를 넘어서는 것이다(Kim, 2015). 나아가 원본과 유희적인 관계를 고양시키는 리액션 비디오의 K팝 문화에서는 다른 문화에 대한 풀뿌리 번역이 문화적 소비의 주요 활동이 되고 있다. 온라인 플랫폼을 통한 K팝 '하기'는 K팝의 텍스트와 흔적에 새겨진 포스트 식민적 혼종성이 소셜 미디어를 매개로 연결되는 다양한 참여자들에 의해 좀 더 혼종화될 수 있다는 것을 의미한다. 유튜브로 매개되는 번역 과정이 증대하는 현상은 K팝 팬들이 단순히 원본을 수용하고 해독(decoding)하는 것에 그치는 것이 아니라, 그들 자신의 고유한 관점에 따라 재생산하고 있다는 것을 의미한다. 존 피스크(1992)가 주장한 바와 같이, 대중문화 소비는 어느 수준까지는 문화자본을 소유한 자와 소유하지 못한 자 사이에서 생성되는 문화적 위계에 따른 상위 계급의 문화 소비를 닮아간다. 그러나 K팝 팬들의 리액션 비디오나 풀뿌리 번역 같은 참여 문화는 어떤 면에서는 팬 공동체 내 문화적 위계를 해체하는 것이기도 하다. 따라서 팬들은 유튜브상 K팝 '하기'를 통해 주변화된 집단들의 사회적 위치, 경험, 관점 등과 같은 '하위 주체적 관점(subaltern standpoint)'에 관여하는 셈이다(Go, 2016: 159). 왜냐하면 김예란(Kim, 2015)의 설명대로, K팝 리액션 비디오에서 나타나는 참여적인 문화는 다양한 리액션들을 공유하고 시청하면서 서구 중심적 규범들에 의문을 던질 수 있도록 하고, 문화적 다양성에 대해 어느 정도 알 수 있도록 하기 때문이다.

한편 유튜브 및 리액션 비디오들이 K팝 팬덤이 전 지구적으로 부상하는 데 중요한 역할을 수행했으나, K팝 팬들이 언제나 리액션 비디오 수의 증가를 긍정적인 참여 문화로서 인식하는 것은 아니었다. 리액션 비디오를 보거나 만드는 것에 특별히 관심을 가진 여러 응답자들은 K팝 리액션 비디오에서 종종 보이는 문화적 무지를 불쾌해했다. 이 팬들은 특히 리액션 비디오를 만들면서도 K팝의 문화적 맥락에 대해 무지해 보이는 나이 어린 유튜버(YouTuber)들에 대해 비판적이었다. 20세의 베트남계 K팝 팬인 나탈리는 다음과 같이 말했다. "K팝이 생소한 미국인들이나 사람들이 있어요. 그들은 '괴상하고 화려한' 또는 '무질서의 폭발' 따위로 표현하곤 하죠." 린 또한 K팝에 대한 충분한 이해가 없는 리액션 비디오 애호가들을 '아웃사이더'로 표현한다. "나는 리액션 비디오 보는 걸 좋아하지 않아요. 왜냐하면 그들은 명백히. …… 그런 사람들 대다수가 아웃사이더잖아요, 맞죠? 예를 들어 10대들 말인데요, 그들은 제가 좋아하지 않는 말들을 하죠. 저는 그런 걸 피하는 편이에요." 자신을 매우 헌신적인 팬으로 인식하는 팬 응답자들은, 이러한 식으로 리액션 비디오를 만드는 '아웃사이더' 또는 K팝 초짜들(K-pop novices)과 자신을 차별화하는 경향을 보였다. 앞에서 언급한 리액션 비디오 열정가들과 상반되는 이러한 비판적인 관점은 K팝 팬들이 소셜 미디어와 맺는 관계가 항상 참여적인 것이 아니라, 좀 더 다양함(또는 심지어는 모순되는 것임)을 보여준다. 즉, 일부 팬들은 원본 텍스트에 대해 반응하고자 소셜 미디어를 유희적으로 활용함으로써 'K팝 하기'를 실천하는 반면, 다른 팬들은 그러한 것들이 아마추어적인 콘텐츠라고 무시하는 것이다. 이처럼 K팝 리액션 비디오에 대한 팬들의 상이한 반응은 유튜브와 같은 소셜 미디어 플랫폼들이 어떤 식으로 다양한 의미를 위해 전유될 수 있는지를 ― 예를 들어 서구의 응시를 재생산하고 그러한 응시에 대해 도전하는 식으로 ― 보여준다. 소셜 미디어에서 나타나는 모순적인 전유의 양상들은 그 이용자들에게 무료로 제공됨으로써 개방적인 것으로 보이는 플랫폼이 하위 주체 미디어 수용자들에게는 반드시 중립적인 공간은 아니라는 것을 의미한다.

결론

이 장에서는 포스트 식민주의 맥락에서 부상한 하나의 문화적 형식이 하위 주체 집단들을 위한 문화적 협상의 수단으로서 어떻게 재의미화되고 재전유될 수 있는지에 대해 논의했다. 여기서 글로벌 K팝은 포스트 식민적 유산을 담고 있으면서도 미디어의 생산과 소비의 과정에서 투쟁하는 하나의 문화적 실천으로서 분석되었다. 생산의 측면에서 볼 때 글로벌 자본주의 내 반(半)주변화된 수출 시장으로서 한국의 음악산업이 만들어낸 '아이돌 시스템'은 서구의 장르 음악이 한국의 젊은 아티스트들에 의해 지역화된 후 소셜 미디어를 주도하는 팬층에 의해 전 지구적으로 유통된 것이다. 한국의 음악산업은 산업적인 노력을 통해 글로벌 음악산업 시스템 내 준주변적인 역할을 하기에 이르렀는데, 이는 서구 지배적인 미디어 아울렛을 통해 자신들의 상품을 끊임없이 수출하려는 시도에 따른 결과였다(Oh, 2013). 아이돌 시스템은 서구의 문화적 패러다임을 포용하면서 카피캣 보이/걸 그룹들을 재생산한 것이었다(Unger, 2015: 25). 한국 음악 산업의 아이돌 생산 시스템은 (대개는 지역의) 노동력 착취에 의존하고 있는데, 여기에는 젊은 아이돌 스타들뿐만 아니라 거대한 규모의 '연습생들' 그리고 (산업예비군으로서) 가능성 있는 연습생들까지 존재하며, 이들은 장시간의 노동시간과 고도로 감정 소모적인 노동에 시달린다. 이러한 K팝의 착취적인 생산 시스템과 글로벌 음악산업에서 K팝의 준주변적인 포지션을 고려한다면, K팝이 글로벌 자본주의에 도전할 수 있는 대안적인 미디어 생산 시스템을 만들어냈다고 보기는 아직 너무 이른 것으로 보인다.

한편 K팝은 젊은 팬들의 대중음악 '하기'의 일상적인 맥락 속으로 통합되고 있었다. 이번 연구에 참여한 젊은 팬들은 ─ 캐나다 미디어스케이프 내 하위 주체 수용자의 위치를 점하는 ─ K팝을 유튜브나 페이스북 같은 새로운 미디어 플랫폼을 통해 소비하고 있었다. K팝 팬들이 유튜브 등의 소셜 미디어를 방대하게 활용하는 현상은 서구 기반의 플랫폼이 비서구적 미디어 콘텐츠의 유통을 위해 재전유되고 있다는 것을 그리고 특정한 대중문화적 자본이 형성되고 있다는 것을 보여준다. 특히 커버 댄스 동아리나 리액션 비디오 업로더들에 의해 수행되는 유희적인 참여 문화는 피식민자들이 자신들의 저항을 수행하고 그에 따라 식민자의 권위를 불안정하게 만든다는 점에서 포스트 식민주의적 의미를 지닌다. 이번 연구에서 다룬 '시각적으로 식별 가능한 소수'인 K팝 팬들은 서구 중심적 미디어스케이프에 대해 어느 정도 문제를 제기하면서도, K팝을 '하기' 위해 서구 기반의 플랫폼인 유튜브에 주로 의존하는 것으로 나타났다.

K팝의 참여적인 문화가 어떻게 해서 소셜 미디어 플랫폼에 의해 활성화되었고, 나아가 소셜 미디어 플랫폼으로 통합되어 갔는지를 비판적으로 탐구함으로써 'K팝 하기'의 사회적 효과에 대한 연구는 좀 더 진행될 수 있을 것이다. 참여적인 K팝 팬덤의 기술 환경 속에서 팬들의 인식적인 또는 비물질적인 노동은 별다른 재정적 보상 없이 고양되고 있는데, 이는 플랫폼 제공자들이 주목 경제(attention economy)에서 유저 타깃 광고와 데이터 모으기를 통해 수익을 얻는 결과로 이어지고 있다(Kim, 2015). 이러한 점에서 볼 때

K팝 '하기'는, 하위 주체 수용자들의 문화적 표현과 연계되는 것이면서도 그 과정은 서구 기반의 미디어 플랫폼의 문화적 영향력으로부터 자유롭지 못한 것이라 할 수 있으며, 그와 같은 이용자 행태 기반의 상품화가 글로벌 자본주의에 의해 가속화되고 있다는 것을 알 수 있다.

이 장의 연구는 글로벌 K팝의 생산과 소비에 관한 고찰을 통해 포스트 식민주의적 관점에서 미디어 글로벌라이제이션 내 K팝의 의미를 탐색하려는 예비적인 작업이었다. 향후 미디어 생산 시스템으로서, 참여적인 소비의 양식으로서의 K팝 내 포스트 식민지성의 속성을 연구할 필요가 제기된다. 따라서 앞으로 후속 연구에서는 K팝의 전 지구적인 유통으로 인해 서구 중심적인 미디어 실천의 역사가 해체될 수 있는지, 그에 따라 다른 역사가 탐색될 수 있는지 등의 질문이 던져질 것이다(Shome, 2016).

참 고 문 헌

Bhabha, H. 1994. *The Location of Culture*. New York, NY: Routledge.

Bascaramurty, D. and S. Kullab. 2015. "Three Years After Fleeing Syria, Family of Nine Makes a Home in Canada." *The Globe and Mail*, September 13. Retrieved from http://www.theglobeandmail.com/news/national/three-years-after-fleeing-syria-family-of-nine-makes-a-home-in-canada/article26350329/

Benjamin, J. 2016. BTS Extend Chart Dominance: 'Wings' Spends 2nd Week on Billboard 200, 'Blood Sweat and Tears' Debuts on Canadian Hot 100. October 24. Retrieved from http://www.billboard.com/articles/columns/k-town/7550142/bts-wings-billboard-200-blood-sweat-tears-canadian-hot-100

Cere, R. 2011. "Postcolonial and Media Studies: A Cognitive Map." in R. Brunt and R. Cere(eds.). *Postcolonial Media Culture in Britain*. New York, NY: Palgrave Macmillan.

_____. 2016. "Hegemony and Counter-hegemony in Postcolonial Media Theory and Culture." in K. Merten and L. Kramer(eds.). *Postcolonial Studies Meets Media Studies: A Critical Encounter*. Bielefeld, Germany: Transcript Verlag.

CIMA: Canadian Independent Music Association. 2016. "How Independent is the Canadian Music Market?" http://cimamusic.ca/how-independent-is-the-canadian-music-market/

Choi, J. and R. Maliangkay. 2015. "Introduction: Why Fandom Matters to the International Rise of K-pop." in J. Choi and R. Maliangkay(eds.). *K-pop: The International Rise of the Korean Music Industry*. New York, NY: Routledge.

Duffett, M. 2014. Introduction. in M. Duffett(ed.). *Popular Music Fandom: Identities, Roles and Practices*. New York, NY: Routledge.

Duncombe, S.(ed.). 2002. *Cultural Resistance Reader*. New York, NY: Verso

Fernández, M. 1999. "Postcolonial Media Theory." *Third Text*, 47, pp.11~17.

Fiske, J. 1992. "The Cultural Economy of Fandom." in L. A. Lewis(ed.). *The Adoring Audience: Fan Culture and Popular Media*. New York, NY: Routledge

Fleras, A. 2011. *The Media Gaze: Representations of Diversities in Canada*. Vancouver, Canada: UBC Press.

Fuhr, M. 2016. *Globalization and Popular Music in South Korea: Sounding out K-pop*. New York,

NY: Routledge.

Galbraith, P. W. and J. G. Karlin(eds.). 2012. *Idols and Celebrity in Japanese Media Culture*. New York, NY: Palgrave Macmillan.

Go, J. 2016. *Postcolonial Thought and Social Theory*. Oxford, England: Oxford University Press.

Grossberg, L. 1992. Is "There a Fan in the House? The Affective Sensibility of Fandom." in L. A. Lewis(ed.). *The Adoring Audience: Fan Culture and Popular Media*. New York, NY: Routledge.

Jin, D. Y. 2013. "The Construction of Platform Imperialism in the Globalization Era." *Triple C: Communication, Capitalism and Critique*, 11(1), pp.145~172.

_____. 2015. "New Perspectives on the Creative Industries in the Hally 2.0 Era: Global-local Dialectics in Intellectual Properties." in S. Lee and A. M. Nornes(eds.). *Hallyu 2.0: The Korean Wave in the Age of Social Media*. Ann Arbor, MI: University of Michigan Press.

_____. 2016. *New Korean Wave: Transnational Popular Culture in the Age of Social Media*. Urbana, IL: University of Illinois Press.

Jung, E. Y. 2015. "New Wave Formations: K-pop Idols, Social Media, and the Remaking of the Korean Wave." in S. Lee and A. M. Nornes(eds.). *Hallyu 2.0: The Korean Wave in the Age of Social Media*. Ann Arbor, MI: University of Michigan Press,

Kal, H. 2011. *Aesthetic Constructions of Korean Nationalism: Spectacles, Politics and History*. New York, NY: Routledge.

Karim, K. H. 1993. "Constructions, Deconstructions, and Reconstructions: Competing Canadian Discourses on Ethnocultural Terminology." *Canadian Journal of Communication*, 18(2), pp.197~218.

Kibria, N. 2003. *Becoming Asian American: Second-generation Chinese and Korean American Identities*. Baltimore, MD: Johns Hopkins University Press.

Kim, T. Y. and D. Y. Jin. 2016. "Cultural Policy in the Korean Wave: An Analysis of Cultural Diplomacy Embedded in Presidential Speeches." *International Journal of Communication*, 21, pp.5514~5534.

Kim Y. 2015. "Globalization of the Privatized Self-image: the Reaction Video and Its Attention Economy on YouTube." in L. Hjorth and O. Khoo(eds.). *Routledge Handbook of New Media in Asia*. New York, NY: Routledge.

Lee, D. Y. 2012. "The Uncomfortable Truth in the Era of K-pop." Pressian, January 18. Retrieved from http://www.pressian.com/news/article.html?no=37923

Lie, J. 2012. "What is the K in K-pop? South Korean Popular Music, the Culture Industry, and National Identity." *Korea Observer*, 43(3), pp.339~363.

Mahtani, M. 2008. "Racializing the Audience: Immigrant Perceptions of Mainstream Canadian English-language TV News." *Canadian Journal of Communication*, 33(4), pp.639~660.

Merten, K. and L. Kramer(eds.). *Postcolonial Studies Meets Media Studies: A Critical Encounter*. Bielefeld, Germany: Transcript Verlag.

Oh, I. 2013. "The Globalization of K-pop: Korea's Place in the Global Music Industry." *Korea Observer*, 44(3), pp.389~409.

Ono, K. A. and J. Kwon. 2013. "Re-worlding Culture." in Y. Kim(ed.). *The Korean Wave: Korean Media go Global.* New York, NY: Routledge.

Shim, D. 2006. "Hybridity and the Rise of Korean Popular Culture in Asia." *Media, Culture and Society*, 28(1), pp.25~44.

Shin, H. 2013. *Gayo, K-pop, and Beyond: Cultural Prisms to Read Korean Pop Music.* Paju, Korea: Dolbegae.

Shome, R. 2016. "When Postcolonial Studies Meets Media Studies." *Critical Studies in Media Communication*, 33(3), pp.245~263.

Shome, R. and R. S. Hegde. 2002. "Postcolonial Approaches to Communication: Charting the Terrain, Engaging the Intersections." *Communication Theory*, 12(3), pp.249~270.

Smirke, R. 2015. "Seven Takeaways from IFPI's Study of the Global Music Market Last Year." Billboard. April 20. Retrieved fro http://www.billboard.com/articles/business/6538815/seven-takeaways-from-ifpi-recording-industry-in-numbers

Statistics Canada. 2013. "National Household Survey(NHS) Profile(2011)." Retrieved from http://www12.statcan.gc.ca/nhs-enm/2011/dp-pd/prof/details/page.cfm?Lang=E&Geo1=PR&Code1=01&Data=Count&SearchText=Canada&SearchType=Begins&SearchPR=01&A1=All&B1=All&Custom=&TABID=1

_____. 2016. "Immigration and Ethnocultural Diversity in Canada." Retrieved from https://www12.statcan.gc.ca/nhs-enm/2011/as-sa/99-010-x/99-010-x2011001-eng.cfm

Song, M. 2003. *Choosing Ethnic Identities.* Oxford, England: Polity.

Unger, M. A. 2015. "The Aporia of Presentation: Deconstructing the Genre of K-pop Girl Group Music Videos in South Korea." *Journal of Popular Music Studies*, 27(1), pp.25~47.

Yoon, K. and D. Y. Jin. 2016. "The Korean Wave Phenomenon in Asian Diasporas in Canada." *Journal of Intercultural Studies*, 37(1), pp.69~83.

3부

/

온라인 미디어와 글로벌 팬덤

7장

팬 경제와 소비

중국 내 한국 아이돌 팬덤을 중심으로

●
●
●

첸 장·앤서니 Y. H. 펑

이 장에서는 중국 내 한국 아이돌 추종 및 소비와 연관된 팬 경제를 살펴본다. '만리 방화벽(Chinese Great Firewall)'으로 보호되는 중국의 인터넷 환경에서 한국 콘텐츠의 유통이 상당히 통제되는 가운데, 중국 팬들(또는 중국어로 fensi)과 한국에 있는 아이돌 사이에서 독특한 재정구조와 조직이 형성되고 있다. 이 구조는 일종의 팬 경제 또는 팬덤의 순환구조가 형성되는 결과로 이어지고 있는데, 이는 소수의 '빅 팬'들(중국어로 Dafen)이 일반적인 팬들과 아이돌의 연예기획사 간 물질적인 아이돌 문화상품(예컨대 CD나 스폰서 받은 상품 등)의 거래를 점유하는 상황과 관련되어 있다. 이 빅 팬들이 형성하고 있는 것은 본질적으로 하나의 문화적 넥서스(cultural nexus)로, 여기서는 경제적 거래와 정치적 통제가 모두 가능하다. 이러한 문화적 넥서스는 웨이보(Weibo: 중국판 트위터)와 같은 주류 소셜 미디어 플랫폼에서의 VIP 계정의 형식을 취하고 있으며, 중국 팬들의 눈에 비치는 한국 아이돌의 문화적 이미지 구축에 영향을 미치고 있다.

한국 대중문화의 중국 유입

1999년 11월 19일 ≪베이징 유스 포스트(Beijing Youth Post)≫는 TV 드라마와 음악, 영화 등을 포함한 한국 대중문화의 중국 내 확산을 기술하기 위해 한류라는 용어를 최초로 사용했다. 그 이후부터 중국의 사전에는 이 용어가 공식적으로 포함되기 시작한다. 1990년대 말부터 한국 TV 드라마는 중국 청소년의 주류 엔터테인먼트 플랫폼이 되었다. 이는 1998년 피닉스 TV(Phoenix TV)가 〈별은 내 가슴에〉를 주제가 「Forever」와 함께 방영하면서 시작되었다. 이후에는 SM 엔터테인먼트 출신의 H.O.T.와 NRG가 인기를 얻었는데, 이들의 앨범은 중국 내에서 1998년과 1999년에 각각 40만 장과 20만 장 판매 기록을 세웠다(Piao, 2003). 학자들이 중국 내 한류 팬덤을 연구하기 시작한 것은 2000년대 초반이었다. 예를 들어 조혜정(Cho, 2005)은 H.O.T. 중국 콘서트 및 앨범의 인기에 대해 이야기하면서, 한류를 대중문화의 전 지구적인 재배치라고 논한 바 있다.

한류의 다음 이정표는 2005년의 TV 드라마 〈대장금〉이었다. 2005년은 〈풀하우스〉에 출연했던 한국의 배우 비가 중국에서 거대한 규모로 이벤트를 연 최초의 한국인 아티스트가 되었던 바로 그해였는데, 이 이벤트에서 비는 베이징에서 4만 명의 팬들을 매료시킨 바 있다. 비의 베이징 콘서트 VIP 티켓은 한 시간 만에 매진되었고, 따라서 비는 한류 최초로 인기의 정점을 찍은 사례라 할 수 있다. 정선(Jung, 2011)은 자신의 책 *Korean Masculinities and Transnational Consumption: Yonsama, Rain, Oldboy and K-pop idols*에서 CCTV 등의 전통 미디어를 매개로 아시아인 및 중국인들에게 한류가 영향을 미치면서 섬세하게 구축된 남성성의 새로운 의미에 대해 기술한 바 있다.

그러나 된서리를 맞기도 했다. 2006년 중국의 국가광파전영전시총국 (SARFT: the State Administration of Radio, Film, and Television)이 "한국의 독점적 헤게모니를 거부하고 다국가적인 유입을 촉진"한다는 명목으로 중국 내 한국산 드라마를 제한하기 시작하자, 중국 TV에서 돌연 한국 드라마의 방영이 거부되는 상황이 벌어졌던 것이다. 이 장에서 논의할 팬덤은 인터넷 플랫폼들이 중국 자국의 엔터테인먼트 산업에서 주요 수익 창구로 자리를 잡기 시작하는 2010년 이후의 새로운 한류 시대에 집중될 것이다. 이 시기의 한류를 여기서는 신한류(New Korean Wave)라 칭할 것인데, 왜냐하면 이 시기에 들어 한류가 중국 내 문화상품의 홍보, 유통, 순환에서 다른 방식을 취하기 때문이다. 중국 내 한국 드라마의 직접적 수입과 텔레비전 방영이 불가능해지면서 한국의 엔터테인먼트 기획사들은 중국 내에서 수익을 창출할 수 있는 새로운 방법을 고민해야 했다. 따라서 정확히 말해 신한류란 한국의 콘텐츠들이 달라졌다는 것을 의미하는 것이 아니라 중국 내에서 한국산 엔터테인먼트 콘텐츠를 판매하는 새로운 비즈니스 모델을 지칭하는 것이라 할 수 있다. 그에 따라 한국산 엔터테인먼트는 뉴미디어와 소셜 미디어를 통해 생산·유통되기 시작했는데, 이러한 과정은 온라인 팬덤 형성 및 비국가 자본의 투자와 함께 이루어졌다.

중국 내 한류는 2009년 한국콘텐츠진흥원(KOCCA)의 설립과 함께 전환점을 맞게 된다. 이 기관은 K팝과 한국 드라마, 버라이어티쇼, 리얼리티쇼 등 범엔터테인먼트 문화산업의 발전을 촉진하기 위해 적극적으로 전략을 세웠다. 주류 연예기획사인 SM, YG, JYP는 중국의 좀 더 젊은 층을 공략하며 엑소, 빅뱅, 슈퍼주니어와 같은 뮤지션들을 홍보했다. 또 다른 한편에서는, 한국산 리얼리티쇼를 수입하는 것에 더해, 중국의 방송사들이 한국산 리얼리티쇼를 복제·생산함으로써 한국산 엔터테인먼트 및 관련 연예인들의 홍보가 이루어졌다. 예를 들어 2012년부터 중국 내 여러 지방 및 도시의 방송사들은 최소 15개의 한국산 버라이어티쇼를 제작하기 시작했다. 그런가 하면 빅뱅은 2007년부터 2015년까지 중국의 버라이어티쇼에 종종 출연했는데, 그 가운데는 후난 위성TV의 2016년 연말 콘서트와 2015년의 SMG 상하이 드래곤 TV 봄 페스티벌 등이 있다. 슈퍼주니어, 소녀시대, 샤이니, 엑소 등의 다른 한국 그룹들 또한 이러한 쇼에 출연했으며, 이들은 중국 본토 수용자들에게 호소력을 지니기 위해 의도적으로 중국어를 사용하기도 했다.

중국의 음악 문화와 팬덤

이 장에서 말하는 중국 내 한국 대중문화의 새로운 시대란 한국 대중문화, 그 가운데서도 주로 K팝이 2010년경부터 온라인 팬덤을 통해 유통·확산되기 시작한 시기를 말한다. 「중국 인터넷 트렌드 보고서 2016」에 따르면 지난 10년간 중국의 인터넷 분야는 인터넷 시장의 50%가 모바일 시장에 의해 점유되면서 근본적인 변화를 겪었다. 같은 해, IFPI(International Federation of the Phonographic Industry)의 글로벌 음악산업 보고서 또한 대중음악의 스트리밍 미디어 유통이 전통 채널을 넘어섰다고 보고했다(IFPI, 2016.4.12). 사실 2013년이라는 이른 시기에 「중국 음악산업 발전 보고서(the Chinese Music Industry Development Report)」는 이미 전통적인 유통(예컨대 CD 판매) 수익이 2013년 6억 5000만 위안으로부터 줄어들기 시작해서 2014년에는 6억 1500만 위안에 그친 ― 그리고 이후 계속해서 줄어들었음 ― 반면, 디지털 음원 판매 수익은 498억 위안을 기록했다고 보고했다(Lu and Cui, 2016). 이와 같은 대중음악 부문 내 다양한 디지털 시장 플랫폼의 구축은 K팝의 오디오와 비디오가 유통되는 통로를 형성해 갔다. 또한 어느 정도는 K팝 그 자체가 바이두나 웨이보, 비리비리(Bilibili) 같은 여러 디지털 플랫폼들을 지탱해 주는 기본 콘텐츠이기도 했다. 한국어 앨범의 스트리밍 판매료 및

K팝 비디오 콘텐츠에 대한 직접적인 지불료는 K팝에서 가장 일반적인 수익 창구가 되었다. 텐센트 엔터테인먼트가 내놓은 (2015년 8월 28일 자) 수치에 따르면, 빅뱅의 디지털 앨범 두 편 〈D〉와 〈E〉는 100만 장 이상 판매되었고, 그들의 4번째 미니 앨범은 (텐센트의 온라인 음악 플랫폼인) QQ 뮤직에서 총 340만 장 판매를 달성했다. 다른 한국인 가수들 및 그룹의 매출이 공식적으로 발표되지 않은 가운데, 동일한 플랫폼상에서 소녀시대와 엑소의 팔로워 수는 각각 257만 명과 112만 명에 달하는 것으로 나타났다. 이는 또한 한국 아티스트들의 디지털 음원 판매가 전반적으로 매우 높은 수준이라는 것을 보여주는 것이기도 하다.

한국 대중음악이 중국의 인터넷과 상호적으로 엮이는 양상은 헨리 젠킨스가 언급했던 스프레더블 미디어(spreadable media)를 상기시킨다(Jenkins, 2006; Jenkins, Ford and Green, 2013). 문화상품으로서 K팝은 중국 내에서 인터랙티브 인터페이스와 디자인을 통해 홍보되면서 소셜 미디어에 의해 공유되고, 이후에는 PC와 태블릿, 휴대폰 및 대형 스크린을 순환한다. 그리고 궁극적으로 그 시청각 콘텐츠는 이용자들을 위한 물질적인 선물 및 상징적 자원으로 전환된다. 중국에서는 페이스북이나 유튜브, 인스타그램 등에 접속할 수 없기 때문에 K팝 관련 정보와 상품에 대한 접근에서 중국의 소셜 미디어와 인터넷에 대한 의존도가 높다. 예를 들어 2009년 중국(판 페이스북이라 할 수 있는) 웨이보 및 2011년 (중국판 트위터인) 위챗(WeChat)의 부상은 K팝이 유통될 수 있는 필수 플랫폼 기반을 구축했고, 그에 따라 관련 팬덤 또한 이 플랫폼상에서 형성되었다. 한국 음악 그룹의 홍보가 점진적으로 텔레비전(주로 버라이어티쇼)으로부터 온라인 플랫폼으로 옮겨가기 시작하는 변화상이 눈에 띄기 시작하는 것도 바로 이 시기다.

물론 한국 대중문화의 확산이 중국 내 수요만의 문제는 아니다. 한국으로부터의 압박 요인 또한 마찬가지로 중요하다. 2016년 글로벌 음악 보고서(The Global Music Report)는 한국의 음악 산업이 여전히 12%의 성장률을 유지하고 있다고 밝히면서, 이 수치는 다른 국가들과 비교해서 매우 큰 것이라고 언급했다. 한국 대중음악산업의 이와 같은 경쟁력은, 정부로부터 물질적인 또는 비물질적인 지원을 제공받은 것도 있지만, 해외에 자사의 엔터테인먼트 산업을 수출하기 위해 수립되었던 한국식 비즈니스 모델의 직접적인 결과물이기도 하다. 중국을 대상으로 하는 전형적인 비즈니스 사례로는 한국 음악 그룹에 중국인 멤버를 채용하는 전략을 들 수 있다. 2006년에 이미 슈퍼주니어에는 중국인 멤버가 참여한 바 있고 이후 중국어 노래가 만들어졌다. 2012년에는 엑소가 모두 한국인 멤버로 구성된 코어 그룹 '엑소-K'로 중국 시장을 점유했다. 엑소-M의 경우 중국에서 결성되어 중국인 멤버들이 중국어로 공연했는데, 엑소-M은 또한 한국어로도 노래를 녹음했다. 하지만 이 전략은 결과적으로 중국인 멤버들이 한국 기획사와의 계약을 종료시키면서 실패로 끝났다. 그럼에도 한국의 3대 연예기획사 모두 중국 지사를 설립했다는 점에서 한국 대중음악산업이 중국을 겨냥하고 있다는 것은 명백해 보인다.

마지막으로 미디어 기업들도 전면에 나서면서, 중국의 온라인 미디어와 한국의 연예기획사들이 경제적으로 좀 더 밀접한 관계를 맺기 시작했다. 2016년 1월, 중국(의 구글 같은 온라인 서치 엔진인) 바이두의 티에바(블로그 페이지)와 한국의 SBS는 팬들의 상업 활동을 운영하기 위한 전략적 파트너십을 발표했다. 같은 해 2월에는 알리바바가 한국의 SM에 1억 9000만 위안을 투자해 4%의 지분을 취득했고, 같은 달 지금은 중국의 음악 기획사가 된 Omusic과 JYP 또한 저작권 협약을 맺었다. 2016년 5월에는 텐센트와 온라인 티켓 판매 포털인 위피아오(Wepiao)가 한국 내 최대 힙합 연예기획사인 YG에 8500만 위안을 투자했다. 이처럼 짧은 기간 내 중국의 온라인 시장은 중국의 유통 채널과 한국의 콘텐츠 기업들이 공존하는 공생적인 환경으로 진화했다. 중국의 인터넷상에서 팬 경제를 창출하기 위해 서로 손을 잡은 것이다.

그러나 이 장에서는 그와 같은 팬 경제 — 팬들 사이에서 또는 팬들과 연예기획
사 사이에서 벌어지는 한국 아티스트와 관련된 모든 상품들의 거래 — 가 순전히 자
유 시장 규칙에 따라 발전되어 온 것이 아니라는 것에 초점을 맞출 것이다.
우선 중국의 온라인 플랫폼은 단순한 상업 기업이 아니다. 주지하다시피 바
이두, 텐센트, 알리바바 등의 거대 인터넷 플랫폼들은 소수 독점 시장 내 경
쟁자들이다. 기업의 성장과 존재가 국가에 의해 고도로 통제되는 이 플랫폼
들상에서는 기본적으로 국가에 반하는 모든 메시지들이 감지/적발되고 (중
국 공산)당의 어젠다에 이데올로기적으로 어긋나는 메시지들은 운영자에 의
해 즉각적으로 지워진다. 물론 다른 면에서 볼 때 이 거대 기업들은 인터넷
상의 문화적 방화벽을 통해 해외의 경쟁자들(페이스북이나 구글 같은)로부터
국가에 의한 보호를 받는 것이기도 하다. 둘째, 정치가 실제로 작동하고 있
다. 2016년 여름, 중국은 사드(THAAD: 고고도 미사일 방어 체계)의 설치라는 결
과로 이어진 한국과 미국 간의 전략적 협업에 대해 공식적으로 불만을 표현
했다. 얼마 안 되어 2016년 6월 중국 정부는 중국 내에서 한국인 아티스트가
공공연하게 공연하는 것을 금지하겠다고 발표한다. 중국의 국가신문출판광
전총국(SAPPRFT)에 의한 공식적인 규제는 없었지만, 한국 가수들의 콘서트
가 취소되었을 뿐만 아니라 중국 방송에 한국인 가수가 초대되어 공연하는
일도 없어졌다(*Sins News Centre*, 2016.8.3). 그러나 한국에 대한 보복의 효과는
중국 내 인터넷 플랫폼으로까지 확산되지는 않았다. 그러나 중국이 통제를
강화한다면 팬 경제는 분명 쉽사리 어려움에 봉착할 것이다.

연구 목적과 방법

이상의 논의에 따라 이 장에서는 고도로 국가 통제적인 정치적 환경하에
서 상대적으로 느슨하게 규율되는 중국의 상업 주도적 인터넷 플랫폼상에

서 한국의 팬 경제가 어떻게 존재하는지를 살펴볼 것이다. 뒤에 설명하겠지만, 실제 활동 공간과 유통 채널뿐만 아니라 가상적인 인터넷 공간마저 중국 당국에 의해 그토록 통제되는 상황에서, 해외에서 수입된 유행으로서 한국 대중문화는 어떻게 해서 살아남고 번성할 수 있었던 것일까? 이것이 가능했던 이유는 바로, 팬 활동과 팬 경제, 심지어 이데올로기마저 공공연하게 확인 가능한 — 우리가 문화적 넥서스라고 부르는 — 그 독특한 구조 덕분이었다. 이 문화적 넥서스란 바이두와 웨이보 등 중국의 주류 인터넷 플랫폼들을 포함하는 다양한 온라인 플랫폼상에서 서로 협력하면서 작업하는 팬 기반의 주류 코디네이터들 사이에서 구축되는 일종의 협업 구조다.

방법론적으로 이 연구는 에스노그래피적 관찰과 심층 인터뷰를 활용한 혼합 질적 연구에 해당한다. 우선 중국 전매대학(Communication University of China)에서 모집한 음악 커뮤니케이션 전공의 대학생 6명을 주제에 대해 가르치고 훈련한 후, 2016년 1월부터 8월까지 필드 작업을 위해 파견했다. 이 6명은 모두 빅뱅의 팬들로, 따라서 이들은 온라인상의 논의에서부터(빅뱅에 한정되지는 않았다) 물리적으로 빅뱅의 콘서트에 가는 것까지 관찰 대상 집단에 완전하게 통합될 수 있었다. 이들이 수행한 팬 활동의 대부분은 연구를 위해 자원된 활동이었으나, 일부(예컨대 빅뱅의 베이징 콘서트)의 경우 베이징의 콘서트 조직위로부터 지원을 받았다. 심층 인터뷰가 거의 빅뱅 팬들과 이루어졌기 때문에, 이 연구는 또한 팬 경제에 대한 탐구에서 빅뱅을 대상으로 하는 하나의 사례연구라 할 수 있는데, 다른 한국 그룹들 또한 보충적인 정보로서 언급될 것이다.

따라서 이 연구의 에스노그래피 작업에는 이 6명의 대학생 연구자들 및 이 팬덤들의 자기 기술이 모두 포함되었다. 연구 대상은 주로 서로 친구거나 클래스메이트인 19~25세 사이의 여성 팬들로 구성되었다. 온라인 에스노그래피는 바이두와 웨이보에서 주로 이루어졌는데, 여기서 이 연구자들은 한국 팬들의 태도와 행태, 더불어 K팝 관련 소비 관습을 이해하기 위한 대화를 진행했다. 일상과 소셜 미디어 활용, 소비, 개인적 상태, 사적인 생활(이 장에서는 다뤄지지 않는다), 개인적 참여, 팬덤과 그들의 행태 등과 관련해 미리 설정된 질문들에 대한 동의하에서 32명의 팬들이 심층 인터뷰 대상자로 선정되었다. 물론 연구 과정 중 대학생 연구자들은 언제나 팬이자 연구자인 그들 자신의 위치를 지속적으로 환기했으며, 인터뷰 대상인 팬들은 연구 목적의 인터뷰라는 것을 명백히 안내받았다. 이 장에서 사용 및 선택된 데이터에 대해서는 좀 더 설명할 필요가 있다. 인터뷰 대상자들은 팬덤 연구에 대한 사전 지식이 전무한 10대들이었는데, 이들의 일상 활동이란 자신이 좋아하는 아이돌의 정보를 뒤쫓는 것으로, 이를 통해 가능한 한 아이돌과의 접촉을 유지하는 것을 유일한 목표로 삼았다. 쉽게 예측할 수 있듯이, 그들 대다수는 자신이 매일 무슨 행동을 어떻게 하고 있는지를 공유하는 것 외에는 팬 경제 내에서 팬으로서 자신들의 역할을 연결시키지 못하고 있었다. 대상자 가운데 상당수가 자신의 행동을 단순히 공유하는 수준에서 활동하고 있었던 것이다. 비록 중국 내 팬 경제에 대한 배경이 이러한 팬들에 의해 제공되는 것이긴 하지만, 그들의 인터뷰 내용이 이 연구에서 활용할 만큼 충분히 의미가 없는 경우도 있었다. 따라서 이 연구에서는 연구 문제에 대한 통찰을 제공한 6개의 인터뷰만이 언급될 것이다.

젠슨(Jenson, 1992)이 지적했던 대로 서구적 맥락에서 팬들은 일반적으로 열성적이고, 통제 불가하며, 병적이고 비논리적인 것으로 여겨지는 경향이 있는데, 따라서 연구자들에게는 그러한 편견에 주의할 것을 경고했다. 즉, 이 연구에서는 그러한 편견의 가능성에 주의할 수 있도록 자기 성찰을 수행했다. 이와 같은 중국 팬들에 대한 공공연한 그리고 연구자 스스로가 지닐 수 있는 편견의 가능성을 의식하면서 연구를 수행함으로써, 우리는 그들이 이 특정한 사회적 맥락 속에서 능동적인 또는 수동적인 팬으로서 행동하는 이유를 찾아내려고 했다. 우리는 팬들이 온라인상에 표현하는 것들을 팬 공동체와 K팝 기획사들, 그리고 그러한 것들을 둘러싼 사회·정치적인 맥락들에 의해 형성되는 매개된 담론으로 보았다. 이어진 인터뷰를 통해서는 K팝 팬덤의 의미가 팬들 자신, 팬 공동체, 사회에서 어떤 의미인지를 이해하고자 사례(예를 들어 특정한 콘서트)를 통해 살펴보았다. 실제의 필드 작업에서는 팬덤에서부터 안티 팬덤(일부 온라인 이용자들이 특정한 팬덤에 대해 매우 적대적인), 또한 한 가수와 또 다른 가수까지 그리고 한 K팝 기획사에서 그 경쟁 기획사까지 아우르는 다양성을 볼 수 있었다. 우리가 탐구한 담론에는 감정과 모순을 비롯한 다양한 목소리들이 가득했는데, 다음에 전개할 내용은 중국 내 한국 팬 경제를 보여주기 위해 그 가운데서 추려낸 것들이다.

팬 경제와 거래

팬 경제(fan economy)는 팬들이 아이돌 상품을 물질적으로 소비하는 것과 더불어 직접 아이돌 이미지와 상품, 부산물들을 (재)생산함으로써 팬덤의 (상업적 측면과 대비되는) 창의적 측면을 지니는 문화적 소비의 실천으로 구축되는 구조라 할 수 있다(Larsen and Zubernis, 2012). 여타의 경제적 실천들과 마찬가지로 중국 내 한국 팬 경제 또한 (공식 또는 비공식) 팬클럽들, 아이돌 관련 정보나 뉴스를 유통하는 채널 등의 경제적 에이전트들에 의해 원활히 운영되고 있다. 중국의 경우 팬들에게 제공되는 상품과 서비스의 거래를 통해 유지되는 팬 경제를 특정한 '빅 팬'들이 주도하고 있다는 점이 특징적이다. 이러한 구조에서는 명백한 권력관계가 빅 팬들과 보통의 팬들 사이에서 그리고 기획사와 팬들 사이에서 형성된다.

표면적으로 이러한 구조의 팬 경제는 중국의 팬덤 또는 공산주의적 맥락에 위치한 팬들 사이에서 부정적으로 여겨지지 않는다. 중국은 해외로부터의 정보에 대한 접촉이 제한되고 외부 집단과의 자유롭고 직접적인 거래(예를 들어 eBay에서의 거래)가 금지되는 고도로 통제적인 환경을 가진 사회다.

팬들 스스로도 그러한 구조를 잘 인식하고 있으며, 팬 경제라는 용어로 그러한 거래를 묘사하기도 한다. 인터뷰 응답자 중 한 명이었던 샤오얀 (Xiaoyan)이라는 FT아일랜드의 여성 팬은 FT아일랜드를 2012년부터 알았으며 2014년부터 팬이 되었다고 말했다.

그 기간 저는 FT아일랜드의 라이브 콘서트에 간 적이 있었는데, 그들의 무대에서 카리스마를 느낄 수 있었어요. 그때야말로 제가 그들에게 가장 애정을 가졌을 때이지요. 그때만큼 지금 그들에게 애정을 갖고 있진 않아요. 제 열정은 약해졌지만, 여전히 그들을 지지하고 있죠. 대학생이 되고 나서 팬 경제(fensi jingji)에 대해 알게 되었는데, 저는 팬들이 그저 '일반적인 팬'들이라고 느껴져요. 그들은 보통 사람들이지만 행동이 다른 사람들과 다르죠. 단지 그 (팬으로서의) '전문성'으로 인해 좀 더 주목받는 것일 뿐이죠. 그들도 다른 보통 사람들과 똑같습니다. 이것이 제가 그저 (이 팬들을) 지지하는 데 그치고 이 팬들보다 더 행동을 하지 않아도 기분이 좋은 이유예요. 그것만으로도 충분히 좋고 적절한 것이지요(베이징에서의 인터뷰).

다시 말해 샤오얀이 알려주는 것은, 팬들이 모두 이 빅 팬들의 경제적 행위들과 급진적인 행동들 —사실상 팬 경제의 구조를 형성하는— 에 대해 잘 알고 있다는 것이다. 높은 교육 수준에도 그와 같은 상업화 과정에 대한 비판적인 생각을 표현하는 대신, 그녀는 그러한 팬덤을 지지하면서 그 경제구조 내 빅 팬의 전문적이고 직업적인 속성을 인정하고 있었다.

팬 경제는 수요와 공급이 유동적이고 개방적이라는 점에서 시장경제와 비슷해 보이며, 대개 실제로도 그렇다. 이처럼 안정적으로 구축된 경제구조에 대해 의문을 제기하는 팬들은 거의 없으며, 전체 경제는 팬들이 아이돌 상품과 콘서트 티켓을 개방적이고 '공정한' 방식으로 구매할 수 있다는 점에서 효율적으로 운영되고 있다. 표면상 상업적으로 보이는 거래지만, 그 실상은 네트워크 연결을 통해 형성된 공동체 너머에서 찾을 수 있다. 소수의 빅 팬들이 그 네트워크상에 무엇을 유통시킬지를 결정한다는 점에서 그 거래의 양상이 국가경제(command based economy)와 비슷한 모습을 보이기 때문이다. 물론 중국에서는 온라인 미디어가 국가에 의해 검열되고 있다는 점에서 궁극적으로 그와 같은 팬 경제를 비롯한 모든 거래는 국가의 감시하에서 이루어진다. 이러한 상황은 팬덤 내 커뮤니티와 위계의 이분법에 관한 기본적인 논의를 다시 소환한다(Hills, 2002). 즉, 팬 경제는, 소셜 미디어상에서 메시지들이 공동체 내에서 자유롭게 소통되는 것처럼 보일지라도, 집단 내 특정한 오피니언 리더들 또는 특정 플랫폼상 '빅 팬'들의 명령을 위계적인 방식으로 따른다는 것이다. 이 모순은 해소되지 않고 있으며, 팬들 또한 이를 해소하고자 고민하거나 관련해서 비판적으로 사고하지도 않는다.

일반적으로 팬들은 이와 같은 팬 경제의 구조를 '중간 매개자들이 제공하는 서비스'의 혼합물(potpourri)이자 팬들이 제공하는 '응원 문화'로 간주한다(Ding and Chen, 2016). 중간 매개자들이 제공하는 서비스에는 라이브 콘서트(또는 공연) 티켓, 시청각 상품들(CD와 디지털 카피 등), 아이돌 아이콘이나 사인이 담긴 상품들, 아이돌이 광고하는 제품들, 화장품, 촬영 기기서부터 아이돌의 일정에 맞춘 한국과 중국에서의 숙박 및 이동 수단까지 포함된다. 마지막에 제시한 몇몇 항목들은 기본적으로 팬들이 아이돌을 쫓아다닐 수 있게 해주는 패키지화된 서비스다. 응원 문화에는 감정적 라포(rapport)와 소셜 미디어상 아이돌 관련 이슈들에 대한 논의, 더불어 집합적으로 조직되는 제의적 행동들(예를 들어 스타 쫓아다니기)이 포함된다.

관련 논의에서 눈에 띄는 행태는 공항에서의 아이돌과의 만남이다. 공항에서 벌어지는 축제 같은 또는 혼란스러운 이 만남의 이벤트는 아이돌의 인기를 보여준다. 사실 이러한 이벤트들은 반은 계획된 것인데, 왜냐하면 팬들은 사전에 아이돌의 비행 스케줄을 안내받고 아이돌들은 팬들과의 짧은 만남에 대비하기 때문이다. 따라서 이러한 이벤트들은 제의적인 실천이라 할 수 있으며, 속성상 일종의 퍼포먼스다. 아이돌의 옷 입은 방식, 팬들과 대화하고 상호작용 하는 방식들은 철저히 고려되어 나온 결과들이다. 한편 팬들 자신 또한 그들의 '남편' 또는 '오빠'를 만나기 위해 차려입는다. 공항에서 꽤 오랜 시간 머물기 때문에 팬들은 뭉쳐 다니면서 상호작용 하는데, 이러한 이벤트들은 또한 팬들끼리의 자연스러운 만남이 된다.

마지막으로, 팬 경제는 팬들과 아이돌 간 감정적 연대에 의해 유지된다. 이 연대의 강화를 위해 팬들은 할 수 있는 한 기꺼이 물질적인·비물질적인 상품에 금전적으로 공헌한다. 팬 집단 내 권력과 자원의 불균형이 존재하는 가운데, 일부 온라인 플랫폼상의 '빅 팬'들은 자연스럽게 자신들이 얻은 정보와 뉴스를 전달하고 아이돌 상품을 판매하는 등 아이돌을 향한 감정을 구축할 수 있는 수단을 통해 아이돌과 팬들을 연결하는 주요 임무를 맡게 된다.

감정경제와 팬덤

이상 살펴본 대로, 네트워크 내에서의 거래는 아이돌과 연결되어 있다는 것을 보여주는 수단이 된다. 팬들이 정말로 원하는 것은 아이돌에 대한 정서적 애착이지만, 한국에 거주하는 아이돌들은 지리적으로 중국의 팬들과 단절되어 있다. 그러한 단절에도 불구하고 팬들이 실질적으로 연결되어 있다는 느낌을 받게 되는 것은, 주류 온라인 플랫폼에서 활동하는 소수의 주요 팬들 및 팬클럽이 구축해 놓은 공동체와의 정서적 고리를 통해서다. 토론, 소비 및 기타 오프라인 활동들에 참여함으로써, 파편화된 소비자에 불과한 팬들이 나머지 팬들과 연결되면서 비로소 팬덤의 일부가 되었다고 느끼게 되는 것이다. 본질적으로 팬덤은 팬들에게 관계(relationship)를 판매하는 것으로, 이는 감정경제(emotional economy)라고 불린다(Howard, 2011). 이러한 맥락에서 감정 경제는 감정적인 행위들을 생산·유통하는 방식들로 볼 수 있다(Grindstaff and Murray, 2015). 문화연구의 '정동(affect)'이라는 용어 (Grossberg, 1992)에 기반해서 본다면, 감정 경제란 팬들과 아이돌 간 관계 내에 내재한, 그리고 그 관계에 투자되는 팬들의 감정이 상업화되는 상황하에서 생성되는 일종의 정동에 해당한다.

아이돌들이 종종 실제로 소셜 미디어상에서 팬들에게 직접적으로 반응을 하곤 하면서, 팬들은 이러한 관계 속에서 아이돌에 대해 감정적인 애착을 느끼게 된다. 그러나 팬들이 시스템에 대해 완전히 수동적이거나 종속적인 것만은 아니다. 예를 들어 팬덤의 상업적 속성을 명백히 인식하고 있는 팬 샤올리(Xiaoli)는 "한국의 기획사들은 아티스트로 하여금 팬들에게 무언가를 말하거나 행동을 취하도록 하죠. 이는 팬들로 하여금 남자 친구 같은 느낌 그리고 사랑받고 있다는 느낌을 느끼게 만들어줍니다"라고 말한 바 있다.

이렇게 구축된 감정은 연애 관계를 닮았다. 인터뷰에 응답한 대다수 팬들은 자신의 아이돌을 남편(老公, laogong), 남자 친구(男票, nanpiao)라 불렀으며, 좀 소심한 팬들은 남신(男神, nanshen) 아니면 오빠(哥哥, gege)로 불렀다. 좀 모호한 이 관계는 단순히 감정적 거리(estrangement)가 있다(Duffett, 2013)기보다는, 팬들이 현실과 판타지 사이의 경계를 넘나드는 즐거움을 이성적으로 유지하는 식의 관계라 할 수 있다. 팬들은 자신이 결코 아이돌의 여자 친구가 아니라는 것을 알고 있으며, 그 네트워크 내에서 느껴지는 그처럼 상업화된 감정 또는 구축된 애정에 도전하려는 팬도 없다. 따라서 판타지의 구축은 양쪽 길을 모두 가는 것이다.

팬들을 위해 제작된 상품들 또한 지리적 경계를 완화한다. 많은 팬들이, CD와 포스터 외에도 자신들의 침대 방에 둘 베개, 담요, 심지어는 실물 크기의 아이돌 모습이 담긴 쿠션 같은, 자신들의 사적인 공간으로 그 판타지를 확장시킬 수 있는 상품들을 구매하는 것을 관찰할 수 있었다. 팬들과 인터뷰를 하면서 우리는 또한 그들 휴대폰의 프로필 사진이나 배경 이미지에 마치 남자 친구인 것처럼 아이돌의 사진을 올려놓은 것도 관찰할 수 있었다. 한국 아이돌의 중국 팬들을 관찰한 결과, 이 팬 대다수들이 싱글이라는 것을 알게 되었으며, 그러한 아이돌 추종이 그들의 감정적 공허함으로부터의 도피의 한 형식이라는 이야기도 들을 수 있었다.

이뿐만 아니라 어떤 경우 팬 경제는 단지 아이돌 상품을 구매하는 것에 그치지 않는다. 빅뱅 멤버 지드래곤(권지용) 팬인 샤올리는 다음과 같이 말했다.

아이돌 선물은 대부분 아이더우(愛豆: 아이돌에 대한 정보 및 관련 활동 앱)를 통해 그룹 기반으로 보내집니다. 예를 들어 이런 앱들은 팬덤을 대신해서 콘서트 동안 백 스테이지에서 꽃다발을 선물하죠. 아이돌의 생일이 되면 아이도우 플랫폼은 집합적으로 비싼 선물을 구매합니다. 꽤 자주 이런 플랫폼들을 통해 아이돌에게 비싼 선물이 전달되는데, 그런 선물을 아이돌이 (공적인 이벤트 때) 직접 입거나 들고 다니는 모습이 사진에 찍히게 됩니다. 그러면 팬들은 정말 행복해하죠(베이징에서 인터뷰).

샤올리의 인터뷰 내용에 따르면 중국에서의 팬덤 활동은 개별적인 수행이 불가능해 보인다. 더불어 이 행위들은 좀 더 많은 팬들에게 호소할 수 있도록 공적으로 드러나야 한다. 아이돌은 의도적으로 자신들의 일정을 공적으로 알리는데, 그렇게 함으로써 팬들이 아이돌에 대한 자세한 정보들과 경험들을 자신의 일상의 일부인 것처럼 느낄 수 있기 때문이다. 아이도우와 같은 앱을 사용할 수 있는 휴대폰은 팬들이 아이돌의 동선에 대한 정보를 '업데이트'할 수 있도록 해준다. 또한 그러한 앱들을 통해 실질적으로 팬들은 콘서트 티켓이나 기타 물품을 구매함으로써 아이돌과 연결된다. 빅뱅을 4년간 쫓아다녔다는 여성 팬 샤오장(Xiaojiang)은 다음과 같이 말한다.

이제 이런 (콘서트) 티켓을 공식 채널을 통해 '얻는 것'이 어려워졌어요. 우리는 이 '옐로 카우(yellow cow)들'(또는 티켓을 비싼 가격에 판매하는 불법 티켓 유통 채널)를 통해 티켓을 구매할 수밖에 없습니다. 공식 채널상에서 모든 티켓은 즉각적으로 팔려나가기 때문이에요. 대다수 팬들은 티켓을 엄청 비싼 가격에 구매할 수밖에 없어요(베이징에서의 인터뷰).

이해할 수 있듯이, 이러한 온라인 플랫폼들과 앱은 그러한 불법 티켓 사이트들에 대한 정보를 제공하는 채널들이다. 팬들이 비싼 티켓 가격으로 인해 기분이 상할 것이라고 생각할 수 있으나, 샤오장이 말한 바에 따르면, 그와 반대로 그녀는 이러한 사이트에서 빅뱅 콘서트 티켓을 구매하는 것이 꽤나 행복하다고 한다. 이는 이러한 플랫폼들이 아이돌과 감정적으로, 실질적으로 연결되는 데 중요한 역할을 수행하기 때문이다. 이는 또한 감정 경제가 팬덤의 정치경제학에 전적으로 의존하고 있다는 것을 보여준다.

물론 이러한 감정 경제가 종종 '급진적'이 될 때도 있다. '사생팬(Sishenfan)'이라 불리는 일부 '광적인' 팬들이 있는데, 이들은 아이돌의 사생활을 물리적으로 쫓아다닌다. 이처럼 극단적인 팬 행태는 상상적인 애정 관계로 인해 엇나간 것이며, 그들의 '애인'에 대한 현실적인 응시로 전환된다. 감정으로부터 행위로의 그와 같은 위반은 말할 것도 없이 아이돌뿐만 아니라 기획사에게도 혐오스럽게 비춰진다.

팬덤의 문화적 넥서스

중국인 수용자들은 해외(와 한국)의 미디어를 직접적으로 수용하는 것이 불가능하다. 중국의 만리 방화벽에 의해 인터넷이 제한되어 세계의 여러 나라들로부터 격리되어 있기 때문이다. 따라서 중국의 팬들은 한국의 아이돌과 연결되기 위해 오로지 중국 내 공식 채널에 의존할 수밖에 없다. 실시간으로 한국 연예/오락을 직접적으로 방송하는 웨이보, 러스(LeTV), 투도우, 잉커(Inke) 등의 공식 채널들과 직접 연결되는 것은 한국의 아이돌 기획사다. 러스 관계자에 따르면 한국 콘텐츠가 거대한 규모의 온라인 수용자를 유지할 수 있도록 해주지만, 다른 한편으로는 그에 대한 독점적 방송권이 매우 비싸서 재정적 손실로 이어질 수 있다고 한다.

또한 중국의 온라인 플랫폼들과 한국의 연예기획사는 서로 맞물려 있다. 앞서 언급한 대로 한국 연예기획사와 중국의 온라인 플랫폼이 합작투자 파트너십을 맺기 때문이다. 이러한 파트너십은 한국의 대중음악 기획사들과 중국의 온라인 플랫폼 사이에서는 잘 발전되어 있는 반면 전통적인 미디어와는 잘 형성되지 못했는데, 그 이유는 전통 미디어가 국가 소유의 기업이기 때문이다. 국가의 개입은 어떤 방식으로든 그 관계를 쉽게 위태롭게 만들 수 있다. 따라서 이 플랫폼들이 중국 팬들에게 해외의 한국 아티스트들에 대한 뉴스와 상품을 접할 수 있는 유일한 통로가 된 것은 당연한 것이라 할 수 있다. 이 플랫폼들의 관점에서 팬들과 한국의 연예기획사들은 수익을 창출하는 소중한 자산이 된다. 거시적인 차원에서 플랫폼 업체들은 당연히 국가의 요구에 빠르게 응할 것이며, 만약 필요하다면 이들은 팬 경제의 보호를 위해 당국의 요청에 충족하는 행동을 취할 것이다. 동시에 미시적인 차원에서 플랫폼 업체들은 특정한 빅 팬들이 네트워크상에서 활동하는 것에 대해 어느 정도의 융통성을 허용하는데, 그렇게 함으로써 경제적인 이익을 공유할 수 있기 때문이다. 소셜 네트워크상의 (웨이보 같은 디지털 플랫폼상에서 형성되는) 오피니언 리더 같은 존재들과 어느 정도 유사한 빅 팬들은 아이돌 관련 뉴스나 스캔들 같은 중요한 정보의 원천이다. 이러한 점에서 중국 팬들은 서구의 팬들과 크게 다르지 않다(Jenkins, 2006). 그러나 좀 더 자유롭고 정보가 풍부한 공간에서 활동하던 서구의 초기 블로거들과 달리(Jenkins, 2006), 중국의 빅 팬들은 상품 소비에서 상대적으로 수동적인 (비록 이들도 다양한 아이돌 이벤트와 상품에 대한 비판적 감정이나 코멘트를 표현하긴 하지만) 다른 팬들을 위한 소비의 원천이 되고 있다.

이 지점에 이르면 중국 내 팬덤 구조는 더 이상 단순히 아이돌을 추종하고 그들에 대한 감정을 표현하는 평평한 민주적인 플랫폼이라 볼 수 없을 것이다. 플랫폼의 상업적 속성을 고려할 때, 특정한 빅 팬들과 플랫폼이 팬덤을 동원하면서 그 경제를 주도하고 다른 팬들의 참여를 독려하는 데 주요 역할을 수행하기 때문이다. 만약 팬덤을 문화적 상품화가 벌어지는 공간 ― 또한 권력의 불균등한 분배 내에서 문화정치가 존재하는 공간 ― 으로 본다면, 이 플랫폼들과 자기 선택적인 팬들(빅 팬)은 팬 경제를 가능케 하고 활성화하는 문화적 넥서스라 할 수 있을 것이다.

국가의 공범자인가 아니면 문화적 장려자인가?

따라서 논의는 이제 팬덤이 ― 서구에서 연구되었던 것과 마찬가지로 ― 팬들이 자신들의 정체성을 주체적으로 표현할 수 있는 공간인 것인지, 그리하여 청소년들이 국가에 대해서 일종의 (하위문화적) 저항을 실천하는 문화적 공간이 될 수 있는지라는 근본적인 문제로 넘어갈 차례다.

엄격하게 본다면 한국 연예인들을 둘러싼 중국의 팬덤은 상업화에 의해 상품화되어 있어 왜곡된 것이라 할 수 있을 것이다. 정치적으로 볼 때도 팬 경제가 이러한 미디어 자본의 통로에 놓인 채 국가 감시를 위한 대리자로서 작동하고 있다는 점에서, 팬들이 자신들의 창의성, 자유를 구현하면서 진정으로 자신들의 정체성을 절합할 수 있는 이상적인 팬덤의 공간과는 거리가 멀다고 할 수 있을 것이다.

그럼에도 불구하고 권위주의적 공간(국가)에서 팬덤이 살아남았다는 점(Fung, 2009)은 그러한 팬덤의 또 다른 가능성을 제안한다. 앞에서 말한 대로, 팬들이 그러한 팬덤을 탐닉하는 것은 감정 경제에 전적으로 의존하는 것으로, 이는 어느 정도 팬덤의 감정적인 또는 정동적인 차원에 초점을 두었던 관점과 일맥상통한다(Jenkins, 2006). 여기서 더해지는 것은 젊은 여성 팬들에게 실제적인 눈물, 웃음, 외침으로 엮이게 되는 상품화의 과정이다. 소셜 미디어의 공론장에 대한 연구와는 사뭇 달리, 상품화의 과정이 경제구조를 '왜곡'하는 대신 지탱하고 있는 것이다. 그 상업적 속성이 미디어 자본으로 하여금 그 팬덤을 보호하도록 만드는 원동력이 되고 있기 때문이다. 이 현상은 또한 일상적인 포퓰리즘적 찬양의 양상과 일반 팬들을 주도하는 빅 팬이라는 엘리트주의적인 양상이 팬덤 내에 공존하는 것에 대한 논쟁과도 연관되는데, 중국 팬덤에서는 이 두 측면의 공존이 그리 문제가 되지 않는다. 이는 생산자/팬의 이분법과 팬들의 창의성 모두 동등하게 디지털 발전적인 팬덤과 웹 2.0의 프레임워크 내에서 생존할 수 있다는 힐(Hill, 2016)의 주장과 공명하는 지점이다.

정치적인 국가-미디어 정책(예를 들어 중국 방송 내 한국 배우 출연 전면 금지)과 함께, 중국의 온라인 사이트들은 모든 한국 드라마, 리얼리티쇼, 버라이어티쇼 등의 제공을 멈추었다. 온라인 팬덤 또한 통제되었는데, 한류 금지라는 공식 명령에 공공연하게 도전하는 것으로 보이는 팬덤 활동이 금지되었다. 당연히 온라인 플랫폼 또한 대중(the public)을 감시하는 국가를 보조해야 하는 의무를 지닌다. 하지만 여러 사례에서 보았듯이, 국가와 온라인 플랫폼의 입장은 종종 상이하게 나타난다. 예를 들어 한국 연예인에 대한 정보와 뉴스에 대해 여전히 공공연한 접촉이 가능한 가운데, K팝 또한 여전히 텐센트의 음악 플랫폼인 QQ뮤직 등 여러 사이트에서 스트리밍 서비스로 감상할 수 있다. 그렇지만 종종 팬 경제로부터의 후퇴가 발생하는데, 국가가 2016년 주류 미디어에 대해 한국 대중문화를 금지했기 때문이다. 팬덤이 어느 정도 매스미디어에 의존적이라는 것을 염두에 두면, 한국 엔터테인먼트 프로그램의 방영 금지가 그 경제에 어느 정도 영향을 미치는 것은 분명해 보인다. 엑소와 슈퍼주니어의 여대생 팬인 샤오지(Xiaozi)는 자신이 한국 가수들을 처음 좋아하기 시작한 것은(그리고 여전히 좋아하고 있다) 〈런닝맨〉, 〈라디오스타〉, 〈룸메이트〉, 〈정글의 법칙〉, 〈슈퍼맨이 돌아왔다〉를 포함한 다양한 버라이어티쇼와 리얼리티쇼를 보면서였다고 말했다(베이징에서 인터뷰). 국가의 개입은 팬덤을 시작할 때 어느 정도 방해 요소가 될 수 있다. 현실적으로 공식 채널들이 한국 연예인들의 영상(뮤직비디오 포함)을 완전히 제외해 버린 상황에서, 일부 팬들은 불법적인 웹 사이트를 통해 온라인상에서 이 프로그램들을 여전히 보고 있다고 전한다.

그러나 플랫폼과 빅 팬들 그리고 아마도 여타의 일반적인 팬들까지도, 중국의 팬덤은 국가가 정해놓은 경계를 거의 넘지 않고 있다. 사실 우리가 인터뷰한 팬들 가운데 그 누구도 팬덤에 관해 정치적인 문제를 이야기한 사람은 없었다. 단순히 말해 중국의 팬덤에서 나타나는 획기적 변화 — 개방적이고 자유로운 접촉과 유동적인 상호작용 — 는 여타 부문에 비해 문화정치적으로 향상된 것으로 보이지만, 팬들은 정치적인 저항에 개입해야 할 필요성이 없다. 그렇다면 결국 그러한 팬덤은 팬덤경제 외부에 있는 지배적인 사회 및 헤게모니 정치 문화와 멀리 떨어져 있다고 할 수 있다. 결국 이 시점에서 볼 때 문화적 넥서스로서 소셜 미디어와 웹 2.0 플랫폼이 생산의 민주화를 형성하고 있다고 주장할 수는 없겠지만, 그렇다고 해서 중국 내 팬덤의 문화적 미션이 불가능하며 무의미하다고 말할 수는 없을 것이다.

결론

이 장에서는 중국 내 신한류가 온라인상의 팬덤경제에 의해 어떤 식으로 형성되어 왔는지를 살펴보았다. 이 팬덤경제는, 빅 팬이라 불리는 일부 핵심적인 오피니언 리더들을 통해 일반 팬들이 연결되는, 문화적 넥서스로서 일부 주류 온라인 플랫폼(바이두, 투도우 등)에서 그 특징을 찾을 수 있다. 이 문화적 넥서스는, 중국의 온라인 플랫폼과 한국의 연예기획사들이 상호적으로 수익을 창출하는 한편 팬들은 소비를 통해 좀 더 아이돌에 가까워지는 듯한 심리적인 느낌을 얻음으로써 욕망을 충족하는, 서로 맞물려 있는 구조로 이루어져 있다. 중국 정부가 한국 연예인의 공연과 텔레비전 프로그램의 방영을 금지했지만, 관련 상품의 거래에 의존하는 팬덤경제는 여전히 생존해 있다. 이 팬덤경제가 한국 연예인과 팬들 간 면대면 만남이 막힌 상황에서 그들을 가상적으로 이어주는 역할을 수행하기 때문이다. 온라인 팬 경제를 통한 이와 같은 가상적인 연결 고리가 한류를 얼마나 지탱할 수 있을지는 이 시점에 아직 알 수 없다. 역사적으로 참고할 만한 사례는 거의 없지만, 역사는 곧 우리에게 답을 줄 것이다.

참 고 문 헌

Cho, H. J. 2005. "Reading the 'Korean Wave' as a Sign of Global Shift." *Korean Journal* (winter), pp.147~182.

Ding, B. and X. Chen. 2016.4.27. "The Supporting Fans Culture that you don't understand." Weixin. http://mp.weixin.qq.com/s?__biz=MTA5NTIzNDE2MQ==&mid=2653330711&idx=1&sn= e6908840d171c697eec8d4498a87b4c5&scene=1&srcid=07256qZq8wgLjY90FJBl19Ko#rd%20% 20.LastAccessonOctober23,2016.

Duffett, M. 2013. *Understanding Fandom: An Introduction to the Study of Media and Culture.* London: Bloomsbury Academic.

Fung, A. 2009. "Fandom, Youth and Consumption in China." *European Journal of Cultural Studies,* 12(3), pp.285~303.

Grindstaff, L. and S. Murray. 2015. "Reality Celebrity: Branded Affect and the Emotion Economy." *Public Culture,* 27(1), pp.109~135.

Grossberg, L. 1992. "Is there a fan in the House? The Affective Sensibilility of Fandom." in L. Lewis(ed.). *The Adoring Audience: Fan Culture and Popular Media.* London: Routledge, pp.50~65.

Hills, M. 2002. *Fan Cultures.* London: Routledge.

_____. 2013. "Fiske's 'Textual Productivity' and Digital Fandom: Web 2.0 Democratization versus Fan Distinction? Participations." *Journal of Audience and Reception Studies,* 10(1), pp.130~153.

Howard, A. 2015. Are You Ready for The Emotional Economy? https://www.linkedin.com/pulse/ you-ready-emotional-economy-anthony-howard.LastAccessonOctober16,2016.

IFPI. 2016. 4. 12. IFPI Global Music Report 2016. IFPI. http://www.ifpi.org/news/IFPI-GLOBAL-MUSIC-REPORT-2016.LastAccessonApril29,2017.

Jenkins, H. 2006. *Fans, Bloggers and Gamers.* New York: New York University Press.

Jenkins, H., S. Ford and J. Green. 2013. *Spreadable Media: Creating Value and Meaning in a Networked Culture.* New York: New York University Press.

Jenson, J. 1992. "Fandom as Pathology: The Consequences of Characterization." in L. Lewis(ed.). *The Adoring Audience: Fan Culture and Popular Media.* London: Routledge.

Jung, S. 2011. *Korean Masculinities and Transcultural Consumption: Yonsama, Rain, Oldboy and K-pop Idols.* Hong Kong: Hong Kong University Press.

Larsen, K. and K. Zubernis. 2012. *Fan Culture: Theory/ Practice.* Cambridge: Cambridge Scholar Publishing.

Piao, G. H. 2003. "The Influence of Korean Wave in China." *Contemporary Korean*, z1, pp.71~75. (in Chinese)(朴光海. 2003. 「"韓流"在中國的波及與影响.」≪當代韓國≫, (z1), pp.71~75.

Sina News Centre. 2016.8.3. SAPPRFT might curtail performance of Korean artists in China. http://news.sina.com.cn/s/wh/2016-08-03/doc-ifxunyya3183155.shtml.LastAccessonNovember12,2016.

Tencent Entertainment. 2015.8.18. Korean media: digital album of BigBang exceeds 1 million again, top on the QQ music chart. http://ent.qq.com/a/20150828/241540.htm. LastAccessonFebruary14, 2017.

Lu, J and J. Cui. 2016. *China Music Industry Development Report 2015.* Beijing: Communication University of China Press. http://www.chinambn.com/show-3949.html.

8장

남미 내 한류 수용과 팬 참여 문화

언론 보도 내용을 넘어서

•
•
•

민원정

들어가는 말

남미권 한류에 대해 논의하는 것은 쉽지 않지만, 특별히 도전할 만한 매력
이 있다. 남미권 연구에서 가장 중요한 것은 이 권역이 30개 이상의 국가들
로 구성되어 있다는 것, 따라서 하나의 단일한 대륙으로서 한정적으로 규정
될 수 없다는 것을 인식하는 것이다. 대다수 남미 국가들이 스페인어를 사용
하지만, 브라질이라는 광대한 국가에서는 포르투갈어를 사용하며, 아이티,
벨리즈, 기아나 등 예외적인 경우도 있다. 남미권 전반에서 나타나는 인종
집단의 다양성 또한 눈에 띄는 특징이다. 공식 자료에 따르면 남미의 인구는
메스티소(Mestizo) 43.8%, 백인 35.4%, 토착민 13.3%, 흑인 4.5%, 아시아인
2.6%로 구성된다(World Bank, 2013). 한국인 거주자의 수 또한 〈표 8-1〉에 나

<표 8-1> 남미 내 국가별 한국인 수

(단위: 명)

국명	한국인 거주자 수	총인구 수
아르헨티나	22,730	41,450,000
브라질	51,418	200,400,000
칠레	2,725	17,600,000
콜롬비아	915	48,320,000
멕시코	11,484	122,300,000
파라과이	5,090	6,553,000
페루	1,198	30,770,000

자료: Overseas Korean Foundation(2015).

타난 바와 같이 적은데, 이처럼 한국인 공동체의 규모가 매우 작은 권역에서 나타나는 K팝의 수용, 한류의 확산, 팬덤의 규모는 사뭇 놀랍다.

남미 내 한류 현상에 대한 분석은 이 권역 내의 한류가, 아시아에서와는 달리, 동시에 발전하지 않았다는 것을 보여준다. 이상준과 노르네스(Lee and Nornes, 2015)는 한국 대중문화 콘텐츠가 아시아권에서 인기를 얻기 시작한 단계를 한류 1.0으로 기술하면서 소셜 미디어 시대의 한류인 한류 2.0과 대비시켰다. "1990년대 후반으로부터 2007년까지 동아시아로의 문화적 수출을 강조"(Lim, 2016: 137)했던 원래의 한류(1.0)는 남미권 한류의 인기와 일치하지 않는다는 것이다. 한류 1.0 시대에 한국 대중문화는 역동적인 아시아 내 문화적 흐름의 일부로서 주로 한국산 드라마의 유통을 통해 확산되었지만, 같은 시기 남미에서는 한류가 거의 나타나지 않았기 때문이다(Jin, 2016). 그러나 1990년대 말에 이르러 소셜 미디어의 효과로 남미를 포함한 전 세계의 팬들이 팬덤 활동에 참여하기 시작했다.

이 장의 또 다른 목표는 남미가 균질한 권역, 하나의 단일체라는 잘못된 인식이 한국에 널리 확산되어 있다는 문제를 제기하는 것이다. 남미권 국가들이 서로 밀접히 위치해 스페인어라는 공용어를 사용하기는 하지만, 각 국은 인종·문화·언어적으로 매우 상이하게 구분된다. 이러한 다양성을 전제한 가운데, 이 장에서는 '남미'라는 명칭을 아르헨티나, 브라질, 칠레, 멕시코, 페루에서의 한류를 논의하는 데 사용할 것이다. 이 국가들에 초점을 맞추는 이유는 이곳에서 한류가 상대적으로 활발하게 이루어지는 편이고 또한 한국 언론에서도 취재한 적이 있기 때문이다. 하지만 그렇다고 해서 이 국가들이 남미 전체를 대표한다는 의미는 아니며, 인구와 지리적인 측면에서 남미 내 가장 큰 국가들이라는 점, 상대적으로 경제력도 강하다는 점을 고려한 것이다.

이 권역 내에서 한류에 의해 한국의 문화가 좀 더 가시화되고 있는 것은 사실이며, 이는 문화상품의 교역이 증대하는 결과로 이어지고 있다. 여러 K팝 아이돌들이 특정 연령대에서 인기를 얻고 있고, 남미 내 음악 팬들 가운데서 한국어를 배우려는 숫자 또한 증가하고 있다. 2000년대 초반 이후 남미에서는 한국 텔레비전 시리즈가 여러 편 방영되었다. 〈이브의 모든 것〉(2000)이 2002년 멕시코에서 방영되었고, 뒤를 이어 〈별은 내 가슴에〉(1997)와 〈겨울연가〉(2002)가 2003년에 방영되었다. 베네수엘라에서는 〈겨울연가〉가 2006년에, 〈별은 내 가슴에〉, 〈이브의 모든 것〉이 2007년에 방영되었다. 페루와 파라과이 등 다른 국가들에서도 한국산 텔레비전 시리즈와 영화가 방영되면서 남미인들 사이에서 한국 문화에 대한 인식과 수용이 확산되었다 (Min, 2008: 27). 2006년 3월 13일 칠레의 TVN에서 처음 방영된 〈천국의 계단〉(2003~2004)은 칠레 텔레비전이 방송한 최초의 한국 드라마였다. 영화 〈집으로…〉는 2005년 아르헨티나에서, 2006년에는 칠레에서 각각 방영되었다. 이처럼 2000년대 초반까지 드라마와 영화를 중심으로 한국산 대중문화 상품들이 드문드문 소개되어 온 가운데, 2008년경부터 일부 K팝 아이돌 그룹들이 인터넷을 통해 남미인들의 주목을 끌면서 고유한 팬덤을 형성해 가기 시작한다.

2012년 칠레와 페루에서 열렸던 보이 그룹 JYJ의 성공적인 투어 공연은 남미 내 K팝 인기를 가장 뚜렷이 보여준 사건이었다. 콘서트의 관중은 대개 10대 소녀들이었지만, 한국 언론은 멀리 떨어진 남미 내 한국 대중문화의 열기에 대해 열띤 취재를 벌였다. 주류 언론에서부터 거리의 무료 신문에 이르기까지 한국의 대다수 언론들이 남미 내 한국 대중음악에 대한 관심을 집중적으로 다뤘다. JYJ 콘서트를 칠레 언론이 취재했다는 사실을 한국 언론이 국내에 보도하면서 칠레의 주류 언론이 이를 다룬 것처럼 전달했지만, 사실 당시 콘서트를 보도한 칠레 언론 대다수는 거리에서 무료로 나누어 주는 신문이었다. 국제적으로 인기를 끌었던 싸이의 「강남스타일」은 2012년 남미에서도 커다란 성공을 거두었지만, 싸이의 다음 앨범은 그만한 성공을 거두지 못했다. 같은 해, 한국 연예 방송 프로그램인 〈뮤직뱅크〉가 칠레와 페루를 방문했고, 슈퍼주니어, 씨엔블루, 엠블랙, 레이나, 애프터스쿨, 다비치 등과 같은 인기 그룹들이 남미에서 처음으로 공연을 펼쳤다. 한국의 언론들은 〈뮤직뱅크〉가 커다란 성황을 이뤘다고 보도했는데, 이러한 보도 양상은 한국인들이 상업적 성공을 강력한 국가 이미지와 연관을 짓는 경향이 있다는 것을 보여준다. 이는 다시 한국인들 사이에서 한류, 좀 더 특정하게는 K팝이, 한국의 모든 것 ─ 국가 브랜드 이미지에서부터 외국 대학에서의 한국학 프로그램의 개발에 이르기까지 ─ 을 도모하는 데 기여한다는 인식을 강화했다.

중요한 것은 남미 내 한국 대중문화의 인기가 한국 문화에 대한 초국가적인 문화 교차적 수용을 보여주는 것인가, 아니면 단기적인 팬 문화에 불과한 것인가라는 질문이다. 이러한 관점에서, 한국 언론의 제한적인 취재 범위에 의문을 제기하는 것은 중요하다. 일부 K팝 스타들의 공연이 수천 명의 칠레 팬들을 매료시킨 것은 사실이지만, 한국의 언론들은 팬들 대다수가 10대 소녀들이라는 사실을 포착하지 못했다. 그처럼 좁은 팬층을 바탕으로 하는 현상만으로는 한국의 국가 이미지를 대표할 수는 없다. 또한 한국 언론은 편리하게도 K팝 스타들의 칠레 공연이 2013년 이후 여러 차례 취소되어 왔다는 사실을 간과해 왔다. 그와 같이 편향된 보도는 한류 — 좀 더 정확하게는 K팝 — 가 정말로 남미를 '뒤흔들고' 있는지, 그리하여 남미권 국가들 내에서 지역 문화의 일부가 된 것인지, 아니면 그저 지나가는 유행인 것인지에 대한 의문을 남겨놓는다. 또한 주목할 만한 부분은 한국 드라마와 영화들이 K팝의 규모와 비슷하게 남미권으로 진입하고 있지만, 한국 언론이 다루는 내용에서 그 팬층이나 전반적인 수용 양상에 대한 부분이 빠져 있다는 것이다.

앞에서 언급한 대로, 남미의 대다수 팬들은 인터넷 사이트를 통해 한국의 텔레비전 시리즈와 대중문화를 향유한다. 이와 같은 듣기와 보기의 역동적인 과정에는 대중음악과 드라마에 의해 전송되는 문화적 메시지에 대한 부호화(encoding)와 해독(decoding)이 지속적으로 개입된다. 즉, 남미 전 지역의 팬들과 시청자들은 그들 고유의 문화적 코드에 의해 걸러지는 나름의 방식으로 한국적인 것(Korean-ness)을 해석한다. 이러한 역동적인 과정은 역으로 남미의 수용자들과 권역 전반의 다양한 문화적 관점들을 분석하는 한국 언론에 영향을 미친다. 따라서 한국 고유의 문화적 코드에 의해 걸러진 한국인들과 한국 언론의 기대는 남미권 국가들의 입장과 반드시 일치하지는 않는다. 스튜어트 홀(Stuart Hall)의 관찰대로, 교차 문화적인 커뮤니케이션에서 "부호화와 해독의 코드는 완벽하게 대칭적이지 않다. …… 커뮤니케이션을 교환하는 양측 간의 부등가 관계(lack of equivalence)로부터 '왜곡' 또는 '오해' 등이 발생"하기 때문이다(Hall, 1973: 54).

이 장에서는 바로 이와 같은 부등가 관계에 대한 고찰에 초점을 맞춰, 그렇게 함으로써 상호 문화적 이해를 좀 더 깊이 있게 활성화하려고 한다. 그에 따라 여기서는 2012년부터 2014년 사이에 열렸던 K팝 아이돌 그룹의 콘서트에 대한 한국과 남미 언론의 보도 내용을 분석한다. 이 분석에서는 한류에 의해 표상되는 것들(모든 형식을 포함)을 의미하는 '발신자(sender)'와 한류의 소비자를 의미하는 '수신자(receiver)'라는 두 축 간의 역동성을 고려할 것인데, 정의상 발신자는 발송하는 메시지를 구성해 수신자에게 전달한다. 이 두 축 사이에서 발생하는 상호작용에는 발신자가 의도하거나 의도하지 않은 메시지들뿐만 아니라 수용자의 메시지에 대한 해독 또한 포함된다.

남미의 수용자들은 한류와 어떻게 연결되는가?

한국 대중문화는 여러 학계에서 흥미로운 연구 주제로서 다루어져 왔지만, 그 빠른 발전에 대한 분석은 지나치게 일반화되어 왔다. '글로벌 문화'의 개념은 모든 개인이 동일한 뉴스, 오락, 교육에 대해 동일한 정도로 접촉 가능하다는 것, 그리하여 전 지구적으로 문화적 관점이 유사하다는 함의를 지니는 것으로 보인다. 남미 내 한류는 다른 권역에 비해 별로 연구가 되지 않은 편이지만, 최근 일부 연구자들이 학문적 연구 대상으로서 주목해 왔다 (Di Masi, 2008; Min, 2008; Yoon, 2009; Carranza et al., 2014a; Carranza et al., 2014b; Choi, Vargas Meza and Park, 2014; Alvarez, 2014; Molnar, 2014; Vargas Meza and Park, 2014; Choi, 2015; Min, 2015; Vargas Meza, 2015).

이 중 한류에 대한 첫 작업들(Min, 2008; Di Masi, 2008)은 *Korean Wave*(2008)라는 제목의 저서를 출간하기 위한 것으로, 언론에서 다루는 식(journalistic)으로 작업되었다. 이 책은 ≪코리아 헤럴드(The Korea Herald)≫가 전 세계의 한류를 조망하고자 여러 저자에게 요청한 다양한 국가에서의 한국 대중문화 수용 양상을 다뤘다. 민원정의 글은 한국 대중문화가 1990년대 아시아에서 어떻게 인기를 얻었는지 설명한 것으로, 남미는 다루지 않았다. 남미에서는 2000년대에 접어들어서야 비로소 한국의 영화와 텔레비전 프로그램들이 도입되기 시작했기 때문이다. 따라서 남미 내 한류는 한류 1.0 단계를 건너뛰어 한류 2.0 단계에서 바로 시작된 것이라 할 수 있다. 2000년대 초반 한국 텔레비전 프로그램 몇 편이 멕시코에서 방영되었으며, 한국 배우의 팬클럽이 조직되기 시작했다. 한국 대중문화에 대한 멕시코인들의 관심이 가시화되기 시작하고, 한국의 언론 또한 이러한 인기를 주목하기 시작한다. 김기덕 감독 작품 〈봄, 여름, 가을, 겨울 그리고 봄〉(2003)이 2005년 칠레에서 개봉되면서 관객으로부터 열광적인 반응을 얻었다. 민원정은 칠레 관객들이 김기덕 감독이 한국 출신인지 아니면 다른 동아시아 국가 출신인지 알지 못했다고 언급했는데(Min, 2008: 171), 이는 칠레 관객이 영화는 좋아했지만 그 한국성(Koreanness) 때문에 특별히 끌렸던 것은 아님을 의미한다. 그녀는 또한 일부 학생들이 인터넷을 통해 한국 대중음악을 듣고 한국 드라마를 보면서 한류가 남미권에서 확산될 수 있는 가능성을 언급하기도 했다(Min, 2008: 173).

아르헨티나에서의 한류를 연구한 디 마시(Di Masi)는 아르헨티나와 한국의 지리적 거리가 너무 멀다는 점, 시장으로서 아르헨티나에 대한 흥미가 별로 없다는 점 때문에 아르헨티나 내 한류의 영향력은 그리 크지 않다고 주장했다. 그는 좀 더 혁신적인 마케팅이 활용된다면 해당 지역에서의 한국 대중문화 확산을 촉진할 수 있을 것이라고 제안했다(Di Masi, 2008: 181).

윤선미(Yoon, 2009) 또한 아르헨티나와 칠레의 한류 확산을 분석했다. 이 글의 목표는 이 지역들에서 광범위하게 확산된 한류 현상에 대해 자세한 그림을 제공하는 것이었는데, 윤선미는 이 국가들 내 한류가 여타 남미 국가들에서처럼 대규모의 사회적 현상으로서 존재하는 것이 아니라 인구 일부에 한정된 현상이라고 보았다. 하지만 멕시코와 페루에서도 한류가 10대 소녀들 외 인구 집단 사이에서 크게 인기를 모으고 있다는 증거는 없다. 윤선미는 아르헨티나와 칠레에서 인터넷을 통해 설문조사를 진행하는 한편, 이를 보완하기 위해 개인 인터뷰와 전화 인터뷰도 진행했다. 그녀가 발견한 것은 아르헨티나와 칠레의 한류 팬들이 매우 협소한 인구 집단에 한정되어 있으며, 팬 대다수가 여성 청소년들이라는 사실이었다. 윤선미는 팬들이 아시아의 대중문화 전반을 향유하는 가운데, 한국의 대중음악, 즉 K팝이 아르헨티나와 칠레의 한류 팬들 사이에서 가장 인기 있는 한국 대중문화 형식이라는 것, 그리고 K팝으로의 접근이 주로 인터넷을 통해 이루어진다는 점을 강조했다. 마지막으로는 아르헨티나와 칠레가 주로 유럽의 인종적·문화적 유산을 간직하고 있기 때문에 이 국가들 내에서 K팝 팬들은 한정적이라는 결론을 내렸다.

알바레즈(Alvarez, 2013)는 수용자들이 K팝과 어떻게 연결되는지, 그리고 K팝이 '한국적 가치'를 어떤 식으로 표현하는지 분석했다. 그녀는 K팝이 아르헨티나 내에서 확산되는 데 인터넷의 역할이 중요했다는 것, 그리고 소셜 미디어가 아르헨티나에 팬클럽이 조직되는 데 기여했다는 점을 지적했다. 그녀는 팬들이 그 흐름과 사회적으로 동일함을 느끼기 위한 물리적인 만남을 필요로 하지 않는다는 것 또한 발견했다. 대다수 인터뷰 대상자들이 페이스북을 통한 참여를 선호하는 것으로 나타난 것이다. 알바레즈는 온라인 상호작용이 그들의 일상에서 핵심적인 부분이 되었다는 점을 강조하는데, 필자가 칠레에서 10년 넘는 기간 동안 관찰한 것은 칠레의 K팝 팬들이 춤 연습을 위해 주말마다 모인다는 것이다. 아마도 아르헨티나의 K팝 팬들도 비슷한 상호작용을 하는지는 좀 더 연구할 필요가 있다.

카란사 등(Carranza et al., 2014a)은 설문조사를 통해 페루 사회 내 한류의 두 번째 흐름이 미친 영향을 조사했다. 설문조사 결과는 "페루인들 사이에서 신데렐라 내러티브의 개념이 한류가 지닌 매력적인 현실도피의 지표라는 것을 지지"하는 것이었다(Carranza et al., 2014a: 338). 그들은 한류의 확산 이후 K팝 아이돌 스타들이 콘서트를 하고 미디어에 의해 다뤄지고, 한류에 대한 독립적인 웹 페이지 링크가 만들어지며, 한국 드라마들이 주류 방송사를 통해 방영되고, 한국어 배우기에 대한 높아진 관심 등을 포함하는 모종의 변화가 있었다고 본다. 그러나 한류가 페루 사회에서 광범위하게 향유되는 것은 아니며, 그 추종자들은 대개 사회경제적으로 수준이 낮은 계층이라는 점도 인정했다(Carranza et al., 2014a: 343). 저자들은 페루를 "인종에 기반하는 사회적 불평등"이 존재하는 "위계적인 사회"로 기술한 젤키 보에슨(Jelke Boesten)을 인용했다(Boesten, 2010: 11). 앞에서 언급한 대로 윤선미(Yoon, 2009) 또한 한류의 인기에 사회적인 요인이 있다고 보았는데, 아르헨티나와 칠레에서의 제한적인 성공 원인이 이 국가들이 지니는 유럽과의 인종적·문화적 유산과의 동일시에 있다고 지적한 바 있다. 하지만 일부 개인들의 사회경제적 현실로부터의 현실 도피가, K팝의 인기가 남미의 특정 지역 내 낮은 사회경제적 지위의 계층에 한정되는 이유를 설명해 줄 수 있는 원인인지를 확인하기 위해서는 후속 연구가 필요한 상황이다.

후속 연구(Carranza et al., 2014b)에서는 한류가 브라질과 페루에 갑자기 부상한 과정과 그 성장 요인들에 대해 분석했다. 저자들은 브라질과 페루에서의 현장 연구 결과가 "한류에 대한 논의들이 아시아계 이민자 인구(예컨대 일본과 중국) 비율이 높은 두 나라가 지닌 문화적 근접성으로부터 벗어나 개인들이 한류에 흥미를 갖도록 영향을 미쳤을 사회경제적 배경에 관심을 갖도록 흥미로운 통찰을 제공"한다고 평가했다(Carranza et al., 2014b: 297). 연구 결과 브라질과 페루의 한류 팬들 다수가 낮은 경제적 지위를 가진 고학력자들이라는 특징을 지닌 비아시안계 후손인 것으로 나타났기 때문이다.

최승철 등(Choi, Vargas Meza and Park, 2014)은 트위터 API를 이용해 2012년 3월부터 8월 사이에 #kpop 해시태그를 단 코멘트들을 모아 웹보메트릭(webometric) 기법으로 분석했다. 그 결과는 "멕시코의 #kpop 파워 트위터 리언들이 공중파 방송과 연결되는 경향이 있다"라는 것이었다(Choi, Vargas Meza and Park, 2014: 36). 저자들은 이러한 경향을 긍정적으로 해석했는데, 왜냐하면 K팝뿐만 아니라 한국 드라마들 또한 멕시코 내 한류에 나름의 영향을 미쳤기 때문이다. 멕시코에서 한국 드라마의 효과가 지속되고 있다는 발견은 설득력이 있는데, 특히 한국 드라마들이 처음 방영되기 시작한 것이 멕시코였고 남미에서 최초로 한국 배우를 위한 팬클럽을 결성한 것도 멕시코의 팬들이었기 때문이다. 저자들의 연구는 멕시코 내 K팝의 네트워크를 처음으로 정리한 작업이라는 점에서 성과가 있었지만, 트위터리언들의 사회적 정체성이나 젠더 등을 밝히지는 못했다는 한계를 지닌다.

아르헨티나의 몰나르(Molnar, 2014)는 '민족주의', '전통', '타자성의 구축'의 개념에 초점을 맞춰 한류를 인류학적으로 분석했는데, 이는 한류 현상에 대한 초국가적인 열광의 '정치적 활용'을 보여주기 위해서였다. 즉, 한국이 남미에 대한 자국의 영향력을 '정착'시키고, '강화'하며 '확장'하기 위한 국제관계의 전략으로서 한류를 이용해 왔다는 것이다. 다른 연구들의 접근 방식과 달리, 저자는 2013년 10월 20일 서울에서 열렸던 Concurso Mundial K-Pop América Latina(Latin America K-pop World Contest) 관람 후 그에 대해 분석했는데, 그녀는 한류를 '한국식 자본주의 팽창'(Molnar, 2014: 165)을 위한 소프트파워로 규정한다. 그녀는 한류에 대해 "초국가주의 및 새롭게 상상된 공동체"를 꿈꾸는 "코리안 드림"으로 기술한다(Molnar, 2014: 168). K팝의 '상상된 공동체'는 동시적인 확장이 생성되는 인터넷과 소셜 미디어의 매개 덕분에 가능해졌다. 그녀는 한국이 한류를 자국의 민족적 이익을 추구하는 도구로 활용해 왔다고 주장하는 한편, 아르헨티나 내 한류에 대한 거부는 인종주의 때문이라고 보았다.

메자와 박한우(Vargas Meza and Park, 2014)는 트위터상 K팝 팬들의 커뮤니케이션 패턴 및 활동과 관계를 조사함으로써 스페인어 국가들 사이에서 K팝이 확산되는 트위터 네트워크를 연구했다. 이들에 따르면 "히스패닉 국가들의 음악 감상자들은 해외의 음악 장르를 수용하는 데 문화적으로 취약한(predisposed) 경향이 있다. 언어 차이에도 불구하고, 주요 초점은 집합적인 활동에 있는 것으로 보인다(Vargas Meza and Park, 2014: 1357). 그러나 남미 내 소셜 미디어 이용자들의 수 및 소셜 미디어에 대한 선호도에 대한 정확한 조사는 없기 때문에 이 연구와 그 방법론은 이론의 여지가 있어 보인다.

최정봉(Choi, 2015)은 K팝이 지리적으로나 문화적으로 한국과 멀리 떨어진 남미까지 흘러올 수 있었던 경로를 기술적으로 그리고 인류학적으로 설명한다. 그는 남미 내 한국 드라마가 한국에 대한 문화적 관심 자체를 자극하면서 K팝의 물결이 유입되는 경로를 개척했고, 일본의 대중문화가 K팝과 남미 청소년들 사이의 '화학작용(chemistry)'을 촉진시키는 강력한 매개가 되면서 K팝이 라틴 문화 지형에 적응하게 되었다고 주장했다. 그는 "남미 수용자들은 한국 드라마의 주제곡들에 대해 예외적으로 반응한다. 한국 드라마의 오리지널 사운드 트랙은 열렬한 반응을 얻었고, 그에 따라 CD와 DVD 구매 또한 상승했다. 드라마 음악의 예외적인 성공에 의해, 한국산 MP3 기기 제조사인 엠피오(MPio)는 10년 전 남미 시장을 겨냥해서 여러 모델을 출시했다"라고 썼다(Choi, 2015: 102). 좀 더 구체적인 연구가 이어져야 하겠지만, 필자는 칠레의 K팝 팬들이 합법적인 음반을 구매하거나 엠피오가 생산한 MP3 플레이어를 사용하는 것은 거의 보지 못했다. 최정봉은 한국 드라마 음악의 예상하지 못한 인기가 남미 청소년들 사이에서 K팝의 성공을 활성화했다고 보지만, 남미가 매우 광대한 지역이라는 점에서 이러한 관점은 지나친 일반화일 수 있다고 본다.

메자(Vargas MezaMeza, 2015)의 연구 방법과 결과는 메자와 박한우(Vargas Meza and Park, 2014)의 그것과 매우 유사한데, 메자는 이러한 연구 결과들이 탱고와 K팝 간의 평행 관계를 다룬 김지영(Kim, 2012)의 연구를 지지한다고 주장한다.

최근의 연구에서 민원정(2015)은 한류의 전 세계적 확산에 대한 전반적인 진화를 기술했다. 그녀는 한류가 남미에 큰 영향을 주었는지, 그리고 이 주제와 관련해서 향후 연구 방향을 제시했다. 남미 내 한류에 대한 연구는 인터넷이 K팝이 남미로 확산되는 것을 가속화했다는 것을 확인해 주었다. 또 다른 공통점은 한류가 특정한 사회경제적 집단 사이에서 인기가 있다는 것인데, 이 가운데 아시아계는 없었다.

오늘날까지도 남미 내 한류에 대해서는 극소수의 연구만이 이루어졌다. 남미 내 33개의 국가들이 존재하지만, 아르헨티나, 브라질, 칠레, 멕시코,

페루라는 5개의 국가에 초점을 맞춘 연구들만 소수 이루어져 온 것이다. 지금까지 살펴본 대로 한류가 이 5개 국가들에서 대규모의 인기를 유발했던 것은 아닌데, 그럼에도 불구하고 연구자들은 한류가 다른 국가들에서 더 활성화되어 있을 것이라고 계속해서 (입증 없이) 이론화하고 있다. 의심할 여지 없이 이 주제와 관련해서 양적으로, 질적으로 좀 더 많은 연구가 수행되어야 할 필요가 있으며, 향후 연구들은 남미 내 좀 더 많은 국가들에 대해 개별적으로 접근해야 할 것이다.

남미 스타일 한류 2.0

최정봉은 한류라는 용어를 활용하는 데 기준이 무엇인지 그리고 누가 그 용어의 활용에 대한 결정을 내리는지에 대해 질문을 제기한 바 있다. 그에 따르면 그 답은 그리 극적인 것이 아닌데, 왜냐하면 "그 대부분이 한국에서의 상황과 무관하게 해외 팬들의 반응에 의존적이기 때문이다. 결국 한류는 한국 바깥에서 생성된 한국 대중문화에 대한 이상적 흐름을 의미한다"라는 것이다(Choi, 2015: 31). 이러한 관점에서 남미의 한류도 예외는 아니다. 남미의 한류는 다양한 국가들에서 나름의 방식으로 발전하면서 각국의 고유한 문화에 의해 필터링되었는데, 이러한 발전 과정에는 남미 팬들에 의한 한국 대중문화에 대한 이해와 해석이 반영되어 있다.

스튜어트 홀은 부호화와 해독[Hall, 1993(1999)]에 대한 글에서 미디어의 메시지가 어떻게 생성·확산·해석되는지에 대해 이론적으로 접근한 바 있다. 홀의 모델은 텔레비전을 비롯한 여러 미디어의 수용자들이 미디어에서 재현된 메시지들을 각 개인이 지닌 문화적 배경 및 경제적 지위나 개인적 경험에 영향을 받아 다양한 방식으로 해독 또는 해석한다는 것이다. 마르크스로부터 일부 용어를 차용해, 홀은 "생산(production), 유통(circulation), 배포/

소비(distribution 또는 consumption), 재생산(reproduction)"을 고려한 커뮤니케이션의 4단계 모델을 제안했다.

> 유통과 수용은 텔레비전에서 생산과정을 구성하는 계기(요소)로서 굴절되고 구조화된 '여러 피드백'을 거쳐 생산과정 자체로 재통합된다. 비록 생산과정이 메시지가 '실현되기 위한 출발점'이라는 점에서 좀 더 '지배적'이기는 하지만, 텔레비전 메시지의 소비나 수용 역시 넓은 의미에서는 그 자체가 생산과정의 한 '계기'인 것이다. 그러므로 텔레비전 메시지의 생산과 수용은 완전히 동일한 것은 아니지만, 커뮤니케이션 과정 전체의 사회관계에 의해 형성된 총체성 내에서 이 총체성을 구성하는 분화된 계기들이다 [Hall, (1993), 1999: 509] [임영호, 『스튜어트 홀의 문화 이론』(1996, 한나래)을 참고해 번역했다 _옮긴이 주].

남미 내 한국 대중문화 생산과정의 '순간들' ― 생산, 유통, 배포(또는 소비), 재생산 ― 이 시작된 것은 2000년대 초반으로, 이 시점은 아시아 국가들에서 그러한 '순간들'이 1990년대에 시작되었던 시기와 일치하지 않는다.

아르헨티나에서 영화는 2000년대 초반 한류를 대표하는 가장 중요한 장르였다. 요즘엔 K팝이 가장 높은 인기를 누리지만, 한국 영화는 여전히 방대한 관객을 매료시키고 있다. 그러나 디 마시는 몇몇 작품의 성공에도 불구하고, 한국 영화가 아르헨티나 전반에 걸쳐 인기를 모은 것은 아니라고 지적한다. 그는 영화 내용을 이해하는 데 어려움을 주는 것이 아마도 문화적 차이에 의한 것이며, 따라서 그러한 차이가 영화 상품과 관객 간의 거리를 만든다는 가설을 세운 바 있다(Di Masi, 2008).

브라질의 한류에 대한 분석에서 포르투갈어를 사용하는 브라질이 여타 남미 국가들과 언어적으로 다르다는 점을 고려하는 것은 매우 중요한 부분이다. 브라질 내 거대한 규모의 한국인 및 일본인 이민자 공동체의 존재가 한국 문화상품의 인기를 설명해 줄 수 있다는 주장도 있다(Tuk, 2012). 그러나 앞에서 언급한 대로, 카란사 등(Caraanza et al., 2014a)은 거의 모든 브라질 한류 팬들이 비아시아계이며 사회경제적으로 낮은 계층이라는 것을 밝혀낸 바 있다. 이는 아시안계 공동체의 존재에 기인하는 문화적 근접성 외에 브라질 내 한류 팬들에게 영향을 미치는 다른 요인이 있다는 가능성을 제시한다.

칠레의 경우 K팝 아이돌 커버 댄스 그룹이 형성되기 시작한 것은 2009년 즈음이다. 이후 K팝은 칠레 내 한류를 지배하다시피 했고, 비슷한 팬덤이 아르헨티나와 콜롬비아, 멕시코, 페루 등에서 발전하기 시작했다. K팝 아이돌 그룹 가운데 가장 많은 인기를 모은 것은 슈퍼주니어, 동방신기, 샤이니, SS501, 소녀시대, 빅뱅이었다. 이들의 팬들은 자체적으로 '코리아 페스티벌'을 열었으며, 각각의 팬클럽들은 블로그, 온라인 포럼, 페이스북, 포토로그(photolog) 등을 포함하는 고유의 소셜 네트워크를 구축해서 자신들의 활동을 홍보하고 정보를 공유했다. 한국의 음악 밴드와 가수들 상당수가 칠레를 방문하기도 했다. 더불어, 한국의 K팝 텔레비전 쇼 〈뮤직뱅크〉가 칠레에서 촬영되었는데, 이는 칠레뿐만 아니라 인근 국가에서도 수많은 K팝 팬들을 불러들였다.

칠레의 슈퍼주니어 커버 댄스 동아리인 블루 보이(Blue boy)의 경우 유명세를 얻으면서 자신들 고유의 팬클럽을 가지고 있다. 이 그룹의 멤버 중 한 명인 시포(Shippo)는 슈퍼주니어 멤버인 신동과 유사한 외모를 가지고 있다. 2011년 KBS가 시포에 대한 특별 취재를 했는데, 산티아고(Santiago) 근처 파트로나토(Patronato)의 한국인 커뮤니티를 방문해 한식 재료를 구매하고 고추장과 떡, 어묵 등으로 만든 떡볶이를 먹는 것을 촬영했다. 다문화적인 곳인 파트로나토는 산티아고 내 낮은 사회 문화적 계층이 살고 있으며, 많은 이민자 집단의 거주지이기도 하다. 이 지역은 저렴한 가격으로 옷과 액세서리, 신발 등을 파는 것으로 잘 알려져 있다. 여기서 한류는 공중파뿐만 아니라 지역 케이블 채널에서 한국 텔레비전 시리즈를 방영하기 시작한 2012년경부터 꽤 알려지게 된다.

현재 멕시코는 남미에서 한류가 가장 큰 영향을 끼치는 곳으로 보인다. 대다수의 한국 드라마들이 방영되고 있으며 팬의 숫자도 가장 많다. 2000년대 초반 한국 텔레비전 시리즈가 성공하면서 배우 장동건과 안재욱 팬클럽이 형성되기도 했다. 노무현 전 대통령이 2005년 멕시코를 방문했을 때는 팬클럽 회원들이 이 배우들과 함께 와달라고 요청하기도 했다. 그러나 민원정(2008)은 이 성공이 일부 한국인 비평가들이 말하는 것처럼 거대한 것은 아니라고 주장한다. 일부 한국인 배우를 둘러싸고 상당한 하드코어 팬들이 생겨났지만, 멕시코의 언론이 이 현상에 대해 별 관심을 갖지 않았기 때문이다.

페루에서 한류는 멕시코만큼이나 강력해 보인다. 강력한 팬층의 증거는 한류와 관련된 엄청난 수의 개인 블로그에서 명백하게 나타난다. 텔레비전 시리즈는 한국 대중문화의 확산에서 중요한 수단이었고, 심지어 프라임타임 시간대에 방영되었다. 한 가지 흥미로운 점은 팬들이 리마에서 플래시 몹을 수행하고서, 한국의 K팝 그룹들이 페루에 와서 공연하기를 청원하는 방법으로서 유튜브에 그 영상을 올렸다는 것이다(Korea Culture and Information Service, 2011).

남미권의 각국은 문화적으로 고유하지만, 이 국가들은 한류의 일부, 좀 더 특정하게는 K팝 팬들을 공유하고 있다. 일반적으로 팬의 수는 아시아나 북미에 비하면 훨씬 적은 것으로 보이지만, 정확한 수치는 나와 있지 않다. 기존 연구들이 보여주듯이 많은 한류 팬들은 또한 일본 대중문화도 좋아하는데, 이는 한 국가의 대중문화에 대한 특정한 충성심 또는 선호가 없다는 것을 보여준다. 팬덤 활동도 복잡한데, 일부 팬들은 동시에 여러 팬클럽에 참여하고 있다. 경제적인 측면에서 볼 때 남미 내 한류는 동남아에서만큼 상품 시장을 생성해 내지는 못했다. 생성된 것은 개인적인 열정에 기반하는 오타쿠 팬덤이며, 여기에 속하는 많은 팬들은 사회경제적으로 낮은 계층 출신으로, 구매력이 낮고 사회적 규범으로부터 어느 정도 벗어나 있는 것으로 보인다. 추아 벵 후아트가 말한 바와 같이 남미 팬덤은 "길들이기와 지역화의 실천"을 경험해 왔다(Chua, 2012). 각국은 한류와 K팝을 맞춤식으로 수용해 왔던 것이다.

2009년 이후 남미권 주재 한국 대사관들은 K팝 그리고 한류를 홍보하기 위해 댄스 커버 동아리들을 대상으로 K팝 댄스 경연을 주최해 왔다. 각국의 승자들은 서울에서 열리는 세계 K팝 콘테스트에 참여하게 된다. 2012년 「강남스타일」이 남미에서 성공을 거두고 실질적으로 전 세계에서도 크게 성공했지만, 이 성공으로 한류가 전 세계적으로 인정받았다고 주장하는 것은 부족하다. 왜냐하면 아무리 유명한 노래일지라도 금방 잊혀지기 때문이다. 2012년 이래 한국 언론의 보도는 좀 더 가시화되는데, 예를 들어 JYJ의 칠레와 페루 방문 때 대다수 한국 뉴스 언론들은 남미 내 K팝 '열풍'과 한국 대중문화의 '성공'을 홍보했다. 이 언론들은 한류의 인기가 남미 전반에 보편화된 것으로 오해하면서 과장했고, 이는 결과적으로 한국인들 사이에서 한류가 남미에서 광범위하게 수용되었고 크게 인기를 얻었다는 잘못된 인식을 확산시켰다.

일부 분석은 이와는 사뭇 다른 이야기를 전한다. 인터넷을 통해 한국 대중문화가 남미권에서 확산되었지만, 남미 내 한국 K팝 CD의 판매량은 매우 적었다. 2013년 12월, 한국 문화체육관광부와 콘텐츠진흥원은 문화상품의 수출 통계를 발표했다. 게임산업이 전체의 58%를 차지한 가운데, 음악은 5% 수준에 머물렀다. 이 통계 자료는 권역별 통계로서, 국가별 통계는 아니었다. 남미는 아프리카와 오세아니아 권역과 함께 '기타'로 분류되었고, 따라서 그 수치는 남미로 수출된 한국산 문화상품의 전체 수량을 계산한 것도 아니었다. 중국과 일본, 동남아 등지에서부터 많은 한류 팬들이 한국에 여행을 오는 반면 남미의 K팝 팬들이 한국을 방문하는 일은 매우 드물며, 남미로 수출되는 한국산 문화상품도 거의 없다. 그럼에도 이와 같은 사실은 전 세계적으로 한국 대중문화의 수용자층이 증가하고 있다는 것을 설명하기 위한 증거를 계속해서 모으는 한국의 언론에는 거의 알려져 있지 않다.

한 가수나 밴드의 실제 인기를 확인할 수 있는 유일한 방법은 콘서트 티켓의 판매량이지만, 콘서트는 리스크가 있으며, 콘서트 운영 주체들이 언제나 그러한 리스크를 감수하지는 않는다. 칠레에서의 JYJ 콘서트 이후 2013년에는 여러 K팝 스타들의 칠레 공연이 취소되었는데, 이는 한국의 언론에서는 전혀 알려지지 않았다. 취소 이유는 팬들이 재정적으로 티켓을 구매할 수 없었던 것으로 설명될 수 있다.

지역의 수용 양상 분석은 또 다른 연구 주제다. 남미의 주류 언론들은 거의 K팝을 다루지 않으며, K팝을 다루는 대다수 언론은 연예 잡지나 관련 웹진이나 블로그 등이다. JYJ의 칠레 공연 이후, 주류 칠레 신문인 ≪엘 메르쿠리오(El Mercurio)≫는 연예 섹션에 드물게도 한국 아이돌 그룹에 대해 기사를 실었지만, 그 논조는 다음과 같이 비꼬는 것이었다. "그룹이 무대로 돌아왔을 때, 칠레의 (여성) 대중과의 대화를 위해 통역사를 대동했으나, 흥분한 팬들의 비명 소리와 (통역사의) 복잡한 한국 억양으로 인해 거의 이해할 수 없었다"(*El Mercurio*, 2012).

≪엘 메르쿠리오≫가 만든 주간지 ≪야(Ya)≫는 2012년 '한국에 빠지다(Korean Devotion)'라는 제목의 특별 기사를 연재했는데, 여기에는 네 명의 한국계 칠레인 여성 전문가들이 자신의 나이를 밝히고 등장했다(이는 칠레에서 드문 일이다). (전형적인 팬층과는 달리) 30대 이상으로 알려진 이 4명의 전문가들은 스키니진과 다채로운 색의 짧은 바지, 꽃무늬 블라우스를 입고 이국적인 그러나 경박해 보이는(frivolous) 메이크업을 하고 있었다.

칠레의 은행 중 하나인 방코 에스타도(Banco Estado)는 「강남스타일」을 활용한 광고를 위해 한국계 칠레인을 고용해 중산층 대출 시장을 노린 '크레디타조 스타일(Creditazo Style)'을 광고했다. 이 광고는 유명한 「강남스타일」 뮤직비디오를 모방해 그 춤을 '유혹적인' (은행의 상징인) 오리와 함께 추었다. 하지만 이 광고가 은행에 어떤 혜택을 주었는지는 분명치 않다.

칠레의 산티아고에서는 K팝 팬들이 매주 금요일마다 가브리엘라 미스트랄 문화센터(Centro Cultural Gabriela Mistral: GAM)에 모여 K팝 활동을 연습하고 참여한다. 이 중요한 문화센터는 1945년 남미 출신 최초로 노벨문학상을 수상한 칠레의 여성 시인 가브리엘라 미스트랄(Gabriela Mistral)의 이름을 딴 곳이기도 하다. 칠레의 TV 방송 중 하나인 칠레비전(Chilevision)은 이 금요일 행사를 보도하면서 "사회적 계층과 나이, 성별을 가로지르는 트렌드라며 주목할 만하다"라고 전했다. 아나운서는 이어서 산티아고 시가 공공연한 불편을 방지하기 위해 K팝 팬들로 하여금 GAM에서'만' 연습할 것을 규정했다고 보도했다. 이 보도는 계급에 대한 편견이 만연하다는 사실을 보여주는 동시에, K팝이 잘 알려지지 못한 이유 또는 K팝이 일반적으로 중산층이나 상위 계급에 의해 단순히 무시되거나 수용되지 못하는 이유를 이해할 수 있도록 해준다. "만약 나보다 낮은 계급의 것이라면, 수용하지 않겠다"라는 것이다.

분명 좀 더 많은 연구가 필요하겠지만, 현재 대다수의 아르헨티나, 멕시코, 페루의 미디어가 전하는 K팝에 대한 보도는 연예가 가십과 도발적인 사진들로 가득한 인터넷 뉴스판에서 온 것이다. 한국 미디어가 선호하는 언어들이 남미 내 K팝의 성공을 '열기'라면, 남미 미디어에서 가장 많이 사용되는 단어는 '센세이션'이다.

부등가 관계

한류의 커다란 성공 그리고 아시아 국가들 내 한류의 혼종화는 인접 국가들 간 문화적 근접성에 기인한다. 류웅재(Ryoo, 2009)는 한류 성공의 큰 원인이 아시아의 취향에 맞춰 서구 또는 미국의 문화를 번역하는 한국 문화와 미디어의 능력과 밀접한 연관이 있다고 지적한 바 있다. 그렇다면 남미에는 어떻게 맞출 것인가? 한류가 쉽게 매료시킬 수 있었던 아시아 국가들과 달리, 남미 국가들은 한국 문화와 문화적인 또는 지리적인 근접성이 거의 없다. 또한 대다수 남미 국가들은 상대적으로 최근에 정착한 한국인 공동체를 지니고 있을 뿐이다. 쉽게 말해, 남미 내에서 한국 문화에 대해 인식은 미미한 수준인 것이다.

이러한 상황에서, 한류의 발신자들은 한국 문화를 잘 모르는 또는 그에 대한 인식이 거의 없는 수신자 또는 소비자들에게 어떤 식으로 송신해야 하는가? K팝은 남미 팬들에게 어떻게 전달되어야 하는가? 한류 생산자들은 새로운 수용자들을 찾아내고 포섭하기 위한 그리고 상업적 목적을 위한 여정을 통해 새로운 문화적 상품과 포맷을 만들어냈다. 아시아 또는 미국의 한류 팬들의 활동은 종종 K팝을 듣는 것에서 시작해서, 한국 TV 드라마를 보거나 온라인 팬클럽에 가입하는 것, 한국 음식을 먹어보고, 한국어를 배우는 것, 한국산 화장품이나 전자 제품을 구매하고, 한국으로의 유학, 한국인 친구 사귀기, 문화적 표현 양식과 전통 관습 배우기, 한국에 개인 블로그 런칭하기 또는 한국 관련 기관에서 일하기 등으로 이어지곤 한다. 남미에서는 이러한 과정이 거의 일어나지 않았다. 일반적으로 많은 남미의 K팝 팬들은 처음에는 일본 망가에 관심을 가졌고, 인터넷에서 망가를 검색하다가 K팝과 처음 조우하곤 한다. 팬들은 스스로 커버 댄스를 시작하며, 같은 아이돌을 좋아하는 친구들과 모이게 되고, 그러다가 인터넷을 통해 자신들의 팬덤을 확장해간다. 그들 대다수가 구매력이 없는 10대 여성 청소년들이기 때문에 중요한 소비자는 아니다. 콘서트 티켓 판매 규모는 팬들의 수를 측정할 수 있는 유일한 객관적인 수치인데, 많은 경우 지역의 한국 대사관 혹은 한국 문화센터가 티켓을 나누어주기 때문에, 스스로 티켓을 구매하는 팬들의 수를 알 수는 없다.

한국의 언론들은 남미 내 K팝의 인기를 지나치게 부풀렸다. 남미 내 주요 언론이나 뉴스 언론들은 한국인들이 믿는 만큼 K팝에 관심을 기울이지 않고 있다. 이뿐만 아니라, K팝의 인기는 특정한 집단에 한정되어 있다. 이는 수신자의 해독을 송신자가 재해독한 사례다. 홀은 "현실은 언어의 바깥에 존재하지만, 끊임없이 언어를 통해, 언어에 의해 매개되고 있다. 그리고 우리는 담론 내에서 그리고 담론을 통해서만 알 수 있고(지각할 수 있고) 말을 할 수 있을 뿐이다"(Hall, 1973: 55)라고 했다. 분명 남미 내 한국 및 한국 문화에 대해 관심이 증대하는 상황에서 K팝의 역할을 배제할 수는 없다. 그러나 중요한 점은 한국, 한국 문화 그리고 K팝이라는 세 가지 요소들을 혼동하는 것 혹은 뒤섞지 말아야 한다는 것이다. 사람들은 문화상품을 스스로 즐기는 경향이 있지만, 종종 그들은 자신들이 구매하는 또는 조우하게 되는 문화상품의 기원에 대해 궁금해하곤 한다. 한국의 대중문화는 모방과 전유 그리고 외부적 영향에 따른 수정(revision)의 과정을 통해 형성되어 왔다. 한국에서 대중문화는 특정한 시간과 공간 내에서 다양한 문화상품에서 표현되는 가치들과 함께 고유한 사회·정치적 중요성을 생성해 왔다. 이러한 혼종화 과정은 해외 발신자들의 의도치 않은 메시지에 대한 한국 수신자들의 해독으로서 볼 수 있다. 동북아와 지리적으로 그리고 문화적으로 크게 떨어진 남미에서, 양자 간 해독의 오류가 발생하는 것은 당연한 일이다. 앞에서 본 ≪엘 메르쿠리오≫가 산티아고에서의 JYJ 콘서트를 다룬 기사 그리고 여성 잡지 ≪야≫의 특집 기사는 칠레 미디어가 자신들의 거리감 있는 관점에서 K팝을 어떻게 해석하는지를 보여준다.

결론

남미 내 한류의 수용을 이해하기 위해서는 아도르노가 언급했던 사회경제적 격차뿐만 아니라 지리적 격차도 고려해야 한다. 기존 연구가 보여주듯이(Yoon 2009; Carranza et al., 2014a; Carranza et al., 2014b; Alvarez, 2014; Molnar, 2014), 남미의 K팝 팬들 대다수는 상대적으로 저중산계층에 속한다. 혹 K팝이 인기 있는 이유는 단순히 그것이 '춤과 연결된 유형의 대중음악'[Adorno, 1994(1998): 199]이어서인지도 모른다. K팝이 풍부한 커버 댄스 루틴을 가지고 있기 때문이다. 물론 이는 K팝을 좋아하는 남미의 10대 팬층 모두가 그런 것은 아니라는 점에서 부분적인 설명일 뿐이라 할 수 있다. 홀과 와넬은 "대중음악은 외부자들에게 예약된 승인을 지닌 10대들 고유의 자산"[Hall and Whannel, 1994(1998): 66]이라고 주장한 바 있으나, 이것도 남미 내 어린 세대들 내 부분적인 K팝의 인기를 충분히 설명해 주지는 못한다.

남미 내 K팝 수용과 참여적 팬 문화는 어느 정도 산발적이고 불안정하며, 개별적인 팬들에 의한 문화적 해독에 전적으로 의존해 왔다. 이것이 현실 도피 때문인 것인지, 아니면 K팝 팬층에서 10대가 지배적이기 때문인 것인지와는 무관하게, 홀이 언급했던 양자 간 소통에서 형성된 부등가 관계로 인해 '왜곡' 또는 '오해'가 발생하는 것으로 보인다.

참 고 문 헌

Adorno, T. W. 1994, 1998. "On Popular Music." in J. Storey. *Cultural Theory and Popular Culture: A Reader.* England: Pearson Prentice Hall.

Alvarez, M. Del Pilar. 2013.10. "Who are the fan? Understanding the K-Pop in Latin America. Proceedings the 1st Conference of the World Association for Hallyu Studies." *World Association for Hallyu Studies.*

Boesten, J. 2010. *Intersecting Inequalities: Women and Social Policy in Peru, 1990-2000.* University Park: The Pennsylvania State University.

Carranza, Ko, N., J. N. Kim, S. No and R. G. Simoes. 2014a. "The Korean Wave Hallyu in Looking at Escapism in Peruvian Society." *Perspectives on Global Development and Technology,* pp.332~346.

_____. 2014b. "Landing of the Wave: Hallyu in Peru and Brazil." *Development and Society,* 43(2), pp.297~350.

Choi, J. 2015. "Loyalty Transmission and Cultural Enlisting of K-pop in Latin America." in J. Choi and R. Maliangkay. *K-pop:The International Rise of the Korean Music Industry Media, Culture and Social Change in Asia Series.* Routledge.

Choi, J. 2015. "Hallyu versus Hallyuhwa." in S. Lee and A. Normes. *Hallyu 2.0: The Korean Wave in the Age of Social Media.* Ann Arbor: University of Michigan Press.

Choi, S., X. Vargas Meza and H. Park. 2014. "South Korean Culture Goes Latin America: Social Network Analysis of Kpop Tweets in Mexico." *International Journal of Contents,* 10(1), pp.36~42.

Chua, B. 2012. *Structure, Audience and Soft Power in East Asian Pop Culture.* Hong Kong: Hong Kong University Press.

Di Masi, J. 2008. "Hallyu in Argentina: Weak today, stronger tomorrow?" in T. K. Herald. *Korean Wave.* Paju: Jimoondang.

Hall, S. 1973. "Encoding and Decoding in the Television Discourse." *Paper for the Council of Europe Colloquy on Training in the Critical Reading of Television Language.*

Hall, S. 1993(1999). "Encoding, Decoding." in S. During. *The Cultural Studies Reader.* London: Routledge.

Hall, S. and P. Whannel. 1994(1998). "The Young Audience." in J. Storey. *Cultural Theory and Popular Culture: A Reader*. England: Pearson Prentice Hall.

Korean Culture and Information Service. 2011.

Jin, D. Y. 2016. *New Korean Wave: Transnational Cultural Power in the Age of Social Media*. Urbana, Chicago: University of Illinois Press.

Kim, J. Y. 2012. "Cultural Analytics using Webometrics: A Case of Kpop. The Third Korea-China-Japan Graduate Students' Conference on the Next Generation Scholarship in Humanities."

Lim, W. X. 2016. "Hallyu Power: The Transformative Impact of the Korean Wave." in T. W. Lim and W. X. Lim. *Globalization, Consumption and Popular Culture in East Asia*. Singapore: World Scientific Publishing Co.

Min, W. 2008. "The Korean Wave arrives in Latin America." in T. K. Herald. *Korean Wave*. Paju: Jimoondang.

Min, W. 2015. "Korean Wave." in W. Min. *Estudios coreanos para hispanohablantes: un acercamiento crítico, comparativo e interdisciplinario*. Santiago, Chile: Ediciones UC.

Molnar, V. 2014. "La Ola K-Pop Rome en America Latina: Un Fanatismo Transnacional Para Las Relaciones Exteriores de Corea del Sur." *Question*, 1(42), pp.159~179.

Overseas Korean Foundation. 2015. Current Status of Overseas Koreans.

Ryoo, W. 2009. "Globalization, or the logic of the cultural hybridization: the case of the Korean Wave." *Asian Journal of Communication*, Vol.19, No.2, pp.137~151.

Tuk, W. 2012. *The Korean Wave: Who Are Behind the Success of Korean Popular Culture? Tesis de maestria no publicada*. Leiden: Leiden University.

Vargas Meza, X. 2015. "La Globalización de Productos Culturales: Un Análisis Webométrico de Kpop en Países de Habla Hispana." *Revista Hispana para el Análisis de Redes Sociales*, 26, pp.124~148.

Vargas Meza, X. and H. Park. 2014. "Globalization of Cultural Products: A webometric Analysis of Kpop in Spanish-speaking Countries." *Quality and Quantity*, 49(4), pp.1345~1360.

Yoon, S. M. 2009. "La difusión del Hallyu en Chile y Argentina." *Estudios HIspánicos*, Vol.53, pp.168~196.

2012.3.10. Banda coreana JYJ provocó locura en su debut en Chile. El Mercurio.

2012. 11.17. Devoción coreana. Revista Ya, El Mercurio.

9장

이슬람 세계로 스며든 한류

튀니지의 한류에 대한 연구

●
●
●

이은별

들어가는 말

나는 우리나라가 세계에서 가장 아름다운 나라가 되기를 원한다. 가장 부
강한 나라가 되기를 원하는 것은 아니다. …… 오직 한없이 가지고 싶은 것
은 높은 문화의 힘이다. 문화의 힘은 우리 자신을 행복하게 하고, 나아가서
남에게 행복을 주겠기 때문이다(Kim, 2002: 431).

일제강점기 독립운동을 이끌었던 민족주의 정치인 김구(1876~1949)는 한
국이 문화의 힘을 향유할 수 있기를 갈망했다. 오늘날 한류는 한국의 힘을
강화하는 역량으로서 민족적 자긍심의 원천이자 전 지구적으로 한국 문화의
소비자들을 촉진하는 원천이 되고 있다. 좀 더 정확하게 말해 한류는 이제

아시아를 넘어 번성하면서 아메리카, 유럽, 중동, 아프리카로 확산되고 있다. 이웃 국가들(특히 중국, 타이완, 싱가포르, 홍콩 등) 내 한국 대중문화의 갑작스러운 인기에는 이제 놀라지 않는 한국인들이지만, 이슬람권 국가들에도 한류가 진출했다는 사실은 잘 알려져 있지 않다. 이는 한국인들의 외부 세계에 대해 갖는 제한적인 문화적 인식에 기인한 것으로, 이러한 제한된 인식은 종종 한국인들이 국제적인 공동체에 대해 편견을 갖게 한다.

이 장의 목표는 한국 문화가 다른 문화권에서 어떻게 수용되는지를 이해하는 것으로, 한류의 확산을 한 국가에 대한 사례연구를 통해 탐구할 것이다. 북아프리카의 이슬람 국가인 튀니지는 2015년 여러 번의 치명적인 테러가 발생했던 지역 ─ 3월에는 수도 튀니스(Tunis)에 위치한 바르도 국립박물관(Bardo National Museum)에 대한 공격이 있었고, 6월에는 지중해 연안에 위치한 도시인 수스(Sousse)에서 공격이 발생했다 ─ 이자, 2011년 아랍의 봄이 시작된 재스민 혁명으로도 잘 알려져 있는 곳이다. 테러 공격을 받기 쉬운 국가라는 오명, 그리고 민주주의로의 이행 단계에 당면해 있는 현실 속에서 튀니지는 한류의 유입에 따른 영향을 받고 있다. 사실 튀니지는 K팝과 한국 드라마를 광범위하게 수용하고 있으며, 이는 한국어 학습 및 좀 더 많은 관련 문화 이벤트에 대한 수요로 이어지고 있다. 육이은경(Yook, 2014)은 미국 내 한국 이민자들의 문화적 적응 정도에 따른 한류 상품과 민족 정체성의 발전 사이의 상호작용을 분석했는데, 그 결과 한국 정체성에 대한 소속감이 가장 적은 것은 완전히 미국화된 한국계 미국인 2세대들인 것으로 나타났다. 이러한 결과들은 한류가 한국 문화와 이전부터 감정적 연관성을 지닌 사람들에게 더 강한 효과를 지닌다는 것을 함의한다. 이러한 맥락에서 이슬람 사회 내 한국 문화의 갑작스러운 인기는 관심을 가질 만한 현상이라 할 것이다.

우선 한국과 중동 사이에 지리적 거리 및 직접적인 상호 교류의 부재로 인해, 이슬람 사회와 한국 문화 간 심리적이고 문화적인 장벽이 존재할 것을 예상할 수 있다. 이뿐만 아니라, 한국 내 아랍 및 이슬람권 사람들에 대한 불공정하고 신빙성이 떨어지는 주관적 뉴스 보도는 대다수 한국인들이 그들에 대한 편견 및 부정적인 태도를 가지도록 만들어왔다(Kim, 2016). 따라서 이슬람 배경의 사람들이 한국의 대중문화를 즐긴다는 것은 놀라운 일로 받아들여질 수 있다. 그러나 한류에 대한 연구 대부분이 동남아시아 권역에 주목해 온 가운데, 한류가 중동과 북아프리카 지역에도 성공적으로 진입하고 있다는 사실을 인식할 필요가 있다. 한류에 대한 학술적 연구들과 언론 보도가 증가하지만, 이슬람권 내 한류의 인기 증대는 그다지 알려지지 않고 있다.

글로벌라이제이션과 관련해, 한류는 국경을 추월해 번성하는 한국 문화의 중심이 되고 있다. 이슬람 세계 내 한류 현상을 연구하기 위해 이 장에서는 학계에서 한류의 주 활동 영역으로 거의 고려되지 않는 튀니지에 초점을 맞추면서, 오늘날 미디어 글로벌라이제이션에 대해 튀니지 한류가 지니는 유사성과 독특함을 다음의 질문을 통해 살펴볼 것이다. ① 한국 문화의 어떤 특성들이 튀니지의 수용자들을 매료시키고 있는가, ② 튀니지의 팬들은 한국 문화를 어떤 문화적 실천을 통해 소비하고 있는가, ③ 튀니지 내 한류는 한국과 튀니지 간 문화적 교류를 증진시킬 수 있는 상호 호혜적인 관계에 어떤 식으로 기여할 수 있을 것인가.

아시아 너머의 한류 2.0

대략 15년 전부터 동아시아와 동남아시아에서 한국 드라마가 확산되기 시작한 가운데, 한류는 21세기 들어 초국가화된 문화적 현상으로서 전 지구적으로 부상하기 시작했다. 예측하지 못한 성공 이후 〈겨울연가〉(2002)는 일본의 중년 여성 수용자들 사이에서 '욘사마' 현상[1]으로 이어졌다. 언어 장벽에도 불구하고 문화적 근접성을 통해 한류는 이웃 국가들 사이에서 인기를 얻을 수 있었는데, 가장 눈에 띄는 요인은 미디어 상품의 친숙한 주제와 유사한 내용이었다. 1990년대 후반의 초기 한류가 한국 드라마가 크게 인기를 얻으면서 비롯되었다면, 2010년대의 한류 2.0은 소셜 미디어의 발전 및 한국 문화를 소비하는 전 세계의 수용자들과 관련이 있다. 한류의 이와 같은 전환은 소셜 미디어의 확산으로 촉진되고 있는데, 이는 또한 튀니지의 수용자들이 자신들의 문화적 취향을 확대시킬 수 있는 변화로 이어지고 있다.

손승혜(Sohn, 2009)는 한국에서 (1998년 11월부터 2008년 11월까지) 수행된 한류 관련 연구들 250편에 대한 메타 분석을 수행했는데, 기존 연구들이 경영, 관광, 전통적인 미디어 연구 분야에서 한류로 인한 경제적 이익을 다룬 단기적인 연구들에 초점을 맞춰왔다는 것을 발견했다. 더 중요한 발견은 1990년대 후반에서 2000년대 초반의 한류 시작 단계에서 수행되었던 연구 대다수가 동아시아와 동남아시아라는 특정한 지리적 장소에 한정되었다는 사실과 수용자 및 그들의 사회 내에 존재하는 상호 간 문화 이해에 대한 탐구가 이루어지지 않았다는 점이었다. 이뿐만 아니라 특정한 지역에 대한 사례연구를 제외하고는 아시아권 바깥의 한류에 대한 학술적 접근이 매우 한정되어 있었던 것으로 나타났다. 아시아 바깥의 소수 지역에서의 한류 연구로는 유럽의 프랑스(Hong, 2013), 남미의 페루와 브라질(Ko et al., 2014), 그리고 중동의 이란(Koo, 2014), 이스라엘과 팔레스타인(Otmazgin and Lyan, 2013), 이집트(Noh, 2011)가 있었다. 하지만 대다수 한류 관련 연구들의 우선순위는, 문화의 실질적인 유입보다는, 정부와의 협업 관계와 경제적 이득에 놓여 있었다.

어떤 연구들은 한류의 성공을 초국가적 교류 속에서 발생하는 문화적 혼종성에서 찾기도 하는데, 이러한 혼종성은 중심과 주변, 글로벌과 지역, 서양과

---

1   '욘사마'는 일본에서 예상치 못하게 많은 인기를 얻었던 〈겨울연가〉에 출연했던 한국의 배우 배용준을 지칭하는 말로, 일본에서는 황제라는 의미로 쓰인다.

동양 간의 긴장을 매개한다. 예를 들어 프랑스에서 아시아 드라마 붐은 2004~2005년경에 시작되었고 2005~2006년 즈음 최고조에 이르렀는데 (Hong, 2013: 196), 그에 앞서 프랑스 텔레비전은 일본 망가를 10년간(1987~1997) 방송한 바 있다. 이때 일본 애니메이션을 통해 자신들의 문화적 취향을 넓힌 수용자들이 한국 드라마의 열성적인 소비자가 되었던 것이다. 홍석경(Hong, 2013)은 프랑스의 한류 팬들을 한국 문화 소비에서 지속 기간과 패턴을 기반으로 다음과 같이 구분했다. ① 한국 영화를 보는 시네필, ② (2000년대 들어 인터넷에 의해 유통되기 시작한) 아시아 대중문화와 음악을 좋아하는 젊은 층 및 중년 성인들, ③ 디지털 미디어 플랫폼을 활용하면서 2000년대 후반부터 한국 대중문화의 갑작스러운 유입을 경험한 밀레니엄 세대. 이 가운데 밀레니엄 세대는 한국에 대해 모든 것을 배우려고 하면서 다른 팬들과 함께 K팝 스타를 따라 하고 싶어 하는 열정을 보여주는 청소년 하위문화적 특성을 지닌다. 튀니지의 수용자들은 바로 이 세 번째 집단에 해당한다.

기존 한류 연구들은 문화를 중심과 주변부 사이를 흐르는 것으로서 인식하는 전통적인 이분법적 대립 구도에 기반한다. 이러한 관점에서 한류를 역문화 흐름으로서 연구하는 것은 논쟁의 여지가 있다. 필리핀 수용자들은 한국의 드라마를 통해 한국인 사회와 문화적 친근함을 향유하고 사회 문화적 맥락을 공유하는데, 이러한 드라마들을 '코리아노벨라(Koreanovela)'라고 부른다. 필리핀 소비자들이 매료되는 지점은 공동체 중심의 사회화와 위계질서 중심의 가족관계와 같은 한국의 동시대적 특성들이다(Kwon, 2007). 페루와 브라질의 한류 소비자들은 모두 유럽 및 원주민의 후손들로서 사회경제적인 지위와 교육 수준에서 다양한 것으로 나타났다. 그들은 텔레비전과 인터넷 같은 다양한 커뮤니케이션 플랫폼을 활용한다. 그에 따라 대다수의 거주민들이 비아시아계이고, 아시아의 언어적 배경이 없는 남미에서는 민족 및 문화적 근접성이 한류 팬덤과 연관성이 없는 것으로 나타났다(Ko et al., 2014).

한편 한류가 남미의 '텔레노벨라'와 함께 어느 정도 문화적 역류를 발생시킨 것도 사실이다. 텔레노벨라와 한류는, ① 문화제국주의와 관련해서 특정한 미디어 콘텐츠의 확산이, 할리우드와 미국 텔레비전 드라마 시리즈 등의 서구 미디어에 의한 억압에도 불구하고 범아시아 정체성 및 초국가화된 히스패닉 정체성을 고양시킨다는 것, ② 한류와 텔레노벨라 모두 각국의 경제적 이익에 기여했을 뿐만 아니라 정치적으로 해당 국가의 이미지도 개선했다는 것, ③ 젠더 이슈에서는 각 콘텐츠가 여성을 가부장적 사회에 저항할 수 있는 강인한 도전자들로 묘사했다는 점에서 유사하다. 더불어 한류와 텔레노벨라 모두 미국의 드라마와 비교할 때 섹슈얼리티를 좀 더 온건한 방식으로 다루고 있기도 하다.

한편 양자 간 눈에 띄는 차이점도 존재하는데, 한류 작품들은 언어 장벽을 극복하기 위해 대개 영어로 번역되었던 반면, 텔레노벨라는 스페인어권 국가들로 수출되거나 스페인계 인구가 많은 국가들로 수출되었다는 점이다. 이러한 점에서 볼 때, 한류 텔레비전 드라마들은 코리아노벨라라고 불리긴 하지만, 오늘날 한국 드라마(한류 2.0)를 즐기는 팬들은 ― 한국 드라마를 방영하는 범아랍권 방송 채널이 존재하지만 ― 텔레비전 방송국이 아닌 인터넷에 크게 의존한다는 점에서 텔레노벨라와 차이가 있다. 북미의 한류 애호가들 또한 소셜 미디어의 기술적 편의성을 통해 한국 대중문화를 효율적으로 소비하는 것으로 나타났다. 초국가적 문화 흐름의 긴장과 장벽에도 불구하고 팬들이 상호 소통하면서 한류를 전 지구적으로 확장시키고 있는 것이다(Jin and Yoon, 2016).

최근 학자들은 중동 내에서 가장 최근 한류가 떠오르기 시작한 곳을 연구했는데, 이란(Koo, 2014), 이스라엘과 팔레스타인(Lyan and Levokwitz, 2015; Otmazgin and Lyan, 2013), 이집트(Noh, 2011) 등이 그 대상이다. 이 사례연구들은 한국 문화, 특히 유교적 전통에 기인하는 특성들이 이슬람 문화와 만나면서 생기는 문화적 중첩의 영역에 주목한다. 구기연(2014)는 이 국가들을 가로질러 나타나는 '한국성(Koreanness)'을 규명했는데, 한국 드라마들이 이란 사회에서 인기를 얻을 수 있었던 주요 원인으로 드라마의 친근한 스토리라인과 가족 중심의 캐릭터/배경과 같은 특정한 스타일적인 속성들이 이란의 대중에게 수용될 수 있었다는 것이다. 이러한 소수의 연구들이 수행된 바 있긴 하지만, 이슬람 국가들이 지배적인 중동권의 한류는 일반적으로 간과되어 왔다. 라이언과 레프코위츠(Lyan and Levkowitz, 2015)도 지적했듯이, 작은 규모의 시장과 이슬람에 대한 스테레오타입화가 연구의 확장에 장벽이 되고 있는 것이다. 실제로 연구자들은 중동 각국이 고유한 역사와 문화 정체성을 지니고 있지만 이슬람 세계를 균질한 곳으로 치부하는 등 획일화된 접근을 취하는 경향이 있다. 하지만 이슬람 국가들 간에는 미묘하면서도 결정적인 문화적 차이가 존재하며, 이슬람 세계의 문화적 정체성에 대한 획일화된 관점으로는 한류가 지리적으로 멀리 떨어진 국가들에서 어떻게 그리고 왜 부상하고 있는지를 완전하게 설명할 수 없을 것이다. 따라서 이슬람 사회 내 한류의 현재 인기를 효율적으로 연구하려면 개별적인 문화권에 대한 사례연구들이 필요하다.

이집트의 한류에 대한 기존 연구(Noh, 2011)는 문화적으로 자신의 목소리를 내는 대신 침묵하던 하위 주체 여성들이 해외 미디어에 노출되면서 마침내 목소리를 내기 시작했다는 것을 발견했다. 반대로 튀니지 여성들은 다른 이슬람 국가들에 비하면 상대적으로 자유로운데, 예를 들어 튀니지의 '헌법'에는 여성들이 평등하게 교육받을 권리가 명시되어 있다. 이뿐만 아니라 1956년 일부다처제를 공식 폐지한 최초의 아랍 국가인 튀니지는 오늘날 공식적으로 일부일처제 사회다. 이러한 특징을 지닌 튀니지 내 한류에 대한 사례연구는 다층적인 접근을 요한다고 할 수 있다.

튀니지 한류에 대한 개괄

튀니지를 자세히 살펴보기 위해서는 ① 튀니지의 문화적 고유성을 중시하는 역사적·문화적 맥락, ② 튀니지의 미디어스케이프와 한국 대중문화의 수용에 대해 깊이 있게 조사하는 것이 매우 중요하다. 우선 역사적으로 튀니지는 지리적 위치상 주변의 강국들 사이에서 핵심적인 전략 요충지로서 여겨졌다. 이러한 지리적·전략적 위치 때문에 튀니지는 오래전 로마와 안달루시아족의 침입으로 인해 고통을 받았었고, 좀 더 근래에는 프랑스의 식민 지배로 고통을 받았다. 이는 튀니지의 문화적 다양성에 직접적으로 영향을 미친 역사이기도 한데, 따라서 튀니지의 공식 언어는 프랑스의 영향을 강하게 받은 아랍 방언으로서 중동에서 사용되는 아랍어와는 거리가 있다. 이처럼 혼합적인 언어의 특성이 보여주듯이, 튀니지는 다른 문화에 대해 개방적인데, 따라서 이 나라는 전반적으로 다면성을 내재하고 있다고 할 수 있다. 지리적으로 튀니지는 북아프리카의 마그레브(Maghreb) 지역[2]에 위치하며, 공식 종교는 이슬람으로 대다수의 튀니지인들이 이슬람 신자다. 또한 튀니지는 정치적으로나 경제적으로나 유럽에 의존적인데, 이는 역사적 환경 및 물리적 근접성에 따른 결과다.

『아랍 미디어 백서(Arab Media Outlook)』(2016)에 나타난 튀니지의 미디어 이용환경을 보면, 튀니지인들은 일주일에 8시간 정도를 미디어 플랫폼(인터넷 36%, 텔레비전 33%)에 소비하는 것으로 나타난다. 이는 아랍 사회 가운데서 가장 높은 수준의 미디어 이용률인데, 디지털 플랫폼의 이용이 증대하는 가운데 국영방송(El Wataniya 1과 El Wataniya 2) 그리고 13개의 위성방송 채널들이 여전히 전체 이용률에서 가장 높은 비중을 차지하는 것으로 나타난다.

---

2   마그레브는 아랍어로 서쪽을 뜻하며, 동시에 리비아와 튀니지, 알제리, 모로코에서는 석양을 의미하기도 한다.

2007년 후반 튀니지의 국영방송사 El Wataniya 1은 〈슬픈 연가〉(2005)를 방영했는데, 이는 튀니지 텔레비전에서 한국 드라마가 방영된 최초의 사례였으며, 이후 민영 방송사 '한니발 TV(Hannibal TV)'에서도 방영되었다. 공영방송에서 한국 드라마가 성공을 거둔 이후 〈대장금〉(2003), 〈주몽〉(2006), 〈해신〉(2004), 〈풀하우스〉(2004)가 튀니지 텔레비전에서 방영되면서 빠르게 한류가 촉진되었다. 당시 튀니지의 높은 위성방송 보급률도 각 가정에 한국 드라마가 확산되는 데 기여했다. Korea TV, 아리랑 TV, KBS World 등 한국 기반의 위성방송들이 한국산 미디어 콘텐츠와 문화가 확산되는 데 중요한 역할을 수행할 수 있었기 때문이다. 현재 14편의 한국 드라마가 MBC 4[3] 또한 〈패션왕〉(2012), 〈주군의 태양〉(2013), 〈그 겨울, 바람이 분다〉(2013)을 포함해 14편의 드라마를 방영했다. 그 장르로는 로맨스, 코미디, 드라마 등이 포진되어 있으며, 다양한 문화적 영역에 매일같이 효과적으로 그리고 적절하게 침투하고 있다.

범아랍권 방송상 한국 드라마와 관련해서 가장 큰 한계는 더빙 과정이다. 아랍어 더빙은 불충분하며 따라서 자연스럽게 드라마의 내러티브로부터 거리가 생긴다. 드라마의 원어를 유지하고 자막을 다는 것은 분명 좀 더 외래성을 고양시킨다. 튀니지의 팬들은 한국의 미디어 제작물들과 커뮤니티를 좀 더 잘 이해하기 위해 한국어를 배울 의지가 있다는 것을 보여주고 있다. 더구나 아랍의 방송사들은 종종 편집을 할 뿐만 아니라 최신판 한국 드라마는 거의 방영하지 않고 있다. 튀니지에서는 페이스북상에 10여 곳의 K팝 및 한국 드라마 온라인 커뮤니티가 있으며, 더불어 여러 개인이 소셜 미디어상에 자신의 계정을 가지고 있다. 이들은 일반적으로 올케이팝(http://www.allkpop.

---

3 MBC 그룹(the Middle East Broadcasting Center)은 아랍권 최초의 무료 위성방송국으로, 두바이에 본사를 두고 아랍권 국가들로 송출하는 방송 채널 10개와 라디오 방송국 두 개, 다큐멘터리 제작팀 하나를 두고 있다.

<표 9-1> 튀니지의 오프라인 팬 공동체

이름	설립 연도 (멤버 수)	특징	소속
TOKE	2011(120)	Tunisian Organization of Korean Cultural Exchange의 약어이다. 매년 여름과 겨울 시즌에 한국 여행을 조직하고 문화 교류 프로그램 촉진한다.	개별
ACTC	2012(100)	Association Cultrelle Tuniso-Coreenne의 약어이다. 매년 'Asian Bridge' 문화 이벤트와 정기적인 한국어 강의를 주관한다.	개별
TUN-HAN	2014(60)	컴퓨터사이언스학과와 연계해 매주 문화 교류 세미나를 열고 매년 4월에 TUN-HAN day를 조직한다.	대학

com/) 같은 공식 웹 사이트 또는 JYP, YG, SM 같은 연예기획사들로부터의 공식 발표 등의 최신 정보들을 공유하면서 한국 대중문화에 대한 정보를 실시간으로 확산시킨다. 정보를 올리는 것에 더해, 많은 전 세계 팬들이 그렇듯이 튀니지 팬들도 대개 영어로 자신들의 의견을 표현한다.

소셜 미디어 활용이 지니는 장점에도 불구하고 튀니지 팬들은 이른바 '문화 교류 공동체'를 구성해 오프라인 모임을 만드는 경향이 있다. 이 공동체들은 비슷한 생각을 하는 개인들끼리 한국 문화를 공유하고 튀니지 팬들의 교제를 향상시키는 통로로서 자발적으로 구축된다. 이들이 면대면으로 소통하고 한국에 대한 자신들의 공통된 관심사를 공유하는 것을 선호하기 때문에, 여성 튀니지 팬 대다수는 팬 공동체 활동에 적극적으로 참여한다. 주요 튀니지 팬 공동체는 <표 9-1>에 나와 있는 것과 같은데, 이 세 개의 튀니지 기반 동아리에 더해 두 개의 지역 동아리들 ― 비제르테(Bizerte)에 있는 KBFC(Korea's Bizertians Fan Club)와 스팍스(Sfax)에 있는 KIFA(Korea Inspiration Fan Sfax) ― 도 있다.

이 연구에서는 튀니지 팬들에 대한 통찰을 얻기 위해 에스노그래피적인

<표 9-2> 인터뷰 응답자

ID	나이	직업	특징
1번	23	대학생	TUN-HAN의 창립자
2번	23	대학생	한국어 과정 수강생
3번	22	대학생	한국어 과정 수강생
4번	24	노동자	한국어 과정 수강생
5번	20	대학생	한국어 과정 수강생
6번	29	사무직 노동자	행정 훈련차 2015년 한국 방문
7번	24	대학생	한국어 과정 수강생 2016년 주튀니지 한국 대사관 주최 한국어 경시대회에서 3등 입상하고 한국 방문
8번	23	대학생	2015년 Quiz on Korea에서 튀니지 대표로 한국 방문
9번	25	대학생	2014년 한국 방문 Bubble Korea의 창립자
10번	25	대학원생	2015년 한국 정부 초청 외국인 장학생

접근을 시도했다. 여기에는 6개월간 튀니지 한국 대사관 소속의 한국어 강사로 재직한 필자의 참여 관찰(2014년 9월부터 2015년 2월까지)과 심층 인터뷰가 포함되어 있으며, 이는 TUN-HAN의 협조로 이루어졌다. TUN-HAN의 핵심 구성원에 초점을 맞춘 참여 관찰은 한국 문화에 능동적으로 참여하는 튀니지 여성을 목격할 수 있는 기회를 제공해 주었다. 이 클럽의 구성원들은 대개 여성이었으며 중산층에서 상위 계층에 해당했다. 대다수가 인터넷 접속이 가능한 환경이었고, 프랑스어뿐만 아니라 영어로도 의사소통이 가능하다는 것은 이들의 교육 수준이 높다는 것을 의미한다. 심층 인터뷰를 통해, 이 연구는 젊은 튀니지 여성들이 한국의 대중문화를 경험하는 방식에 대한 이해를 구체적으로 구하는 것을 목표로 했다.

총 10명의 튀니지 여성이 인터뷰에 참여했는데, 그중 절반은 고등교육, 정부 훈련 혹은 Quiz on Korea[4]에 참여하기 위해 한국을 방문한 경험이 있었다. 인터뷰는 2015년 2월에서 4월 사이 TUN-HAN의 주간 세미나 이후에 진행되었으며, 각 인터뷰는 한 시간 이상 소요되었다. 한국 드라마가 튀니지 수용자들의 한국 대중문화에 대한 호기심을 불러일으켰기 때문에, 인터뷰는 한국 드라마가 튀니지에서 한류의 주요 시발점으로 어떻게 작용했는지, 한국의 K팝 아티스트들의 인기 증대를 어떤 식으로 이끌었는지에 초점을 맞춰 진행되었다.

한국 드라마를 통해 외국풍 경험하기

한류가 튀니지에서 확산되기 시작한 시기는 튀니지의 국영방송국인 El Wataniya 1에서 〈슬픈연가〉[5]가 방영되었던 2007년경이었다. 소셜 미디어가 부상하기 전까지는 높은 보급률의 텔레비전과 위성방송이 튀니지 수용자들의 주목을 끄는 데 중요한 역할을 했다. 인터뷰 응답자들은 그들이 처음 한국 드라마를 텔레비전에서 보았던 순간을 회상했는데, 특히 8번 응답자는 다음과 같이 언급했다.

제가 10대였을 때 〈슬픈연가〉에 나오는 권상우한테 푹 빠졌습니다. 그는 제게 이상적인 남성이었지요. 주요 캐릭터들뿐만 아니라 드라마 전체

---

4   한국 외교부와 KBS가 연간 국제적인 공공 외교 전략의 일환으로서 만드는 텔레비전 쇼이다.

5   〈슬픈연가〉는 2005년 1월부터 3월까지 총 20편으로 MBC에서 방영되었다. 이 드라마는 아랍권 채널인 두바이 TV 월드와이드에서도 방영됨으로써 튀니지인들도 이 드라마를 TV로 시청할 수 있었다.

의 스토리가 정말로 저를 감동시켰고 그때부터 한국에 대해 더욱더 관심을 가지게 되었어요.

다른 응답자 또한 다음과 같이 말했다.

2009년에 저는 〈천국의 계단〉을 방영하고 있는 'Korea TV'를 발견하게 되었어요. 저는 남자 주인공인 권상우를 알고 있었는데, 전에 〈슬픈 연가〉를 봤었기 때문이죠. 나중에 저는 한국 TV 쇼와 한국의 모든 것에 중독되기 시작했어요. …… K팝, 한국 음식, 한국어까지도요.

이처럼 한류 초기에는 위성방송 — 특히 한국 최초의 위성방송국 Korean TV — 이 한국 드라마의 튀니지 유입에 핵심적인 역할을 했다. 이후 인터넷 사용이 증가하고 뒤이어 소셜 미디어 활용이 폭발적으로 증가하면서 한류 2.0으로 전환되었는데, 이는 K팝과 한국 드라마 팬들이 온라인 커뮤니티에 참여하면서 소셜 미디어를 집중적으로 활용했기 때문이다. 매력적이고 현대적인 국가로서 한국을 인식하는 튀니지 팬들은 한국 대중문화에 대한 실시간 정보를 찾아 능동적으로 소셜 미디어 플랫폼을 활용했다. 그들은 한국 연예인에 대한 모든 정보를 검색했고, 영어 자막이 달린 한국 드라마 원본을 시청했다. 이는 수용자들로 하여금 장르와 플랫폼에 무관하게 한국 드라마에 노출되도록 이끌었는데, 한 응답자는 다음과 같이 말했다.

아리랑 TV에서 방영된 〈허준〉이 제 첫 한국 드라마였어요. 당시에 제게 한국 문화는 정말 색달랐고 신비로웠죠. 저는 아리랑 TV와 KBS World를 통해 한국 문화 프로그램을 더 많이 찾아보게 되었어요.

4번 응답자 또한 한국 드라마의 독특함을 아랍권과 미국의 미디어 콘텐츠와의 비교를 통해 다음과 같이 언급했다.

한국 콘텐츠는 독특해요. 한국 콘텐츠들은 아랍과 미국의 프로그램들과는
완전히 다르죠. 저한테는 그게 매우 새로웠어요.

한국 드라마를 좋아하는 많은 튀니지인들은 미국 미디어의 획일성에 질
렸고, 한국 드라마에 비해 가족 간 다툼을 매우 긴 에피소드에 걸쳐 전개하
는 터키나 이집트에서 제작된 이슬람권 프로그램은 재미가 없다고 말한다.
비록 지구상의 아주 먼 지역에서 온 것이긴 하나, 튀니지 팬들은 고도의 현
대성을 보여주는 새로운 한국의 미디어 콘텐츠를 찾기 시작했다. 젠더적인
측면에서 튀니지의 젊은 여성들은 한국 드라마를 통해 해방감을 느낄 수 있
었는데, 그들로 하여금 틀에 박힌 일상에서 일시적으로나마 벗어나 대리 만
족을 경험할 수 있도록 해주었기 때문이다. 젊은 튀니지 여성들에게 한국
드라마 경험은 남녀 관계에서 매우 놀라운 것이었는데, 한 응답자는 이렇게
말하기도 했다.

한국 남자들은 튀니지 남자들보다 낭만적이고 친절해요. 파트너를 통제하
려는 튀니지 남성들과 달리, 한국 남성들은 여자 친구를 어떻게 대해야 하
는지 잘 알고 있죠. 여성으로서 제가 찾던 것을 발견했어요.

7번 응답자는 미디어가 젊은 연인을 재현하는 방법에 매우 깊은 인상을
받은 것으로 보였는데, 그녀의 고향에서는 거의 볼 수 없었던 것이기 때문
이다. 그녀는 특히 이렇게 언급했다.

너무 귀여워요! 우리는 같은 티셔츠나 열쇠고리 같은 커플 아이템을 한다
는 걸 상상할 수도 없어요. 데이트 나갈 때면 손을 잡을 수는 있지만, "우리

커플이에요"를 보여주는 액세서리를 공유하는 일은 좀처럼 없죠. 만약 제 남자 친구한테 같이하자고 하면, 아마 펄쩍 뛸 게 뻔해요. 너무 아쉽죠.

기본적으로 한국 드라마는 남성이 여성을 동등하게 대우하면서 남성 캐릭터와 여성 캐릭터 간의 조화로운 관계를 묘사한다. 이 드라마들에서의 젊은 연인의 다정한 관계는 특히 튀니지의 젊은 여성들에게 매력적이다. 더불어, 멋지게 꾸민 방들과 20대 여성들의 최신 패션은 튀니지 팬들이 동시대 한국의 문화에 더욱 많은 관심을 갖도록 이끈다. 다시 말해, 드라마는 튀니지 팬들에게 현실에서는 불가능한, 새로움으로 가득한 상상의 세계에 접할 수 있도록 해주는 것이다. 이러한 방식으로 한국 드라마는 튀니지 수용자들로 하여금 이전까지 한국 드라마가 아니었다면 알 수 없었을 감정과 욕망을 경험하도록 해준다. 이뿐만 아니라 그들이 드라마 내 캐릭터들로부터 형성해 내는 이미지들은 K팝 연예인들과 같은 한국의 다른 문화적 측면으로 확장된다. 한 응답자는 퍼포먼스와 관련해 K팝 스타에 대해 다음과 같이 의견을 제시하기도 했다.

저는 그들의 자연스러운 외모와 행동이 좋아요. 저는 서구인들의 행동이 마음에 들지 않는데, 특히 섹시함을 호소하는 퍼포먼스가 마음에 안 들어요. 이슬람 문화처럼 보수적인 곳에서 K팝 스타들은 선을 넘지 않아요. 그들은 단지 무대 위에서 자신들의 퍼포먼스를 즐기는 걸로 보여요.

이어서 4번 응답자는 한국 미디어 콘텐츠를 서구와 비교하면서 다음과 같이 언급했다.

미국인들은 자신들을 매우 특별하게 만들기 위해 노력해요. 하지만 한국인들은 다른 이들을 즐겁게 해주는 법을 알죠. 그들은 언제나 다른 사람들을 행복하게 해주려고 노력해요. 한국 가수들은 대개 그룹으로 공연하는데, 이는 그들이 함께 작업하고, 노래하고, 춤춘다는 걸 의미하죠. 시청자들이 절대 질릴 수 없는 거죠.

한국 드라마건 K팝이건 간에, 튀니지인들은 한국 콘텐츠의 독특함을 미국의 콘텐츠와 비교해 강조한다. 이슬람 문화에서 재현의 방식들, 특히 여성에 대한 재현에서 그 방식은 해외 문화의 소비를 결정하는 중요한 요인이 된다. 한류 엔터테인먼트의 경우, 튀니지 팬들은 한국 미디어 콘텐츠가 온건하게 퍼포먼스를 재현함으로써 서구적 가치를 걸러내는 일종의 필터로서 기능한다고 믿는다.

튀니지 팬들은 한국의 모든 측면—사람들, 언어, 전통문화와 현대 문화 등—에 대해 관심을 기울인다. 이집트의 팬들이 '언니'와 '오빠' 같은 한국의 친근한 용어들을 활용하는 것(Noh, 2011)과 마찬가지로, 튀니지인들 또한 한국어 강사—연구자—를 부를 때 '언니' 또는 '선생님'이라고 부르면서, 한국 언어와 강력한 관계를 구축하고 한국 문화 커뮤니티 내 구성원들 간의 유대감을 형성하려 했다. 한국 드라마를 접한 후 그들은 스스로 한국의 친근한 용어를 사용하고자 연습하는 데 강한 의지를 보인다. 또한 튀니지인들 사이에서는 한국에 대한 이상화되고 낭만화된 이미지—특히 서울을 꿈의 도시로 보는—가 널리 퍼져 있다. 화려한 도시의 밤 풍경, 한강의 거대한 다리들, 잘 갖춰진 생활양식 등과 같은 현대적 요소들은 다음에서 논의될 것이다. 한국 문화는 그들에게 분명 낯선 것이며, 튀니지 팬들은 한국을 자신들이 전에 경험해 보지 못했던 이국적인 문화상품들의 원천으로서 여긴다. 한국과 튀니지 사이의 물리적으로 먼 거리는 알려지지 않은 대상에 대한 그들의 호기심을 불러일으킨다. 한국 문화의 매력적인 이국성(exoticism)은 한류 2.0의 도래로 크게 확산되었다. 튀니지의 경우, 1번 응답자의 응답대로 '벤 알리(Ben Ali: 쿠데타로 집권했던 튀니지의 전 대통령)'가 퇴진한 후, 마침내 한국

드라마와 K팝이 모두 업로드되는 유튜브와 페이스북에 접속"할 수 있게 되었다.[6]

2011년 이후 증가하기 시작한 튀니지의 인터넷 사용률은 유튜브가 최신 한국 드라마의 관문으로서 기능할 수 있도록 한 기반이었다. 아랍어가 아닌 영어 자막이 달린 한국 드라마에 접속할 수 있도록 해주는 또 다른 사이트로는 http://www.jaewinter.com, http://sweetnona83.blogspot.kr 등이 있다. 이 사이트들은 최신 한국 드라마를 충분히 제공하면서 한국 배우들의 실제 목소리를 들을 수 있도록 함으로써, 그들과 가까워지고 싶어 하는 튀니지 수용자들을 만족시키고 있다. 정기적으로 한국 문화를 접하는 젊은 튀니지인들은 유튜브상 영어 자막을 읽는 데 아무런 어려움이 없는데, 이는 프랑스의 식민 지배 시절을 경험했고 프랑스어를 선호하는 그들의 부모 세대와 다른 점이다. 튀니지의 청소년들은 영어를 선호하며, 그렇게 함으로써 좀 더 광대한 소통을 하면서 한국에 대해 좀 더 많은 정보 수집에 나선다.

한국 문화에 대한 이슬람 정서의 동일시

좀 더 넓은 맥락에서 볼 때, 이슬람 사회는 한국과의 문화적 교류와 경제적 교역에서 배제되어 왔다. 같은 이유로, 한류 2.0에 앞서 한국의 미디어 생산자들은 이슬람 국가들에서 생산품들이 폭발적인 인기를 얻을 것이라고는 거의 상상하지 못했다. 앞에서 언급한 대로, 멜로드라마 같으면서도 일

---

6   벤 알리의 집권기 동안, 튀니지는 인터넷 검열로 인해 고통을 받았다. 예를 들어 유튜브와 같은 소셜 네트워크 사이트는 엄격하게 검열되었다. 아랍의 봄(2011년 1월의 튀니지 혁명)이 성공한 이후, 튀니지는 표현의 자유가 크게 신장되었으며, 튀니지인들은 감시 없는 삶을 살게 되었다.

상에 대한 현실적 재현에 매료된 튀니지의 수용자들은 자신들의 사회문화
적 환경에 적합한 특정한 콘텐츠를 발견했는데, 이러한 콘텐츠는 어느 정도
이슬람적 가치를 약화시키지 않을 필요성이 있었다. 튀니지 수용자들은 종
교적 믿음으로부터 멀어질 것을 우려해 서구 미디어 콘텐츠와의 끊임없는
접촉을 두려워했다. 예를 들어 과도한 섹슈얼리티 묘사와 오인된 생각들의
선전은 이슬람 사회의 규범들과 가족관계의 망에 부정적인 영향을 미친다.
한 응답자는 한국 드라마가 가족 간 상호작용을 촉진시킨 순간에 대해 다음
과 같이 언급했다.

> 저는 우리 아빠가 〈해신〉을 보기 위해 일을 일찍 마치고 귀가하셨던 것을
> 기억해요. 드라마를 볼 수 없을 때면 엄마한테 전화해 드라마 내용을 실시
> 간으로 들으셨죠. 그 드라마는 당시 튀니지에서 그렇게나 인기가 있었습
> 니다.

이 대목에서 볼 때 한국 드라마의 캐릭터들과 줄거리는 다음의 5번 응답
자의 얘기대로 유교적 문화의 영향을 받은 것이 뚜렷하다.

> 저는 한국의 가족문화를 좋아합니다. 그들이 서로를 대하는 방식, 특히
> 어른을 존중하는 것이요.

드라마와 현실의 간극에도 불구하고, 한국 드라마들은 한국 문화에 존재
하는 전통적인 관계 중심의 생활양식을 통해 주요 이슬람 문화적 이상들을
만족시키는 경향이 있다. 한국 드라마에서 나타나는 가족과 친구를 강조하
는 가치관, 외부인에 대한 환대가 이슬람 문화와 강하게 공명하기 때문이다.
구기연(2014)은 이란 여성들 사이에서 그와 같은 문화적 근접성의 증거를 발
견한 바 있다. 튀니지인들 또한 어른을 공경하고 전통적인 가족의 가치를 존

중하는 한국 미디어에 대해 편안함을 느낀다. 이슬람 세계에서도 가족이 가장 중요한 단위이기 때문이다. 양국이 지닌 가족 중심적 생활양식은 문화적 차이를 상당히 축소시킨다. 초기 수용자들이 한국 콘텐츠가 지닌 순수성 — 가족적 가치와 순수한 사랑 — 의 측면을 향유했던 만큼, 현재 대다수 수용자들도 온건하면서도 신선한 스토리라인에 매료되고 있다. 이와부치(2002)는 그 기원이 해외이지만, 팬들이 한국의 대중문화를 자신의 것으로 수용하는 이유는 그 메시지와 가치들이 그들 내부에서 깊이 공감되기 때문이라고 보았다. 마찬가지로 튀니지 팬들도 한국 문화를 받아들였는데, 예를 들어 유교적 사고방식은 튀니지의 정체성과 좀 더 큰 문화적 친밀성을 만들어낸다. 6번 응답자는 다음과 같이 말했다.

제가 처음으로 접한 한국 드라마 〈내 이름은 김삼순〉은 다른 드라마도 찾아보게 된 계기였습니다. 삼순은 자신의 사랑을 이루기 위해 노력했고, 이는 그녀의 인생 후반에 이루어지죠. 이 드라마를 보면서, 저는 제 인생을 그녀의 것과 비교할 수밖에 없었습니다. 만약 제가 똑같은 문제와 맞닥뜨려 겪어야 한다면 어떨 것인가? 나는 그 상황을 어떻게 극복할 것인가? 저는 이 질문들을 스스로에게 계속해서 던졌고, 궁극적으로는 무의식적으로 그리고 자연스럽게 마치 가까운 친구인 것처럼 삼순을 응원하게 되었어요. 그녀는 충분히 강한 사람이었고 자신의 감정을 표현하는 데 결코 망설임이 없었죠. 튀니지 드라마는 이러한 상황을 비현실적으로 다뤄요. 하지만 한국 드라마들은 다르지요.

튀니지 사회에서 곧 결혼할 연인들은 종종 양가를 대하며 간극과 문제투성이의 관계를 경험한다. 부모는 자식들 — 특히 딸들 — 이 특정 나이가 되면 결혼하기를 종용하고, 이는 가부장제로부터 기인하는 보편적 사회적 관습의 절정이다. 정연희(Chung, 2007)는 한국 대학생들이 여주인공 '삼순'과 동일시하면서 가부장제 이데올로기에 저항하기보다는 텔레비전 드라마를 현실로 기꺼이 수용한다는 것을 밝혀냈다. 드라마의 내러티브 및 현실에 대한 묘사에서 느껴지는 친근함과 만족으로 인해, 튀니지의 수용자들 또한 언어 장벽에도 불구하고 문화적 가치와 신념을 공유하는 것으로 보인다. 노수인(Noh, 2011) 또한 전 지구적 맥락에서 ― 특히 젠더와 관련해서 ― 아랍 문화와 한국 문화 간 문화적 근접성이 존재한다고 언급한 바 있다. 젊은 튀니지 여성들은 한국 드라마의 여주인공과 공감한다. 따라서 한류는 문화적 장벽에도 불구하고, 수용자들의 감정과 공감을 자극하는 특정한 속성과 이미지 ― 낭만적, 귀여움, 친절함 등 ― 를 활용하면서 젠더화된 팬덤으로 귀결되고 있다. 한국 드라마 콘텐츠는 주인공들 간 사랑을 단순히 섹슈얼한 것에 초점을 맞추는 것이 아니라 플라토닉하면서도 낭만적으로 묘사하는데, 이러한 부분이 아랍 여성들이 선호하는 낭만적 연인 관계와 순수성에 대한 이상에 호소력 있게 작용한다.

수용자들은 또한 한국과 튀니지 간 역사적이고 정치적인 유사성을 인식한다. 3번 응답자는 "제가 알기로는 일본의 식민 지배는 한국의 역사적 비극이었고, 여전히 오늘날의 한국 사회에도 영향을 미치고 있어요. 저는 한국의 대중적 의견에 완전히 동의해요. 튀니지도 비슷한 방식으로 프랑스의 식민 지배를 받았습니다"라고 했다. 한국과 식민 지배의 경험을 공유한 것은, 튀니지인들이 한국 문화를 포용하는 것을 좀 더 수월하게 만들었다. 대다수 인터뷰 대상자들은 전 튀니지 대통령 벤 알리를, 독재를 하면서 재임 기간 동안 경제발전을 주도했던 한국의 박정희(1963~1979) 전 대통령과 동일시했다. 이러한 방식으로 한국 드라마의 번성은 다문화적인 정신을 고양시키면서도 미국 문화로부터는 거리를 유지하려는 튀니지인들의 욕망을 만족시킨다. 실제로 튀니지와 지리적으로 떨어진 한국이지만, 한류는 튀니지인들 사이에서 한국 문화와의 연대감을 만들어냈고, 그에 따라 상호 문화적 소통이 형성되고 있는 것이다.

대안적 근대성과 발전을 향한 열망

튀니지와 한국은 비슷한 방식으로 식민 지배를 받았다. 한국은 1910년부터 1945년까지 일본의 식민 지배로 고통을 받았고, 튀니지는 1881년부터 1956년까지 프랑스의 지배하에서 고통을 받았다. 이웃 국가인 알제리와 비교해 튀니지의 피식민화가 달랐던 것은, 튀니지가 모로코와 마찬가지로 프랑스의 피보호국이었다는 사실이다. 다시 말해, 프랑스는 튀니지의 사회 문화적인 방식들에 대해 종종 식민 지배에서 나타나는 폭력적이고 거친 저항 없이 지배력을 행사했다는 것이다. 나아가 튀니지는 프랑스의 문화적 동화 정책을 수용했는데, 이는 타 문화와 수월하게, 조화롭게 관계를 맺을 수 있도록 하는 바탕이 되었다. 이와 같은 역사적 배경은 튀니지인들이 다른 이슬람 국가들과 비교해 외국의 문화를 좀 더 포용적이고 개방적으로 수용할 수 있도록 했다. 튀니지 팬들은 자국의 식민지 역사를 한국의 그것과 비교하면서 인식하는 경향이 있었고, 이는 그들이 한국 문화에 매료되는 계기가 되었다. 8번 응답자는 다음과 같이 언급했다.

양국은 모두 식민 지배와 같은 고통을 공유하고 있지만, 한국과 튀니지 간의 차이점은 한국인들은 절대 포기하지 않고 나라의 비참한 상황을 세계적인 기적으로 바꿀 때까지 투쟁하며 맞섰다는 것입니다.

또 다른 응답자 또한 어려움을 어떻게 극복했는지를 강조하면서 한국 역사로부터의 교훈을 언급했다.

저는 일본의 식민 지배 경험과 관련해서 한국의 역사에 대해 읽은 적이 있습니다. 우리는 동일한 역사적 고통을 공유하고 있어요. 튀니지 또한 프랑스에 대항해 투쟁했었기 때문입니다. 비록 한국이 식민지 기간에 많은 어려움을 직면해야 했지만, 결국에는 극복해 냈습니다.

　적지 않은 튀니지인들이 유럽의 유명 대학을 졸업했기 때문에, 튀니지 지식인들은 유럽식 교육 시스템으로부터 강력한 영향을 받았다. 따라서 그들은 서구화된 콘텐츠와 관점을 학계에 도입했는데, 커리큘럼 내 아랍계 참고문헌의 부재는 초등학교서부터 대학에 이르는 튀니지의 교육 시스템에 유럽의 문학, 책, 학문 저널 등에 크게 의존하는 결과로 이어졌다. 튀니지의 교육 시스템이 아시아와 관련된 교육과정을 의무적으로 제공하는 것은 아니지만, 일본의 식민 지배 및 한국전쟁 이후의 전근대 사회에 대해 배울 수 있는 기회는 많이 제공한다. 역사적 편견이 담긴 관점에도 불구하고, 좀 더 나은 미래를 위해 대중의 역량을 묶어내는 방식이 튀니지의 청소년들에게 영감을 주는 것으로 보인다. 이러한 면에서, 한국 문화는 튀니지 사회와 기꺼이 연결된다. 1번 응답자는 다음과 같이 명확히 언급했다.

　저는 정말로 우리나라(튀니지)를 발전시킬 수 있는 방법을 한국에서 배우고 싶어요.

7번 응답자는 한국을 중국과 비교하면서 자신의 의견을 덧붙이기도 했다.

　중국은 여전히 성장하고 있습니다. 하지만 중국이 한국 같은 '선진국(developed country)'은 아니라고 생각해요. 우리는 우리나라, 튀니지를 발전시킬 수 있는 롤모델이 필요합니다.

또 다른 응답자는 튀니지 문화를 폄하하면서 튀니지인들이 한국으로부터 배워야 하는 이유를 다음과 같이 특정하게 지목하기도 했다.

한국 드라마에서 제가 발견한 것은, 더 열심히 일할수록 더 많이 번다는 것입니다. 불행히도, 튀니지에서는 그런 것이 불가능해요. 한국의 생활양식이 매우 빡빡해 보이긴 하지만, 저는 그것이 한국의 경제적·문화적 발전을 가능케 한 원동력이었다고 생각합니다. 저는 정말로 그런 면을 높게 평가합니다.

튀니지의 직장에서는 제시간에 출근하는 직원이 소수다. 이러한 관습적 느림은 튀니지의 민족성에 기인하는 것이 아니라, 튀니지의 경제적 표준이 커뮤니티와 국가에 대한 튀니지 시민들의 인식에 영향을 미친 것이다. 특히 젊은 튀니지인들은 이러한 생활양식의 부정적인 측면을 인식하고 자국의 발전을 가속화할 수 있는 수단을 찾아내려고 한다. 이러한 점에서 그들은 한국을 하나의 롤모델로 생각하며, 경제발전에 대한 그들의 열망은 한국 미디어에 대한 노출에 의해 좀 더 강화된다. 이는 다음과 같은 질문을 제기한다. 응답자들은 어째서 여러 국가들 가운데 한국을 롤모델로서 꼽는가? 특히, 튀니지인들이 일본이나 중국이 아닌 한국을 롤모델로 인식하는 이유는 무엇인가? 한 응답자는 다음과 같이 말한다.

제 생각에 일본 문화는 제게 좀 낯설어요. 어딘가 이상합니다. 마치 미국처럼 개인주의가 너무 심하달까요. 일본 드라마의 경우 모든 가족들이 모일지라도 서로 대화하지 않아요. 혼자 먹고, 혼자 울고, 혼자 놀고 …… 저는 이해가 되지 않더라구요. 제 생각에 중국 문화는 드라마나 오락 프로그램을 만들면서 다른 아시아 문화를 베끼는 것 같아요. 그들은 그들 고유의 정체성이 없어 보여요.

한국 드라마는 서울의 메트로폴리탄적인 분위기, 현대적 관계 그리고 로맨스를 전통적인 가족 가치와 통합시킨다. 이뿐만 아니라, 한국은 아시아인들에게뿐만 아니라 튀니지인들에게도 서구적 가치를 걸러내는 필터로서 기능하면서 밝은 미래로의 통로를 제시한다. 한국 드라마 내 도시의 중산층 정경과 서울 중심의 이미지는 근면한 노동과 바쁜 생활양식이 높은 수준의 삶의 질을 성취할 수 있는 공정한 기회를 시민들에게 보증하는 것이라고 제시한다.

미국의 미디어 콘텐츠가 만들어내는 미국화(Americanization)는 서구적 정체성의 형성 및 글로벌라이제이션에 상당히 기여해 왔는데, 이는 문화적으로 전 지구적인 균질화를 유발시켰다. 그러나 튀니지에서는 이슬람 문화를 다루는 서구의 미디어들로부터 기인한 반미 정서가 이슬람 사회 내에 수용되기 어려운 섹스 어필한 콘텐츠에 대한 반감과 합쳐진다. 이러한 식으로 튀니지인들은 자국 발전을 위한 대안적인 모델을 모색하려고 한다. 2번 응답자는 튀니지인들이 미국에 대해 심리적 장벽을 지닌 것 같다고 말한다.

미국은 언제나 우리를 테러리스트로 취급하죠, 모든 무슬림이 과격한 이슬람인들인 것처럼요. 다른 이들과 달리, 저는 한국인들은 이슬람 세계에 대해 균형적인 시각을 가질 수 있을 만큼 충분히 관대하고 개방적이라고 생각해요.

서구 중심성이 전 지구를 지배하는 가운데, 튀니지는 인터넷 검열을 통해 미국화된 글로벌라이제이션을 피해왔다. 동시에 미국이 9·11 이후 반이슬람 정서를 불러일으키고 전 세계에 이슬람포비아를 확산시킨 이래, 튀니지인들 사이에서는 미국에 의해 희생되었다는 정서가 확산되었다. 한편 튀니지의 경제가 발전하면서 도래한 근대사회로의 변화상은 튀니지인들로 하여금 자국의 시스템을 다시 점검할 필요성을 제기하는데, 여기서 한국은 호감이 가는 근대성 성취의 모델로서 자리를 잡고 있다.

결론

소셜 미디어가 부상하기 전부터 튀니지는 이미 한국 문화에 노출되어 왔다. 높은 TV 보급률과 저녁 식사 이후 가족들이 TV를 시청하는 관습으로 인해, 튀니지 가족들은 한국 드라마에 광범위하게 노출되었다. 튀니지의 한류는 상이한 영역으로의 문화적 유입의 가능성을 보여준 예상치 못했던 현상이었다. 인터넷 그리고 뒤이어 소셜 미디어가 폭발적으로 확산되면서 수용자들은 한국 문화와 좀 더 친숙해졌고, 이는 한류 2.0의 부상을 가속화했다. 좀 더 구체적으로 살펴보면, 인터넷 이전 시대 가장 영향력 있는 미디어로서 튀니지의 국영방송과 위성방송이 한국 드라마가 확산되는 데 결정적인 영향을 끼쳤다. 한류 2.0의 도래에 앞서 한국 드라마는 한국 미디어 콘텐츠가 점진적으로 튀니지 가정으로 확산되도록 함으로써 튀니지인들 사이에서 한국 문화 수용을 촉진시키는 데 핵심적인 역할을 수행했던 것이다. 2007년 후반 가족 중심적 드라마 콘텐츠를 시작으로, 한국 드라마는 젊은 층과 고연령층 모두에게 호소력을 발휘했다. 이후 가족 중심적 한국 드라마는 부모와 함께 TV를 시청하면서 자란, 그리고 이후 독립적으로 한국의 미디어 상품들을 따로 찾아나서기 시작한 젊은 세대로 이어졌다. 글로벌라이제이션은 미디어 콘텐츠가 전 지구적으로 확산되는 것을 주도하고 있으며, 인터넷 서비스는 갈수록 좀 더 광범위하게 이용 가능해지고 있는데, 튀니지 또한 이러한 흐름에 동참하고 있다. 인터넷 검열의 약화 그리고 그에 따른 인터넷 사용의 증가는 한류, 특히 K팝과 영어 자막 달린 한국 드라마의 확산을 가속화했다. 다양한 미디어를 통한 한국 문화상품에 대한 노출은 튀니지와 한국 간 문화적 친밀성을 향상시켰는데, 이는 튀니지인들이 한국과 문화적 가치를 공유하고 있다는 것을 인식한 것으로부터 기인한 것이었다.

이 연구는 북아프리카의 튀니지에 대한 사례연구를 통해 중동이라는 지리적 한계를 극복하고 이슬람 세계에 대한 연구를 위한 통로를 개척하려고 했다. 나아가 한국인들 사이에서 상호 문화적 영역으로서 튀니지가 배제되어 왔다는 점에서, 이 연구가 문화적 혼종성에 대한 연구를 촉진시킬 수 있다고 생각한다. 서구 미디어는 이슬람 테러리즘으로부터 기인하는 불안정한 국가로서 튀니지를 다루었다. 이 연구에서 언급한 대로, 이슬람에 대한 종합적인 이해 없이는 다변화된 문화 영역 내에서 균형 잡힌 문화 교류가 불가능하다. 예를 들어 튀니지인들은 타 문화에 대해 상대적으로 포용적이며 다른 국가와 비교해서 자신들의 일상을 기꺼이 향유한다. 그러나 튀니지는 본질적으로 이슬람 사회이며, 따라서 여성들의 보수적인 옷차림, 알코올 섭취 금지, 라마단 금식 등과 같은 종교적인 실천들을 존중할 필요가 있다. 이러한 점에서 튀니지 내 한류는 좀 더 분발할 필요가 있다.

이 연구가 보여주듯이, 한국의 미디어 콘텐츠를 통해 이국성을 경험하는 것은 이슬람인들로 하여금 한국 문화와 동일시하도록 만들고 대안적인 근대성을 협상하면서 사회 발전을 추구하는 것을 가능케 해준다. 좀 더 중요한 것은 포스트 식민 경험을 공유한 것이 문화적 공감을 구축하는 데 중요한 역할을 수행했다는 것으로, 이러한 점이 튀니지인들로 하여금 국가 발전을 향한 욕망을 고양시켰다는 것이다. 전반적으로, 한국 드라마의 관계 중심적 내러티브와 보편적 주제는 전통적인 이슬람 가치와 이슬람 세계 바깥에서 커지고 있는 근대성을 주도하는 권력 간의 격차를 채우고 있다고 할 수 있다. 이러한 사실을 인식하면서, 이 연구는 아시아 너머의 한류를 탐구하고 이슬람 세계 전반에 대한 공적인 외교 전략을 분석할 수 있는 후속 연구를 제안한다. 중동 지역과 아프리카에서의 예상치 못한 한류의 확산에도 불구하고, 한류에 대한 미디어 연구는 주로 동아시아 및 동남아시아 같은 한국 주변 국가들에 주로 초점을 맞춰왔다. 좀 더 구체적으로 볼 때 한국 드라마들이 실제로 한류를 촉발시킨 것은 2007년 즈음이었는데, 이는 응답자들의 부모들이 튀니지 한류의 첫 세대였다는 것을 의미한다. 그러나 이 연구는 그들의 한국 드라마 소비에 대해서는 다루지 못했다. 따라서 이슬람 세계 내 한류에 기반해서 세대를 횡단하는 상호 문화적 확산에 초점을 맞춘 추가적인 연구가 필요할 것이다.

한국 정부와 시민들이 한국 대중문화와 그 폭발력을 당연한 것으로 여기는 경향이 있는 가운데, 장차 한류가 전 지구적으로 성장해 가는 것을 유지하기 위해서도 상이한 문화 영역과의 상호 이해는 필요하다. 나아가 이 연구는 한국의 서구에 대한 의존으로 인해 문화적 장벽이 존재하는 이슬람 세계와의 교류 및 이 글로벌라이제이션의 시대에 한류가 아직 탐험되지 않은 영역으로 확산되어 가는 것, 이 양쪽 모두에 대해 실질적으로 기여하려고 했다.

참 고 문 헌

Arab Media Outlook 2016~2018: youth, content, digital media 5th ed. 2016. Dubai media city: Dubai press club, Available at: http://www.dpc.ae/uploads/AMO-eng.pdf

Chung, Y. H. 2007. "A Study on the Audience's Realistic Sympathy and Pleasure in the Television Drama 〈My name is Kim Sam-Soon〉." *Korean Media Research*, 51(4), pp.32~57.

Hong, S. K. 2013. *Hallyu in Globalization and Digital Culture Era: Full House, Gangnam Style and After*. Seoul: Hanul Academy.

Iwabuchi, K. 2002. *Recentering Globalization: Popular Culture and Japanese Transnationalism*. Durham, NC: Duke University Press.

Jin, D. Y. and K. Yoon. 2016. "The Social Mediascape of Transnational Korean Pop Culture: Hallyu 2.0 as Spreadable Media Practice." *New Media and Society*, 18(7), pp.1277~1292.

Kim, D. K. 2010. "A Comparative Study between Hallyu and Telenovela: Strategies for Media Globalization." in Do-kyun, Kim and Min-Sun, Kim(ed.). *Hallyu: Influence of Korean Culture in Asia and Beyond*. Seoul: Seoul National University Press.

Kim, K(ed. Jin-soon, Doh). 2002. *Journal of Baekbeom: Autobiography of Kim Koo*. Seoul: Dolbegeh.

Kim, S. 2016. "Image of Arab and Islam by Koreans and Their Perception on the Korean News Coverage." *Korean Association of Middle Eastern Studies*, 37(1), pp.193~213.

Ko, N. C., S. No, J. N. Kim and R. G. Simoes. 2014. "Landing of the Wave: Hallyu in Peru and Brazil." *Development and Society*, 43(2), pp.297~350.

Koo, G. Y. 2014. "The Media and Mass Culture of Iran in the Global Era: encounters with the Korean." *Korean Islam Research*, 24(3), pp.1~25.

Kwon, D. H. 2007. "Is It too Early to Talk About 'Hallyu' in the Philippines? Koreanovela and Its Reception among Filipino Audience." *Asian Communication Research*, 4(2), pp.78~109.

Lee, S. and H. Ju. 2010. "Korean Television Dramas in Japan: Imaging 'East Asianness' and Consuming 'Nostalgia'." *Asian Women*, 26(2), pp.77~104.

Lyan, I. and A. Levkowitz. 2015. "Consuming the Other." in Sangjoon, Lee and Abe Mark Nornes(ed.). *Hallyu 2.0: the Korean Wave in the Age of Social Media*. Ann Arbor: University of Michigan Press.

Noh, S. 2011. "Unveiling the Korean Wave in the Middle East." in Do-kyun, Kim and Min-Sun, Kim(ed.). *Hallyu: Influence of Korean Culture in Asia and Beyond.* Seoul: Seoul National University Press.

Otmazgin, N. and I. Lyan. 2013. "Hallyu across the desert: K-pop fandom in Israel and Palestine." *Cross-Currents: East Asian History and Culture Review*, 9, pp.68~89. Available at: http://cross-currents.berkeley.edu/e-journal/issue-9.

Sohn, S. H. 2009. "The Years of Hallyu, the 'Korean Wave': What We Have Learned About It." *Media and Society*, 17(4), pp.122~153.

Yook, E. L. 2014. "The Effects of Hallyu (Korean Wave) on Korean Transnationals in the U.S." *Asian Communication Research*, 11(1·2), pp.5~21.

4부

한류의 초국가성

10장

일본 내 한류와 혐한론

문화적 소수를 위한 새로운 소프트파워의 부상

●
●
●

이향진

들어가는 말: 한류를 보는 세 가지 이론적 틀

새롭게 부상한 소프트파워로서 한류는 종종 한국 대중문화의 글로벌 버전으로 여겨진다. 한류는 초국가적인 현상으로서, 국적이나 거주 지역과 무관하게 여러 사람이 모인 집단으로 구성되는 하위문화로서 발전해 왔다. 최근 들어 한류 드라마와 K팝이 범아시아적으로 빠르게 성장하면서 한국인들 또한 그 소비자층으로 포섭되고 있다. 좀 더 큰 범주에서 볼 때 한류를 새로

---

*   이 장은 2016년에 출간된 李旽珍·鞠重鎬·李正連 編, 『國家主義を超える日韓の共生と交流: 日本で研究する韓國人研究者の視点』(明石書店), pp.79~102에 실린 「ソフトパワーとしての韓流と嫌韓流論: そして韓流食客たち」를 수정·보완한 것이다.

운 글로벌 문화로서 향유하는 사람들이 적극적인 수용자가 되어 한류를 소비하고 있다면(Mori, 2004), 한국인들은 자신들의 지역 문화가 초국가적으로 확장되어 민족적 자긍심과 경제적·외교적 권력의 원천으로 작동하면서 큰 혜택을 누리고 있다. 이러한 점에서 볼 때, 한류의 전 지구적 소비는, 그것이 생산과 소비 과정에서 다국적인 성격을 띠지만, 생산국과 향유자들 간의 국적 차이를 전제한다는 것을 알 수 있다.

한국의 소프트파워로서 한류는 생산국의 국가적 이익을 대표하면서 정치·경제·외교적으로 중요한 역할을 수행한다. 하지만 수용국 입장에서 한류의 위력은 지역 내에서 우려할 만한 변화에 해당한다. 한류가 범아시아적 현상으로 떠오른 1990년대 말부터 중국이나 타이완, 홍콩, 베트남, 몽골 등지에서 반한류론이 일어났는데, 이는 한류로부터 자국의 문화산업을 보호하려는 움직임이었다. 진보적인 관점에서 보면, 이와 같은 움직임은 자본주의에 의해 오염된 대중문화 비판에 해당한다. 심지어 중국 정부는 한류의 빠른 확산을 금지하려고 규제를 시행했는데, 그 근거는 진보 진영의 주장과 유사한 것이었다. 한류의 무분별한 확산은 서구의 제국주의적 문화 침략과 다를 바 없으며, 수용국의 문화적 정체성을 위협할 수 있다는 것이다(Paik, 2005; Shin, 2006; Lee, 2006; Huang, 2009; Han, 2013).[1]

그러나 일본의 혐한류론은 다양한 지역의 문화가 서구 자본주의의 문화적 침략에 의해 주변화되는 것을 염려하는 진보주의자들의 주장과는 다르다. 일본의 반한류론은 보수주의자들의 인종차별주의 문화론으로, 문화의 우열을 따져 헤게모니 소프트파워를 가진 '서구'로써 주변 국가의 '열등한'

---

1   '한류'라는 용어는 1997년 중국에서 처음 사용되기 시작했다. 적극적으로 활용되기 시작한 것은 ≪베이징 유스 데일리(Beijing Youth Daily)≫에서 1999년 H.O.T. 팬덤을 설명하면서부터다. 2000년 H.O.T.의 생방송 공연이 중국 젊은이들 사이에서 인기를 얻자 중국 정부는 한국 대중문화의 수입에 대응하기 위해 한국인 가수의 공연을 금지했다. 좀 더 자세한 것은 한영균(Han, 2013) 참조.

문화가 역류하는 현상을 막으려는 문화적 엘리트주의에 해당한다. 옛 식민지로부터의 문화적 침략으로서 자이니치(在日)의 민족문화와 한국의 대중문화가 경계를 교묘하게 흐리면서 '몽매한 중년 여성들'을 현혹하고 있다는 것이다.[2] 이들은 민족적 우월성에 기인하는 문화적 편견을 조장하면서, 한류를 앞장서서 추구하는 일본 기업들과 미디어를 단일민족주의의 신화를 위협하는 적으로 간주한다(Itagaki, 2007; Hwang, 2014). 나아가, 이는 문화적 다양성에 대한 일본 사회의 인식이 서구로부터 기원한 것이라는 것도 보여준다[Yoshimi, 1999(2002, 2003)].

혐한론과 반한류 시위를 주도하는 사람들의 상당수는 장기적인 실업 상태에서 임시직을 전전하며 누적된 소외감과 상대적 열등감을 지닌 사회계층으로부터 나왔다.[3] 이들은 주류사회에 대한 정치적 불만이나 경제적 불안을 자이니치에 대한 반감과 배척을 통해 해소하면서, 이를 애국심의 표현이라고 미화한다. 그러나 혐한론과 반한 시위는 한류 팬들과 소극적인 수용자들을 모욕함으로써 집합적인 카타르시스를 추구하는 도덕적으로 정당화하려는 감정의 표현에 불과하다.[4] 그들은 한국과 일본 간의 역사적 문제와

---

2 『만화 혐한류』는 특별판의 에필로그에서만 한류와 〈겨울연가〉를 소개할 뿐, 한류를 그다지 많이 다루지 않는다. 이 책은 '이해할 수 없는 붐'을 주도한 언론 및 버블 세대 출신의 중년 여성 팬들을 공격하면서, 반한류 정서를 지지하는 사람들이 주류 언론으로부터 소외되고 있다고 주장한다. 그러나 아이러니하게도 한류 붐에 따른 수혜를 가장 많이 누렸는데, 출시된 지 한 주 만에 20만 권이 넘게 팔리면서 베스트셀러가 되었다.

3 예를 들어 재특회(在特會: 재일 특권을 허가하지 않는 시민회)가 결성되는 데 작동했던 주요 사회적 요인으로는 재특회 대표인 사쿠라이 마코토(櫻井誠)를 비롯한 몇몇 구성원들이 느꼈던 상대적인 경제·계급적 소외감 그리고 재일 한국인 공동체로부터 느꼈던 거부감이 축적되었던 것을 들 수 있다.

4 2009년 교토조선제1초급학교 앞에서 재특회가 주최한 시위는 인권침해 사건으로서 일본 국내뿐만 아니라 해외에서도 많은 주목을 받았다. ≪뉴욕타임스≫는 재특회를 서구의 인종차별주의 집단인 '스킨헤드'족이나 네오나치즘으로 보는 일본 내 비판적 관점을 소개하면서, 이러한 집단의 다수가 수십 년째 지속되어 온 실업 문제에 따른

자이니치에 대한 뿌리 깊은 차별을 자극하면서 다양한 보수적 사회집단들로부터 지지를 얻으려고 한다. 그러나 아이러니하게도 혐한론자들의 선동과 폭력적 시위는 역사나 정치 이슈에 무관심한 팬들은 물론이고, 소극적인 일반 소비자도 문화적 선택에 대한 정당화를 인식하도록 만들었다. 이는 소극적이던 소비자들이 수행 주체(agent)로서의 의식을 지닌 소비자로 거듭나는 결과로 이어지고 있다.[5]

이뿐만 아니라 페미니스트와 문화 행동가들로 구성된 사회집단은 진보주의의 관점에서 인종차별적 반한류 시위에 대한 자제를 촉구했다. 이는 제3의 한류 논쟁으로 이어졌는데, 이 담론은 한류 팬덤의 정치적 무관심성뿐만 아니라 혐한론의 이데올로기적 기반을 무력화하려는 것이다.[6] 또한

좌절과 외국인에 대한 불만을 지닌 젊은이들로 구성되어 있다고 전했다. 관련해서는 2013년 10월 8일 자 ≪뉴욕타임스≫의 기사[A10(L)]의 "Japanese Court Fines Rightist Group over Protest at a School in Kyoto"를 참조.

5   2005~2006년 사이에 필자가 수행했던 일본 내 한국 드라마 팬들에 대한 인터뷰와 설문조사에 따르면, 대다수가 『혐한류』 같은 출판물이나 인터넷상의 메시지에 신경을 쓰지 않는다고 대답했다. 한편 그들은 한류 팬을 겨냥해서 상업적 수익을 올리려는 방송사와 기차 내에 비치되는 주간·월간 잡지 등에 실리는 반한류 정서의 확장을 목적으로 한류 팬들을 조롱하는 극우 광고에 대해서는 명백히 비판적인 태도를 보였다. 응답자들은 또한 일본의 전통적인 스타일의 드라마에 흥미를 잃는 이유나 기존 TV 프로그램과는 다른 새로운 콘텐츠를 즐기는 이유에 대해서도 설명하는 동시에, 한국과 재일 한국인들에 대해 부정적인 이미지를 전하는 주류 방송사와 매스미디어 언론에 대해서도 냉소적으로 반응했다. 팬들 일부는 역사 및 한국과 일본 사회에 대해 배우려고 정기적으로 모임을 마련하는데, 왜냐하면 남북의 관계라든가 한일 간의 역사 문제, 재일 한국인 문제 등에 대해 스스로 무지했거나 오해하고 있었다는 것을 깨달았기 때문이다. 더불어 모든 응답자들은 소비자로서 뚜렷한 주체 의식을 가지고 판단하고 결정을 내리고 있다는 점을 강조했다. 좀 더 자세한 내용은 이향진(Lee, 2008)을 참고.

6   "Norikoe-net, the International Network to Overcome Hate Speech and Racism", http://www.norikoenet.org. 반한류 시위가 자주 벌어지는 가운데 숨어 있던 일본 내 인종차별이 수면 위로 떠오르면서 좀 더 폭력적으로 변해간다. 이들은 그에 대한 대응으로 인권 침해와 차별에 반해 인터넷방송과 웹 사이트 등을 통해 활동을 벌이고 있다.

한류와 자이니치에 대한 극단적인 혐오와 지속적인 위협 행위는 보수주의
자 간 정치적 연대에도 분열과 갈등을 일으키고 있다.[7]

지난 10여 년간, 한류의 일본 정착 과정은 앞에서 요약한 것처럼 '혁명
적인' 진화를 거쳐 왔다. 이 과정이 '혁명적'인 이유는 일본의 관점에서 구
식민지의 '세련되지 못한' 열등한 문화였던 한류가, 한국인과 자이니치에
대한 문화적 편견을 극복하고 짧은 시간 내에 일반 시민들의 하위문화로
자리를 잡았기 때문이다. 1980년대 20, 30대 젊은 여성들이 주도했던 홍
콩 영화들의 인기는 일본의 아시아에 대한 인식 변화를 이끌어내지 못한
채 금세 끝났다. 한편 1980~1990년대에 걸쳐 일부 진보적인 대학생들 사
이에서 한국 사회와 문화에 대한 진지한 관심이 부상하기 시작한 것은 '마
이 붐(my boom)' 현상에 따른 것이었다. 다시 말해 한류는 다방면으로 글
로벌화된 일본의 미디어 환경 속에서 아시아의 대중문화가 일반 시민들
로 구성된 주류사회에서 성공한 최초의 사례였던 것이다. 이뿐만 아니라
반한류 시위 이후 비록 눈에 잘 띄지는 않았지만, 한류 수용자들은 자신
의 문화적 시민권을 행사하면서 인종차별주의자들에게 자제를 요구하기
시작했다.

이러한 점에서 한류는, 서구의 헤게모니 소프트파워와 달리, 문화적 소수
자들을 위한 저항성을 동시에 추구하는 이율배반적이고 복잡한 운영 체계를
지닌다고 할 수 있다. 또한 이러한 과정을 통해 한류는 정치적 보수주의자들
의 문화적 편견에 대항하려는 사회집단들이 협상력을 키우는 소통의 장이
되고 있다. 이러한 점에 초점을 맞추면서 이 장에서는 한류가 일본 내에서
하위문화로서 수용된 과정을 분류해 분석하려고 한다. 제3의 한류(the Third

구체적인 활동 내용은 이 장에 기술해 놓았다.

7 "하시모토 도루(橋下徹) vs. 재특회의 사쿠라이 마코토(櫻井誠)"(2014.10.20). http://
www.youtube.com/watch?v=ACRxHAC-typ(검색일: 2015.8.18).

Korean Wave)는 새롭게 부상한 소프트파워로서의 한류와 혐한류라는 두 담론으로부터 비롯된 정치적 승화의 결과물이다. 2000년대 드라마 팬덤을 일으킨, 중년 여성들이 주도했던 첫 흐름과, 2010년대 좀 더 젊은 세대들의 K팝 팬덤에 의해 시작된 두 번째 흐름에 이어, '제3의 한류'론은 현재 논의되는 한류 2.0이나 한류 3.0(Jun and Yoon, 2014)과 같이 매체와 장르 구별을 포함한 포괄적인 의미에서 한류가 갖는 사회적 의미와 역할을 분석할 수 있는 틀을 제공할 것이다.

문화운동으로서 제3의 한류는 지난 15년간 한류가 소비자, 장르, 의미와 관련해 상당한 변화와 확장을 거쳐 왔다는 사실과 밀접하게 연관된다. 즉, 일본의 한류는 2003년 〈겨울연가〉로 시작된 여성 중심의 드라마 팬들과 주류사회의 여론을 주도하는 방송매체에서 출발했고, 2010년경 한국의 걸그룹 카라의 인기로 다시 제2의 한류가 시작되었다. 제2의 한류를 주도하는 젊은 세대들은 K팝 팬들이 중심이 되어 의류, 화장품 등의 인터넷 쇼핑이나 유튜브 같은 뉴미디어가 제공하는 가상현실로 한류를 확장시켰다. 세 번째 단계에 진입하면서부터는 김치와 비빔밥 같은 한식이 일본 사회 전반에 걸쳐 소비되기 시작하면서, 한류는 일상의 먹거리 문화로 가족과 친구와의 교류를 중시하는 친밀성과 관계성의 문화로 정착했다. 물론 한국 음식이 소비된 것은 오래전부터였지만, 한식이 일상적인 음식으로 자리를 잡은 것은 (드라마나 음악 같은) 미디어 문화의 부상과 함께였다. 따라서 이 장은 한류가 단지 생산국의 국익을 추구하는 소극적 역할에 그치지 않고, 향유자들이 자기 사회, 즉 일본에 대한 변화와 저항의 의지를 실천할 수 있는 새로운 하위문화로서 정착해 나가는 과정을 비판적으로 성찰할 것이다.

새로운 소프트파워의 부상과 일본의 한국 드라마 팬덤

조지프 나이(Joseph Nye)는 소프트파워를 "강제나 대가(payment)보다는 매력을 통해 당신이 원하는 것을 얻어낼 수 있는 능력"이라고 설명한다(Nye 2004: x). 소프트파워가 발생하는 것은 한 국가의 문화, 정치적 생각, 정책 등이 지닌 매력으로부터다. 소프트파워는 군사력이나 경제력 같은 하드파워의 지원을 받을 때 가장 효율적으로 실현된다. 방대한 의미에서 프로파간다 개념까지도 소프트파워에 포함되는 가운데, 경제적 자원들이 강압뿐만 아니라 매력의 요소로도 활용될 수 있는 것이다(Nye, 2011: 85). 국제기관 또한 설득력을 얻는 데 중요한 원천이다. 짧게 말해 소프트파워의 효력은 다양한 요인들에 의해 과잉 규정되는 것이며, 더 중요한 것은 그것이 상호 양국 간 위계적인 권력관계에 의해 강력하게 영향을 받는다는 것이다. 다른 국가들에 대한 군사력과 경제력이 우월한 미국과 비교할 때, 한국은 좀 더 복잡하고 다층적인 시스템을 통해 자국의 소프트파워를 성취했다. 한류의 주요 시장인 중국과 일본 그리고 한류에서 전략적으로 가장 중요한 국가인 미국은, 한국에 비해 좀 더 우월한 군사력과 경제력을 지닌 국가들이다. 다시 말해 만약 "매력과 설득력이 사회적으로 구성된 것이라면, 그리고 소프트파워가 파트너를 필요로 하는 춤"이라면(Nye, 2011: 84), 한국은 한류의 작동에서 리더가 아닌 팔로워가 될 필요가 있는 것이다. 이뿐만 아니라, 다른 권역과 여타의 아시아권에서 한류는 서구의 헤게모니 소프트파워와 경쟁해야 한다. 심지어 한류의 수행력은 주요 글로벌 권력 간의 복잡한 관계에 의해 영향을 받는다.

조지프 나이는 중국, 미국, 일본의 문화적 개념들이 한국을 경유해 도입될 때 좀 더 매력적인 것으로 여겨진다고 지적한 바 있는데, 예를 들어 중국의 수용자들은 미국과 한국의 드라마들이 서로 유사하지만(Nye, 2011: 85), 한국 드라마에서 묘사되는 생활양식, 정치체계, 경제에 대해 좀 더 친근함을 느낀다. 한류를 비헤게모니 권력으로 규정할 수 있는 이유가 바로 이것이다.

우리의 일상에 존재하는 할리우드 영화, 디즈니, 지브리(Ghibli), 코카콜라, 맥도날드 등 헤게모니적 소프트파워 장치들은, 우리가 태어나기 전부터 존재해 온 선험적 문화환경의 일부다. 많은 일본인들은 디즈니를 자신들이 방문하는 곳이 아닌 돌아가는 곳이라고 말한다. 이처럼 일상의 일부가 되어버린 주류 글로벌 문화와 달리, 한류 같은 신생 소프트파워는 새로운 시장을 개척하고 수요를 창출해야 한다. 낯선 소비자들에게 차별화된 호소력을 지녀야 하는 것이다. 몇몇 아시아 국가에서 나타나는 반한류 정서는 한류의 하향식의 일방적 흐름에 대한 반감에서 비롯된 것이고, 이는 한류가 지닌 서구적 양식(style)과의 혼종성과 모방성에 기인한 것이다(Shim, 2006). 다시 말해 여러 아시아 국가에서 한류는, 서구의 소프트파워와 유사하게, 생산국과 수용국 간에 존재하는 불균형적인 권력관계 및 경제적 격차를 보여주는 헤게모니 소프트파워로 나타나는 것이다. 한편, 수용국들에 대한 경제적 우월성 혹은 외교적 영향력에도 불구하고, 한류는 여러 권역에서 헤게모니를 쥐고 있는 일본이나 미국의 대중문화에 비해 여전히 열세다. 전 지구적 관점에 볼 때, 예를 들어 한국보다 경제 규모가 큰 일본 같은 수용국의 경우, 그 사회와 문화산업에 이미 자리를 잡은 서구의 소프트파워와의 경쟁은 상당히 고되다. 또한 한류는 타성에 젖어 우월한 것으로 받아들인다거나, 선망하는 국가의 문화가 아니기 때문에 편견의 대상이 되기도 한다. 그리고 비록 일본과 같은 인종차별적인 혐한류론은 아니어도 주류사회의 무관심 내지 호기심 이상의 관심을 받는 것도 제한적인 수준에 머물기 쉽다.

바로 이러한 중심부와 주변, 또는 서구와 비서구의 구별이 한류가 가진 소프트파워로서의 이중적이고 모순적인 특성을 강화했다. 다시 말해, 한류는 헤게모니를 쥔 소프트파워를 벤치마킹하고 있지만, 동시에 약자로 태어났기 때문에 약자 문화의 저항성을 태생적으로 가지고 있다. 최근 몇 년간 북남미와 유럽 등지에서도 눈에 띄게 증가하는 한류 팬들의 소비 행태와 성향은 이처럼 주변에서 중심으로 역류하는 한류의 저항적 운동성을 잘 보여준다. 이러한 역류는 문화적 소수들의 다양한 취향과 욕구를 표현하면서 해당 국가 내 지배문화의 일방적인 하향식 흐름에 저항한다. 또한 주류사회의 인종적 편견에도 도전한다.

일반적으로 한류 팬들은 국가 간 경계에 민감하지 않다. 초월경적 문화 경험을 즐기지만, 값비싼 해외여행이나 고급 외제 상품 구매에 익숙하지 않다. 이처럼 평범하지만 자신이 사는 사회에서 흔하게 접할 수 있는 상품, 또는 주류 미디어가 제공하는 콘텐츠만으로 자신들의 필요와 욕구를 채우기 어려운 문화적 소수자들이 한류 드라마와 음악 팬, 한류 관련 상품의 소비자들이다. 그들 가운데 일부는 온라인상에서 무료 서비스를 즐기지만, 온라인 접속이 여전히 쉽지 않은 동유럽이나 남미에 거주하는 팬들은 비디오, CD, DVD 등을 통해 한국 드라마와 K팝을 즐기고 있다. 한국 정부는 이런 국가들에서 다양한 문화 이벤트를 열고 있는데, 한류 스타들을 친근한 외교 대사로 보내거나 무료 유통 패키지를 제공하고 있다. 이처럼 미디어를 소비하고 접촉하는 방식은 팬이 어디에 사는지에 따라 매우 다양하게 나타난다.

정부가 중요한 매개자 역할을 수행하는 사회에서는, 온라인 무료 서비스가 제공되는 사회들과 비교할 때, 인기 있는 한국 드라마, 스타, 아이돌 그룹들이 종종 다르게 나타나기도 한다. 그러나 대체로 한류 팬들은 주류사회의 지배적인 문화와 구별되는 상이한 문화에 전념하면서, 다른 이들과는 차별화되는 자신들만의 고유한 문화적 정체성을 표현한다. 예를 들어 전 세계 어디에서나 찾을 수 있는 중국, 아시안계 소수민족 공동체에서 한국 드라마 렌탈 사업이나 위성방송 채널들 또는 유튜브나 각종 인터넷 사이트들은 이 지역들의 주민들에게 한류가 '초범아시아적 공감대(trans-pan-Asianism)'를 제공하는 일상적 오락문화로 자리를 잡도록 만들었다. 나아가 자신들이 사는 사회에서도 그들의 문화적 존재감을 가시화함으로써 다양한 국가와 지역에 걸쳐 살고 있는 글로벌 문화적 소수자들에 대한 주류사회의 태도를 개방적으로 이끌어내고 있다(Um, 2014; Howard, 2014; Park, 2013; Sung, 2013).

물론 주로 문화적 소수자들이 소비하는 한류가 주류사회로 편입되기란 쉽지 않다. 일본을 포함한 서구 유럽 국가들의 소프트파워는 수용국에 대해 막강한 군사력은 물론이고, 경제적 제재나 정치적 영향력 등의 절대적인 뒷받침을 받아 더욱 강력해질 수 있다. 예를 들어 한국과 일본을 포함한 아시아권에서 할리우드 영화나 재즈 음악의 인기는 수십 년간 이어져 온 미국의 경제력 혹은 군사적 영향력에 의해 형성된 것이다. 역사적으로도 서구 국가들의 소프트파워는 식민지지배와 침략전쟁, 경제적 원조 등을 통해 대상국의 일상적 삶에 오랜 시간에 걸쳐 하향적이고 일상적으로 그 영향력을 발휘해 왔다. 하지만 한류는 일본을 포함한 대다수의 사회에서 서구의 소프트파워처럼 하드파워의 지원을 기대하기 어렵다. 대중적 오락성과 차별성을 갖는 일상 문화로서 그 '매력'을 인정받아야 하는 것이다.

나아가 한류는 대중문화이자 소프트파워의 한 형태일 뿐, 함께 있어야 상승효과를 볼 수 있는 또 다른 두 가지 소프트파워인 외교적 우위나 선망받는 사회적 규범 질서의 지원을 제대로 받기 어려울 때가 많다. 따라서 한류가 이렇듯 하드파워나 또 다른 형태의 소프트파워의 지원 없이 '매력'을 발산하려면 쌍방 교류가 무엇보다 필요하다. 특히 일본과 같이 강대국인 데다 포스트 식민 관계의 상황이라면 수용국이 결정력을 가질 가능성이 더욱 높다. 바로 이 점이 한류가 강대국의 헤게모니 소프트파워와 발생론적으로 다를 수밖에 없는 이유이다(Nye, 2004).

일본의 한류가 글로벌 사회의 문화적 소수자들을 위한 저항성을 가질 수 있는 이유는 바로 앞에서 설명한 것처럼 상업 문화이지만 수용국과의 권력 관계에서 약자의 입장에 설 수밖에 없기 때문이다. 한류의 출발은 놀라운 쏠림 현상으로 사회적인 주목을 받았지만, 곧이어 혐한론자들의 노골적인 인종차별적 조롱과 거리 시위로 이어져 다양한 사회집단 간에 갈등 상황을 초래했다. 이 과정에서 한류는 생산국의 이익 추구를 넘어 인종차별주의에 대항하는 사회적 약자의 문화로서 저항성을 갖게 되었다. 이러한 점에서 한국 정부의 지나친 관심이나 홍보, 개입이 한류가 가진 수용자 중심의 역동적 흐름에 역효과를 낸다는 한류 산업 관계자들의 불만과 우려를 염두에 둘 필요가 있다. 나아가 한류의 비주류적 입지가 주류문화에 대항할 수 있는 차별성을 부각시키는 데도 한국 측의 지나친 프로모션이 부정적 영향을 끼칠 수 있다.[8]

일본의 한류는 바로 이처럼 생산국과 향유국 간 권력관계가 후자에 의해 더 좌우될 수 있는 상황에서 진화해 왔다. 이러한 관점에서 볼 때 일본 내 혐한론의 이데올로기적 기반은 여타 아시아 사회들과 비교할 때 상이하다. 예를 들어 앞서 언급한 대로 타이완과 베트남에서 한류는 지역의 산업을 위협하는 헤게모니 소프트파워로 여겨질 수 있다. 이는 헤게모니를 쥔 사회에서 비헤게모니적 소프트파워가 직면하게 되는 한계이지만, 그러한 한계는 비헤게모니적 권력이 해당 사회 내에서 소수 문화로서 뿌리를 내릴 수 있는 조건이 된다. 구체적으로 보자면, 첫째, 한류는 수용국 대다수의 사람들에게 지배와 우월성을 추구하는 문화가 아니다. 반대로 포스트 식민주의적인 불평등한 양국 관계와 구식민지의 저급한 문화라는 대중적 편견과 싸워야 하는 주변적 정체성을 가지고 출발했다. 한류는 서구 소프트파워와의 혼종화 전략을 통해 세련되고 트렌디하지만, 동시에 지역 문화적 친근감과 친밀성을 준다. 〈겨울연가〉와 〈가을동화〉, 〈호텔리어〉 등 초기 한류 대표작들의 공통점은 향수 어린 트렌디 드라마라는 것인데, 시청자들이 이 작품들

---

8   한국의 주요 음악 기획사 중 하나인 JYP 엔터테인먼트를 설립한 박진영은 2007년 하버드대학교에서 강연하면서 한류를 민족주의와 연계하거나 판소리와 같은 한국의 전통음악과 힙합을 연결하는 것은 비논리적이며, 따라서 한류를 그러한 맥락에서 논하는 것을 그만두어야 한다고 강조했다.

속에서 과거와 현재가 공존하는 사회와 이야기에 친근감을 느꼈다는 것은 잘 알려져 있다.

둘째, 일본의 한류는 수용국 내 다양한 행위 주체의 결정 과정이 얼마나 복잡하게 얽혀 있고 동상이몽의 정치적인 협상과 배타적 이해관계에 의해 영향을 받는지 잘 보여준다. 먼저 경제적 측면에서 보자. 한류가 시작된 것은 1990년대 중반이지만, 일본에서 한류는 TV 드라마가 폭발적인 인기를 얻는 2003~2004년에 이르러서야 시작되었다. 2001년 일본에서 데뷔 앨범을 출시한 보아가 상당한 성공을 거두었고, 2003년에는 동방신기가 일본에서 데뷔했지만, 일본이 한류의 가장 거대한 시장이 되도록 이끈 것은 〈겨울연가〉에 매료된 일반 TV 시청자들이었다. 일본은 한류가 중국과 동남아 등지에서 상업적으로 충분히 검증된 후에야 틈새시장을 내주었던 것이다. 많은 연구들이 한류가 일본에서 가능할 수 있었던 이유로 1980년대 중반 이후부터 달라진 한국 사회에 대한 인식과 가까워진 한일 관계를 든다. 즉, 삼성의 전 지구적 성공으로 대표되는 '한국 경제의 신화'에 이어 민주화로 얻은 정치적 안정, 88 서울올림픽 등으로 부상한 외교적 입지가 원인이었다는 것이다. 그러나 2002년 월드컵을 일본과 한국이 공동 개최하기 전까지는 사실 한국을 향한 일본의 대중적 관심은 그리 높지 않았다.[9] 일본은 한류가 발생한 이래 여러 해 동안 열외 상태에 머물러 있었던 것이다.

나아가 일본의 한류가 사회적 현상으로 불리며 안착할 수 있었던 것은 정치적으로도 중요한 의미가 있다. '한일 우정의 해'로 지정된 2005년 이후 한국의 스타들은 언제나 일본과 한국을 잇는 친선 대사로 활동했다. 동아시아

---

9   김대중 전 대통령이 점진적으로 일본 대중문화를 개방하긴 했지만, 그러한 조치가 일본에 미친 영향은 제한적이었다. 2003년경부터 한국 드라마가 인기를 얻기 전까지 한국의 대중문화는 상업 영화이지만 소극장에서 상영되었던 〈쉬리〉의 사례에서 볼 수 있듯이 '마이 붐' 세대에 한정해 향유되었다.

문화 공동체 설립을 제안하며 아시아로의 복귀와 리더십을 추구했던 고이즈미 내각(2001~2006)과 제1 아베 신조 내각의 한류 외교(2006~2007)는 신생 소프트파워의 확산에서 수용국이 생산국보다 더 결정적인 역할을 한 사례를 보여준다.

당시 일본의 정치가들에게 한국의 스타를 모방하고 자신을 한국의 팬으로서 표현하는 것은 일본의 아시아로의 귀환과 아시아 내 리더십의 추구이자, 여성 유권자들로부터 인기를 얻을 수 있는 수단이기도 했다. 정치가들과 미디어 모두 한류의 인기를 감성의 전략으로서 활용한 이유는 바로 그 때문이었다. 고이즈미 총리가 자신의 집무실로 배우 최지우를 불러 사진을 찍거나 자신도 "'욘사마(배용준)'처럼 '준사마'로 불리고 싶다"라고 말한 것은 그 대표적인 사례다.[10] 정치가로서 고이즈미는 언론을 통해 한류의 인기를 활용했던 것이다. 고이즈미 총리는, 엘비스 프레슬리의 광팬임을 자처하면서 미국의 부시 대통령을 만났던 것과 같이 〈쉬리〉의 촬영지인 제주도에서 노무현 대통령을 만남으로써 수용국의 입장에서 한류 외교를 수행했다. 이후 제1 아베 내각 시절 한류 외교는 아베 총리가 자신의 '야키니쿠(불고기)'에 대한 애정'을 표현하고, 그의 아내 아키에가 한국 드라마와 스타의 팬이어서 한국어를 유창하게 구사할 수 있다는 것을 드러내는 방식으로 이루어졌다. 이와 같은 일본 미디어의 수익 추구, 유권자들의 지지를 얻으려는 정치가들의 노력은 일본 내에서 한류가 빠르게 확산될 수 있었던 사회적 요인이었다.

셋째, 바로 이런 점에서 한류의 가장 중요한 특징은 소비자의 행위자로서

---

10   "鼻の下が長くなっちゃう/首相, 冬ソナ女優の訪問に(표정 관리가 안 되네요― 총리, 겨울연가 여배우 방문에)". http://www.shikoku-np.co.jp/national/culture_entertain-ment/20040722000399(≪四國新聞社≫, 2004.7.22, 18 : 53)(검색일: 2015.8.18). 배우 최지우는 '한일 우정의 해'인 2005년에 홍보대사로 위촉되었다. 더불어 한국의 농림부는 〈대장금〉 출연 배우 양미경을 농식품 수출 홍보대사로, 문화관광부는 배우 류시원을 2006년부터 2008년까지 홍보대사로 위촉했다.

의 주체성이다. 한류는 스스로 선택하고, 결정하고, 소통하고, 나아가 사회적 편견으로부터도 당당해야 하는 주체 의식이 요구되는 문화양식이기 때문이다. 2003~2004년의 폭발적인 〈겨울연가〉와 '욘사마'의 인기는 일본의 주류 미디어가 주로 전통적인 가족 드라마나 탐정 추리물을 제공해 온 가운데 사각지대로 방치해 두었던 여성 시청자 취향의 드라마나 장르, 프로그램 개발이 부족했던 상황을 잘 보여준다. 2005~2006년 사이에 필자가 일본 내 한류 팬덤에 대해 수행했던 연구 조사에 따르면, 이 팬들 가운데 상당수가 낮 시간을 주로 TV 시청으로 보내는 중년 또는 그 이상의 연령층인 반면, 적지 않은 수가 회사원, 비즈니스 우먼, 교수, 고위 공무원 등 풀타임 직업을 가진 젊은 여성 시청자들로서 육아나 가사 이후 늦은 저녁 시간에 TV를 보는 집단인 것으로 나타났다(Lee, 2008). 결과적으로 이 여성 시청자들은 문화산업에서 문화적 행위 주체로서 사각지대에 남겨져 있었던 것인데, 이러한 상황에서 한국 드라마가 위성방송이나 지역 방송, DVD 렌탈 가게 등과 같은 다양한 채널에서 낮 시간을 채워주는 대안적인 콘텐츠가 되었던 것이다. 주로 밤에 젊은 층을 위해 방영되는 버라이어티쇼나 모든 세대를 위한 TV 드라마와 달리, 한국 드라마의 시청자들은 낮 시간을 집에서 보내는 시간이 많거나 늦은 밤이 되어서야 비로소 자신의 시간을 가질 수 있는 연령층이 많았다. 2000년대 초반에는 향수 어린 트렌디 드라마가 여성의 취향을 저격했다면, 2000년대 후반에 들어와서는 〈대장금〉이나 〈주몽〉 같은 사극이 남성 시청자들을 끌어들였는데, 이처럼 다양한 세대와 계층에게 매력적인 콘텐츠로 떠올랐던 것이 가장 직접적인 한류의 성공 요인으로 보인다.[11]

---

11   일본 내 초기 한류 팬덤에 대해서는 이향진(Lee, 2008) 참조.

혐한류론과 K팝 그리고 뉴미디어 세대

결국 한류 드라마의 폭발적인 인기는 수용국의 정부, 방송사와 문화산업, 그리고 당사자인 소비자들의 관점에서도 윈윈 게임이었다. 또한 혐한류론으로 인기 작가가 되고, 사회적으로 유명 인사가 된 인종차별주의자들이나 정치적 보수주의자에게도 한류는 소통의 공간을 제공했다.[12] 한류가 시작할 무렵의 주요 팬들은 NHK 아침 드라마의 고정 시청자들이거나 한때 크게 유행했던 '트렌디' 드라마 시청자들을 중심으로 하는 일본 대중문화의 충성스러운 지킴이들이었다(Lee, 2008). 하지만 이들도 변화하는 글로벌 미디어 환경에 노출되면 마땅히 새로운 콘텐츠를 제공받기 원한다. 그러나 이들을 위한 맞춤형 콘텐츠를 공급하는 것은 비용 면에서 어려운 일이었기 때문에, 이미 아시아의 여성 시청자들에게 검증된 한류 드라마가 최선의 선택이되었다. 따라서 한류가 일본 사회에서 그토록 순식간에 매력적인 소프트파워로서 유입될 수 있었던 것에는 일본 사회의 내재적 필요라는 흡인 요인이 우선적으로 고려될 필요가 있다. 물론, 한류가 소프트파워로서 한국 사회에 기여한 점, 그리고 한국 사회의 결정력을 과소평가하는 것은 아니다. 다만 여기서 지적하고 싶은 점은 초기 한류의 확산은 아무리 한국 정부나 생산자들이 공격적으로 수용자들에게 다가가더라도 일본 사회의 구조적 흡입력, 정책적 이니셔티브와 오랜 시간에 걸친 인종주의로 주변 국가의 존재 자체에 무감각해져 있던 시민들의 태도 변화와 적극적인 개입이 없었다면 불가능했다는 것이다. 한국 정부에 의해 한류 스타와 아이돌 그룹들이 동원된 콘서트와 문화 이벤트들이 여러 번 개최되었지만, 엄격히 말해 이러한 행사들은 새로운 팬 집단을 형성했다기보다는, 한류 드라마의 인기를 활용해서

---

12   Asahi.com; Amazon.co.jp 好書好日(일본의 책 정보 사이트), August 15-21, http://book.asahi.com/ranking/TKY200508260242.html(검색일: 2015.8.29).

한국에 대한 일본 내 관심을 고양하는 역할을 한 것이라 할 수 있다.

하지만 바로 이러한 중층적인 이해관계가 얽힌 한류의 일본 유입 과정이 역설적으로는 혐한론자들에게 위기의식과 피해의식을 갖게 한 것으로 보인다(McLelland, 2008; Ito, 2013). 이들은 한류 팬만이 아니라 방송사, 언론사, 정부 모두를 적대시하며 한류에 정신 팔려 애국심을 잊었다고 역설한다(Yasuda, 2012).[13] 특히 아무것도 모르는 순진한 중년 아줌마들이 이윤만 생각하는 방송사가 종일 프로그램으로 편성한 한류 드라마를 보면서 역사의식도, 사회적 판단도 없이 일본 사회를 위기로 몰아가고 있다면서 이들에게 정신 차리라고 애국심을 호소한다. 나아가 혐한류론자들은 자신들을 피해자라고 주장하며 한류 팬들은 물론이고 정부나 방송사, 언론사까지 공격했다. 그러나 고바야시 요시노리(小林よしのり)의 『만화 혐한류(マンガ嫌韓流)』와 후속편, 출판사인 신유사(晋遊舍) 또는 배우 다카오카 소스케(高岡奏輔)의 반한류적 언행이 후지TV 앞에서 주로 벌어진 반한류 시위를 야기할 수 있었던 것이나 반한류 논쟁 그 자체가 사람들의 이목을 끌 수 있었던 것은 그 전제로서 〈겨울연가〉의 영향력이 있었기 때문이라 할 수 있다(Sakamoto and Allen, 2007).

혐한류론자들 가운데는, 한류 관련 상품과 여행을 소비하면서 일본뿐만 아니라 해외 언론의 주목을 받은 가정주부들을 국가적 자긍심과 이익에 반하는 적으로 간주하는 여성 집단도 있다. 이 혐한류론자들은 "'한류 아줌마(韓流おばさん)'들이 '무지하고 비애국적인' 행동을 그만둬야 한다"라고 비난한다. 기타하라와 박선이에 따르면, '오바상, 즉 중년 여성 팬들'은 혐한류 집단이 가장 집중적으로 포화를 터뜨리는 대상이다(Kita and Park, 2014). 혐

---

13   "日韓國交斷絶國民大行進(일한 국교 단절 국민 대행진)"(2013.5.26). http://www.
     youtube.com/watch?v=w5GpknduDAI(검색일: 2015.8.18). 혐오 발언을 담은 여러
     영상이 업로드되면서 국제적으로 논란을 일으키고 있다.

한류론자들은 한류가 일본 사회에 적잖은 파장과 변화를 가져오며 사회적 현상으로 주목을 끈 것을 중년 여성 팬들의 엄청난 규모의 소비에서 찾으면서, 이를 일상적으로 가시화된 '저급한' 사회 행위로 간주한다. 지금까지 일본의 대표적인 하위문화들은 경제적으로 소외된 계층이나 세대 또는 극히 사적인 공간에서 이루어지는 형태였던 데 반해, 한류가 일본의 하위문화로 자리를 잡게 한 것은 다름 아닌 공영방송 NHK와 대표적인 지상파 방송매체들이었다. 〈겨울연가〉는 2년 사이에 수차례 방영되었고, 한류 스타들은 일본 방송에 집중적으로 등장했으며, 모자라는 위성 채널의 아침 방송, 평일 방송은 상대적으로 저렴한 한국산 드라마로 채워졌다.

국제관계가 악화될 때마다 거리에 등장하는 인종차별적 혐오 발언들이 특별히 새로운 것은 아니다. 그러나 특정 소수민족을 향해 인종주의적 거리 시위가 사회적 이벤트로 주기적으로 대도시 한복판에서 벌어지고, 이들의 안전을 보호하는 경찰들, 이를 옹호하는 인종차별적 언론 보도 및 지식인들의 국제관계론이 출판업계의 베스트셀러가 되는 사회는 드물다. "반도로 돌아가라!"와 "한국 여성에 돌을 던지거나 강간하라!"[14]는 혐한류론자들이 시위에서 사용하는 인종차별적 구호들이다. 이와 같은 극한 상황에서 한류 아줌마들은 마침내 한류 코스프레를 중단했다. 즉, 한국 드라마와 스타의 사진이나 상품을 통해 팬 정서를 공유하는 것을 그만둔 것이다. 한류 코스프레는 옷장 안에 깊숙이 넣어진 대신, 온라인상에서 익명의 채팅으로 규모를 키워온 혐한류론자들이 현실 세계에서 거리 시위대로 모습을 드러냈다.

그러나 어른들이 이러한 식으로 고통을 받을 동안, 트렌디한 젊은 세대는 다른 방식으로 한류를 즐겼다. 이들은 〈겨울연가〉를 즐겨보던 이들의 자식 세대다. '〈겨울연가〉 자식 세대'는 한류를 좀 더 사적이고 빠른 속도로 즐긴

---

14   "日韓斷交デモin大阪(오사카에서의 일한 단교 데모)"(2013.3.24), http://www.youtube.com/watch?v=e7Dbq8gX-J8(검색일: 2015.8.18).

다. 신곡을 듣는 것도, 드라마를 즐기는 것도 한국과 시간차가 거의 없다. 하지만 이들의 주요 관심사는, 여러 화로 구성되어 집중하며 시청할 것을 요구하는 드라마가 아니라 K팝이다. 이들은 인터넷으로 직접 화장품과 옷을 구매하고, 주말이면 한국으로 여행을 떠난다. 중학교나 고등학교에서 한국어를 배우기 시작한 이들은 뉴미디어 시대 이동성의 문화가 주는 혜택을 최고로 누리고 있다.

카라와 소녀시대 등 아이돌 그룹을 앞세운 K팝이 주도하는 신한류 또는 한류 2.0이 뉴미디어가 주는 가상의 공간으로 주 무대를 옮겨 젊은 세대들을 향해 새로운 물결로 요동칠 때, 혐한류론자들은 2011년 후지TV 방송국 앞에서의 시위를 시작으로 한발 늦게 현실 세계로 나왔다. 하지만 많은 드라마 팬들은 벌써 반한류 시위가 문제를 삼았던 지상파 방송이 아닌 인터넷 같은 사적인 채널과 문화공간으로 이동했다. 풍부한 경제력을 지닌 버블 세대의 여성들이 가족 단위로 K팝 콘서트 티켓을 구매해 아들, 딸, 손자, 손녀들과 함께 신한류를 즐기는 한편, 혐한류론자들은 그들의 등에 대고 계속해서 욕설을 늘어놓는다. 이러한 관점에서 혐한 시위는 한류 팬들이 아닌 자신들의 존재를 일반 시민들과 일본 미디어에 공공연히 알리기 위한 것으로 보인다.

이처럼 시대착오적인 일본의 반한류 정서가 가진 근본적 한계는 중국이나 타이완의 '항한류(抗韓流)'와 달리, '혐한류(嫌韓流)' 즉 대항이 아니라 혐오감으로 인종차별주의와 애국심을 혼동한다는 것으로, 이는 역사적 편견에서 비롯된 것이다. 이들은 또한 낡은 남성주의적 성 문화 규범을 그대로 답습하고 있다. 대표적인 경우가 바로 하나도케라는 조직의 부인들이 한류 아줌마들에게 한 원색적인 비난이다(Kitahara, 2013). 신오쿠보에 있는 커피프린스 1호점이나 돈짱처럼 드라마의 주인공 같은 꽃미남이 서빙하는 한류 음식점과 카페에서 삼겹살에 커피와 팥빙수를 즐기고, 한국식 미용실과 찜질방, 거기에 재팬판 한류 아이돌 그룹의 서포터로서의 팬덤을 즐기는 여성들은 애국심을 잃은 부도덕한 일본인이다. 그리고 이를 부추기며 부끄러운 성적 충동을 자극하는 신오쿠보의 재일 한국인들은 하나도케 부인들의 눈엔 가장 먼저 추방해야 할 공격 대상이다. 이들의 눈에 비친 신오쿠보는 일본 남성주의자들의 위선적인 성 규범에 반발하는 여성들의 불법적인 해방 지구이고, 따라서 투쟁의 거리인 것이다. 이들은 남성들이 아키하바라에서 AKB48의 공연을 보고 행복해하는 것에는 너그러울지언정, 한류 꽃미남들에게 서빙을 받고 즐거움을 느끼는 여성들이 신오쿠보에 모여드는 것은 용납할 수 없다. 그래서 한류 아줌마들을 향해 "정신 차리고 집으로 돌아가 나라를 위해 육아에나 몰두하라"라는 도덕론을 설파한다. 하지만 이들의 성차별적 시각은 2000년대 초에 불었던 '욘사마 열풍에 대해, 할 일 없고 시간이 남는 주부, 섹스리스 부부 생활에 지친 중년 여성들의 불만 때문이라고 비아냥거린 주류 언론의 남성 비평가들이나 외신 기자들의 촌평과도 일맥상통한다.

이와부치 고이치(岩渕功一)와 이타가키 류타(板垣龍太) 등 여러 학자들은 혐한류론의 이데올로기적 허구성과 논리적 맹점, 정치적 보수성에 대한 비판론을 제기해 왔다(Iwabuchi, 2004; Itagaki, 2007). 이들은 한류 붐에 의해 재일 한국인들에 대한 극단적인 배척이 악화되고 있음을 경고했다. 하지만 이러한 비판적인 시각에도 불구하고 인종차별주의자들은 한류 관련 출판업계의 베스트셀러를 독차지하고, 주류 미디어에 의한 자신들의 피해자적 입장을 강조하며, 과거에 뿌리를 둔 혐한론을 시류에 편승해 '혐한류론'으로 둔갑시켜 거리로 나섰다. 그리고 오타쿠나 인터넷상에서 익명으로 활동하던 혐한론자들의 주기적인 거리 시위는 일본 사회 어느 곳에서나 쉽게 볼 수 있었던 한류 드라마의 인기와 같은 한류 팬덤을, 과거 식민지였던 열등한 국가의 저급한 문화를 탐닉하는 것으로, 그리고 한류 팬들은 문화적 소수자들로 재주변화(re-marginalization)하기도 했다.

자신들의 거리라고 믿었던 일본 내 한류 메카 신오쿠보에서 주말마다 확성기로 '배신자'와 같은 모욕적인 언사를 외치는 시위대가 10배 규모가 넘는 경찰들에 에워싸여 자신들을 매국노로 매도하는 상황으로 인해, 한류 팬은 물론이고 신오쿠보를 찾는 일반 고객들의 발길이 줄어들면서 식당과 가게 소득은 절반에서 3분의 1 수준으로 떨어졌고,[15] 가게 주인들인 재일 한국인들은 혐한론자들의 위협 전화로 속앓이를 하게 되었다. 이러한 압박에 대해 2006년에 필자가 인터뷰했던 한류 드라마 배용준 팬들도 언급했다. 2012년의 인터뷰 응답자들 가운데는 신오쿠보에 가는 것이 불편하며, 자신이 한일 역사 문제나 독도 같은 정치적 문제에 무지해 사회적으로 불편을 끼치고 있어 죄송하다고까지 말한 사람도 있었다. 그녀들은 더 이상 한류 코스프레, 한류 스타의 이미지가 인쇄된 폴더나 열쇠고리를 비롯한 다양한 한류 관련 상품으로 자신의 문화적 정체성을 표현하지 않는다. 그들은 '옷장 속'의 보이지 않는 팬 또는 몇 년 만에 끝나버린 좋았던 시절을 회상하는 팬으로 바뀌었다.

한류 식객들과 사회적 소수자들의 문화적 연대로서 새로운 한류 담론

일본의 한류는 1990년대 후반 중국, 타이완, 홍콩, 동남아에서 〈사랑이 뭐길래〉, 〈별은 내 가슴에〉 같은 드라마 또는 H.O.T., NRG, 클론 등의 댄스음악 등으로 시작되었던 한류가 이미 뿌리를 내린 시점인 2003~2004년이 되어서야 비로소 시작되었다. 다시 말해 2001년 보아의 데뷔와 2002년

---

15 필자는 2012년 신오쿠보 지역에서 한식당과 상점을 운영하는 재일 한국인들을 인터뷰했다. ≪신주쿠구신문(新宿區新聞)≫의 「韓流ブーム」は縮み …, 「中國特需」は消えた!(한류 붐은 축소되고 …, '중국 특수'는 사라졌다!)" http://www.shinjuku-shinbun.co.jp/images/2012/121025.pdf(검색일: 2015.8.29).

의 〈쉬리〉개봉에도 불구하고, 일본은 다른 아시아 국가들과 동 시간에 한류 초기 단계를 경험하지 못했던 것이다. 일본은 뒤늦게 한국 드라마 구매와 방영에 나섰는데, 이는 자국에서보다 훨씬 저렴한 비용이었을 뿐만 아니라, 중국과 타이완에서 이미 높은 시청률을 기록하고 있었기 때문이다. 주류 방송국은 한국 드라마를 선구매해 투자한 후 그것들을 신중하게 유통시켰다. 일본의 투자사들이 한류 영화를 TV 드라마의 극장 버전처럼 만들고 한류 스타들을 고용하기 위해 시나리오 제작 단계부터 개입하면서 한류의 판도는 완전히 바뀌었다. 실제로 일본은 이후 그 자리를 중국에서 넘겨주긴 했지만 2012년까지 한류 최대 시장이었고, 한류가 전 지구화된 문화적 흐름으로 알려지기 시작한 것은 이처럼 일본이 거침없이 소비하면서부터였다. 따라서 엄격히 말하자면, 연일 어느 채널을 돌려도 평소엔 무관심했거나 편견을 가졌던 한 특정 국가의 일일연속극과 아이돌의 노래가 쏟아지고, 팬이 아니라면 비슷해 보이는 드라마, 반복적인 춤과 리듬의 음악, 성형 의혹으로 모두 비슷해 보인다는 모습의 한류 스타들이 거실 한복판을 차지한 텔레비전의 화면을 도배한다면 심사가 언짢아지는 것은 비단 혐한론자들만은 아닐 것이다. 비싼 제작비 절감의 일환으로 '저렴한' 한류 드라마가 대량 수입되는 상황에서 일부 연예계 종사자들이 가질 수 있는 직업적 위기의식도 충분히 이해될 수 있다.[16]

반면 한류에 대해 긍정적 평가를 하는 이들은 비록 뒤늦긴 했으나, 그간 무시되어 온 중년 여성 시청자들에게 새로운 콘텐츠를 제공하고 〈겨울연가〉와 '욘사마'의 폭발적인 인기로 일본 사회의 글로벌 문화 코드가 반드시 서구가 아니라 아시아적일 수 있다는 것을 강조한다. 또한 이를 통해 좀 더

---

16 디지털 아사히신문. 2011.8.9. "領土問題, 反「韓流」……日韓関係のこれから(영토 문제, 반'한류' ……, 일한 관계의 미래)". http://webronza.asahi.com/politics/themes/2911080800002.html(검색일: 2015.8.29).

개방적이고 다양한 문화적 교류의 필요성과 중요성을 역설한다. 초기 한류 드라마 팬들은 일상적으로 한국 드라마를 즐기면서 자신들과 유사한 문화적 욕망을 가진 사람들이 있다는 것을 알게 되었고, 베트남, 필리핀, 태국, 몽골 등 여타 아시아 국가들뿐만 아니라 캐나다와 미국, 남미와 같은 여러 국가들에서 한국 스타들의 소식을 좇으면서 국경을 넘나드는 교류를 시작했다. 이들은 번개팅을 하며, 소통을 위해 영어와 한국어, 외국어 공부를 하고, 드라마 촬영지를 함께 여행하고 동료(なかま) 의식을 키워갔다. 그리고 지금까지 미디어를 통해 전해 듣던 나라 밖 이야기, 주변화된 아시아 여성들의 삶에도 관심을 갖게 되었다. 즉, 한류 팬덤은 일본을 넘어 아시아라는 초국가적인 문화적 공감대로 확장된 것이고, 이를 통해 팬들은 자신들의 초국가적 문화정체성을 확인하는 과정을 겪게 되었다. 또 인식하지 못한 소수민족 집단이나 외국 이주노동자, 성적 소수자 등 다양한 형태의 소수자들에 대한 관심으로 이어지는 경우도 적지 않았다(Lee, 2008).[17] 바로 이런 점에서 일본의 한류는 소프트파워로서의 정치성이나 대중문화로서의 이윤추구를 넘어 글로벌 소수자 하위문화로서 사회적 운동성을 띤다고 볼 수 있다.

한류 드라마가 지상파 방송에서 고정적으로 방영되지 못하고 K팝 아이돌 스타가 홍백전에 참여하지 못했다고 우려하는 한국 주류 언론의 민족주의적 한류론은, 일본 사회에서 이처럼 다양한 사회집단이 소통하게 하는 한류의 문화적 역동성을 간과하고 있다. 일본은 여전히 중국과 함께 한류의 전 지구적 소비를 주도한다. 하지만 일본 내 한류에서 더 중요한 공헌은 일

---

17 "노리코에네트, 혐오 발언과 인종차별을 극복하는 국제 '네트워크'(Norikoe-net, the International Network to Overcome Hate Speech and Racism "Network")", http://www.norikoenet.org/network(검색일: 2015.8.29). 노리코에네트 무라사키 노카제(のりこえネット紫の風)은 일본과 한국 내 성적 소수자들을 위한 인권 보호 활동을 전개하고 있다. 돗토리현의 자원봉사자들로 구성된 '노리코에네트 와레라(のりこえネットわれら)'의 목표는 인종차별에 의해 억압받는 이들을 돕는 것이다.

본 사회 내부에서 찾아야 한다. "일식 한류"라는 표현처럼, 일본에서의 한류는 아시아적 친밀감과 서구 지향성의 문화적 욕구가 이율배반적으로 혼재하는 수용자들의 요구에 맞춰 지역화해 가고 있다(Mori, 2004). 이러한 지역화 과정을 통해 일본의 한류는 이른바 서구적 취향의 선진국에서 비서구 사회 출신의 신생 소프트파워가 부딪힐 수 있는 인종차별주의를 가장 극적으로 노정했다. 그리고 헤게모니가 아닌 레지스탕스, 즉 저항의 문화로 인종차별주의자들의 주공격 대상인 재일 한국인들의 소수민족 문화와 평범한 일본 시민들이 즐기는 비서구 외국 문화로서의 경계를 허물었다. 그리고 나아가 주류사회와 소수 사회집단의 문화적 경계마저 허물고 있다.

이러한 관찰에 대해 가장 시각적으로 잘 드러나는 것은 아마도 일본 전국에 가맹점을 둔 패밀리 레스토랑과 이자카야의 메뉴판일 것이다. 대다수 평범한 사람들은 혐한류론자들에게 성경과 같은 『만화 혐한류』 등의 출판물과 2채널 같은 온라인 사이트를 보지 않는다. 동시에 이들은 텔레비전이나 컴퓨터 앞에서 한류 드라마를 보거나 음악을 듣지도 않고, 한국어 강습소를 찾거나 서울 거리를 쏘다니는 한류 팬들도 아니다. 이들은 한일 간 정치적 논쟁과도 거리를 둔, 단지 매운 떡볶이, 삼겹살, 치즈 닭갈비를 찾는 한류 식객들이다. 이들이야말로 반한류 거리 시위를 주도하는 일본의 우익 사회집단들과 이를 반대하며 카운터 운동을 하는 사회집단 사이에서 제3의 한류라는 새로운 물꼬를 틀 수 있을 것이라 생각한다. 이제 비빔밥이나 냉면은 많은 식당의 고정 메뉴가 되었고, 김치는 쓰게모노 시장을 평정했으며, 김치볶음밥은 학교 점심 중 최고 인기 메뉴가 되었다.[18]

---

18 "すき家の「鍋焼ビビンバ定食」新発賣!(스키야 '나베야키 비빔밥 정식' 신발매)", http://sukiya.jp/news/2015/03/20150326.html(검색일: 2015. 8.29); "「甘い」キムチで大躍進, 革命兒ピックルスの野望('달콤한' 김치로 대약진, 혁명아 피클스의 야망)" (2012. 2.9), http://toyokeizai.net/articles/-/8533/(검색일: 2015.8.29); 스기나미구(區)의 "給食食材料國家システム: 高井戸東小學校(급식 식재료 국가 시스템: 다카이도히가시소학

물론 이들이 친한파라거나 비판적 사회 세력이라는 의미는 아니다. 하지만 이러한 변화는 오랫동안 뿌리 깊었던 인종차별주의적인 아시아관이나 한국관에 일정한 변화를 가져올 수 있다고 본다. 대표적인 경우가 반한류 시위가 있는 신오쿠보에서도 여전히 기가 죽지 않는 여성들의 야키니쿠 조시카(yakiniku-joshika)이다. 대학생과 회사원, 또는 가정주부 할 것 없이 이들은 낮에도 삼겹살에 소주, 막걸리, 생마늘을 즐기며 지금껏 일본의 술 문화가 가진 성차별적 규범을 남의 일처럼 넘겨버린다.[19] 다양한 온라인 사이트에는 여성들의 야키니쿠 데이트 매너와 즐거움 키우기를 다루는 블로그가 소개되어 있는데, 이는 버블 세대 사이에 야한 의미로 회자되던 '야키니쿠 데이트'와는 다르다. 일본에 한류가 상륙하기 전까지 야키니쿠 비스트로는 재일 한국인이 운영하는 냄새나고 허름한 식당이었고, 야키니쿠 데이트란 함께 밤을 보낸 남녀가 한밤중에 또는 아침 일찍 자신의 젓가락으로 불고기를 집어서 파트너에게 먹여주는 등 마늘 냄새나 '부적절한 식사 예절'을 개의치 않고 식사하는 것을 의미했다. 한마디로 온탕과 냉탕을 오가는 일본의 한류 흐름에 변하지 않고 꾸준한 것은 바로 이처럼 정치적 캠페인이나 매스미디어의 중재나 간섭 없이 개인들, 다양한 사회집단들이 먹거리 문화가 제공하는 소통의 공간이라고 본다. 한류 드라마가 절정의 인기를 누리던 시절부터 일본 사람들이 의아해하는 광경, 즉 왜 한국 드라마에는 식사하는 장면이 자주 등장하는가라는 질문에 이제 일본의 한류가 스스로 답을 찾아가

교)", http://www.suginami-school.ed.jp/kyushoku/View. do; jsessionid=
B424493B5632FF0AA5FCBC617828DF7E?school=142942*ymd=2015%2F05&2F25(검색일: 2015.8.29).

19 야키니쿠와 야키니쿠 데이트에 대한 인식의 변화는 이타미 주조(伊丹十三)가 연출한 〈담뽀뽀(タンポポ)〉(1985)와 구수연의 〈불고기(THE 焼肉 MOVIE プルコギ)〉(2007)에서 확인된다. 전자에서 야키니쿠 데이트는 주인공들이 섹슈얼한 관계에 진입했다는 것을 암시하는 반면, 후자에서 야키니쿠 데이트는 최신 유행의 것인 동시에 재일 한국인들의 정체성과 향수를 보여주는 것으로 묘사된다.

고 있다 하겠다.

나아가 반한류 거리 시위를 계기로 인종차별주의자들에 맞서 저항적 메시지를 보내면서 재일 한국인들만이 아니라 다양한 사회적 소수자에 대한 편견을 극복하자는 사회운동이 확산되는 것이 이제 우리가 기대해 볼 만한 제3의 한류 담론이다. 2013년 8월 우에노 지즈코(上野千鶴子), 사카타 마코토 등의 진보적 지식인들과 사회 활동가들이 주축이 되어 노리코에네트라는 단체를 결성했다. 이들의 발표에 따르면 2013년 3월부터 8월까지 161번의 헤이트 스피치(혐오 발언) 시위가 발생했다고 한다.[20] 주 무대는 도쿄의 신오쿠보와 오사카의 쓰루하시였다. 노리코에네트의 주요 활동은 헤이트 스피치가 가진 위험성을 사회적으로 알리는 것이다. 물론 재일 한국인 배척과 민족주의적인 한류론에 대해서도 날카로운 비판을 하지만, 궁극적으로는 일본 사회의 점차 극단화되는 인종차별주의에 더 이상 침묵할 수 없다는 것이 결성의 이유이고 목적이다. 이들은 홈페이지나 온라인, TV 방송을 통해 지식인은 물론이고 일반 시민들의 문화적 연대를 호소하면서 재특회나 여러 우익, 인종차별주의적 민족주의자 등 '초(超)배타적 민족주의와 반외세주의 기반의 우익 시민 집단'의 언어폭력과 문화적 편협성을 비판한다.

WAN(Women's Action Network) 또한 좋은 사례다. 페미니즘의 관점에서 WAN은 한국 드라마에서 나타나는 독립적이고 강인한 어머니에 기반을 둔, 새로운 여성상을 소개했다. 이처럼, 한마디로 일본의 한류는 신생 소프트파워를 두 사회의 윈윈 게임으로 시작해 혐한류론에 반한류 시위, 거기에 맞서

---

20 ≪아사히신문≫, 2013년 11월 6일 자, "ヘイトスピーチ街宣, 地方でも… 全國で半年に161件(혐오 발언 거리 시위가 지방에까지 … 전국적으로 반년간 161번)"; "行動保守アーカイブプロジェクト統計資料(행동 보수 아카이브 프로젝트 통계자료), http://www.acap.link/; 나카자와 케이(中澤けい), "拡散するヘイトスピーチ(확산되는 혐오 발언)"(노리코에네트TV), http://www.youtube.com/watch?v=qyyWq-3X5LE(검색일: 2015.8.18).

는 카운터 시위대나 사회적 저항 담론의 생산을 통해 한국만이 아니라 수용국의 다양한 사회집단이 때로 서로에 대한 극단적 위협과 대립을 보이기도 했다. 하지만 그 갈등의 조정 과정을 통해 지금까지 일본 사회를 주도하던 민족 차별주의적이거나 서구 지향적 문화 소비론을 반성하고 다양한 종류의 사회적 소수자에 대한 관심을 촉발시키는 제3의 한류 담론으로 발전되고 있다.

결론

지금까지 지난 15년간 일본 내 한류의 진화 과정을, 글로벌 소수자 문화의 저항과 협상력이라는 비헤게모니 소프트파워의 개념을 기반으로 살펴보았다. 초국가화된 아시아 문화인 한류를 쌍방적인 문화 교류로 인식하는 것은 매우 중요한 일로, 일본의 한류에 대한 논의가 한국 또는 일본이라는 일방적인 시각, 또는 정부나 생산 집단 혹은 일부 팬들에 한정되어서는 안 된다. 지금까지 수많은 한류 연구가 이루어져 왔으나 아직도 한류를 한국 정부와 문화산업이 일군 대표적 국가 브랜드론으로 치켜세우는 한국 미디어의 입장이나, 반대로 15년이 넘도록 구태의연한 방식으로 "삼성의 세계화 전략이 곧 한류의 프레임 워크" 또는 "일본판 삼성 복합체"라고 주장하는 일본 미디어 논객들의 논지는 한류가 지니는 쌍방 문화 교류의 중요성을 간과한 것이다.

최근 폭력적인 반한류 시위는 2015년을 고비로 잠시 주춤하며 숨 고르기를 하고 있다. 하지만 제2차 세계대전 중 발생했던 일본군의 위안부 문제에 대한 합의를 둘러싼 논쟁이 시작되면서, 일본과 한국 사회는 한류 외교를 기반으로 하는 미래 지향적인 화해를 폐기하고 또다시 끝없는 반목의 시대로 접어들고 있다. 이와 같은 정치적 상황 속에서 일부 학자들과 주류 언론들은 계속해서 한류의 현재와 미래를 과거의 논리로만 재단하려 든다. 이는 한류를 혐한론의 뿌리가 되는 식민 지배의 역사적 갈등과 영토 분쟁으로 환원시킴으로써, 한류를 퇴보와 발전의 패턴이 반복되는 한일 관계의 역사적 관점에 한정되어 인식하는 것이다.[21]

하지만 이러한 문화에 대한 정치·경제 결정론적 입장은 지난 10여 년간 다양한 모습으로 발전·진화해 온 일본의 한류가 다양한 가치관을 가진 여러 사회집단 사이에서 보여준 소통의 수단으로서의 중요성을 파악하지 못한 것이다. 이 장은 바로 앞에서 말한 일방적이고 원론적인 입장과는 거리를 두면서, 지난 10여 년간 일본 내에서의 한류 발전 과정이 한국과 일본 양국의 다양한 주체에 의한 쌍방적 문화 교류의 결과라는 것을 밝히려 했다. 더불어, 일본 내 한류가 정치인과 문화산업 담당자는 물론이고, 팬들을 포함한 일반 시민들 간 역동적인 소통에 의해 지속적으로 그 깊이를 더하면서 새로운 문제의식을 제기해 왔다는 것도 밝히려고 했는데, 이를 새로운 향유자 주체 집단의 등장과 소통 과정을 중심으로 한류, 반한류, 한류 요리의 부상이라는 세 가지 단계로 제시했다.

한류는 서구의 헤게모니 소프트파워를 흉내 내기도 하지만, 글로벌 주변부에 위치한 소수자 문화가 가진 저항성도 함께 지향한다. 이러한 이율배반성은 생산 집단과 수용자들 간 쌍방 교류 또는 수용국 내에서의 다양한 이해집단 간 소통을 이끌어낸다. 일본의 한류는, 수용국의 권력 집단이 생산국의 문화적 발전에 대해 주도권을 쥐는 사회에서, 글로벌하고 초국가적인 문화가 어떻게 그 지역 주민들의 필요와 주체적인 수용 과정에 의해 내재적 역동성을 발휘하는지 보여준다. 이뿐만 아니라 일본의 한류에서 혁명적인 변화가 지니는 의미는, 앞에서 언급했던 바대로, 이전까지 무시되거나 차별받아 왔던 주변국 소수민족 집단의 음식 문화가 일본 내 일반 가정의 일상

---

21   한국 MBN 방송국, 〈성공다큐 최고다〉, 192회, 광복 70주년 특집 방송, "국제 협력의 한류를 일구다"(검색일: 2015.8.15).

적인 식사의 일부가 되었다는 것이다. 한국 요리는 일본 전역 학교의 점심, 술집, 편의점으로 확산되었으며, 결과적으로 한류를 놀라운 수준으로 가시화했다. 더구나 한류가 일본 사회 내 글로벌 문화에 대한 인식에 변화를 가져왔다는 사실은 다른 국가들에 대해서도 커다란 함의를 지닌다.

오늘날 글로벌라이제이션이 심화되면서 이주 노동자의 수가 증가하는 가운데, 일본 내 한류와 동반된 현상이 지니는 함의는 일본·한국 간 관계 또는 아시아 국가들에 한정되는 것이 아니다. 과거 식민 지배를 겪은 국가들에게, 그리고 피식민지 출신으로 지배국(이 장의 경우 일본) 사회의 소수자 집단의 일원이 된 사람들에게는 언제나 인종차별주의적인 문화적 주장에 직면할 가능성이 존재한다. 일본 내 새로운 소프트파워로서 한류의 진화 과정은, 인종차별적 문화론들이 어떤 식으로 비가시적인 폭력을 만들어내고, 그에 반하는 주장들은 어떻게 환기되는지, 그리고 그러한 것들이 어떤 식으로 그 갈등과 논쟁에 개입하는지 보여준다.

Fackler, Martin. 2013. "Japanese Court Fines Rightist Group Over Protests at a School in Kyoto." *The New York Times*, October 7.

Han, Y. g. 2013. "IlbonNae 'Hyŏmhallyu' HyŏnsangŭiShilche."(Reality of the Anti-Korean Wave Phenomenon in Japan). *Japanese Cultural Studies*, 48, pp.433~456.

Hayashi, Kaori and Eun-Jeung, Lee. 2007. "The Potential of Fandom and the Limits of Soft power: Media Representations on the Popularity of a Korean Melodrama in Japan." *Social Science Japan Journal*, 10, No.2, pp.197~216.

Huang, Shling. 2011. "Nation-branding and Transnational Consumption: Japan-mania and the Korean Wave in Taiwan." *Media, Culture and Society*, 33, No.1, pp.3~18.

Huang, Xiaowei. 2009. "'Korean Wave'-The Popular Culture, Comes as Both Cultural and Economic Imperialism in the East Asia." *Asian Social Science*, 5, No.8, pp.123~130.

Harlan, Chico. 2013. "In Tokyo's Koreatown, a Window on a New Regional Rift." *The Washington Post*, November 29.

Howard, K. 2014. "Why Don't K-pop Fans Like 'Gangman Style'?." Unpublished Conference Paper.

Hwang, S. b. 2011. "TŭkchipNonmun: JŏnhuIlboninŭiHan'gukInshik; Kanryu-to hankanryu-no kōsa-nihonjin-no aidentiti-to kankokuninshiki."(Special Paper: Post-war Japanese Perception of Korea: Intersection of the Korean Wave and the Anti-Korean Wave-Identity of Japanese and their Perception of Korea). *Japanese Studies*, 33, pp.133~167.

_____. 2014. "NetuikkwaBanhallyu, BaeoijuŭiYŏron, Juyoŏnronŭi Tamron."(Net Right Wing and the Anti-Korean Wave, Exclusivist Public Opinion and Discourse of Major Media). *Korean Journal of Japanese Studies*, 10, pp.124~163.

Itagaki, R. 2007. "'Kenkanryu'-no kaibōgakugendainihon-niokerujinshushugi-kokuminshugi-no kōzō-"(Anatomy of the Anti-Korean Wave: Racism and Nationalism in Contemporary Japan). in SŭngSŏ, Sŏng-bin Hwang, and Yuka Anzoko(ed.). *Kanryu-no uchisoto: kankokubunkaryoku-to higashiajia-no yūgōhannō*(Inside and Outside of the Korean Wave: The Power of Korean Culture and Hybridization Reaction of East Asia). Tokyo: Ochanomizushobō.

Ito, K. 2014. "Anti-Korean Sentiment and Hate Speech in the Current Japan: A Report from the

Street." *Procedia Environmental Sciences*, 20, pp.434~443.

Iwabuchi, K. 2004. "Kanryu-ga 'zainichikankokujin'-to deattatoki: toransunashonaru media kōtsu-to rōkarubunkaseiji-no kosaku."(When the Korean Wave Meets Zainichi Koreans: Transnational Media Traffics and Cross Politics of Local Culture). in Mori, Yoshitaka(ed.). *Nissikikanryu: "huyu-no sonata"-to nikkantaishūbunka-no genzai*(Japanese Style of the Korean Wave: "Winter Sonata" and the Present of Japan-Korea Popular Culture). Tokyo: Serikashobō.

Jang, G. and K. P. Won. 2012. "Korean Wave as Tool for Korea's New Cultural Diplomacy." *Scientific Research*, 2, No.3, pp.196~202.

Jin, D. Y. and Y. Kyong. 2016. "The Social Mediascape of Transnational Korean Pop Culture: Hallyu 2.0 As Spreadable Media." *New Media and Society*, 18, No.7, pp1277~1292.

Kim, H. M. 2003. "IlbonTaejungmunhwaŭisobiwa 'paendom'ŭihyŏngsŏng."(Consumption of Japanese Popular Culture and Formation of Fandom). *Korean Cultural Anthropology*, 36, No.1, pp.149~186.

Kim, Y.(ed.). 2013. *The Korean Wave: Korean Media Go Global.* London and New York: Routledge.

Kita, M. 2013. *Sayonara Kanryu*(Good bye the Korean Wave). Tokyo: Kawadeshoboshinsya.

Kita, M. and P. Suni. 2014. *Oku sama-ha, aikoku*(Madam Nationalism). Tokyo: Kawadeshoboshinsya.

Lee, C. S. and K. Yasue. 2014. "'Kangnam Style' as a Format: a Localized Korean Song Meets Global Audience." in Kuwahara Yasue(ed.). *The Korean Wave: Korean Popular Culture in Global Context.* New York: Palgrave Macmillan.

Lee, H. 2008. *Kanryu-no shakaigaku: fandamu, kazoku, ibunkakōryū*(Sociology of the Korean Wave: Fandom, Family and Multiculturalism). Tokyo: Iwanamishoten.

Lee, T. Y. 2006. *Asia MunhwaYŏn'gurŭlSangsanghagi*(Imagining of Asian Culture Studies). Seoul: Gŭrinbi.

Lehney, D. 2006. "A Narrow Place to Cross Swords: Soft Power and the Politics of Japanese Popular Culture in East Asia." in Peter J. Katzenstein, and Takashi Shiraishi(ed.). *Beyond Japan: The Dynamics of East Asian Regionalism.* Ithaca, NY: Cornell University Press.

McLelland, M. 2008. "'Race' on the Japanese Internet: Discussing Korea and Koreans on '2-chaneru'." *New Media and Society*, 10, No.6, pp.811~829.

Mori, Y.(ed.). 2004. *Nissikikanryu: "huyu-no sonata"-to nikkantaishūbunka-no genzai*(Japanese Style of the Korean Wave: "Winter Sonata," and Japanese and Korean Popular Culture). Tokyo: Serikashobō.

_____. 2004. "Nihon-niokerukankokudorama "huyu-no sonata"-to nōdōteki fan-no bunkajissen" (Korean Drama "Winter Sonata" and Cultural Practice of Active Fans in Japan). in Mori, Yoshitaka(ed.). *Nissikikanryu: "huyu-no sonata"-to nikkantaishūbunka-no genzai*(Japanese Style of the Korean Wave: "Winter Sonata" and the Present of Japan-Korea Popular Culture). Tokyo: Serikashobō.

Nye, J. S. 2004. *Soft Power: The Means to Success in World Politics.* New York: Public Affairs.

_____. 2011. *The Future of Power.* New York: Public Affairs.

Ono, K. A. and M. K. Jung. 2013. "Re-worldingCulture?:Youtube As a K-pop Interlocutor." in Youna, Kim(ed.). *The Korean Wave: Korean Media Go Global.* London and New York: Routledge.

Paik, W. D. 2005. *TongasiaŏiMunhwaSŏntaekHallyu*(Cultural Choice of East Asia Hallyu). Seoul: Pentaguraem.

Park, J. S. 2013. "Negotiating Identity and Power in Transnational Cultural Consumption: orean American Youths and the Korean Wave." in Youna, Kim(ed.). *The Korean Wave: Korean Media Go Global.* London and New York: Routledge.

Shin, H. J. 2006. "K-popŭiMunhwajŏngchi(hak)WŏlgyŏnghanŭnTaejungŭmakekwanhan-HanaŭiSaryeYŏn'gu"(Cultural Politics of K-pop: A CaseStudy of Transnational Popular Music). *Media and Society,* 13, No.3, pp.7~36.

Sung, S. Y. 2013. "Digitization and online culture of the Korean Wave: 'East Asian' Virtual community in Europe." in Youna, Kim(ed.) *The Korean Wave: Korean Media Go Global.* London and New York: Routledge.

Sakamoto, R. and M. Allen. 2007. "Hating 'The Korean Wave' Comic Books: a Sign of New Nationalism in Japan?." *The Asia-Pacific Journal: Japan Focus,* October(University of Wollongong Research Online).

Shim, D. 2006. "Hybridity and the Rise of Korean Popular Culture in Asia." *Media, Culture and Society,* 28, No.1, pp.25~44.

Snow, N. 2013. "Japan's Hate Speech Problem: After Abe-empowering Election." *Huff Post World,* July 23.

Um, H., S. Y. Sung and M. Fuhr. 2014. K-pop on the Global Platform: European Audience Reception and Contexts (Report). Seoul, Korea: KOFIC.

Yamano, S. 2005. *Manga kenkanryu*(Comic Book the Anti-Korean Wave). Tokyo: Shinyusha.

Yoshida, K. 2012. *Netto-to aikokuzaitokukai-no "yami"-wo oikakete*(Net and Patriotism, Chasing the Darkness of Zaitokukai). Tokyo: Kōdansha.

Yoshimi, S. 1999. "'Made in Japan': The Cultural Politics of Home Electrification' in Postwar Japan." *Media, Culture and Society,* 21, No.2, pp.149~171.

_____. 2002. *Reisentaisei-to amerika-no shōhi, reisentaisei-to shihon-no shōhi*(Cold-war System and Consumption of America, Cold-War System and Consumption of Capitalism). Tokyo:Iwanamishoten.

_____. 2003. "'America' as Desire and Violence: Americanization in Postwar Japan and Asia During the Cold War." *Inter-Asia Cultural Studies,* 4, No.3, pp.433~450.

Yuka, H. 2013. "Anti-Korean Voices Glow in Japan: Small but Venomous Rallies Become More Frequent, Prompt Soul-Searching Over Hate Speech." *Wall Street Journal Speech,* May 16.

11장

신한류 시대, 텔레비전 포맷의 수출입

리얼리티 프로그램 〈아빠! 어디가?〉의 한국판과 중국 리메이크판 비교 분석

●
●
●

김주옥·룰링 황

들어가는 말

중국 텔레비전 산업이 한국 리얼리티쇼에 대해 관심을 보이기 시작한 것은 2013년 음악 경연 프로그램 〈나는 가수다〉의 리메이크 프로그램이 크게 성공을 거두면서부터였다.[1] 중국의 포털 사이트 텐센트에 따르면 이 리메이크 쇼 프로그램의 첫 시즌 동안 관련 동영상은 2억 뷰가 넘는 기록을 세웠다(Chung, 2013). 그해 후반 후난TV는 〈나는 가수다〉로부터 영감을 얻어

---

1   〈나는 가수다〉는 한국의 3대 주류 방송 중 하나인 MBC가 제작·방영했으며, 이후 중국의 지방 위성방송 채널인 후난TV에 수출되어 지역화되었다.

MBC의 또 다른 리얼리티쇼인 〈아빠! 어디가?〉와 지역화 계약을 맺고 리메이크 프로그램을 제작했다. 이 프로그램은 중국 미디어 산업에서 또다시 전국적인 센세이션을 일으키면서 중국으로 수입되거나 리메이크된 한국 프로그램들 가운데 가장 높은 시청률을 기록했다(Chung, 2013).

이처럼 한국 리얼리티쇼 포맷이 연속적으로 중국으로 확산되는 현상은 산업·구조적인 변화 속에서 지역의 미디어들이 상호 연결되는 양상을 보여준다. 한국과 중국의 콘텐츠 제공자들이 제작 준비 단계에서부터 밀접한 파트너십을 맺기 시작하면서, 중국 방송사들이 단순히 한국의 미디어 콘텐츠를 가져와서 별 수정 없이 방영하던 시대를 넘어 다음 단계로 이동하고 있는 것이다. 중국의 미디어 전문가들은 리메이크 쇼가 지닌 향상된 제작 가치에 좀 더 관심을 기울였고, 그에 따라 리얼리티쇼와 토크쇼가 혼종된 형식을 받아들이고 있다(Korea Creative Content Agency, 2013).

한국의 리얼리티쇼 프로그램 포맷이 동아시아 미디어 산업에 가져온 중요한 변화상을 이해하기 위해, 이 장에서는 다음의 질문들을 탐구하려고 한다. 중국 텔레비전 업계가 한국의 리얼리티쇼를 리메이크하게 된 사회적 맥락은 무엇인가, 한국판 〈아빠! 어디가?〉와 중국판 리메이크 사이에는 어떠한 유사성과 차이점이 있는가? 〈아빠! 어디가?〉의 한국판과 중국판 간 비교 분석을 통해, 이 장에서는 텔레비전 프로그램 제작 부문에서 새롭게 형성되는 한국·중국 간 관계가 한국의 인기 콘텐츠의 지역화를 통해 한류의 새로운 방향성을 구축하고 있다는 것, 나아가 그에 따라 동아시아의 문화 공동체 안에서 초지역적 미디어 연결이 강화되고 있다는 것을 주장할 것이다.

문화제국주의 새롭게 보기

글로벌 미디어 시스템이 발전하면서, 미디어 연구에서 텔레비전 프로그램의 초국가적인 교역이 중요한 문제로 떠올랐다. 1970~1980년대 초반 몇몇 정치경제학자들은 미국산 콘텐츠가 세계 미디어 시장을 점유하는 현상에 대해 비판했다(Dorfman and Mattelart, 1975; Schiller, 1976). 도르프먼과 마텔라르(Dorfman and Mattelart, 1975)는 디즈니 만화와 같은 미국산 미디어 텍스트가 전 세계적으로 자본주의를 확산시키는 주요 도구가 되고 있으며, 개발도상국의 수용자들로 하여금 미국 문화의 지배를 받아들이도록 촉진한다고 주장했다. 나아가 허버트 실러(Herbert Schiller)는 서구로부터 비서구로 일방향적으로 이루어지는 미디어 텍스트의 흐름이 음식, 음악, 패션 등 다른 문화산업으로 확장되고 있다는 점을 지적하면서 문화제국주의 이론을 좀 더 발전시켰다(Schiller, 1976: 15). 그의 관점에 따르면, 미국식 가치관은 문화 영역으로의 경제적인 침투를 확장시키면서 "침투한 지역의 개인·사회적 의식의 영역"을 점유해 왔다(Schiller, 1976: 8).

반면 여러 포스트 식민주의 학자들은 중심-주변부 모델이 미국의 나머지 세계에 대한 지배를 과대평가한 것이라는 입장을 견지했다(Ang, 1995; Appadurai, 1996; Straubhaar, 1991). 수용자들이 자신들의 수요에 맞춰 텔레비전 콘텐츠를 소비한다는 전제에 따르면, 미디어 생산과 수용자들 사이의 역학은 글로벌 미디어의 흐름을 연구하는 데 중요한 문제가 된다(Herman and McChesney, 1997). 이엔 앙(Ang, 1995)은 여러 사회들을 횡단하면서 모든 시청자들이 소비할 수 있는 미디어 텍스트는 존재하지 않는다고 주장한 바 있고, 이와 유사하게 아파두라이(Appadurai, 1996)도 글로벌 미디어 시스템 내 미디어 문화와 실천들의 이접적인 흐름을 확인하고 미국산 미디어 콘텐츠를 소비하는 지역의 수용자들의 능동적인 참여를 강조했다. 스트라우바르(Straubhaar, 1991)는 지역 수용자들이 문화-언어적 차원에 기반해서 주변국에서 생산된 미디어 콘텐츠의 소비를 좀 더 선호하는 현상을 지칭하는 새로운 용어인 '문화근접성'을 규정하기도 했다(Straubhaar, 1991: 39). 그의 관점에 따르면 권역 내 선호 양상(regional preference)의 심화는 글로벌 텔레비전 시장이 성장하면서 동반된 현상인데, 이처럼 텔레비전 산업에서 지역성이 강화되면서 오락 프로그램 또한 권역화되는 결과로 이어졌다. 그는 또한, 이와 같은 이접적인 경향에도 불구하고 글로벌라이제이션 이론가들이 종종 글로벌 미디어 생산과 소비에서 지역 생산자들의 역할을 경시하는 경향이 있다는 것을 비판적으로 지적하기도 했다.

사회·문화적인 이데올로기와 배경이 수용자가 텔레비전을 시청하는 행태에 상당히 영향을 미친다는 주장은 동아시아 및 동남아시아 사회에서 한국의 대중 콘텐츠가 인기를 얻는 이유를 설명해 준다. 몇몇 동아시아 미디어 연구자들은 한국산 문화상품들이 지역 시장에 진출하는 방식들에 대해 논의했는데, 예를 들어 후아트와 이와부치(Huat and Iwabuchi, 2008)는 한국의 콘텐츠가 서구의 문화적 가치들을 아시아적인 맥락에 통합시킴으로써 인기를 얻게 되었다고 주장한 바 있다. 이들은 동아시아와 동남아시아의 수용자들이 한국 텔레비전 드라마의 소비를 통해 서로 연결되어 있다는 것을 인식하도록 한다는 점에서 '문화적 친연성(cultural affinity)'이 지역 간 미디어 흐름을 촉진시키는 새로운 추동력이라고 보았다(Huat and Iwabuchi, 2008: 6).

그러나 커뮤니케이션 테크놀로지가 발전하면서 '문화근접성'의 개념을 통해 글로벌 미디어 흐름을 고찰하는 미디어 연구는 그 동력을 잃어가고 있다(Straubhaar, 1991: 39). 인터넷으로 인해 문화적 경계의 공유 여부와 무관하게 지역의 문화가 다양한 사회로 확장되는 것이 가능해졌기 때문이다. 미국, 유럽, 남미로 확산되어 간 한류 현상은 문화 근접성 개념의 유효성이 줄어들고 있다는 것을 보여준다(Hong, 2013). 한국산 미디어 콘텐츠가 아시아를 넘어 전 지구적으로 확장되는 가운데 미디어 생산 부문에서 한국과 중국 간 관계가 강화되는 현상은, 문화근접성과 문화적 친연성을 넘어서는 이해를 요하는 중요한 연구 주제로 떠오르고 있다. 후아트(Huat, 2010)는 동아시아 텔레비전 시장의 통합이 동아시아 대중문화의 소비를 통해 구축되는 '범아시아 정체성(pan-East Asian identity)의 가능성'을 가져왔다고 주장하기도 한다(Huat, 2010: 221). 그러나 동아시아 수용자들은 일부 특성들을 공유하면서도 여전히 서로 상이한 문화 규범들을 지니고 있다. 따라서 문화적 차이는, 문화적 유사성과 더불어, 동아시아 미디어 산업 내에서 밀접한 관계를 구축하는 주요 원동력으로서 고려될 필요가 있을 것이다.

국경을 넘나드는 리얼리티 TV 포맷

텔레비전 포맷 교역의 증가 ― 텔레비전 쇼의 지역 각색 라이선스 제공 ― 는 최근 글로벌 미디어 연구에서 학문적으로 많은 관심을 끌고 있다[Chalaby, 2011 (2016); Moran, 2006)]. 샬라비(Chalaby, 2011)는 세계 텔레비전 산업 내 포맷 시장의 빠른 성장 요인으로 '4개의 이례적인 포맷(〈Who Wants to be a Millionaire?〉, 〈Survivor〉, 〈Big Brother〉, 〈Idol〉)의 등장, 프로그래밍 시장의 발생, 독립 프로그램 부문의 부상, 정보의 전 지구적 흐름'(Chalaby, 2011: 293)이라는 산업 구조의 근본적인 변화를 꼽는다. 텔레비전 포맷 시장은 거의 반세기 동안 미국이 독식해 왔는데, 초기 단계에는 미국의 게임 쇼가 TV 포맷 혁명을 주도했고, 이후 리얼리티 TV 쇼 프로그램이 포맷 산업의 초국가화를 지속시키는 또 다른 요인이 되었다(Chalaby, 2016). 모런(Moran, 2006)은 인터넷, 위성방송, 케이블 채널 등과 같은 다채널 TV 환경이 특정 장르가 부상하고 쇠락하는 상황을 재형성했다고 강조한다. 하나의 사례로서 모런은 영국과 호주에서 비싼 드라마와 시사 프로그램에 대한 수요가 줄어드는 현상을 들었는데, 그에 따라 재활용과 전달이 용이한 특정 유형의 프로그램들이 제작 부문에서 대안적으로 주목받기 시작했다는 것이다. 따라서 미디어 환경의 빠른 변화가 지역의 방송사들로 하여금 완결된 프로그램보다 포맷 형식의 프로그램을 선호하도록 만든 셈인데, 왜냐하면 뛰어난 포맷의 지역화가 '다채널 환경에서 쉽지 않은 재정적·문화적 보장'을 확고히 해줌으로써 해당 제작자들에게 혜택을 주기 때문이다(Moran, 2006: 11).

글로벌 미디어 시장의 이와 같은 경향과 함께, 최근 TV 포맷 산업 부문의 동아시아 내 상호 연결성이 심화되고 있다. 킨(Keane, 2004)은 텔레비전 포맷의 부상이 글로벌 미디어 시스템에서 오래 지속되어 온 중심-주변부의 관계를 복잡하게 만들고 있다고 주장한다. 그의 관점에 따르면, 포맷은 아시아 미디어 산업 내 생산과 소비가 번성하는 데 중심적인 역할을 수행하고 있다. 특히 한국의 미디어 산업은 초국가적 산업 확장을 위해 한류를 활용하면서 완결 프로그램 판매를 넘어서려고 하는 등 적극적으로 노력해 왔다(Jin, 2016). 한국의 방송사들은 해외투자를 유치하고 지역의 시장에 진입하기 위해 이웃 국가들과 파트너십을 맺고 공동 제작하는 시스템을 발전시켰다. 우리는 킨(Keane, 2004)의 주장, 즉 디지털로 재구축된 전송 플랫폼이나 다채널 환경 같은 글로벌 미디어 시스템 내의 변화상이 아시아 내 미디어 콘텐츠의 생산과 유통을 다변화했고 있을 뿐만 아니라 지역 사회 간 상호작용도 심화했고 있다는 주장을 다시 살펴볼 것이다. 동아시아 미디어 내에서 벌어지는 심층적이고 역동적인 변화는 글로벌 미디어 산업에 영향을 미치고 있지만 별 주목을 받지 못했다. 이 장에서는 한국과 중국 간 미디어 협업에 대한 이해를 통해 한국의 미디어 문화가 만들어낸 지역적 역동성을 강조하려고 한다.

연구 방법

한국의 리얼리티쇼가 중국의 제작자들에 의해 어떻게 리메이크되었는지를 이해하기 위해, 이 장에서는 MBC에서 2013년 1월 6일부터 2014년 1월 19일까지 방영되었던 〈아빠! 어디가?〉와 2013년 10월 11일부터 2013년 12월 29일까지 후난TV에서 방영되었던 리메이크작에 대한 비교 분석을 수행할 것이다. 이 프로그램은 중국 사회에서 선풍적인 인기를 얻었을 뿐만 아니라 제작 단계에서의 중국·한국 간 협업을 활성화하는 원동력을 제공한 한국의 리얼리티쇼 포맷이다. 양 버전 첫 시즌의 모든 에피소드를 분석 대상으로 선정했다. 주요 자료들은 미국의 스트리밍 서비스 웹 사이트 TBOgo.com과 후난TV의 공식 유튜브 채널을 통해 모았다. 관련 뉴스 기사들 또한 미디어 텍스트가 국경을 초월한 텔레비전 프로그램 제작에 대한 사회적 논의를 어떤 식으로 만들어내는지를 보기 위해 분석했다.

여기서는 '다른 요소들과 밀접하게 상호 연결되는 사회적 생활의 요소로서' 각 프로그램의 텍스트에 대한 분석이 수행되었는데(Fairclough, 2003: 3), 페어클라우(Fairclough, 2003)는 질적인 사회 분석 방법의 하나로서 텍스트 분석을 발전시킨 바 있다. 할리데이(Halliday, 1994)의 분석 방법과 밀접한 이와 같은 접근 방식은 텔레비전 텍스트를 '사회적 과정(social process)'으로서 분석하기 위해 사용된다(Fairclough, 2003: 6). 그에 따라 페어클라우(2003)는 '키워드와 다른 단어들 간에 벌어지는 동시 발생이나 연어(collocation) 현상이 눈에 띄는 패턴'으로 발생하는 것을 조사한다. 이러한 페어클라우의 방법론에 기반해, 이 장에서는 출연자들 간 대화 및 자막과 숏 등의 시각적 요소들에 초점을 맞춰 텍스트를 분석할 것이다. 리얼리티쇼인 〈아빠! 어디가?〉에서 대화와 자막은 아버지와 아들 간 관계가 발전되는 과정을 보여주는 주요 요소들이다. 각 프로그램은 방송국별로 개별적으로 분석되었다. 이 장의 후반부에서는 이러한 분석에 의해 얻어진 정보를 기반으로 한국과 중국의 프로그램 간 유사성과 차이점들을 논의할 것이다.

한국식 리얼리티쇼 제작 방식

지난 10년간 한국 텔레비전 산업은 리얼리티쇼 프로그램 제작과 관련해서 상당한 변화를 겪었다. 초기에 방송사들은 제작 비용 절감을 위해 스튜디오에서 슬랩스틱 코미디 쇼를 제작했다. 그러나 2005년 모든 장면을 로케이션 촬영하는 현실 기반의 버라이어티 쇼 〈무한도전〉이 엄청난 성공을 거두면서, 한국 텔레비전 산업 내 리얼리티쇼 제작 환경이 새롭게 구축된다. 〈무한도전〉은 다큐멘터리와 비슷하게 게스트의 모든 순간들을 기록하기 위해 10여 대의 카메라를 사용했다. 감독과 작가들은 포스트 프로덕션 단계에서 캐릭터와 에피소드의 스토리를 재처리했는데, 이 과정에서 자막과 사운드 효과가 쇼의 주요 유머 요소로서 활용되었다.

〈무한도전〉의 인기는 스튜디오 안에서 허구적인 인물을 연기하는 것으로부터 현장에서 출연자의 특성을 캐릭터화하는 것으로 한국 리얼리티쇼의 제작 환경을 바꾸어놓았다. 이러한 식으로 한국의 시청자들은 텔레비전 프로그램을 통해 '유사 현실(pseudo-reality)'적인 연예인들의 무대 바깥 일상을 소비하는 것에 익숙해졌다. tvN의 리얼리티쇼 감독인 나영석은 ≪한겨레≫와의 인터뷰에서 한국의 시청자들이 더 이상 텔레비전 리얼리티쇼에서 리얼리티를 보려 하지 않는다고 언급한 바 있다(Lee, 2014). 오히려 자신들로 하여금 현실이라고 믿도록 하는 유사 현실을 원한다는 것이다. 사회적 현실에 의해 지치고 스트레스를 받는 한국 시청자들은 리얼리티쇼에서 치유 또는 도피로서 유사 현실을 소비하고 싶어 한다. 결국 현실과 판타지 경계가 흐려지면서 리얼리즘의 개념이 재형성되는 셈이다.

유사 현실의 도입은 다큐멘터리와 버라이어티쇼 포맷이 혼종화되는 형식으로 이어졌다. 〈나는 가수다〉는 현재 한국 리얼리티쇼 제작에서 현실과 유사 현실 간의 모호한 경계를 보여주는 대표적인 사례다. 이 프로그램에서는 7명의 톱 가수들이 공연을 하면 초청받은 관객들이 가수들의 공연 순위를 결정한다. 텔레비전으로 시청하는 사람들은 이 가수들을 무대 밖에서 관찰할 수 있는데, 카메라가 대기실과 백 스테이지에서 게스트들의 긴장과 불안을 보여준다. 이와 같은 무대 밖 장면들은 시청자들에게 연예인들의 솔직한 얼굴을 훔쳐보는 즐거움을 준다. 음악 공연의 비하인드 신이 좀 더 많은 시청자들이 쇼에 완전히 몰입할 수 있도록 해주는 것이다.

〈나는 가수다〉와 비슷한 전략을 구사하는 〈아빠! 어디가?〉에서는 핸드헬드 카메라가 연예인들의 사적인 순간들을 드러낸다. 이 쇼 프로그램은 아버지와 아이들이 여행을 통해 관계를 회복하는 이야기를 1년여에 이르는 기간에 걸쳐 제공했다. 쇼의 주 내러티브는 5명의 남성 연예인들과 그들의 아이들이 시골에서 어떻게 시간을 보내는지를 관찰하면서 개입하는 것이다. 이 아버지들은 평소에 일하느라 바빠서 아이들과 충분한 시간을 보내지 못했다. 따라서 그들의 짧은 1박의 일정은 시청자들에게 연예인들의 인간적인 일상을 관찰할 수 있게 해준다. 처음에 이 쇼는 연예인의 가족들을 프라임타임 시청대로 가져옴으로써 시청자들을 매료시켰다. 이후 이 프로그램은 시청자들 사이에서 아버지 되기, 아이 돌보기, 리얼리티쇼 포맷에 대한 논의가 공적으로 확산되는 계기가 되었다.

첫 에피소드에서 5명의 남성 연예인들은 프로그램 출연 결정의 이유에 대해서 인터뷰를 했는데, 이 장면들은 감독이 프로그램의 주요 출연자들을 캐스팅한 이유를 시청자들이 이해할 수 있도록 도와주었다. 그들 대다수는 여러 이유로 자녀들과 좋은 관계를 형성하지 못하고 있었다. 예를 들어 50세인 배우 성동일은 어린 시절 자신의 아버지로부터 학대를 받았다고 밝혔다 (Kim and Yeoh, 2013a). 어린 시절 아버지의 부재는 아들과의 소통을 어렵게 만드는 요소였다. 예를 들어 성동일의 인터뷰 후에 감독이 그의 집을 방문하는 장면에서 그의 아들은 제작진이 방으로 들어오자 울음을 터뜨렸는데, 이 상황에서 성동일은 아들을 달래기보다 갑자기 큰소리로 꾸짖었다(Kim and Yeoh, 2013a). 이 장면은 스토리텔러로서 프로그램의 감독이 연예인 아버지의 서툰 아이 돌보기를 강조하기 위해 삽입된 것이었다. 또 다른 출연자인 34세의 가수 윤민수는 주로 밤에 공연을 하고 낮에는 잔다. 이렇듯 일반적이지 않은 노동 패턴으로 인해 그의 아들은 오랫동안 아버지를 세입자처럼 생각했다. 이러한 관계를 설명하는 인터뷰 중, 아버지가 침대에서 쉬는 장면이 아들 혼자서 콘솔 게임을 플레이하는 장면과 중첩되면서 롱숏으로 처리되었다(Kim and Yeoh, 2013a). 이 인터뷰들은 시청자들이 여행 중 아이들의 예상치 못한 특성들을 발견했을 때 연예인 아버지들의 감정에 공감할 수 있도록 해주었다.

〈아빠! 어디가?〉에서는 여행 전반에 걸쳐 게스트의 개별적인 행동들을 기록하기 위해 수십 개의 핸드헬드 카메라들이 사용되었다. 이처럼 다큐멘터리와 온스테이지 쇼가 혼종화된 형식은 한국의 텔레비전 감독들이 포스트 프로덕션 단계에서 자료 편집을 통해 현실성을 강조할 수 있도록 해준다. 감독들은 심지어 불이 꺼진 방에 무인 카메라를 설치해 밤중에 출연자들이 나누는 사적인 대화를 녹음하기도 한다. 무인 카메라, 조명의 부재, 아이들의 존재 같은 제작 환경은 시청자들이 아버지와 아이들 간의 대화가 진실한 것이라고 믿도록 만든다. 그 사례 중 하나가 윤민수와 아들 윤후가 텐트 안에서 나누었던 대화다(Kim and Yeoh, 2013b). 후가 아빠에게 그의 무심함에 대해 물어보았을 때, 카메라는 텐트의 코너에 설치되어 있었고, 화면의 해상도는 명확하지 않았다(Kim and Yeoh, 2013b). 이러한 앵글은 시청자들로 하여금 현실에서 그 대화를 엿듣고 있다고 믿게 만들었다.

한국 시청자들은 스트레스 많은 바쁘고 부산스러운 일상을 일요일 밤 현실 기반의 버라이어티쇼들을 소비하면서 잊어버림으로써 감정적 치유를 얻곤 한다. 그렇기 때문에 자연스러운 설정에서 진실한 캐릭터들을 관찰하는 것은 한국의 현실 기반 텔레비전 방송 제작에서 새로운 경향으로 자리를 잡게 되었다. 〈아빠! 어디가?〉는 또한 윤후가 여러 에피소드를 통해 반복적으로 자신의 따뜻한 성격을 보여주면서 다른 경쟁 프로그램 사이에서 인지도를 얻을 수 있었다. 일부 한국의 부모들은 자녀 교육에 열정적인데, 따라서 서울의 강남에서는 초등학교 때 이미 아이들이 과도한 경쟁에 노출되곤 한다. 이와 같은 '골육상쟁'의 사회에서 아이들은 혹독한 경쟁에서 살아남기 위해 이기적이 되도록 교육을 받고, 이러한 분위기는 학교 내 괴롭힘과 청소년 자살이라는 사회적 문제로 이어져 왔다. 따라서 타인을 챙기고 어른을 존중하는 어린 소년 캐릭터의 출연은 전 국가적인 공감을 얻었으며, 더불어 사회 내 인간 중심적 교육을 강화할 필요성을 보여주었다(Seo, 2014). 월간 잡지 *GQ Korea*에서는 윤후를 2013년 12월 '올해의 인물'로 뽑으면서 다음과 같이 언급했다.

> 토실토실 알밤 같은 초등학교 1학년 꼬마가 올해 한 일은 나라에 몸 바치 겠다며 핏대 세우던 국회의원 수백 명보다 훌륭했다. …(중략)… 무엇보다 윤후는 예뻤다. 하는 말이, 짓는 표정이, 생각하고 행동하는 태도가 어쩌면 저럴까 싶도록 예뻤다 …(중략)… 윤후에게 어떻게 좋은 어른일 수 있을 까? ("올해의 인물", 2013).

닐슨미디어 리서치에 따르면 이 프로그램의 주요 시청자들이 20대, 40대 그리고 50대의 여성들인 것으로 나타났다(Kim, 2013). 이러한 자료들은 육아의 부담을 지지 않은 여성들이 프로그램에 열광했다는 것을 보여준다. 〈아빠! 어디가?〉가 이 주요 시청자들에게 대리 만족을 제공해 주었던 것이다. 예를 들어 아버지인 이종혁이 교실에서 텐트를 세우는 와중에 여섯 살짜리 준수가 칠판에 '가수'라는 단어를 쓴 장면이 있었다(Kim and Yeoh, 2013c). 이 장면에서 감독은 소년이 이전 여행에서 자신의 이름을 잘못 썼던 회상 장면을 삽입했다(Kim and Yeoh, 2013c). 준수는 프로그램이 시작하던 시점까지 글을 깨치지 못했기 때문에, 시청자들은 주말마다 그의 성장을 따라갈 수 있었다. 이와 유사하게 윗니가 빠졌던 또 다른 어린이 멤버는 1년 내내 인지도가 증가했다.

이처럼 연예인과 그 자녀들에 대한 지속적이고 끊임없는 이야기는 시청자들과 캐릭터 간 파생적 사회관계(para-social relationship)가 구축되는 현상으로 이어졌다. 이 설정에서 충실한 일부 시청자들은 심지어 자신을 '랜선 엄마'로 지칭하거나 또는 프로그램에 출연하는 아이들을 '랜선 아들 또는 딸'로 부르곤 했다. 이러한 새로운 용어는 시청자와 연예인 캐릭터 사이에서 가상적으로 구축된 친밀성을 의미하는 것으로서, 연속된 스토리텔링과 리얼리티쇼의 제작 방식이 한 국가의 시청자들로 하여금 연예인들과 유사 관계를 구축하도록 했다는 것을 보여준다.

중국의 사례: '부정적 평가 제로'

중국의 후난TV는 2013년 초 MBC로부터 〈아빠! 어디가?〉를 수입해 2013년 10월부터 12월까지 방영했다. MBC로부터 1100만 위안을 주고 프로그램의 포맷을 구매한 뒤(Zuo and Song, 2015)에는 중국 버전으로 프로그램을 제작했다(Li, 2014). 중국의 또 다른 리얼리티쇼 〈변형기(變形記)〉로 유명세를 얻은 셰디쿠이(謝滌葵)가 중국판 〈아빠! 어디가?〉의 감독으로 낙점되었다(Li, 2014; Zhang, 2014). 감독은 제작 설정에서의 차이를 강조하면서, 그의 쇼가 〈나는 가수다〉의 중국 리메이크판에 비해 '좀 더 지역화'될 것이라고 밝혔다. 〈아빠! 어디가?〉는 주로 야외 장면으로 구성되는 반면 〈나는 가수다〉는 실내의 노래 경연으로 구성된다(Li, 2013). 중국의 제작팀은 자국 시청자들에게 지역에 대한 새로운 경험을 주기 위해 중국 전역을 돌며 6군데의 촬영 장소를 주의 깊게 선정했다(Li, 2014). 원작과 비교할 때 중국판은 다큐멘터리 스타일의 촬영에 좀 더 초점을 맞추고 아버지와 아이들의 인터뷰 장면을 좀 더 많이 포함시킴으로써 시청자들에게 감정적인 순간을 제공했다(Li, 2013).

또 언급할 만한 부분은 중국의 뉴스 미디어들이 리메이크판의 첫 시즌을 '부정적 평가 제로'의 경험(ling cha ping)이었다고 전했다는 것이다. 중국의 마이크로 블로그 웹 사이트인 시나 웨이보(Sina Weibo)의 이용자 데이터 조사에 따르면, 중국판 〈아빠! 어디가?〉의 첫 시즌은 높은 수준의 선호도 (89%)를 얻었다(Datatopia, 2013). 이는 저장TV의 〈The Voice of China〉나, 장수TV의 〈If You are the One〉 등 중국 내 그 어떤 리얼리티쇼보다도 높은 수준이다(Datatopia, 2013). 첫 시즌의 에피소드 10편은 5.3%의 시청률과 23.22%의 점유율을 기록하면서 2013년 중국에서 가장 많이 시청된 텔레비전 프로그램에 등극했다(Duan, 2013; Xu, 2013). 온라인 시청 건수 또한 2013년 말까지 25억 뷰를 기록했고(Xu, 2013), 시나 웨이보상에는 2012년 13월 말까지 4000만 건이 넘는 게시글이 올라왔다. 2014년과 2015년에 방영된 시즌 2와 시즌 3도 연이어 성공적이었다. 타이틀 스폰서십은 첫 시즌 2800만 위안이었으나 두 번째 시즌 때는 3억 1200만 위안으로, 세 번째 시즌에는 5억 위안까지 치솟았다(Li, 2016; Wong, 2013).[2]

〈아빠! 어디가?〉의 이와 같은 기록적인 인기는 현대 중국 사회 내 산아제한 정책 및 아버지 되기에 대한 관심과 관련된 것으로 보인다. 오늘날 중국은 수십 년간 이어져 온 정부의 사회적 통제 지배 — 도시 지역의 산아제한 정책 — 가 느슨해진 시대로 접어들었다.[3] 산아제한 정책의 완화 및 종결은 어

---

2 MBC는 2013년 1월 6일부터 2014년 1월 14일까지 총 56편의 에피소드를 방영했고, 후난TV는 2013년 10월 11일부터 2013년 12월 27일까지 12편을 방영했다.

3 산아제한 정책은 1950~1960년대 인구의 급격한 증가에 따른 대응이었다. 이 정책은 초기에 "아이를 늦게 낳고, 아이 갖는 간격을 늘리고, 좀 더 덜 낳자"라고 장려했다 (Zhu, 2003: 463). 1970년대 후반 경제개혁을 위해, 덩샤오핑 휘하의 중국 공산당은 거대한 인구 집단 및 향후 좀 더 늘어날 인구 규모를 국가경제에 대한 부담으로 보았다. 그에 따라 정부는 도시의 가정에 대해서 한 자녀 정책을 강화했다(Zhu, 2003). 이후 노동인구의 감소와 그에 따른 경제적 문제를 우려하게 된 중국 정부는 다시 인구 증가를 촉진하기 위해 한 자녀 정책을 완화하기 시작한다. 2013년부터 중국은 한 자녀 정책을 대폭 완화하기 시작해(Waldmeir, 2014), 마침내 2016년 1월 1일 한 자녀 정책이 종결되었고, 이제는 모든 부부에게 두 명의 자녀를 낳을 것을 장려하고 있다(Wei, 2015).

린이 및 오락 상품 관련 시장의 성장으로 이어진다. 이러한 관점에서 일부 중국의 미디어 연구자들은 〈아빠! 어디가?〉의 인기가 양육과 관련된 사회적 변화상이 반영된 것이라고 본다. 구오와 동(Guo and Dong, 2014)은 리얼리티쇼의 잠정 시청자로서 1990년대에 태어나 아이를 가질 준비가 된 세대, 1980년대에 태어나 아이를 기를 나이가 된 세대, 1970년대에 태어나 둘째 아이를 기대하는 세대, 이렇게 3개 세대가 포함된다고 보았다. 중국의 시청자들은 실용적인 목표를 가지고 프로그램을 시청하는 것으로 나타났는데, *China Youth Daily*가 실시한 설문조사에 따르면 56.2%의 시청자들이 아이 양육에 대한 지식을 얻기 위해 부모·아이 쇼를 본다고 응답했다(Sun, 2014).

시즌 1의 6번째 에피소드에서는 연예인 아버지가 아들에게 독립적으로 행동하는 것을 가르치는 장면이 나온다(Xie, 2013b). 저녁식사를 위해 아이에게 낚시를 하고 야채를 가져오는 일을 시키자, 타이완의 영화배우 린즈링(Lin Chih Ying, 임지령)의 아들인 키미(Kimi)는 아버지 곁에서 떨어지지 않으려고 했다. 린즈링은 아들에게 다른 아이들과 함께 임무를 수행토록 하기 위해 애썼다. 아버지는 마침내 아이에게 아무런 말도 하지 않고 아들 곁을 떠났다. 이 장면에서 린즈링이 배를 타고 멀리 떠나는 모습과 그의 아들이 아버지를 찾아다니는 모습이 교차 편집되었다. 이 위에 이 상황에서 어떻게 행동해야 할지 몰랐다는 자기 성찰적 인터뷰에서의 린즈링 목소리가 더해졌다. 나중에 린즈링은 키미가 어떻게 행동했는지를 알고 나서야 그것이 잘한 행동이었다고 인식했다(Xie, 2013b). 같은 에피소드의 또 다른 장면에서 린즈링은 다른 두 아버지 출연자들에게 자신의 경험을 공유한다. 이어진 장면들은 중국 부모의 주요 임무가 양육에서 독립성을 고양시키는 것이라는 것을 보여준다. 더불어, 린즈링이 아이들과의 대화에서 부모의 지시를 따를 것을 강요하는 대신, 인내심이 중요한 고려 사항이라고 말한 것은 〈아빠! 어디가?〉가 내러티브에서 양육 문제를 주로 어떤 식으로 다루는지를 보여준다(Xie, 2013b).

리메이크판의 성공과 관련해서 언급할 만한 또 다른 중요한 지점은 현대 중국 가정 내 남성의 변화된 위상이다. 엄마가 가정 내 권력을 차지하면서 직장과 가정 양쪽에서 경쟁력을 지니게 된 것이다. 그에 따라 아빠 역할의 부재가 중국 사회에서 뜨거운 감자로 떠올랐다. 이러한 맥락에서 〈아빠! 어디가?〉는 아버지의 자녀 양육 중요성을 강조하면서 중국 가정 내 양육에서 아버지의 역할에 대한 공적인 논의를 촉발시켰다(Lam, 2013). 다음은 〈아빠! 어디가?〉에서 중국인 시청자들에게 아버지 되기에 대한 사회적 논의를 촉발시킨 사례들이다. 두 번째 에피소드의 마지막에서 배우 궈타오(Guo Tao, 곽도)는 아들인 시토우(Shitou)에게 화를 내는데, 아들이 다른 게스트들 앞에서 노래를 하지 않으려 했기 때문이다(Xie, 2013a). 궈타오는 잠시 동안 아들을 문 밖에 세워두었다. 집으로 돌아가는 길에 아버지와 아들은 그 상황과 관련해서 어떻게 생각하는지에 대한 대화를 나누면서 화해를 시도했다(Xie, 2013a). 전체 상황 동안 궈타오는 아버지의 권위를 유지하려고 했고, 이는 중국 가정의 전형적인 아버지상이었다.

6번째 에피소드의 또 다른 장면은 젠더 역할을 중국 사회에 대한 논의의 중심에 놓는다. 패션모델 장량(Zhang Liang)은 아들인 티앤티앤(Tiantian)이 올림픽 다이빙 금메달리스트이자 배우인 톈량(Tian Liang)의 딸 신디(Cindy)와 팀을 이루게 되자, 아이들에게 남자아이와 여자아이 간 상이한 책임에 대해 이야기한다. 이 두 아이에게는 음식을 구해오는 임무가 주어졌는데, 장량이 아들에게 남자아이들은 여자아이들과 일할 때 반드시 바구니를 들어줘야 한다고 말했던 것이다. 또한 그는 신디에게는 남자아이들과 놀 때 좀 더 소녀답게 행동하라고 말하기도 했다(Xie, 2013b). 이러한 장면들은 중국 사회에서 아이들, 특히 남자아이들에게 젠더 역할을 가르치는 아버지의 역할을 강조해서 보여준다.

한국과 중국 방송 내 아버지와 아이 양육에 대한 내레이션

한국 리얼리티쇼 〈아빠! 어디가?〉의 중국판 리메이크는 양국의 방송산업이 문화적 친밀성이라는 촉매제를 확인함으로써 전 지구적인 텔레비전 포맷 교역의 지역화 모델을 만들어낸 것이라 할 수 있다. 분명 한국 리얼리티쇼 〈아빠! 어디가?〉의 다국적 성공은 두 사회가 아버지 되기와 아이 양육에 대한 관심을 공유하고 있다는 것을 보여준다(Chuang, 2013; Kim and Quek, 2013). 역사는 동아시아 사회가 최근 가족관계 속에서 아버지가 주변화되고 있다는 것을 보여준다(Chuang, 2013; Kim and Quek, 2013). 사회적 변화의 맥락에서 〈아빠! 어디가?〉의 메인 내러티브 ─ 아버지와 자녀 간 관계의 재정립 ─ 는 아이 양육에 있어 잊혀진 아버지의 역할에 대해 고민하는 수많은 한국과 중국의 시청자들과 공감대를 형성했다. 이러한 관점에서 이 포맷의 인기는 또한, 이상적인 '새로운 아버지'와 아이 양육에서 불공평한 젠더 역할이라는 현실 간의 간극을 반영하고 있다. 현대사회에서 여성은 일과 가사, 아이 양육을 맡고 있는 반면, 남성들은 여전히 가장으로서의 역할이라는 전통적인 아버지상을 실천하고 있기 때문이다(Liong, 2017).

그러나 프로그램상에 나타난 한국과 중국의 에피소드 내 아버지와 아이 양육의 양상에는 차이도 드러난다. 중국 버전에서는 아이에게 독립성과 젠더 역할을 가르치는 아버지의 역할이 더 자주 묘사된다. 중국의 산아제한 세대에게 가족 외의 타인을 어떻게 대할 것인지를 배우는 것은 중요한 관심사다. 따라서 중국의 부모들은 프로그램으로부터 아이 양육 기술을 배우려고 한다(Sun, 2014). 산아제한 정책하에서 태어난 버릇없는 세대라는 오랜 비판에 대해, 이 프로그램은 자신들의 양육 방식을 반성하고 바꾸려는 주요 시청자들의 바람을 채워주고 있다(Waldmeir, 2014). 한 자녀 시대가 끝난 지금, 아이 양육은 계속해서 중국의 부모들에게 핵심적인 문제가 되는 것이다.

한국의 경우 양국 간 출산 정책상의 차이를 언급하기가 훨씬 더 복잡하다. 현재 출생률의 급감은 한국에서 가장 심각한 사회문제 가운데 하나다. 2014년 세계 평균 여성 한 명당 자녀 2.45명인 가운데, 전 세계에서 가장 낮은 출생률을 기록하는 한국의 경우 한 명당 1.2명에 불과한 상황이다(The World Bank, 2014; Tsuya, 2016). 통계청은 30대 기혼 여성 한 명당 평균 자녀 수가 1990년 1.94명에서 2010년 1.4명으로 급락했다고 전했다(Kim, 2014). 이뿐만 아니라 가임기의 한국 여성은 아이 사교육비로 인한 재정적 부담 때문에 둘째 아이를 갖지 않으려는 경향이 있다(Kim, 2014). 연예인 가족들이 주말에 여행 다니는 것을 불편하게 바라보는 부모들도 있는데, 왜냐하면 자신의 아이들에게는 그러한 경험을 제공할 수 없다고 느끼기 때문이다(Kim, 2013). 대신 아이 양육과 씨름하지 않는 여성 시청자들이 리얼리티쇼 시청을 통해 연예인 가족들의 여행을 향유하면서 대리 만족을 얻는 것으로 나타난다.

논의

이 장에서는 한국 리얼리티쇼 프로그램의 중국판 리메이크가 지역 간 포맷 교역을 어떻게 보여주는지를 살펴보았다. 텔레비전 포맷의 지역 간 상호 흐름은 양국의 지역 시청자들과 텔레비전 감독들이 동아시아 미디어 문화와 실천에서 상호 연결성을 인식할 수 있도록 해주었다. 산업적 관점에서 볼 때 중국의 미디어 기업들은 한국의 리얼리티쇼 프로그램들을 각색하면서 나름의 고유한 방식으로 리얼리티쇼 제작 능력을 발전시킴으로써 엄청난 수익을 거두었다.[4] 한국의 텔레비전 산업은 수출 콘텐츠를 추가함으로

---

4   제작팀은 수익의 10%(약 2400만 달러)를 촬영 장비를 개선해 쇼를 발전시키는 데 활용했다(Wang, 2014).

써 한류의 유산을 이어갈 수 있었다. 그러나 텔레비전 포맷 교역에서 산업적 측면만 강조되면, 한 사회를 균형 있게 재현해야 할 미디어의 공적인 속성이 경시될 수 있다(Iwabuchi, 2010). 예를 들어 〈아빠! 어디가?〉에서 전하는 아이 양육과 아버지 되기의 가치와 신념은 두 사회에 존재하는 다른 계층, 민족성 또는 문화적 하위 집단에 대해 이야기하지 않는다. 이는 상이한 사회적 신분이 아이 양육과 아버지 되기에 대한 시각을 상이하게 규정짓는다는 것이 아니라, 특정하게 국한된 사회집단과 수입된 리얼리티 프로그램 포맷이 사회 내에 존재하는 다양한 사회집단의 가족들을 재현하는 기회를 거의 제공하지 않고 있다는 것을 뜻한다.

한류가 한국의 문화적 실천과 가치를 초국가적으로 전달한다고 볼 때, 중국의 방송산업에서 한국 리얼리티쇼가 부상하는 현상은 한류의 새로운 방향성을 보여준다. 〈아빠! 어디가?〉의 사례는 완결된 프로그램보다는 리얼리티 프로그램을 지역화할 때 중국의 시청자들이 한국 미디어 상품에 좀 더 몰입할 수 있다는 것을 보여준다. 리메이크 과정에서 나타난 한국과 중국의 문화적 전통과 가치의 혼합은 리메이크 버전이 중국 사회에서 센세이션을 일으키게 된 지역적 맥락을 보여준다. 한국과 중국 버전의 〈아빠! 어디가?〉에 대한 비교 분석은, 양국 간 문화적 친밀성에도 불구하고, 아이 양육, 가족 배경, 연예인 캐릭터, 로케이션 제작, 방송사 간 문화적 차이 등이 중국의 각색 과정에 깊숙이 개입했다는 것을 보여준다. 이 사례연구는 한류가 '지역화 과정(localizing process)'(Kim, 2016: 1)을 통해 한국의 미디어 상품이 동아시아를 횡단하면서 확산되는 방식을 다변화하고 있다는 것을 보여준다. 후속 연구는 한국 텔레비전 프로그램의 지역적 각색 작업이 그것을 수입한 사회에서 무엇을 활성화하고 있는지에 대해 수행되어야 할 것이다.

Ang, I. 1995. *Watching Dallas: Soap Opera and the Melodramatic Imagination*. London, UK: Methuen.

Appadurai, A. 1996. *Modernity at Large: Cultural Dimensions of Globalization*. Minneapolis, MN: University of Minnesota Press.

Chalaby, J. K. 2011. "The Making of an Entertainment Revolution: How the TV Format Trade Became a Global Industry." *European Journal of Communication*, 26, pp.293~309. doi:10.1177/0267323111423414

_____. 2016. "Drama Without Drama: The Late Rise of Scripted TV Formats." *Television and New Media*, 17, pp.3~20. doi:10.1177/1527476414561089

Chuang, S. S. 2013. "Roles and Responsibilities: A Critical Exploration of Chinese Fathers in Canada and China." in S. S. Chuang, and C. S. Tamis-LeMonda(eds.). *Gender Roles in Limmigrant Families, Advances in Immigrant Family Research*. New York, NY: Springer.

Chung, A. Y. 2013.12.17. "Korean TV inspires Chinese shows. Korea Times." Retrieved from http://www.koreatimes.co.kr/www/news/culture/2013/12/386_148109.html

Datatopia. 2013. "Ai zai na er: "Baba qu na er" da shu ju jie du."(Love is there: Big data explanation of "Where Are We Going Dad?"). Sina.com. Retrieved from http://tech.sina.com.cn/zl/post/detail/it/2013-11-12/pid_8436879.htm

Dorfman, A. and A. Mattelart. 1975. *How to Read Donald Duck: Imperialist Ideology in the Disney Comic*. New York, NY: International General.

Duan, J. 2013.12.17. "Baba qu na er" di shi qi shou shi cheng xiong zhong dian zhan shou qi dai."(Episode 10 of "Where Are We Going Dad?" dominated the ratings. The final stop is highly expected). Xinhua Entertainment. Retrieved from http://news.xinhuanet.com/ent/2013-12/17/c_125873924.htm

Fairclough, N. 2003. *Analysing Discourse: Textual Analysis for Social Research*. New York, NY: Routledge.

Guo, H. and J. Dong. 2014. "Cong "Baba qu na er" kan dian shi yu le jie mu fa zhan xin si kao."(New thoughts on TV entertainment shows—"Where Are We Going Dad?"). People.cn. Retrieved from http://media.people.com.cn/n/2014/0304/c40628-24521555.html

Halliday, M. 1994. *An Introduction to Functional Grammar*(2nd ed.). London, UK: Edward Arnold.

Herman, E. S. and R. W. McChesney. 1997. *The Global Media: The New Missionaries of Global Capitalism*. London, UK: Cassell.

Hong, S. 2013. *Segyehwawa Digiteul Munhwa Sidaeeui Hanryu*(The Korean Wave in the Age of Globalization and Digital-Convergence). Seoul: Hanul Academy.

Huat, C. 2010. "East Asian Pop Culture: Its Circulation, Consumption and Politics." in M. Curtin and H. Shah(eds.). *Reorienting Global Communication: Indian and Chinese Media Beyond Borders*. Urbana and Chicago: University of Illinois Press.

Huat, C. B. and K. Iwabuchi(eds.). 2008. *East Asian Pop Culture: Analysing the Korean Wave*. Hong Kong: Hong Kong University Press.

Iwabuchi, K. 2010. "Globalization, East Asian Media Cultures and Their Publics." *Asian Journal of Communication*, 20, pp.197~212. doi:10.1080/01292981003693385

Jin, D. Y. 2016. *New Korean Wave: Transnational Cultural Power in the Age of Social Media*. Urbana: University of Illinois Press.

Keane, M. 2004. "Asia: New Growth Areas." in A. Moran and M. Keane(eds.). *Television Across Asia: Television Industries, Programme Formats and Globalization*. London, UK: Routledge.

Kim, D. 2014.3.7. "Samsipdae Kihonyeo(Seoul jiyeok jeolban), janyeo eopkeona hanmyung··· duljjaenatkibuteo jinwonhaeya."(50% of married women in their 30s do not have a baby or have only one child··· should support to deliver their second baby). Chosun Daily. Retrieved from http://news.chosun.com/site/data/html_dir/2014/03/07/2014030700255.html

Kim, J. 2016. *The Korean Wave as a Localizing Process: Nation as a Global Actor in Cultural Production*(Unpublished Dissertation). Temple University, Philadelphia.

Kim, M. 2013.2.4. ""Appa eodiga," oju yeon sok jache choigo··· 'dongsim' tonghaetta."("Where Are You Going, Daddy?" made its own record on viewing rate in five consecutive weeks··· Kids are powerful). Money Today. Retrieved from http://star.mt.co.kr/view/stview.php?no= 2013020408395178268&type=1&outlink=1

Kim, S. and K. Quek. 2012. "Transforming Fatherhood: Reconstructing Fatherhood Through Faith-Based Father Schools in South Korea." *Rev Relig Res*, 53, pp.231~250.

Kim, Y.(Director) and Yeoh.(Writer). 2013a.1.6. 〈Dad! Where Are You Going?〉(MBC). S. Kwon (Producer). Seoul, Korea: MBC.

_____. 2013b.2.10. 〈Dad! Where Are You Going?〉(MBC). S. Kwon(Producer). Seoul, Korea: MBC.

_____. 2013c.6.9. 〈Dad! Where Are You Going?〉(MBC). S. Kwon(Producer). Seoul, Korea: MBC.

Korea Creative Content Agency. 2013.5.22. "Naneun Gasuda Joongkuk Beojeon Saryebunseok."(A case study of the Chinese version of I am a Singer). *Contents Industry Trend of China*, 9. Retrieved from http://www.kocca.kr

Lam, J. 2013.11.15. "Hong Kong, Where Are You Going? Ask Mainland Television Show." *China Daily*. Retrieved from http://www.chinadaily.com.cn/hkedition/2013-11/15/content_17106890.

htm

Lee, J. 2014.11.14. "Nayoungseok Pidi "Jeongdeun Keibies Teunan Jinza Iwuneun···""(Producer Youngseok Nah, "The hidden reason why I left KBS···"). The Hankyoreh. Retrieved from http://www.hani.co.kr/arti/culture/entertainment/664562.html

Li, D. 2013.10.25. "Re bo zong yi "Baba qu na er" wei shen me zhe me huo?"(Why is the entertainment hit "Dad! Where Are We Going?" so popular?). Xinhuanet. Retrieved from http://news.xinhuanet.com/2013-10/25/c_117865766.htm

Li, J. 2014.2.18. ""Baba qu na er" zuo dui le shen me."(How did "Where Are We Going Dad?" do it right?). The Economic Observer. Retrieved from http://www.eeo.com.cn/2014/0218/256237.shtml

_____. 2016.4.18. "China pulls plug on TV reality shows that feature children. South China Morning Post." Retrieved from http://www.scmp.com/news/china/policies-politics/article/1936760/china-pulls-plug-tv-reality-shows-feature-children

Liong, M. 2017. *Chinese Fatherhood, Gender and Family: Father Mission*. London, UK: Palgrave Macmillan.

Moran, A. 2004. "Television Formats in the World/the World of Television Formats." in A. Moran and M. Keane(eds.). *Television Across Asia: Television Industries, Programme Formats and Globalization*. London, UK: Routledge.

_____. 2006. *Understanding the Global TV Format*. Bristol, UK: Intellect.

Schiller, H. I. 1976. *Communication and Cultural Domination*. White Plains, NY: M.E. Sharpe.

Seo, B. 2014.1.3. "Appa eodika, gajok hilingeu jungseok."("Where Are You Going, Daddy?" a textbook of family shows). Herald Business. Retrieved from http://news.heraldcorp.com/view.php?ud=20140103000184&md=20140106003555_BC

Straubhaar, J. 1991. "Beyond Media Imperialism: Asymmetrical Interdependence and Cultural Proximity." *Critical Studies in Mass Communication*, 8, pp.39~59.
doi:10.1080/15295039109366779

Sun, Z. 2014.1.2. "75.3% shou fang zhe ren wei "Baba qu na er" da re fan ying nian qing fu mu yu er jiao lv."(75.3% of respondents said the success of "Where Are We Going Dad?" reflected young parents' anxiety about childrearing). China Youth Daily. Retrieved from http://zqb.cyol.com/html/2014-01/02/nw.D110000zgqnb_20140102_1-07.htm

The person of the year, Yoon Hoo. 2013.12.6. "GQ Korea." Retrieved from http://www.style.co.kr/magazine/view.asp?menu_id=01020204&n_sort=1&c_idx=012402020000028

The World Bank. 2014. Fertility Rate, Total(births per woman)[Data set]. Retrieved from http://data.worldbank.org/indicator/SP.DYN.TFRT.IN?

Tsuya, N. 2016. "Fertility Decline in East Asia: A Comparative Analysis of Japan, South Korea, and China." The Population Association of Japan Web Site. Retrieved from http://www.paoj.org/taikai/taikai2016/abstract/1090.pdf

Waldmeir, P. 2014.2.7. "China's Little Emperors Reality TV Check." *Financial Times*. Retrieved from http://www.ft.com/intl/cms/s/0/b5fd5aec-76d6-11e3-807e-00144feabdc0.html?siteedition=int l#axzz2wnsvcSiD

Wang, J. 2014.7.18. "aba qu na er 2: Zai shangyexing he yishuxing jian xunzhao zuijiadian."(Where are you going Daddy 2: Finding the balance between commercial and artistic values). Xinhuanet. Retrieved from http://news.xinhuanet.com/ent/2014-07/18/c_126770418.htm

Wei, J. 2015.12.21. "Ji sheng fa xiu zheng an, fu he zheng ce sheng yu fu qi ke huo yan chang sheng yu jia."(An amendment to the Birth Planning Law: Maternity leave extended for eligible couples). china.com.cn. Retrieved from http://news.china.com.cn/txt/2015-12/21/content_37363347.htm

Wong, S. 2013.12.20. "Why a TV show about celebrity fathers has enraptured China." *The Atlantic.* Retrieved from http://www.theatlantic.com/china/archive/2013/12/why-a-tv-show-about-celebrity-fathers-has-enraptured-china/282562/#comments

Xie, D.(Director). 2013a.10.18. Episode 2 (Television series episode). 〈Dad! Where Are You Going?〉(Hunan TV). T. Hong.(Producer). Changsha, China: Hunan TV.

_____.(Director). 2013b.11.15. Episode 6 (Television series episode). 〈Dad! Where Are You Going?〉(Hunan TV). T. Hong.(Producer). Changsha, China: Hunan TV.

Xu, S. 2013.12.31. "Bi pin shou shi 'baba' zui niu."(Dad wins the ratings competition). The Mirror. Retrieved from: http://news.ifeng.com/gundong/detail_2013_12/31/32624808_0.shtml

Zhang, L. 2014.2.24. "Nian du zhi zuo ren Xie Di Kui—'Wo he zhen shi tie de bi jiao jin'." (Producer of the year, Dikui Xie—"Reality is closer to me"). Media and Entertainment Industry Reporter. Retrieved from http://www.zongyiweekly.com/new/info.asp?id=4230

Zhu, W. X. 2003. "The One Child Family Policy." *Archives of Disease in Childhood*, 88, pp.463~464. doi:10.1136/adc.88.6.463

Zuo, Y. and H. Song. 2015.9.16. Copyrightability of Reality TV Format. (Blog). Retrieved from http://www.patentexp.com/?p=1402

12장

미국 내 한류의 초국가적 미디어 문화와 소프트파워

∴

정혜리

들어가는 말

디지털 테크놀로지의 발전 및 1990년대에 걸쳐 가속화되어 온 글로벌라이제이션과 더불어, 글로벌 문화 영역에서는 한국 미디어 콘텐츠의 초국가적인 문화 흐름이 부상했다. 한국 미디어 시장이 팽창하면서 한국 대중문화 수출이 활성화되는 현상은 전 세계적으로 많은 주목을 끌었다. 공식적인 국가정책으로서 한국 정부와 사업가들의 열렬한 지원을 받은 한국 대중문화의 생산물과 콘텐츠는 거대한 문화산업으로 성장하면서 다른 국가들을 광범위하게 매료시키고 있다(Jin, 2016; KOCIS, 2012; Shim, 2006). 이처럼 한국 대중문화가 해외에서 성공적으로 수용되는 현상을 한류라고 부른다. 따라서 한류는 한국의 대중문화 그 자체가 아니라, 한국의 바깥에서 나타나는 한국 대중문화의 인기를 지칭하는 것이라 할 것이다.

이후 몇몇 기존 연구(Chua and Iwabuchi, 2008; Jung and Shim, 2014; Kim, 2009a; Yang, 2012)들이 여러 국가의 개인들이 한류에 어떤 식으로 관여하는지 살펴보기는 했으나, 경험적으로 서구 특히 미국의 맥락에서 직접적으로 설명하는 연구는 거의 없었다. 이는 아시아로부터 서구로 흐르는 역전된 문화 흐름이 상대적으로 (최소한 지금까지는) 제한되어 왔기 때문으로, 그에 따라 대다수 한류 연구자들은 아시아 권역 내 상호적인 문화 흐름을 분석하는 데 초점을 맞춰왔다. 그러나 한류가 눈에 띄게 두드러지자, 특히 K팝이 미국의 젊은 디지털 세대 사이에서 인기를 얻자 여러 연구자들이 좀 더 관심을 갖기 시작했다.

이 장에서는 리버스 에스노그래피라고 알려진 접근 방식(reversed media ethnographic approach)을 통해 미국 내 초국가적인 미디어 문화로서 한류가 지닌 다양한 측면을 살펴볼 것이다. 필자는 2015년부터 2017년 사이 2년이 넘는 시간 동안 미국 내 한류 시청자 및 팬들과 밀접하게 상호작용 하면서 기존 연구 및 그 해석의 기저에 깔린 것들을 연구했다. 그에 따라 한류와 관련된 논의를 위해 관련 이론들과 글로벌라이제이션의 개념을 다시 고찰하는 과정에서 다음과 같은 질문을 제기하게 되었다. 미국인들이 한국의 대중문화와 상호작용 하도록 만드는 동기는 무엇인가? 그들은 한국의 대중문화를 어떻게 해석하는가? 그들이 한국과 미국의 대중문화 사이에서 보는 교차문화적인 유사성과 차이는 무엇인가? 미국인들의 한국 대중문화 수용에서 발견되는 소프트파워적인 측면은 무엇인가? 한류의 소프트파워가 미국인 시청자/팬들의 정체성에 대해 갖는 함의는 무엇인가? 한국 대중문화의 문화적 혼종성은 어떻게 의식·무의식적으로 미국이라는 세계에서 가장 강력한 문화산업을 지니는 국가의 소프트파워가 지닌 사회·정치적 함의를 활성화하는가? 그리고 한류는 글로벌/국제적 맥락에서 어떠한 문화적·사회적·정치적 함의를 지니는가?

여기서 목표는 미국인들의 한국 대중문화 수용을 일반화하는 것이 아니라, 환경 전반에서 나타나는 심층적이고 파편화된 순간들에 대한 정교한 분석을 통해, 이전까지 발견되지 못했던 것들과 반복되는 패턴을 개념화할 수 있는 가능성을 제공하는 것이다. 이는 질적 미디어 에스노그래피 연구의 주요 강점이기도 하다(Lindlof and Taylor, 2011). 미국 시청자/팬들의 한류 수용에 대한 연구의 목적은 한국의 제국주의를 주장하는 것이 아니라, 지역 차원에서 역동적으로 형성되는 정체성과 혼종성의 문제를 다루기 위해 글로벌라이제이션 이론들을 재고찰하는 동시에, 권력의 불평등 및 타국의 희생을 매개로 하는 일부 국가들의 지배 양상을 포착하는 것에 놓여 있다. 문화 연구적으로 유동적이면서도 덜 관습적인 방식으로 쓰인 이 장에서는, 우선 초국가적인 미디어 문화 영역을 다루는 이론적 개념을 간단히 살펴본 후, 방법론과 연구 결과 그리고 관련 논의들을 진행할 것이다. 나아가 이 장 전체에 걸쳐 이론적 개념에 대한 연구자의 주장을 좀 더 유연한 방식으로 다듬어 나갈 것이다.

초국가적 미디어 문화 영역의 혼종성

글로벌라이제이션의 진행과 함께 확산된 초국가(transnational)는 일반적으로 '단 하나의 기원과 동일시되지 않는 사람, 상품, 사유들이 말 그대로 국경을 넘나드는' 상황을 기술할 때 사용(Watson, 2006: 11)되는 용어가 되었다. 글로벌라이제이션 이론가들은 그 구성과 글로벌한 흐름 그리고 수용자들의 미디어 상품 이용의 양상이 단순한 문화제국주의보다 훨씬 복잡하다고 주장한다. 아파두라이(1996)는 복잡다단하게 초국가화된 상상적 정경을 구성하는 구조물들의 다양한 교점(node)들로 구성된 글로벌 이미지 체계에서 유일 무패의 리더란 존재하지 않는다고 언급함으로써 그러한 주장을 뒷받침한 바 있다.

여러 국가들이 복잡하게 얽히는 상호 의존성이 증대하고 테크놀로지가 발전하면서 문화제국주의 이론들은 효력을 잃어간 반면, 포스트 식민적 맥락에서 다층화된 초국가적 미디어 문화에 대한 관심이 촉발됐다. 글로벌라이제이션의 패러다임은 미디어 문화를 좀 더 역동적이고 다극적(multipolar)이며 다중심적인 것으로 보는데, 이러한 '필연적인 복잡성'은 이전 시대와 구분되는 오늘날 글로벌화된 세계의 핵심적인 특징이 되었다(Sparks, 2007: 130). 글로벌라이제이션의 연결성에 의해 공간(place)들이 갈수록 유·무형적으로 관통되고 있다면, 장소들(location)의 의미는 줄어들고 있다. 우리가 일상에서 겪는 인터넷과 소셜 미디어를 통한 글로벌 미디어의 경험은 '원격화 경험'을 가능케 하는 것(Giddens, 1990)이자 '탈영토화된 미디어스케이프' 내에서 경험·기억을 공유하는 상상의 커뮤니티를 만들어내는 것(Appadurai, 1996)이다. 모든 국가들은 이제 다층적인 정체성을 지니게 된 국민들을 통치할 수 있는 방법을 찾고 있다. 그러나 그렇다고 해서 이러한 상황이 국가와의 동일시가 지닌 중요성이 줄어들고 있다는 것을 의미하는 것은 아니다. 왜냐하면 다층적 정체성들이 상호 배제적이지는 않기 때문이다. 즉, 글로벌라이제이션의 시대에 민족 정체성은 다양한 방식으로 경험된다(Tomlinson, 2003).

오늘날 전 세계 대부분의 문화 형식들에는 상이한 가치, 신념, 실천들이 깊숙이 그리고 다양한 범위로 혼종화되어 있다. '글로벌라이제이션은 본질적으로 혼종적'(Straubhaar, 2007: 32)이며, '혼종화가 모든 문화에서 피할 수 없는 과정이라는 것은 분명'해 보인다(Kraidy, 1999: 459). 바바(Bhabha, 1994)는 저서 *The Location of Culture*에서 "내재적인 원본성 또는 문화의 '순수성'은 성립될 수 없다"라고 주장한 바 있다(Bhabha, 1994: 55). 현대 대중문화에서 순수한 정통성을 주장하는 것은, 특정한 집단의 타 문화 전유를 당연한 것으로 정당화할 뿐만 아니라 한 측의 문화적 정통성을 규정하는 행위를 합법화하는 것이라는 점에서 문제가 있다. 백인 제국주의가 스며들어 있는 글로벌 자본주의는 가장된(disguised) 정통성으로 그 문화적 지배를 정당화하고 특권화해 왔다(Oh, 2014). 체계적으로 타자의 주체성을 부인하고 비정통적이라는 낙인을 찍음으로써 궁극적으로 제국주의 이론을 활성화하는 백인 제국주의자들은 자신들 고유의 '순수한' 정통성과 '중립적인' 규범성을 공고히 하는 한편, 모든 '타자성'의 원천들을 자유롭게 전유해 왔다. 필연적으로 다방향적일 수밖에 없는 미디어 문화의 흐름을 반영해 유동적인 것으로서 인식되어야 하는 대중문화에 대해, 순수한 문화적 정통성을 주장하는 것은 상상된 우월성을 주장하는 것이자 '타자'에 대한 이국화(exoticiation)를 심화하는 것이다(Said, 1978).

한류 현상을 설명할 때 가장 빈번하게 연관되는 용어 가운데 하나인 문화혼종성 또는 혼종화(Shim, 2006)라는 용어는, 포스트 식민주의적 관점에서 중심과 주변부 사이에 존재하는 권력관계를 고찰할 때 사용된다(Appadurai, 1996; Bhabha, 1994; Kraidy, 2002; Ryoo, 2009; Young, 1995). 그러나 혼종성을 단순히 중심과 주변부 간 이분법적 관계로서 이해하는 것은 주의해야 하는데, 왜냐하면 전통적으로 중심도 주변도 아니었던 한류의 생산자 한국의 경우 그러한 이분법적 논리로는 한류 현상을 설명하는 데 한계를 지니기 때문이다.

혼종성은 정체성에 대한 부인 또는 모순으로서 이해되어선 안 된다(Bhabha, 1994). 혼종성의 핵심적 기능은 언제나 뒤섞여 있고, 관계적이며, 협상 중인 것으로서 이해될 필요가 있다. 혼종화된 미디어 문화는 사람들을 정통의 지역성도, 권력 중립성도 없는 특별한 장소로 초대한다. 혼종화된 미디어 문화는 문화가 부재한 정체성을 형성하게 되는 여러 요소들에 대한 단순한 모방도, 차이점들의 단순 축적도 아니다. 혼종화된 미디어 문화란, 여러 문화적 요인들 속에서 다양한 담론들과 정체성들을 끊임없이 협상하는 것이다. 글로벌라이제이션의 시대에 모든 동시대 문화가 필연적으로 거치게 되는 단계로서 혼종화를 이론적으로 인식하는 것(Pieterse, 1994)은 글로벌성(globality)과 지역성(locality)의 정치성 및 그 교차 양상을 이해하기 위해 필요하며, 특히 대중문화와 관련해서는 더욱 그렇다. 혼종성의 개념은 지역이 단순히 하나의 장소에 불과한 것이 아니라 초국가적인 수용의 양상들이 교차하는 영역이라는 것을 이해할 수 있게 해준다(Murphy and Kraidy, 2003).

다면적인 소프트파워로 전환되는 혼종성

한류는 세계정치 및 국제관계 속으로 진입함으로써 단순한 대중문화 열풍 이상인 것으로 판명났다(Chua and Iwabuchi, 2998; Kim, 2015). 글로벌라이제이션의 패러다임은, 세계 정치와 국제관계 내 권력관계를 다루는 '소프트파워'라는 매우 중요한 개념과 연계된다. 소프트파워는 단순한 설득력 이상으로서 강제 없이 원하는 결과를 얻어내는 능력이다(Nye, 2011). 소프트파워는 그것이 환상이거나 이상적인 개념일 뿐이라는 주장(Fan, 2008; Frum and Perle, 2004; Murphy, 2010), 그리고 또 다른 의미의 제국주의로서 여겨지는 것에 도전해 왔다(Schiller, 1991). 그러나 이러한 입장들은 소프트파워의 다양한 측면들을 기술적(descriptive)이기보다는 규범적인(normative) 것으로 오해한 것이다. 소프트파워는 이상주의나 제국주의의 한 형식이 아니라, 경쟁적인 투쟁을 통해 합법성을 얻어내는 권력 형식이기 때문이다(Nye, 2011).

한류가 소프트파워를 만들어낸 방식은 역사적으로 강력한 권력을 행사해 온 식민주의 및 제국주의 국가들 ─ 미국, 영국, 일본 등 ─ 이 전 지구적/국제적인 맥락에서 소프트파워를 활용했던 방식과 차이가 있다. 예를 들어 일본은 아시아권에서 많은 국가들에게 강력한 정치적·경제적 그리고 문화적 권력을 행사해 왔으며, 그 역사는 식민 지배 시기로 거슬러 올라간다. 그러나 이러한 식민의 과거는 일부 아시아 국가에 일본이 진출하는 것을 방해하기도 했다. 이러한 상황에서 한국 고유의 역사적 유산은 그 대중문화와 상품들이 이웃 시장에서 틈새를 찾을 수 있도록 해주는 것이었다. 왜

나하면 한국은 일본 미디어가 가진 '식민적 유산'의 부담을 지지 않기 때문이다(Park, 1996; Ter Molan, 2014). 많은 아시아권 국민들의 기억에는 반식민 정서가 도사리고 있으며, 따라서 한류는 이들과 유사한 피식민 지배의 과거를 공유하면서 현재도 여전히 포스트 식민의 상황에서 투쟁하는 비한국인들 사이에서 분노보다는 유대와 공감의 감정을 통한 혜택을 얻는 것으로 보인다.

한국은 강압적인 경제력·군사력이 아닌, 대중문화라는 다른 경로로 권력을 행사하고 있다. '하위 제국(sub-empire)'으로서의 한국(Ryoo, 2009)은 상대적으로 작은 영토에 한정된 천연자원을 소유하고 있다. 하지만 아이러니하게도 한국이 지닌 이 모든 한계와 역사적 맥락들은, 역사적으로 제국주의 권력이 행사해 왔던 것과는 상이한 방식으로 소프트파워를 행사하는 것을 가능케 한다. 따라서 미국이나 일본의 사례처럼 하드파워 ― 경제력과 군사력 ―를 기반으로 구축된 것이 아닌 소프트파워에 대해, 좀 더 유연한 이해가 필요한 상황이다. 소프트파워는 정체성의 형성과 깊숙이 얽혀 있으며(Kim, 2009b), 이는 문화적 혼종성의 다양한 층위들과 맞물려 있기도 하다. 이 장에서 주장하려는 바는 한류가 비한국인들을 매료시키면서 소프트파워를 생성해 내는 방식이, 상이한 감각의 매력과 유대감, 이데올로기적 비틀기를 아시아권을 넘어 역사적으로 중심부였던 서구에서도 이끌어내고 있다는 것이다.

이 장에서는 한류에 내재된 혼종성이 어떤 식으로 소프트파워의 다면적인 층위들로 변화하는지 그리고 미국 내 수용자/팬들의 정체성 협상 과정과는 어떤 식으로 상호 연관되는지를 살펴볼 것이다. 미국 수용자/팬들의 한류 수용 양상을 살펴보려는 이 연구는 한국식 제국주의를 주장하려는 것이 아니다. 그 목적은 방대한 이론적 주장들 가운데 적절한 것들을 참조해 글로벌라이제이션 이론을 수정·재구축하고, 그렇게 축적된 이론들을 통해 초국가화된 미디어 문화의 복잡다단한 망을 (비록 일시적으로라도) 좀 더 잘 이해하는 것이다. 이를 위해 여기서는 수용자/팬들이 초국가화된 대중문화를 수용하는 것을 좀 더 진지하게 인식하면서 글로벌라이제이션의 심장부에서 트랜스로컬한(trans-local) 에스노그래피 방식을 통해 그들과 밀접하게 상호 작용 하는 것으로부터 시작한 것이다.

연구 방법

지금까지 미국의 시청자/팬들이 K팝과 드라마, 영화, 한국어, 한식 등 한국 대중문화를 어떻게 수용하고 있는지 관찰하기 위해 다양한 질적 연구 방법이 사용되어 왔다. 이 연구에서는 '리버스 미디어 에스노그래피'라고 불리는 방법론과 더불어 참여 관찰과 질적 인터뷰가 활용된다. 필자는 2012년 초반부터 2017년 초반까지 한국 대중문화와 관련된 모임, 이벤트, 활동 등에 정기적으로 참여하면서 관찰을 수행했다. 또한 응답자의 경험에 대한 좀 더 유연하고 유기적인 표현과 의사소통을 이끌어내려고 반구조화된 인터뷰를 수행했다.

리버스 미디어 에스노그래피를 선택한 이유

인류학자들이 수행해 온 전통적인 에스노그래피는 지극히 지역적인 반면, 글로벌 미디어에 대한 미디어 에스노그래피적 접근은 글로벌라이제이션이라는 훨씬 더 복잡한 영역 내에서 지역으로부터 글로벌로 급진적으로 이동 ─ 수용자 연구와 맞물린 채 ─ 하려고 하는 것이다(Murphy and Kraidy, 2003). 에스노그래피에 대한 비판 중 하나는 에스노그래피적 실천이 식민지배의 산물이며 따라서 서구 친화적이라는 것, 나아가 그에 따라 에스노그래피가 인종 중심적 관점에 의해 기술될 수 있다는 점이다(Murphy and

Kraidy, 2003).

전통적인 에스노그래피 연구는 서구의 연구자들에 의해 이국적인 '타자'로서 이른바 비서구 문화와 사람들에 대해 수행되어 왔으며(Said, 1978), 따라서 그 시발점에는 필연적으로 서구적 관점이 반영되어 있다(Weiss, 1978). 필자가 리버스 미디어 에스노그래피라는 접근법을 상정한 이유는 바로 그러한 관점에서인데, 이는 ① 비서구인의 응시를 통해 서구인들을 관찰하고, ② 그들의 문화 대신 연구자의 원(原)문화에 대한 그들의 이해를 연구한다는 것을 의미한다. 이는 이스라엘 등에서 자국 방송 내 미국 문화에 대한 자국민의 반응에 대해 수행되었던 연구(Katriel, 2012)와 유사하지만, 여기서는 미국 내에서의 반응을 탐구하는 것에 초점을 맞추기 위해 뒤집은 것이라는 점에서 다르다.

인터뷰 참여자들

비슷한 관심사를 공유하는 사람들이 자신과 지역 공동체의 발전을 위해 모인 온라인 소셜 미디어 사이트가 있다. 이 사이트 내에 2010년대에 설립된 비정부조직인 'Korean Wave Group'(가명, 이후 KWG)이 있다. 대다수 구성원들은 텍사스에 거주하고 있으며 한국 대중문화라는 관심사를 공유하고 있다. KWG에는 약 300여 명이 소속되어 있는데, 그 가운데서 약 30여 명이 주 1, 2회 정도 정기적으로 모여 한국어 배우기, 한국 드라마 시청, 한국 대중문화에 대한 정보 공유, 한국 요리 먹기, K팝 콘서트 참여, K팝 안무 연습 등 한국 대중문화와 관련된 다양한 활동에 참여하고 있다.

KWG는 대다수가 미국 국적의 사람들이지만 그 배경은 다양하다. 남성보다 여성이 많으며, 연령층은 10대에서 50대를 망라하는 가운데 대다수 구성원들이 20대와 30대 주변에 걸쳐 있다. 그들 중 일부는 스스로를 K팝

<표 12-1> 인터뷰 대상자 정보

이름	나이	성별	국적	모국어	인종/민족성
조지프	30대 초반	남성	미국	영어	히스패닉
티파니	20대 후반	여성	미국	영어	백인/아시안
앤지	30대 초반	여성	미국	영어	백인
테이아	30대 중반	여성	미국	영어	흑인
미란다	10대 후반	여성	미국	영어	히스패닉
로잘리	20대 후반	여성	미국	영어	흑인/아시안
리오이	20대 후반	여성	미국	영어	백인
아냐	40대 후반	여성	미국	영어	백인

혹은 한국 드라마 팬이라 칭하기도 하지만, 다른 이들은 한국 대중문화에 대해 흥미를 지닌 일반적 수준의 수용자에 해당한다. 이 가운데 심층 인터뷰 대상자는 8명이었으며, 이들과는 모두 2년 이상 밀접한 라포(rapport)를 형성해 왔다. 인터뷰 응답자들은 모두 미국 태생이며 혹은 상당 시간을 미국에서 성장했다. 이 가운데 한국인은 없으며, 모두 영어를 모국어로 사용하면서 미국인이라는 정체성을 지녔다.

2년이 넘는 관찰 기간에 모은 풍부한 데이터는 정보 제공자들에 대한 문자적·청각적·시각적 기록 및 물건들과 이벤트, 연구 과정 등으로 구성되어 있다. 이처럼 풍부한 데이터를 분석하기 위해 근거 이론을 비롯한 다양한 질적·해석적 테크닉(Glaser and Strauss, 1967)이 활용되었다. 다시 한번 밝히지만, 이 연구는 일반화가 아니라 전체 생태계의 파편적인 순간들을 깊이 있게 제공하는 것이다. 발견되는 반복적인 패턴들을 연결시킴으로써 상세한 분석 및 개념화의 가능성을 밝히는 것이 목표라 하겠다.

초국가화된 문화적 혼종성이 지닌 유동성

초국가적 미디어 문화는 예측 불가하고 유동적이며 창의적인 혼종화를 만들어낸다(Shim, 2006). 한국 대중문화가 그 지역 정서를 통합하고 새로운 형식들을 창출해 내면서 다양한 문화 형식들을 혼종화하는 방식들을 살펴본다면, 한국의 대중문화 내 혼종성의 어떠한 측면이 아시아 너머의 미국인들에게 호소력을 지니는 것인지를 이해할 수 있을 것이다. 예를 들어 K팝의 혼종성은 글로벌라이제이션 시대 대중문화의 유동적 속성을 잘 보여준다. 유튜브를 비롯한 소셜 미디어 플랫폼 등의 기술적 발전 덕분에 K팝은 초국가적으로 성공을 거두고 팽창을 거듭해 아시아를 넘어설 수 있었다. 극도로 절도 있고 미학적으로 유려한 K팝 아티스트의 공연과 활동은 디지털 시대의 소셜 미디어 세대에게 잘 부합하는 것이었다. 대중문화의 세계를 하나의 종합된 패키지 ─ 귀에 감기는 음악, 노래 실력과 매력적인 외모, 넋을 빼놓는 퍼포먼스, 철저하게 고민된 상품 그리고 무엇보다도 겸손함 등 ─ 로서 제시하는 K팝은 특히 미국인들에게 매력적이었던 것으로 보인다. 두 명의 응답자인 20대 후반의 티파니(Tiffany)와 로잘리(Rosalie)는 다음과 같이 말했다.

나는 K팝 안무를 좋아하는데, 한국에서는 매주 음악 쇼를 진행해요. 단순히 뮤직비디오를 재생하는 대신, 한국에서는 그룹들이 실제로 무대에서 공연을 하는 거예요. 미국에는 그런 거 없어요. 대중문화에는 업앤다운이 있죠. 미국의 보이 밴드들은 왔다가 사라지곤 해요. 그러나 K팝에서 보이 밴드는 1990년대 이후 계속해서 유지되고 있어요. 그리고 K팝의 보이 밴드는 매우 성공적이어서 미국에서처럼 크게 성공했다가 사라지고 하는 일이 없고, 팬 기반은 국제적으로 계속해서 커지고 있지요. ─ 티파니

미국에서 우리는 더 이상 물리적인 형태의 앨범을 사지 않아요. 여기서는

그냥 플라스틱 케이스에다 넣는 걸로 끝이니까요. K팝은 달라요. K팝 또한 전부 디지털화되어 있지만 사람들은 여전히 물리적인 앨범을 사는데, 왜냐하면 그 기획 및 앨범의 패키지부터 기타 소소한 것들(사진 엽서와 새해 인사 등)에 이르는 모든 것에 좀 더 많은 생각들을 담거든요. 팬들은 디지털 형식에서보다 더 많은 것을 얻을 수 있지요. 그것은 전체 팬덤 커뮤니티가 좀 더 커지는 데 기여하죠. 그들(미국과 한국)은 모두 디지털 중심적이지만, K팝의 경우 더 많은 노력들이 투입돼요. 정말 세심하게 고민이 반영되어 있죠. ― 로잘리

문화적 요소들은 좀 더 호소력 있게, 그리하여 국제적으로 잘 수용될 수 있는 방식으로 바뀌고, 해석되며, 재포장된다. 한국의 문화산업은 다양한 문화 요소들의 생산과 재포장을 매우 숙련된 방식으로 주의 깊게 수행한다. K팝은 다양한 범주의 음악과 안무를 전략적으로 통합함으로써 비위협적이고 쾌적한 방식으로 포장된 매우 정돈된 외형으로 독특한 혼종성의 유형을 만들어냈다. 30대 중반의 여성 테이아(Theia)와 30대 초반의 남성 조지프(Joseph)은 다음과 같이 말했다.

K팝을 마이클 잭슨 같은 미국 아티스트와 많이 비교하곤 해요. K팝 아티스트와 한국 드라마에는 쿨한 게 있죠. 안무가나 감독이 누가 되었든지 간에, 그들은 말 그대로 자신들의 이야기를 끌어오죠. 저는 그것(시각적 시뮬레이션)이 언어를 모르는 사람들에게 도움이 된다고 생각하는데, 왜냐하면 …… (중략) …… 말 그대로 그 번역된 내용 없이도 스토리를 이해할 수 있기 때문이에요. ― 테이아

한국 대중문화를 보면, 분명 미국의 영향이 많이 있음에도, 그들 자신의 것을 만들어낸 것 같아요. 그건 그들의 것이지, 우리의 것이 아니죠. 그들이

이 일을 해내는 방식과 열정은 그들의 문화에서 온 것이죠. — 조지프

한국 연예산업은 가능한 가장 많은 수용자들에게 상품을 수출함으로써 수익을 극대화하는 것에 치중하는데, 이는 국익의 이름으로 정당화되는 자본주의 전략이다. 하지만 이러한 접근은 대중문화가 만들어내는 좀 더 심층적인 사회 문화적이고 정치적인 함의들을 경시한다. 이러한 관점에서, 한국 대중문화가 전부 수익 주도 상품과 국가 기관적 캠페인일 뿐이라는 주장은 한류가 해외 수용자/팬들에 매우 의존적인 현상이라는 사실을 무시하는 것이라는 점에서 정당화될 수 없다. 따라서 미국의 수용자/팬들이 한국 대중문화에서 찾아낸 즐거움의 기제(Ang, 1996)는 반드시 진지하게 다루어져야 할 것이다. 한국 대중문화는 상업적인 산업 생산물이기 때문에 생산자들은 소비자들을 매료시켜 수익을 창출하기 위해 그들이 즐거워할 만한 것들에 대해 특정한 생각을 가지고 있어야 한다. 생산자들의 전략은 이미 자신들이 대중적인 즐거움에 대해 아는 바를 정교화하는 방식을 취하게 된다. 미국적 맥락에서 볼 때 한국의 대중문화가 특별히 뛰어나다고 여겨지는 부분은 노스탤지어의 감정을 일으키기 위한 혼종화 전략을 자본의 주도로 능숙하게 만들어낸다는 점인데, 이러한 노스탤지어적 감정은 감정적 근접성(emotional proximity)이라 부를 만하다.

감정적 근접성

앞에서 언급한 대로 기술적인(descriptive) 개념으로서 소프트파워는 다양한 측면들을 지닌다. 한류가 소프트파워를 국제화한 방식은 제국주의 국가들이 역사적으로 해왔던 방식과 다르다. 역사적으로 다른 국가를 공격하거나 식민화한 적이 없는 한국이기 때문에, 그 대중문화는 상대적으로 덜 위

협적으로 여겨진다(Hong, 2014). 류웅재(Ryoo, 2009) 또한 한류가 전 지구적 문화 변화상 한가운데서 틈새를 찾아 문화적 매개자로서 자신을 재위치할 수 있었던 이유를, 한국이 '하위 제국'으로 인식되기 때문이라 본다. 한류는 아시아에서뿐만 아니라 서구에서도 매개자로서 작동하고 있다. 즉, 한류는 공유할 수 있는 감정적 근접성(emotional proximity)를 만들어냄으로써 다양한 인종·민족·사회·문화적 배경을 지닌 미국인들을 하나로 모은다는 것이다. 미국인들이 한국 대중문화를 매력적이고 유쾌하다고 생각하게 된 이유는 그들의 기존 경험에서 찾을 수 있다. 고도로 현대화되고 혼종화된 외양을 지녔으면서도 노스탤지어적인 감정을 주의 깊게 건드리고 이끌어내는 방식은 감정적 근접성으로서 이해될 수 있는데, 이는 스트라우바르(Straubhaar, 1991)가 개념화했던 문화적 근접성(cultural proximity)의 또 다른 층위에 해당한다. 노련하게 혼종화된 한국의 미디어 텍스트는 미국인들 사이에서 특정한 노스탤지어를 불러일으키는데, 아이러니하게도 이는 다시 미국인들로 하여금 자신의 고유한 정체성과 문화를 재발견하도록 자극한다. 한 사람이 문화적으로 좀 더 근접하다고 느끼는 것이 반드시 민족적, 언어적 또는 지리적 근접성과 관련될 필요는 없는 것이다.

전 지구적인 대중문화의 영역 ― 특히 할리우드 ― 에서 주요 활동자는 백인들이었고, 아프로 캐리비언계는 소수였다. 아시아인이 주요 활동자로서 활동한 경우는 극소수에 불과했으며 사실상 거의 없었다. 호가트(Hogarth, 2013)는 한류를 서구 지배적인 전 지구적 대중문화에 대한 하나의 대응이자 도전이라고 본다. K팝과 한국 드라마는 아무리 혼종화되었을지라도 전반적으로 아시아적 특성이 드러난다. 한국 드라마에는 전통적인 아시아의 가치들과 에토스가 반영되어 있는데, 아시아의 수용자들은 이러한 측면에서 문화적으로 친밀함을 느끼며, 일부 서구의 수용자들 또한 정서적으로 가깝다고 느낀다. 한류는 깔끔하고 비폭력적이며, 공격적이지도 않으면서 덜 난잡한 콘텐츠를 절실하게 기다리는 거대한 규모의 동양과 서양의 수용자들의 수요를 충족시키고 있다(Jin, 2016).

　미국인들 사이에서 한국 대중문화의 인기는 사회·문화·정치적 영향과 엮여 있다. 나는 미국의 수용자/팬들 ― 비백인과 백인 모두 ― 에게 한국 대중문화 특유의 복잡다단한 혼종성이 편안한 호소력을 발휘하고 있다고 생각하는데, 이는 이국적인 것(exoticization)보다는 전유(appreciation)의 개념(Said, 1978)과 연관되는 것으로 보인다. 또한 미국인 수용자/팬들이 한국 대중문화 내의 사람들을 제3의 인종(a third race)으로 인식한다는 것도 주장하려고 하는데, 이러한 측면은 서구에서 구축되어 온 인종과 젠더 간 이분법 및 미국의 주류 매체에서 다루어온 아시아인들에 대한 지배적인 스테레오타입화를 폭로하는 것이다. 이런 식으로 백인들 사이에서의 한류 인기는 서구가 근대화를 주도하면서 오랫동안 지속되어 온 인종적이고 식민주의적인 우월성 및 제국주의 이론을 교란시킨다. 앤지(Angie, 30대 초반), 아냐(Anya, 40대 후반), 미란다(Miranda, 10대 후반)는 다음과 같이 언급했다.

우리 쪽 미디어에는 매력적인 아시아 남성이 없어요. 아시아 남성인 등장인물이 있다고 해도 전형적으로 삐쩍 마른 너드(nerd)거나 스마트 테크 가이 같은 인물뿐이죠. 그들은 전혀 섹시하지 않아요. 제 생각에는 미국 문화에서 백인 남성에게 혜택을 주기 위해 그런 식으로 구축된 거 같아요. 백인 남성들은 아시아 남성들을 "쟤네들은 너무 여성적이야"라며 매력적이지 않게 만들 수 있고, 이러한 것이 우리 미디어에 반영되어 있는 거죠. ― 앤지

제 생각에 한국 드라마는 매우 참신한 거 같아요. 한국 드라마는 남성과 여성 모두 다른 방식으로 약해도 되고 …… 남자라고 해서 반드시 마초적인 남성일 필요는 없는 거죠. ― 아냐

메이크업을 한 K팝 남성 아이돌들은 언제나 세계에서 가장 아름다운 사람

들 같아요. 드라마에서도 한국 남성들은 언제나 무척 낭만적이고 귀엽죠.

― 미란다.

한류는 기존에 좀 더 강력했던 아시아 대중문화 ― 일본 ― 와는 다르다. 일본 산업은 문화적으로 무취(odorless)한데, 이는 상품을 보편화하기 위한 노력의 결과(Iwabuchi, 2002)였다. 반면, 한류는 콘텐츠와 매력을 지역화함으로써 포맷의 혼종화를 강조한다(Jin, 2016; Ryoo, 2009). 일본의 만화나 애니메이션과는 달리, K팝과 한국 드라마는 한국의 신체적·인종적·민족적 특성과 연관되는 주체들과 관련해 문화적으로 뚜렷한 색채를 지니고 있다. 다시 말해, 한국의 미디어에 등장하는 사람들은 한국의 이미지뿐만 아니라 그 신체적 특성을 표현하고 있으며, 이처럼 한국의 민족성을 지닌 주체들이 국제적인 수용자들에게 신체적으로 매력을 어필하고 있는 것이다.

현대의 모든 문화들은 혼종적이기 때문에, 혼종성이 한류가 미국 내에서 인기를 얻게 된 유일한 요인은 아니다. 흥미롭게도, 잘 수용된 한류의 혼종성에는 크레이디(Kraidy, 2002)의 상호 맥락적 혼종성 이론이 반영되어 있다. 한류에 대한 우호적인 수용은 미국인들이 자국의 미디어에서 결여되어 왔던 것이 무엇인지를 보여준다. 나와 가까운 사이의 응답자로서 두 아이의 엄마인 아냐는 자신의 생각을 다음과 같이 표현했다.

미국에서 현실이 된 게 뭐냐면, 특히 공격성과 폭력성과 관련해서, 너무 과장되어 있다는 거예요. 제가 자랄 땐 그렇지 않았는데, 지금은 어디서나 그렇죠. 계속 악화되고만 있어요. 한국 문화가 훨씬 매력적이라고 느껴지는 이유가 그러한 폭력성이 허용되지 않기 때문이라는 것을 깨달았어요. 저는 그들이 그러한 부분을 모방하고, 장려하고, 따르기 위해 노력한다는 걸 고맙게 여겨요. 그들은 좋은 행동을 영웅시하죠. ……(중략)…… 제 생각에 그들은 자신이 누구인지에 대해 상당히 정직한 것 같아요. 충격을 주려하는 게 아니라 매우 친절하죠. 그래서 그러한 점이 좀 더 매력적이에요. 이유가 무엇이든지 간에, 아직 이러한 점이 대다수 미국인들에게 인식되지 못한 것 같아요. (미국인들에게 익숙한 것은) 가장 저질스럽고, 가장 끔찍하고, 성적으로 모욕적인 것들이죠. 이는 저로 하여금 나의 나라를 잃어버리고 있다는 느낌을 줘요. 그리고 더 잘하고 있는 다른 문화를 찾아나서게 되죠. 그들(K팝 아티스트)은 겸손하고, 친절하고, 사려 깊은 데서 최고예요. 사람들은 K팝과 한국 문화가 현실로부터의 도피에 불과하다고 말하기도 하지만, 나는 긍정성과 겸손을 고양시키는 나름의 선택된 현실이라고 봐요. 여기에는 나의 미국 문화에서는 찾아볼 수 없었던 다른 차원의 진실성이 존재하는 거죠. ― 아냐

한국 대중문화의 혼종성이 지닌 복잡성은, 아이러니하게도 혼종성이 지역민들로 하여금 그들이 소홀히 했거나 잊어버렸던 것을 다시 찾아 재발견하도록 장려한다는 주장(Kraidy, 2002; Ryoo, 2009)을 반영한다. 한국 대중문화가 지닌 고도의 혼종성은 아시아계 수용자들뿐만 아니라 미국인 수용자들에게도 감정적 근접성을 불러일으키면서, 그들로 하여금 지난 수십 년간 쉼 없이 달려온 근대화와 자본화의 과정 속에서 잃어버렸던 것이 무엇이었는지를 깨닫게 만든다. 이처럼 복잡하면서도 유동적인 한국 대중문화의 혼종성이 미국인 수용자/팬들에게 호소력을 발휘하면서 다면적인 소프트파워로 변환되고 있다는 것이 필자의 생각이다.

대안적 포스트 서구 소프트파워로서의 '우리'

글로벌라이제이션 과정에서 형성되는 권력관계가 종종 고도로 불평등하다는 점(Appadurai, 2016)에서 소프트파워가 단지 또 다른 은밀한 제국주의

또는 프로파간다의 방식일 뿐이라는 주장도 가능해 보인다. 이러한 주장은 일면 동의할 수 있는 측면도 없진 않지만, 복합적으로 여러 맥락에 엮여 있는 사회 역사적 요인들이 배제되어 있다는 점에서 결국 지나치게 단순화된 주장이라 할 수 있다. 소프트파워와 프로파간다가 서로 동일하지는 않지만, 연관성은 지니고 있다. 하지만 소프트파워는 인간의 상호작용을 앞세우며 그 핵심적 행위 주체가 상호작용적인 대중이라는 점에서 프로파간다와는 차별화된다(Snow, 2012). 민주주의 사회에서 부정적인 함의를 지닌 프로파간다와는 달리, 공공 외교(public diplomacy)는 별다른 논란을 야기하지 않는데, 왜냐하면 그것이 해외 정책에서 좀 더 설득적인 장치로서 억압적인 것이 아니라 소프트한 것이고, 민간 부문 및 시민사회 단체들과 협업하는 정부에 의해 수행되는 것으로서 인식되기 때문이다(Nye, 2011).

소프트파워가 국제관계와 세계정치 내 공공 외교를 위한 만병통치약은 아닐 것이다. 그러나 (공적인 정책을 추진하는 정부 관련 행위 주체가 아닌) 대중이 공공선을 추구하면서 나름의 자원들을 형성함으로써 소프트파워의 원천이 될 수 있다는 사실은 좀 더 탐구할 가치가 있다. 한류에는 늘 연관되는 고유의 독특한 개념이 있는데, 그것은 바로 집합적인 정신적 통일체(unity)를 의미하는 '우리(woori-ness)'의 개념이다. 10대 후반의 미란다는 이에 대해 "미국에서 사람들은 백인이냐 아니냐로 구분되죠. 하지만 한국에서는 하나로 통일되어 있어요"라고 말하기도 했다. 한류의 형성 자체는 고도로 혼종적이고 초국가적이지만, 그것을 주도하는 힘은 아이러니하게도 균질적이고 통일되어 있는 것이다. 30대 중반의 여성 테이아와 30대 초반의 남성 조지프도 다음과 같이 말했다.

솔직히 말해서 전 세계적인 한류의 인기는 그들의 민족적 자긍심과 많은 연관이 있다고 생각해요. 거기에는 통일된 감각이 존재하는 거죠. 그것은 분명 문화와 국가의 발전을 도와요. 한국인들은 한류 현상에 대해 자긍심을 느낍니다. 당신이 반드시 믿어야만 하는 판타지 세계 같은 것이지요.
— 테이아

한국의 대중문화를 보면, 강력한 뿌리를 가지고 자신들의 문화를 자랑스
러워하죠. 그들은 자신들에 대해 자랑스러워해요. 우리도 우리 자신에 대
해 자랑스러워합니다만, 민족적인 차원에서 그렇지는 않죠. 우리는 동일
한 뿌리를 갖고 있지만, 한국에 비하면 상대적으로 짧죠. 미국인들은 정말
로 빠르게 희석시키는 경향이 있어요. — 조지프

두 명의 여성 응답자인 20대 후반의 티파티와 로잘리는 다음과 같이 말했다.

한국 내 K팝 팬들은 정말로 단합을 잘해요. 그들은 자신들의 팬 그룹 이름,
팬 그룹 색깔, 팬 그룹 도네이션들을 들고 나오고, 또 많은 경우 자신들의
구호도 가지고 있죠. 미국에서는 노래 중 그런 구호를 들을 수 없어요. 그
런 건 K팝에만 존재하죠. 팬 구호는 특정한 노래의 구체적인 지점에 등장
해요. 미국에서는 소녀들이 소리만 지르지, 한 지점에서 외치는 구호 같은
건 없죠. K팝 팬덤에는 일치된 화합 같은 게 있죠. 미국 콘서트와 비교할
때 K팝 콘서트에서는 매우 통일된 느낌을 느낄 수 있어요. 쇼를 볼 때면 당
신은 모두와 함께인 것이고, 당신이 좋아하는 아이돌 멤버에 대해 이야기
하면서, 말 그대로 당신이 보게 될 것을 즐기기 위해 거기에 와 있는 거죠.
— 티파니

(미국의 팝계)는 좀 더 개별적이에요. (K팝 트레이닝 시스템)은 미국에서
는 작동하기 어려울 겁니다. 이건 문화로 거슬러 올라가는 문제죠. 한국 문
화는 '우리는 하나'라는 커뮤니티 및 집합적인 사회를 많이 다룹니다. 미국
에서는 훨씬 더 개인적인 것들을 다루지요. 우리(we)가 아니라 나(I)인 것

이지요. 이건 내 집으로, 한국처럼 우리 집이 아닌 거죠. 그리고 그러한 정신은 한국이 그처럼 짧은 시간 내에 가장 가난한 나라에서 오늘날의 발전을 이룰 수 있었던 주요 원동력이었을 겁니다. 우리 (미국인)들이 그러한 과정을 수행하는 건 불가능해요. 모두가 서로가 아닌 자기 자신을 위하기 때문에 동일한 시간을 투자할 수 없을 겁니다. — 로잘리

2010년 초반부터 가시화된 미국 내 K팝의 인기 — 특히 디지털 원주민 세대 사이에서 소셜 미디어에 힘입어 나타난 — 는 '스프레더블 미디어'로서 훨씬 더 혼종화된 형식으로 나타나기 시작했다(Jin and Yoon, 2014). 그 기원이 1980년대인 아이돌 소년·소녀들로 구성된 K팝은 이제 꽃미남이나 부드러운 남성상, 중첩된 남성상(Anderson, 2014), K팝 트레이닝 시스템, 애교, 특정한 메이크업 방식과 옷 등 전 세계 팬들에게 익숙한(Jung, 2011) 고유의 문화적 미학과 특성을 가지고 있다. 미국의 팬들이 동질감을 느끼면서 향유하는 K팝의 독특한 속성 가운데 하나는 한국의 '우리' 개념으로부터 비롯된 것으로서, 필자가 유희적 위계 관계라고 부르는 부분이다. 대다수 K팝 아이돌 그룹은 나이에 기반해서 각 멤버에게 특정한 포지션이 부여되는데, 예를 들어 리더(대개 그룹 내 가장 맏이가 맡는다)와 막내(그룹 내 가장 어린 멤버)가 있다. 나이 차의 개념은 사회 문화적으로 근본적인 개인주의가 지배적인 미국에서는 덜 중요한 반면, 한국에서는 가장 중요한 요소다. 한국처럼 나이에 민감한 문화는 엄격한 위계를 형성하는 한편, 내가 아닌 우리라는 집합적인 통합의 감각을 만들어낸다. 이와 같은 나이에 기반하는 하향식의 위계적인 관계가 미국인 팬들에게 소프트파워로 작동하면서 유희적이며 감탄스러운 요소가 되기도 하는 것이다.

상상된 민족-국가라는 개념(Anderson, 1983)은 한국과 미국 모두에 적용될 수 있을 것이다. 그러나 미국의 민족-국가가 근대성으로부터 비롯한 하향식으로 시작된 것이라면, 한국은 다른 경로를 통해 시작됐다. 한국의 오랜 역

사는 수천 년 전으로 거슬러 올라가며, 민족적 단일화와 상대적으로 균질적인 민족성은 여러 역사적 단계 — 산업화, 근대화, 민주화, 글로벌라이제이션 등 — 에서 생존의 근본적인 수단이 되어왔다. 고려(918~1392) 시대부터 현대에 이르는 한국의 역사 — 지리적 위치, 한국전쟁, 군사독재 등 — 는 우리가 하나가 되어야만 생존할 수 있다는 신화적 규범을 만들어냈다(Ryoo, 2004). 이처럼 개인주의를 희생하고서 생존의 한 방법으로서 얻은 한국의 '우리'라는 감각은, 21세기 들어와서는 준(準)글로벌 강국으로서의 지위에 더해 한류 현상까지 가져다주었다.

한류에 매료된 미국 수용자들과 팬이 발견한 것은 글로벌라이제이션 과정에서 나타나는 한국 특유의 '우리'라는 문화적 측면이다. 이는 한류가 지닌 소프트파워의 다층적인 국면 가운데 하나로 작동한다. 20대 후반의 여성 로잘리는 자신이 매료된 것에 대해 다음과 같이 표현했다.

> 한국의 '우리'라는 감각과 그 대중문화는 민족 중심적인 것이 아니라고 생각해요. 왜냐하면 그들이 이게 너의 것보다 우월하다고 말하는 게 아니기 때문이에요. 한국인들은 우리 중 일부가 아닌 모두를 위해 좀 더 나은 미래를 만들어가는 데 모두 함께하자라는 식이죠. 한국식 민족주의라 할 수 있는 '우리'는 민족 중심적이지 않아요. 왜냐하면 그들은 '우리는 너희보다 잘났어'를 말하는 것이 아니라 '우리는 더 좋은 것을 만들기 위해 함께한다'는 식이기 때문이죠. — 로잘리

즉, 한류는 민족 중심적인 제국주의의 또 다른 측면을 강화하는 것이라기보다, 또 다른 유형의 민족주의와 근대성을 '우리'라는 이름으로 제안하는 것이라 할 수 있다. 그리고 이는 국가·시장·사람이라는 3개의 행위 주체들의 무/의식적인 협업을 통해서 이루어진다. 아티스트와 스타들마저 종종 스스로를 "연예 외교 복합체"라고 주장(Kim, 2013)하며, 매우 중요한 국가적

자산으로 여겨지곤 한다. 대개 이질화되어 있는(heterogeneous) 서구의 경험과 달리, 한국의 민족-국가와 문화적 정체성은 5000년 동안 생존하기 위한 수단으로서 좀 더 균질적인 사람들 사이에서 협상되고, 공유되고, 결합되어 왔기 때문에 좀 더 실재적이다(Ryoo, 2004). 한국에서 민족적 단합은 민주주의의 상징인데, 이는 미국의 상징인 개인의 자유 및 다양성과 상반된다.

나는 이처럼 상대적으로 일관된 '우리'의 관념이 비한국인들, 특히 개인의 자유를 위해 민족적 단일화와 희생이 상대적으로 약화된 서구 사회에 거주하는 사람들에게 소프트파워적인 측면으로 여겨진다고 생각한다. 상당한 수준의 하드파워가 뒷받침될 때 소프트파워가 가능하다는 것은 명백하지만, 반드시 그런 것만은 아닌 것이다. 한국의 '우리'라는 감각을 발생시키는 '중간에 낀 위치(in-between)'이자 '하위 제국(sub-empire)'이라는 한국의 역사적 지위가 국제적인 환경에서 소프트파워의 특징적인 측면으로 등장하게 되는 것은 바로 이 지점에서다.

글로벌 스피어 내 한류 군단들

기네스북에 전 세계에서 가장 큰 규모인 것으로 기록된(Anderson, 2014) 한류와 그 팬덤 문화는 대중문화가 좀 더 큰 사회적 맥락에서 왜 문제가 되고 어떻게 문제화되는지 잘 보여준다. 한국 대중문화를 초국가적이고 글로벌하게 만드는 것, 그리하여 한류라는 용어를 만들어낸 사람들은 종종 도외시되곤 하는 지적인 장인들(intellectual craftspeople), 즉 국제적인 수용자/팬들이다(Choi and Maliankay, 2015). 미디어 컨버전스 현상과 커뮤니케이션 기술의 발전은 수용자들로 하여금 그들 나름의 다양한 맥락에 따라 미디어 참여 및 참여 문화를 만들어내는 것을 가능케 해주었는데, 이는 팬에 대한 연구에서 특히 뚜렷하게 나타났다(Jenkins, 2006; Kim, 2015). 팬들은 아파두라이

(1996)가 전 지구적 수준의 '미디어스케이프 내에서 공유되는 집합적 경험' 이라 부르는 것을 창출해 낸 최초의 사람들에 해당한다.

정치에 무심한 한류이지만, 한류로 인해 발생하는 결과들은 여러 연구에 서 나타났듯 정치적인 성격을 지닌다(Chua and Iwabuchi, 2008; Kim, 2009a; Kim, 2015). 그러나 한국 대중문화에서 발견되는 문화적 혼종성을 동양 또는 서양 의 것으로 단순화하거나 이분화하지 않도록 유의할 필요가 있다. 전 세계의 수용자들은 한류가 제공하는 것을 즐기고 있으며, 그 과정에서 문화적 의미 와 정체성을 적극적으로 구축하고 협상하고 있기 때문이다. 물론 한류가 한 국의 문화, 경제, 정책, 정치와 엮인 것은 분명하지만, 전 세계의 수용자/팬들 은 그들 고유의 지역성을 바탕으로 한류를 수용한다(Choi and Maliankay, 2015). 심두보(Shim, 2013)는 소셜 미디어를 통한 매개가 있든 없든 간에 해외 대중문화와의 접촉 가능성만으로 해외에서의 인기가 보장되는 것은 아니라 고 지적했다. 왜냐하면 수용자들의 문화적 아비투스(cultural habitus)가 내재 적으로 복잡하고 유동적이어서 예측 불가능하기 때문이다. 상품이 어떻게 수용될지는 미디어 생산자들과 정책 입안자들에 의해서 완전히 통제될 수 없 으며, 예측도 불가능하다. 미디어 텍스트는 결코 그 자체로서 자족적인 의미 의 구조물이 아니라, 의미와 즐거움을 도발하면서 말장난(pun)과 같은 유머 로 가득 차 있다(Fiske, 2011). 한류를 초국가적이고 글로벌하게 만드는 것은 수용자/팬들이 이른바 혼종화된 한국 대중문화를 해석하고, 변환하고, 재생 산하고, 공유하는 행위인 것이지, 그 형식이나 콘텐츠 자체가 아닌 것이다.

여러 KWG 멤버들은 다른 미국인들에게 자신들이 한국의 대중문화를 좋 아하는 이유를 '설명해야만' 하는 데 대해 불만을 표시했다. 아시아인들이 한국 대중문화를 선호하는 것은 당연한 것으로 받아들여졌지만, 한국 대중 문화를 좋아하는 미국인들은 종종 놀라움, 호기심 또는 심지어 조롱과 대면 해야 했던 것이다. 이들은 자신들이 영어가 아닌 K팝 듣기를 좋아하는 이유 그리고 이른바 '너무 여성스러운' 아시아 남성들을 매력적으로 여기는 이유를 끊임없이 성찰해야 하는 사람들이다. 초국가화된 한류의 글로벌성이 미국 수용자/팬들의 지역성과 만나는 것은 바로 이 지점으로, 이는 그들로 하여금 자신들의 문화적 정체성에 대해 끊임없는 협상을 하도록 이끌고 있다.

미국인 수용자/팬들의 한류 수용을 연구하는 작업은, 국제적인 환경상 존재하는 권력의 불평등을 고려하면서 지역에서 역동적으로 형성되는 정체성과 혼종성을 이해할 수 있도록 글로벌라이제이션 이론들을 재검토하는 것을 목표로 삼을 필요가 있다. 대중문화는 특히 글로벌 스피어상의 거시적 상황에 대한 미시적인 것의 영향(Fiske, 2011)이라 할 수 있는 사회·문화·정치적 영향과 엮여 있다. 따라서 수용자/팬들의 수용 양상을 좀 더 비중 있게 다룬다면 초국가적인 미디어 문화의 복잡한 망을 ─ 비록 일시적일지라도 ─ 좀 더 잘 이해할 수 있을 것이다. 글로벌라이제이션의 심장부에서 트랜스로컬한 에스노그래피를 통해 그들과 밀접하게 상호작용 하는 것은, 맥락에 민감하면서도 비교 가능한 설명을 제공해 준다.

미국 내 K팝 팬덤의 흥미로운 특징은 그 거대한 커뮤니티가 다인종적이고 다민족적이며 다문화적이라는 점이다. 20대 후반의 여성인 리오이(Leoy)는 "K팝을 좋아하는 미국인들은 대개 진보적(liberal)"이라고 말한다. 미국 내 K팝 팬들은 K팝 팬덤 내 다양한 다중심적 커뮤니티의 존재를 알고 있다. 한국 대중문화와 비/자발적으로 상호작용 하는 사람들은 자신들의 문화적 경계를 교차하고 넘어서면서 다양성과 다문화주의를 장려하고 강화한다. 20대 후반의 여성 로잘리는 다음과 같이 말했다.

한류의 글로벌화는 스테레오타입, 특히 미국 내 아시아인들에 대한 정형화가 깨지고 있다는 좋은 신호예요. 그리고 심지어 그 반대도 가능하지요. 나는 그들(한국인)이 타자들이 한국 문화를 좋아하고 있다는 것을 좀 더 많이 인식했으면 좋겠어요. 저는 아시아는 (인종적으로) 매우 균질하다는 것을 알고 있어요. 저는 한류가 서구에 백인들만 있다는 것이 아니라는 역류

(reverse wave)를 전파하면 좋겠다고 생각해요. 또한 한류가 한국인들이 비한국인들에 대해 가지고 있는 일부 스테레오타입을 극복하는 데 도움이 되기를 바라요. 한류가 한국에 다양성을 가지고 왔으면 좋겠어요. — 로잘리

한류는 혼종적 미디어 문화로서 미국인들이 자신들의 문화적 정체성을 재발견하도록 장려할 뿐만 아니라 그 반대 방향으로도 작용한다. 한국 바깥의 영토에서 한국의 대중문화가 예상치 못하게 인기를 얻고 있는 상황이, 균질화된 국가로 하여금 문화적 다양성과 다문화주의를 인식하도록 촉진하고 있는 것이다. 따라서 한국 대중문화의 콘텐츠와 형식뿐만 아니라 그러한 것들이 전 지구적 환경 내에 만들어내는 사회·정치적인 함의들은 무엇일지를 살펴보는 작업은 매우 중요하다. 지금까지 이 장에서는 한국 대중문화와 미국의 수용자/팬들 간의 역동적인 상호작용, 한류의 문화적 혼종성이 어떤 식으로 소프트파워를 의식·무의적으로 활성화하는지 그리고 그것이 글로벌한 맥락에서 어떠한 사회·정치적 함의를 지닐 수 있는지 살펴보았다. 전략적으로 균형이 잘 잡힌 문화적 혼종성을 보여주는 한류는 다양한 정체성이 끊임없이 협상되도록 자극하면서 미국인 수용자/팬들에게 우리라는 이름 아래 다양한 수준의 인종적·민족적·사회적·문화적 배경을 지닌 비위협적인 판타지를 제공하고 있다. 초국가화된 미디어 문화로서 혼종적인 한국 대중문화의 속성은 순수한 원본을 간직하며 단일한 공간으로 규정되는 것에 저항한다. 이 현상의 한가운데 종종 도외시되어 온 참여적인 글로벌 수용자/팬들이 존재하고 있다. 이들이야말로 '타자'의 문화를 기꺼이 소비하고, 공유하고, 재생산함으로써 한류를 실현하는 장인 군단이라 부를 수 있을 것이다.

참 고 문 헌

Anderson, B. 1983. *Imagined Communities: Reflections on the Origin and Spread of Nationalism*. New York, NY: Verso.

Anderson, C. 2014. "That's My Man! Overlapping Masculinities in Korean Popular Music." in Y. Kuwahara(ed.). *The Korean Wave: Korean Popular Culture in Global Context*. New York, NY: Palgrave Macmillan.

Ang, I. 1996. *Living Room Wars: Rethinking Audiences for a Postmodern World*. New York, NY: Routledge.

Appadurai, A. 1996. "Global Ethnoscapes: Notes and Queries for a Transnational Anthropology." in M. Fox(ed.). *Recapturing Anthropology: Working in the Present*. Santa Fe, NM: School of American Research Press.

_____. 2016. *The Academic Digital Divide and Uneven Global Development*. Philadelphia, PA: PARGC Press.

Bhabha, H. 1994. *The Location of Culture*. New York, NY: Routledge.

Choi, J. B. and R. Maliangkay. 2015. "Introduction: Why Fandom Matters to the International Rise of K-pop." in J. B. Choi and R. Maliangkay(eds.). *K-pop: The International Rise of the Korean Music Industry*. New York, NY: Routledge.

Chua, B. and K. Iwabuchi. 2008. *East Asian Pop Culture: Analysing the Korean Wave*. Hong Kong: Hong Kong University Press.

Fan, Y. 2008. "Soft Power: Power of Attraction or Confusion?" *Place Branding and Public Diplomacy*, 4(2), pp.147~158.

Fiske, J. 2011. *Reading the Popular*(2nd ed.). New York, NY: Routledge.

Frum, D. and R. Perle. 2004. *An End to Evil: How to Win the War on Terror*. New York, NY: Ballantine Books.

Giddens, A. 1990. *The Consequences of Modernity*. Cambridge: Polity Press.

Glaser, B. and A. Strauss. 1967. "The Constant Comparative Method of Qualitative Analysis." in *The Discovery of Grounded Theory: Strategies for Qualitative Research*. New York, NY: Transaction Publishers.

Hogarth, H. 2013. "The Korean Wave: An Asian Reaction to Western-Dominated Globalization."

Perspectives on Global Development and Technology, 12(1-2), pp.135~151.

Hong, E. 2014. *The Birth of Korean Cool: How One Nation is Conquering the World Through Pop Culture*. New York, NY: Picador.

Iwabuchi, K. 2002. *Recentering Globalization: Popular Culture and Japanese Transnationalism*. Durham, NC: Duke University Press.

Jenkins, H. 2006. *Fans, Bloggers, and Gamers*. New York, NY: New York University Press.

Jin, D. Y. 2016. *New Korean Wave: Transnational Cultural Power in the Age of Social Media*. Chicago, IL: University of Illinois Press.

Jin, D. Y. and K. Yoon. 2014. "The Social Mediascape of Transnational Korean Pop Culture: Hallyu 2.0 as Spreadable Media Practice." *New Media and Society*, 1-16.

Jung, S. 2011. *Korean Masculinities and Transcultural Consumption: Yonsama, Rain, Oldboy and K-pop Idols*. Hong Kong: Hong Kong University Press.

Jung, S. and D. B. Shim. 2014. "Social Distribution: K-pop Fan Practices in Indonesia and the 'Gangnam Style' Phenomenon." *International Journal of Cultural Studies*, 17(5), pp.485~501.

Katriel, T. 2012. *Communal Webs: Communication and Culture in Contemporary Israel*. Albany, NY: State University of New York Press.

Kim, J. O. 2015. "Despite Not Being Johnny's: The Cultural Impact of TVXQ in the Japanese Music Industry." in J. B. Choi and R. Maliangkay(eds.). *K-pop: The International Rise of the Korean Music Industry*. New York, NY: Routledge.

Kim, S. J. 2009a. "Interpreting Transnational Cultural Practices." *Cultural Studies*, 23(5-6), pp.736~755.

Kim, S. B. 2009b. *Soft Power and Network Power*. Seoul: Hanul Academy.

Kim, Y. A. (2013). The Korean Wave: Korean Media go Global. New York, NY: Routledge. Korean Culture and Information Service(KOCIS)(2012, December). From K-pop to K-culture. Retrieved from http://www.korea.net/Resources/Publications/About-Korea/view?articleId=3223#

Kraidy, M. 1999. "The Global, the Local, and the Hybrid: A Native Ethnography of Glocalization." *Critical Studies in Mass Communication*, 16(4), pp.456~476.

_____. 2002. "Hybridity in Cultural Globalization." *Communication Theory*, 12(3), pp.316~339.

Lindlof, T. and B. Taylor. 2011. *Qualitative Communication Research Methods*(3rd ed.). London, UK: Sage.

Murphy, P. 2010. "The Limits of Soft Power." in D. Black, S. Epsteinand and A. Tokita(eds.). *Complicated Currents–Media Flows, Soft Power and East Asia*. Sydney: Monash Univerisy ePress.

Murphy, P. and M. Kraidy. 2003. *Global Media Studies: Ethnographic Perspectives*. New York, NY: Routledge.

Nye, J. 2011. *The Future of Power*. New York: NY: Public Affiars.

Oh, C. Y. 2014. "The Politics of the Dancing Body: Racialized and Gendered Femininity in Korean

Pop." in Y. Kuwahara(ed.). *The Korean Wave: Korean Popular Culture in Global Context.* New York, NY: Palgrave Macmillan.

Park, M. 1996. "The Historical Development and Characteristics of Korean Nationalism." *The World Literature*, Summer, pp.125~154.

Pieterse, J. 1994. "Globalisation as Hybridization." *International Sociology*, 9(2), pp.161~184.

Ryoo, W. J. 2004. "Reconsidering Globalism: A Korean Perspective." *Kaleidoscope*, 3, pp.1~20.

_____. 2009. "Globalization, or the Logic of Cultural Hybridization: The case of the Korean Wave." *Asian Journal of Communication*, 19(2), pp.137~151.

Said, E. 1978. *Orientalism.* New York, NY: Vintage.

Schiller, H. 1991. "Not Yet the Post-Imperialist Era." *Critical Studies in Media Communication*, 8(1), pp.13~28.

Shim, D. B. 2006. "Hybridity and the Rise of Korean Popular Culture in Asia." *Media, Culture and Society*, 28(1), pp.25~44.

_____. 2013. "An Essay on K-pop: Korean Wave, Idols, and Modernity." *Social Studies Education*, 52(2), pp.13~28.

Snow, N. 2012.12.4. Public diplomacy and propaganda: Rethinking diplomacy in the age of persuasion. Retrieved from http://www.e-ir.info/2012/12/04/public-diplomacy-and-propaganda-rethinking-diplomacy-in-the-age-of-persuasion/

Sparks, C. 2007. *Globalization, Development and the Mass Media.* Thousand Oaks, CA: Sage publications.

Straubhaar, J. 1991. "Beyond Media Imperialism: Assymetrical Interdependence and Cultural Proximity." *Critical Studies in Media Communication*, 8(1), pp.39~59.

_____. 2007. *World Television.* Thousand Oaks, CA: Sage publications.

Ter Molen, S. 2014. "A Cultural Imperialistic Homecoming: The Korean Wave Reaches the United States." in Y. Kuwahara(ed.). *The Korean Wave: Korean Popular Culture in Global Context.* New York, NY: Palgrave Macmillan.

Tomlinson, J. 2003. "Globalization and Cultural Identity." in D. Held and A. McGrew(eds.). *The Global Transformations Reader: An Introduction to the Globalization.* Cambridge, MA: Polity.

Watson, J. 2006. *Golden Arches East: McDonald's in East Asia*(2nd ed.). Stanford, CA: Stanford University Press.

Yang, J. H. 2012. "The The Korean Wave (Hallyu) in East Asia: A Comparison of Chinese, Japanese, and Taiwanese Audiences Who Watch Korean TV Dramas." *Development and Society*, 41(1), pp.103~147.

Young, R. 1995. *Colonial Desire: Hybridity in Theory, Culture, and Race.* London, England: Routldge.

13장

베트남 한류를 통해 본
아시아 내 초국가적 문화적 흐름

●
●
●

박미숙

들어가는 말

문화상품과 글로벌 시장 간 관계를 이해하는 것은 오늘날 여러 연구 분야에서 중요한 문제로 떠오르고 있다. 특히 아시아 내에서 한류가 인기를 얻으면서 이제 문화상품이 신경제를 주도하고 있다는 것은 분명해졌다. 이는 문화상품이 이중적인 기능을 수행하기 때문으로, 다시 말해 문화상품은 문화산업 그 자체뿐만 아니라 다른 상품의 소비를 증대시킴으로써 수익을 추가로 증대시킨다는 것이다. 실제로 문화산업은 전자산업 등 다른 제조업 분야에 긍정적인 영향을 끼쳐왔다. 한국의 경우 김영삼 정부가 1993년부터 시청각 산업 발전 계획을 추진한 이래 문화산업의 콘텐츠로부터 혜택을 얻어왔다. 한국 방송 콘텐츠의 수출 규모는 2002년 2880만 달러 수준에서 꾸준히 증가해 2014년에는 3억 1380만 달러에 이르렀다. 좀 더 구체적으로, 베트남의 경우 한류가 인기를 얻기 시작하면서 한국 상품(K상품)의 대베트남 수출이 2014년 47억 달러에 달했는데, 이는 한국의 수출 시장 가운데 5위 규모에 해당한다(KITA, 2015).

언뜻 아시아 내 문화 흐름은 서구와 비슷해 보이지만, 현재 그 흐름은 정부 주도의 경제발전과 떨어져서 생각할 수 없다. 이론적 틀로서 아시아의 발전주의는 1980년대 이후 경제발전에서 중요해졌고, 이론가들은 아시아의 빠른 경제성장을 설득력 있게 분석할 수 있는 틀로서 정부의 역할을 강조해 왔다(Amsden, 1992; Evans, 1998; Fritz, 2006; Johnson, 1982; Suehiro, 2008; Woo-Cumings, 1999). 아시아 발전주의 이론의 핵심은 경제를 육성하고 국제경쟁력을 증대시키려는 정부 정책 및 정부 기관의 보호와 육성 아래 특정 산업이 발전한다는 것이다(Johnson, 1982).

이 장에서는 이러한 맥락 속에서 1990년대 초반부터 현재에 이르기까지 베트남 내 한류에 대한 사례연구를 통해, 한국의 문화상품이 글로벌 비즈니스와 정부 기관을 매개로 경제 증진을 위해 어떤 식으로 형성되어 왔는지 살펴볼 것이다.

그러나 여기서 목표는 한류가 문화제국주의 이론으로 설명 가능한가라는 반복되어 온 질문을 던지는 것이 아니라, 초국가적인 문화현상이 어떠한 요소들로 형성되는지 보는 것이다. 지금까지 많은 연구자들이 한국 콘텐츠 상품의 인기 원인을 페이스북이나 트위터 또는 유튜브 등 개인 유저들이 다른 유저들과 상호작용 하는 소셜 미디어 또는 온라인 플랫폼의 발전에서 찾으려고 했다. 그러나 최초의 발신자는 누구였으며 한류의 인기는 어떻게 해서 20년 이상 지속될 수 있는 것인가? 이 장의 목적은 우선 한류의 속성과 범주를 묻는 것이고, 그러고 나서 한류를 일반적인 초국가적 문화 흐름과 차별화하는 것이다.

그에 따라 우선 문화 흐름과 문화산업의 개념을 살펴보고, 최근 아시아 내 문화 시장의 팽창을 분석할 것이다. 문화 흐름이라는 용어는 이민과 이동성에 초점을 맞춘 것으로, 문화적 글로벌라이제이션에서 기인했다(Southerton, 2011). 원래 문화 흐름의 개념은 인간과 인공물을 포함한 다방향적인 움직임을 의미하지만, 이 장에서 문화 흐름은 현재 문화의 수출과 수입에 치중되는 문화산업의 전 지구적인 보편적 경향과의 연결을 강조하기 위해 사용할 것이다. 더불어 대중문화가 신경제를 위한 주요 거점이 되고 있다는 것을 다룰 것인데, 예를 들어 20세기의 마지막 10년 초창기 한류 때 한국 콘텐츠 상품은 미디어 물질로 취급되었다. 그러나 21세기 진입 이후 한류는 TV 프로그램이나 영화, 음악, 온라인게임 같은 콘텐츠 상품뿐만 아니라 인력, 화장품, 음식 등 다른 한국 브랜드 상품들을 글로벌 시장으로 진출시키고 있다. 따라서 이 장 전반에 걸쳐 문화산업은 서비스를 포함한 문화상품의 국제적인 교역으로서 다루어질 것인데, 이에 대해서는 다음 절에서 설명할 것이다.

기존의 연구들이 아시아 내외에서의 한류를 이해하는 데 기여했지만, 이 연구들은 권역 내 콘텐츠 상품에 대한 이해를 추구하는 과정에서 수용이론을 강조하면서 정치·사회·물질적 문제라는 그 본질적인 뿌리로부터 멀어져 버렸다. 이는 한류로 인해 해외시장에서 한국산 콘텐츠 상품들의 기록적인 성공을 거뒀기 때문인 것으로 보인다(Dang, 2010; Kang, 2009; Nguyen, 2014). 이를 고려하면서 이어지는 절에서는 글로벌 비즈니스가 일반적으로 콘텐츠 상품을 비즈니스로 연결시키는 새로운 모델을 다룰 것이다. 이 장에서는 한국인들의 한국산 문화상품에 대한 흥미를 고양하기 위한 한국 정부 기관들의 개입 및 한국 대기업들의 프로모션과 관련해서 그 체계적인 이행 양상에 초점을 맞출 것이다. 더불어 문화산업을 위한 국가 제도적 프로모션인 정부 주도 문화산업 개발계획(GLCID: Government-led Cultural Industry Development Plan)에 대해서도 논의할 것이다. 이 연구는 아시아의 개발주의 개념을 활용해 현재 동아시아 내 한류의 존재를 심층적으로 분석한다. 문화산업 개발계획은 문화산업이 경제적 발전을 증대시킬 수 있도록 고도로 개입해 온 정부 기관과 산업에 맞춰 아시아의 문화현상을 좀 더 정교하게 발전시키고 있다. 이 정의에 따라 이 장에서는 문화산업을 21세기의 새로운 성장산업으로서 지칭할 것이고, 새롭게 부상하는 성장산업으로서의 문화산업을 특히 아시아의 맥락 속에서 포착하기 위해 아시아 개발주의 이론을 활용할 것이다.

베트남 내 한국 문화상품의 유입 과정

1992년 베트남과 한국의 수교가 시작되자마자 한국의 대기업, 즉 LG, 현대, 삼성 등 재벌 기업들은 베트남 내 지사와 현지 공장 구축을 가속화했다. 예를 들어 삼성은 1995년 베트남에 공장을 세웠고, 한국중공업은 1996년 베트남과 합작으로 한비엣(Han Viet Co. Ltd, Hanvico)을 설립했다. 롯데 그룹은 1998년에, 현대미포조선은 1999년에 문을 열었다. 한국 기반의 글로벌 기업들이 최초로 베트남으로 진출한 1999년부터는 효성 텍스타일, 삼양의 신발 산업 등 노동집약적 산업이 그 뒤를 이었다(KOTRA, 2003). 대한무역투자진흥공사(KOTRA)에 따르면(KOTRA, 2013) 베트남이 2005년 WTO에 가입하면서 한국의 초국가기업들(TNCs)의 베트남에 대한 투자가 증가하기 시작했고, 2008년에 최고조에 달한다. 비록 2008년 금융위기로 인해 그 투자의 기세에는 급제동이 걸렸지만, 주베트남 한국대사관에 따르면 2014년 현재 여전히 3300개 이상의 한국 기업들이 운영되고 있는 상황이다(Kim, 2014).

1950년대 초반부터 형성되기 시작한 문화산업의 개념은 대량 생산을 통한 문화상품의 팽창을 의미한다(Pratt, 2005). 그러나 문화산업은 또한, 다른 산업 부문의 경쟁력을 전 지구적으로 강화할 수 있는 매개이기도 하다. 특히 한국 문화상품의 베트남 내 성장은 문화상품이 글로벌 비즈니스 활동 및 국가기관의 역할과 얼마나 밀접하게 엮여 있는지를 보여준다. 예를 들어 한국 정부와 산업은 1992년부터 베트남 내 사회간접자본과 정부개발원조를

<표 13-1> 한국의 베트남 ODA
(Official development Assistance:
공적개발원조) 지원 현황

연도	지원 규모 (단위: 1000달러)
1991	21
1992	297
1993	999
1994	2,291
1995	3,312
1996	3,649
1997	2,755
1998	3,126
1999	6,193
2000	4,736
2001	5,162
2002	4,891

자료: KOFICE(2012).

지원해 왔는데, <표 13-1>은 한국 정부가 1991년부터 2002년 사이 베트남 내 소프트파워를 증대시키기 위한 노력을 보여준다.

<표 13-1>은 베트남 내 한류를 다양한 차원과 맥락에서 이해해야 할 필요성을 보여준다. 한류가 한국 문화상품이 해외 시장에서 인기를 얻는 현상을 지칭하는 것이면서도, 다른 한편으로는 한국 글로벌 비즈니스가 베트남에 진출하면서 동시에 일어난 현상이기도 하기 때문이다. 이러한 측면에 대해서는 한류를 일반적인 초국가적 문화 흐름으로부터 구별하는 다음 절에서 이어 다룬다.

닭이 먼저인가, 달걀이 먼저인가

1986년, 베트남 공산당은 도이모이(Doi Moi, 혁신)라고 알려진 일련의 경제개혁을 도입한다. 이는 베트남의 중앙 계획경제를 오늘날 사회주의 시장경제(socialist-oriented market economy)라고 알려진 것으로 변화시킨다는 것이었다. 도이모이는 자원 배분의 효율성이라는 명목하에 국가가 시장을 통제할 수 있도록 기획된 5개년 계획에 기반한다. 베트남의 도이모이 이후, 많은 해외의 기업들과 국가들이 베트남과 수교하려고 했고, 삼성이나 LG 같은 한국 기업들과 한국 정부 또한 예외가 아니었다.

그러나 베트남 내 삼성과 LG의 수익은 기대보다 낮았는데, 이는 베트남인들에게 그 브랜드가 생소했기 때문이다(Lee, 2002). 따라서 삼성 등은 한국과 자사 브랜드 이미지를 홍보해야 했으나, 베트남의 엄격한 해외 미디어 규제 — 특히 텔레비전 광고에 대해 엄격한 — 로 인해 대안을 강구해야 했다. 그들이 찾아낸 것은 TV 광고를 대체할 수 있는 한국의 TV 드라마로, 예를 들어 삼성은 〈의가형제〉(1997) 등의 한국 드라마를 베트남 국영방송 VTV에 무상 방영하는 것을 제안하기도 했다.

이처럼 삼성이 한국 TV 드라마를 스폰서하면서 성공을 거두자, LG도 그 뒤를 따르기 시작한다. LG는 1997년부터 베트남의 국영기업 보카리멕스(Vocarimex)와 합작으로 사업을 운영했으나(KOTRA, 2014), LG 생활건강 부문의 베트남 내 수익은 낮았다. 왜냐하면 베트남 시장에 훨씬 전부터 진출해 있던 로레알이나 P&G, 랑콤 등과 같은 해외 브랜드에 비해 인지도가 낮았기 때문이다(LGAD, 2000). 그러나 한국 드라마 및 LG VINA의 광고 모델이기도 한 배우들의 인기가 높아지면서, 베트남 소비자들의 브랜드에 대한 친밀성이 빠르게 증대했다. 예를 들어 LG VINA는 한국 드라마 〈내 마음을 뺏어봐〉(1998), 〈도시남녀〉(1999/1996), 〈모델〉(2000/1997) 등의 저작권을 구매해 베트남 방송사에 제공했다(Baek, 2005). 1998년에서 2002년 사이 LG VINA는 8편의 TV 프로그램을 베트남의 중앙 및 지역 방송사들에 무상으로 제공했다(LG VINA, 2004). 이뿐만 아니라 한국 콘텐츠를 활용하는 LG의 마케팅 전략은 텔레비전 드라마에 한정되지 않았는데, 2001년에는 한국 영화 〈찜〉을 상영하기도 했다(Lee, 2002). 이에 더해 LG는 영화 내 LG전자의 가전제품을 선전하는 PPL 등을 위해 화장품과 제품들을 후원했다(Lee, 2002).

다시 말해 진출 초기에 한국 기업들은 TV 드라마와 같은 한국 콘텐츠 상품을 소비자 기반 확대를 위한 매개로 활용한 것이다. 베트남 내 한국 드라마 붐의 기원은 사실상 여기서 기원한다. 이 드라마들의 인기에 이어, 김남주, 장동건, 안재욱 등의 배우들 또한 베트남에서 유명 인사로 떠올랐다(Lee, 2002). 그에 따라 LG는 한국 연예인들, 특히 김남주를 베트남 내 자사 브랜드 홍보에 기용하기도 했다. 예를 들어 LG VINA는 2000년 음악 콘서트를 열면서 다른 베트남 연예인들과 김남주를 함께 초청했는데, 이 콘서트가 크게 성공하면서 TV 채널을 통해 전국으로 방송되었다. 결과적으로 LG VINA는 2002년 베트남 화장품 시장에서 70%의 점유율을 달성했는데, 이는 1998년 16%에 지나지 않았던 것에 비해 엄청난 도약이었다(KOCCA, 2013d).

한국 대기업들의 베트남 내 마케팅 전략의 형식으로서 한국 콘텐츠 상품에 대한 스폰서십은 TV 드라마에 국한되지 않았다. LG 광고(LGAD, 2000)에 따르면, LG VINA는 2000년에 처음으로 무료 음악 콘서트를 지원했으며, 뒤이어 2002년에는 한국과 베트남의 국교 정상화 10주년 기념을 축하하기 위해 한국 드림 콘서트(Korean Dream Concert)를 지원했다. 럭셔리 상품으로서 LG 화장품의 홍보를 위해 베트남 사회의 영향력 있는 인사들이 초대되었던 것도 중요한 이벤트였다(LGAD, 2000). 더불어, LGAD의 베트남 에이전시는 호치민시티TV와 같은 지역 미디어가 콘서트나 패션쇼, 팬 미팅, 김남주 등 한국 스타의 베트남 방문 등 베트남 내 한국 연예인들의 활동을 지속적으로 보도하도록 설득했다. LGAD가 스폰서한 콘서트는 하노이TV, 로컬 TV에서 방영되었으며, 심지어 베트남의 일간지 ≪베트남 코뮤니스트 데일리(Vietnamese Communist Daily)≫에서도 보도되었다(Advertising Information Centre, 2000). 더불어 LG VINA는 미스 베트남 미인 콘테스트를 공식적으로 지원했는데, 여기서 모든 지원자들은 LG 화장품만 사용했다(KOTRA, 2005).

한국 기업들은 한국 문화상품을 베트남 내 자사의 기업 이미지와 브랜드 홍보를 위해 다양한 방식으로 활용하는데, 여기에는 스포츠 이벤트도 포함되고, 교육 및 사회적 프로그램을 지원하는 기업의 사회적 책임(CSR: Corporate Social Responsibility) 부문을 통해서도 이루어진다. 예를 들어 삼성은 축구, 배드민턴 경기, 그리고 월드 사이버 게임즈(WCG)와 같은 유명한 이벤트들 및 삼성배 태권도 대회를 지원했다. 베트남 내 삼성전자는 또한 사회적 프로그램들을 주관했는데, 대표적인 것이 고엽제 희생자(Thanhniennews, 2004)와 홍수 사태의 생존자들이 의료 지원을 받을 수 있도록 한 것이다. 이러한 모든 활동은 베트남 전역에 방영되었다(Korean Institution of National Unification, 2004).

LG 또한 〈Toward Olympia〉 등 VTV3에서 1999년부터 방영되어 온 유명 교육용 프로그램을 지원했다. 2000년부터는 LG 디지털 센터를 열어 페인팅 페스티벌 같은 재능 훈련 이벤트를 지원했다(Lee, 2002). 베트남 내 LG 전자는 2002년부터 하노이대학교와 호치민대학교 학생 59명에게 장학금을 수여하고 있으며 졸업 후에는 고용하고 있다(Kim, S. H., 2003).

문화체육관광부의 2013년 통계에 따르면, 2000년 이후 베트남과 한국 간 방송 미디어 교역량은(〈표 13-2〉) 한국 콘텐츠 상품과 한국 기반 글로벌 기업의 베트남 시장 내 확장 간의 시너지 관계를 명확히 보여준다.

나아가 한국 드라마의 인기에 힘입어, K팝, 영화, 음식, 패션 등의 다른 문화상품들 또한 베트남 내 젊은이들 사이에서 인기가 증가하고 있다. 한국 대기업의 TV를 통한 대베트남 마케팅 전략은 콘텐츠 상품으로부터의 긍정적인 이미지가 한국과 한국 브랜드에 대한 긍정적인 이미지를 촉발시킨다는 것을 함의한다. 이는 문화상품들이 이중적으로 역할을 수행하기 때문으로, 이처럼 문화상품은 문화산업 그 자체를 증대시킬 뿐만 아니라 다른 상품의 소비도 증대시키는 추가적인 혜택을 발생시키고 있다.

그러나 한류와 다른 상품들 간의 관계는 지금까지 주로 수용 연구나 문화 혼종성과 관련해서 다루어져 왔다. 한국 드라마는 그 자체의 인기를 바탕으로 베트남 내 좀 더 젊은 연령대 사이에서 음악과 영화를 포함한 좀 더 광범

<表 13-2> 한국 방송 콘텐츠 교역 규모

(단위: 미화 1000달러)

	1992	1994	1996	1998	2000	2002	2004	2006	2008	2010
중국	5	95	463	NA	936	3,663	6,803	7,528	5,495	13,391
베트남	0	0	0	0	201	533	982	762	971	2,210
일본	62	59	352	NA	1,926	2,311	36,084	49,167	79,113	81,615

자료: 문화체육관광부(2013).

위한 한국 대중문화를 확산시킨다. 분명 한류는 해외 팬들의 실천 없이는 존재할 수 없는 것이긴 하지만, 초국가적인 문화현상으로서 베트남 내 한류는 한국 정부와 산업의 노력으로부터 완전히 독립적이라 할 수 없다. 좀 더 직설적으로 말하자면 한국 정부와 대기업의 홍보가 없이는, 현재 아시아 전체를 넘나들고 있는 한류 현상은 불가능했다고 볼 수 있다. 이어지는 절에서는 베트남 내 한류 형성에 대해 논의할 것인데, 특히 한국의 정부 기관들과 기업들이 해외시장을 확대하려는 소프트파워로서 한국 대중문화를 어떻게 구축해 왔는지 살펴보겠다.

한국 산업을 위한 플랫폼으로서의 K팝

베트남 내 K팝의 인기는 불투명한 대중문화의 경계뿐만 아니라 문화현상들이 경제적 도구가 되는 방식 또한 보여준다. 우선 2000년 이후 베트남 청소년층 사이에서 한국 텔레비전 드라마 및 K팝과 관련된 팬들의 실천은 콘텐츠 상품의 경계의 불확실성을 설명해 준다. 사실 K팝의 인기는 한국 드라마나 영화의 오리지널 사운드트랙과 함께 시작되었다(Lee and Lee, 2013). 예를 들어 안재욱, 김남주와 같은 배우들이 가수는 아니지만 음악 콘서트에 출연하곤 한다. 〈엽기적인 그녀〉의 오리지널 사운드트랙 「I Believe」 또한 크게 성공했다(Lee and Lee, 2013).

K팝이 베트남에서 인기를 얻으면서, K팝 가수들이 2002 코리안 드림 콘서트(Korean Dream Concert)와 같은 베트남 문화 이벤트에 출연하기 시작한다 (KOFICE, 2003; KOCCA, 2002). 좀 더 최근에는 슈퍼주니어, 소녀시대, 2NE1, 비스트, CNBlue, 엠블랙, 아이유, 시스타, 시크릿, 다비치 등 여러 K팝 아티스트들의 인기가 계속 오르고 있다. 그러나 베트남 내 K팝은 보이는 인기에 비해 수익성은 그에 미치지 못한다(Brasor, 2012). 베트남 쇼 비즈니스에 투자한 한국인 추인한(Choo In-Han)에 따르면, 베트남 10대들은 대개 무료인 인터넷과 텔레비전 매체를 통해 K팝을 즐기고 있다. 비나 슈퍼주니어 같은 K팝 스타는 베트남 내 한국 음악산업이 재정적으로 실패한 사례에 해당한다(KOCCA, 2014c). 그럼에도 불구하고 다음의 내용에서 볼 수 있듯이, 2000년부터 오늘날에 이르기까지 여러 K팝 콘서트는 성공적으로 개최되고 있다.

둘째, 대부분의 베트남 내 K팝 라이브 공연은 문화 교류를 위한 이벤트로서 이루어졌다(Van, 2012). 베트남 내에서 최근 K팝이 인기를 모으면서 K팝 붐으로 인해 높은 수익을 올렸을 것 같은 인상을 주지만, 현실은 그렇지 않다. 예를 들어 베트남에서 열린 최초의 유료 공연이었던 K팝 페스티벌 2012의 수익성은 그다지 높지 않았다(Brasor, 2012; Van, 2012). 2000년 이후 한정된 수익성에도 불구하고 한국 정부와 기업들의 지원을 받아 수많은 한국 콘서트들이 베트남에서 개최되어 온 이유는, 관련 주체들이 이러한 문화적 이벤트를 통해 자신들의 소프트파워를 향상시키고 싶어 했기 때문이다. 예를 들어 글로벌 대기업인 유니레버(Unilever)는 장동건의 콘서트를 1999년에 이어 2000년에도 지원했고, LG는 2000년 김남주의 콘서트를 지원했다 (Lee, 2002).

베트남 K팝 콘서트는 문화상품과 산업이 어떤 상관관계가 있는지를 보여준다. 초기에 한국 드라마가 베트남 내 한국 기업들로부터 지원을 받으면서

K팝 또한 종종 한국 정부와 기업들로부터 지원을 받았다. 한국의 정부 기관들은 한국의 팝 스타들을 소프트파워로서 적극적으로 활용했는데, 예를 들어 한국의 걸 그룹 2NE1의 2011년 하노이 국립컨벤션센터(National Convention Center) 공연은 대한무역투자진흥공사와 실크로드 코러레이션(Silk Road Corporation)의 지원을 받은 것이었다(Cho, 2011; Soompi, 2011). 또한 아이돌 그룹 슈퍼주니어의 경우 2010년 MTV EXIT에 출연했고(Kim, 2010), 2012년에는 한국의 KBS와 베트남의 VTV가 공동 주최한 한·베 페스티벌(Vietnam-Korea Festival)에 참여했다. 다른 초대 가수로는 비스트, CNBLUE, 엠블랙, 아이유, 시스타, 시크릿, 다비치 등이 있다(Vinahanin, 2012). 베트남에서 거둔 K팝의 성공에도 불구하고, 한국 음악산업이 베트남에서 투자한 만큼 되돌려받았다고는 할 수 없는 이유는 어린 베트남 팬들의 제한된 구매력 때문이다. 그에 따라 한국 기업들과 정부는 이러한 이벤트를 무료로 여는 대신, 이러한 지원이 베트남 내 다른 한국산 상품들의 매출을 견인하기를 기대하고 있다.

베트남 내 K팝의 인기는 베트남의 미디어스케이프를 근본적으로 바꾸어 놓은 기술적 환경의 확장이 반영된 것이다. 초연결적인 뉴미디어 환경은 이용자의 엄청난 다양성과 수용자들의 공감각적인 경험이 K팝의 인기 증대로 이어지도록 한다. 사실상 대부분의 새로운 K팝 노래들은 유튜브나 기타 UGC 사이트들을 통해 무료로 들을 수 있다(Oh, 2013). 한국콘텐츠진흥원과 삼성경제연구소에 따르면 베트남은 유튜브에서 가장 많이 K팝을 시청하는 국가 가운데 하나다. 한편 대다수 K팝 스타들은 K팝 음악산업으로부터 직접적으로 수익을 얻기보다는 모델로서 광고를 해서 수익을 올린다(Williamson, 2011).

또 다른 필수적인 요인은 K팝이 한국과 지역산업에서 새로운 유형의 비즈니스 수단이 되고 있다는 것이다. 특히 리얼리티 오디션 프로그램 같은 새로운 TV 쇼 트렌드에서 그러한 부분을 확인할 수 있다. 우선 한국의 TV

쇼인 〈K팝 스타〉에 기반한 〈VK 팝 슈퍼스타(VK Pop Super Star)〉는 VTV 방송사에서 가장 많은 인기를 모으면서 성공한 리얼리티쇼 프로그램이다. VTV에 따르면 2014년 〈VK팝 슈퍼스타〉의 최종 경쟁 에피소드는 베트남 인구의 45% 이상이 시청했다(VTV, 2014). 2014년 첫 시즌을 시작한 이 프로그램은 전국의 새로운 재능인을 발견하는 노래 경연이다. 지원자들은 한국의 가요를 솔로나 듀엣으로 부르거나 K팝 댄스를 춘다. 승자는 75억 동(35만 3000달러)에 해당하는 상을 가져갈 뿐만 아니라, 한국 연예기획사에서 강도 높은 트레이닝을 받고 계약도 맺을 수 있다(News Gateway of Vietnam, 2014).

〈VK팝 슈퍼스타〉는 베트남 전국에 위치한 롯데마트의 지원하에 선정된 장소에서 예비 심사를 거쳤다. 팝 아이돌을 꿈꾸는 수만 명의 지원자들이 오디션을 보지만, 대다수가 한국과 베트남의 유명 가수이거나 예술가, 연예기획사 프로듀서 등으로 구성된 심사위원에 의해 탈락한다(Kim, 2014). 이 프로그램은 한국의 국제 연예 제작사인 레인보우 브리지(Rainbow Bridge)와 베트남의 제작사 VNK와 같은 양국의 기업들에 의해 공동 제작되었다. 레인보우 브리지의 대표는 우승자가 한국과 베트남의 합작투자로 세운 연예기획사를 통해 데뷔할 것이라고 공표했다(KOFICE, 2014).

롯데는 〈VK팝 슈퍼스타〉에 3억 4000만 달러를 지원했다. 롯데 그룹은 또한, 〈표 13-3〉에서 볼 수 있듯이, 오디션 장소를 제공하는 등 다양한 방식으로 추가 지원을 했다. 롯데는 베트남 전역의 롯데마트에 무대를 제공했고 최종 15명의 경쟁자들에게는 한국에 있는 롯데호텔에서의 숙박을 지원했다(Kim, 2014). 이뿐만 아니라, 경연자들에게 롯데리아 햄버거나 롯데의 카페 프랜차이즈인 엔젤리너스의 무료 샘플 메뉴를 제공하기도 했다(Chon, 2014).

〈VK팝 슈퍼스타〉가 방영되던 당시 K팝 팬들뿐만 아니라 일반 대중도 엄청난 관심을 가졌다. 이 프로그램들은 또한 경쟁자들과 스폰서들에게 추가적인 홍보 기회를 제공하기도 했는데, 다양한 공식·비공식 웹 사이트, 잡

<표 13-3> 롯데가 〈VK팝 슈퍼스타〉에 제공한 지원 내역

업체명	지원 내역
롯데마트	임시 무대
비비카(롯데의 지역 브랜드)	서울의 롯데월드
롯데백화점	서울의 롯데호텔
롯데베트남(Lotte Vietnam Co.Ltd.)	베트남 내 롯데리아 햄버거
롯데리아	롯데 스낵
롯데 E&C	엔젤리너스 커피
롯데홈쇼핑	중간 광고
롯데정보통신	무대 디자인
롯데시네마	광고
롯데 호텔 & 리조트	무료 숙박 제공

자료: Chon(2014); Ko(2014).

지, 신문 등이 경쟁자들의 취미, 성격, 사회경제적 배경 등에 대한 정보를 쏟아냈기 때문이다(Kim, 2013). 〈VK팝 슈퍼스타〉 시즌 내내, 롯데를 비롯한 모든 스폰서 상품들은 광범위한 노출을 통해 광고되었다. 롯데는 K팝을 마케팅 수단으로 삼기 위해 상당한 투자를 했던 것이다. 이는 나아가 비즈니스가 어떤 식으로 문화상품에 의해 강화되는지를 보여준다.

베트남 내 한국 영화산업 또한 한국의 자본을 좀 더 직접적으로 베트남과 연결시키고 있다. 한국의 산업이 이미 한국 드라마와 K팝을 자신들의 비즈니스 플랫폼으로 활용하는 가운데, 최근 들어 한국 자본은 베트남 영화 시장을 새롭게 겨냥하기 시작했다.

한국 자본이 베트남에 구축한 또 다른 플랫폼

베트남 내 한국 영화산업의 사례가 보여주는 것은 한국 문화산업의 확장과 국가·기관의 발전 계획이다. TV 산업이나 음악산업과는 달리, 한국의 영화산업은 베트남인들을 소비자로 특정해서 겨냥하고 있다. CJ 그룹이나 롯데 같은 글로벌 기업들은 베트남의 근대화 바람 속에서 베트남 영화 시장에서 자신들의 자리를 찾아낸 것이다(KOFICE, 2005a). 한국 영화산업의 베트남 시장으로의 진출은 문화 부문에서의 베트남 정부의 역할도 보여준다.

베트남에서 영화산업은 국가정책의 일환이다. TV 산업과 마찬가지로 베트남 영화산업 또한 정부 소유로서 1975년부터 정부의 관리를 받아왔다. 그러나 베트남 영화들은 이제 장비와 시설에서 너무 오래되었고, 영화산업의 국제적인 트렌드에 비해 완전히 뒤처져 있다(Giôi, 2012). 그러나 베트남의 근대화와 함께 정부가 이 분야에서도 다양한 방식으로 근대화 과정을 지원하면서 베트남의 영화산업 또한 점진적으로 변화하는 상황이다.

우선, 베트남 정부는 독점해 왔던 영화 제작과 배급에 대한 규제를 완화하고 있다. 국영 영화 배급사인 파필름(FaFilm)이 독점해 왔던 베트남 내 영화 배급 분야에 2003년부터 민영기업들도 참여하기 시작했다(Dodona Research, 2001; KOFICE, 2005). 연합통신의 벤 스터킹에 따르면 "베트남의 영화산업이 낡은 국영 스튜디오 시스템으로부터 좀 더 근대화된 산업으로 빠르게 바뀌면서 2003년부터는 민영기업들의 영화 제작을 허용"하고 있다(Stocking, 2007).

둘째, 베트남 정부는 기반 시설을 개선하고 해외의 민영 투자자들이 자국 영화산업에 투자할 수 있도록 함으로써 베트남 영화를 지원하고 있다(Dodona Research, 2001; KOFICE, 2005). 예를 들어 베트남 영화협회(the Vietnamese Cinema Association)의 수장 쩐 로안 낌(Tran Luinân Kim)은 2006년 ≪노동(Labour)≫과의 인터뷰에서 기반 시설의 개선이 베트남 영화산업이 직면한 도전 과제들을 해소할 수 있을 것이라고 언급했다. 이를 위해 베트남 정부는 150억 동을 투자했는데, 그 일부는 베트남 영화 제작자들로 하여금 국제적인 영화 페스티벌에 참여하도록 장려하기 위해 사용되었다. 정부의 노력에도 불구하고, 베트남 영화산업은 여전히 낡은 테크놀로지와 스타일(젊은 시청자들에게는 너무 느린 속도 등), 영화 전문가의 부재 등의 문제를 겪고 있다.

따라서 한국 정부와 기업들은 적절한 시기에 베트남에 진출한 것이라 할 수 있다. 1994년 처음 체결되었던 한국과 베트남 간 문화 교류 협약(Korea-Vietnam Cultural Exchange Plan)은 이후 2004년과 2008년에 각각 갱신되었다(KOCCA, 2009). 이 협약은 영화진흥위원회(KOFIC)와 부산국제영화제(BIFF) 등과 같은 한국 정부 기관의 베트남 영화산업 지원을 가속화했는데, 예를 들어 영화진흥위원회와 베트남 영화국(Vietnam Cinema Department)은 2008년 5월 양해각서를 체결했고, 부산국제영화제는 2010년 이래 베트남 국제 영화 페스티벌(the Vietnam International Film Festival)을 지원하고 있다(D'sa, 2010; KOFIC, 2008).

이뿐만 아니라, 한국 정부는 문화체육관광부 산하 비영리 조직들을 발전시켜 한국 문화산업을 국제적으로 홍보하고 있다. 예를 들어 한국국제문화교류진흥원(KOFICE)은 2003년 11월의 문화 교류 프로그램의 일환으로서 베트남의 영화 연출가들과 제작자들을 초대해서 워크숍을 진행해 왔는데(〈표 13-4〉 참고), 특히 새로운 영화 테크놀로지에 대한 워크숍을 열었다(KOFICE, 2005). 2007년 10월부터 12월까지 3개월간 쩐 티 투이 응오(Tran Thi Thuy Ngo)가 초대되었던 아시안 영화 전문가 양성 프로그램도 한국국제문화교류진흥원에서 주관한 것(KOFICE, 2008)이었고, 2008년 11월에는 영화 전문가들을 포함한 베트남의 문화산업 전문가들을 위한 워크숍도 주최했다(KOFICE, 2008).

한국 드라마가 베트남에 진출한 직후 한국 영화 〈편지〉도 하노이에서 상영되었는데(≪씨네21≫, 2001), 이 최초의 한국 영화 상영은 영화와 비디오의 수입과 라이선스를 책임진 베트남의 국영 영화사 파필름과 한국의 영화사

〈표 13-4〉 베트남 방한단 명단

이름	직업
Mr LAI VAN SINH	베트남 영화국 국장
Mr DANG TAT BINH	제1영화사(First Film) 사장
Mr LE DUC TIEN	베트남 영화사 사장
Mr NGUYEN THAI HOA	해방(Giai phong) 영화사 사장
Mrs PHAM VAN HOA	베트남 영화 배급 및 수출입 공사 부사장
Mrs NGUYEN THI GIA PHONG	문화체육관광부 간부
Mrs NGUYEN THI PHU HA	투자계획부 종합국 부국장
Mrs TRAN THI MINH	재무부 투자관리 전문가
Mr DANG VAN HAO	영화국 부총무과장
Mr VU KHAC LUONG	문화체육관광부 간부

자료: KOFIC(2008b).

간 합작 투자(≪씨네21≫, 2001)로 이루어진 것이었다. 두 번째 작품 〈연풍연가〉는 2001년 3월에 호치민시티에서 상영되었으며, 2000년부터 2003년까지 총 13편의 한국 영화가 베트남 전역에서 상영되었다(Korean Film Year Book, 2000~2003). 2001년 상영된 〈엽기적인 그녀〉는 주연배우들이 베트남에서 상대적으로 무명이었지만 큰 성공을 거두었다(Movist, 2001). 그러나 2004년 초에 이르러 한국 영화들은 인기에도 불구하고 베트남에서 별 수익을 올리지는 못했다(KOFICE, 2004).

그 이유는 다양한데, 우선 음악산업과 마찬가지로 베트남에서 저작권 침해가 심각했기 때문이고, 둘째로는 베트남 영화산업이 황금기였던 1980년대 후반 이후 별로 발전하지 못한 상황을 들 수 있다(KOCCA, 2004a). 베트남에서는 인터넷 이용과 광대역 그리고 휴대폰 사용이 증가하면서 불법복제 DVD와 CD 그리고 인터넷과 모바일 저작권 침해 문제가 제기되는 상황이다(Domon, 2006). 베트남에서 저작권 침해는 2004년까지 문제로 인식되지 않았고(KOTRA, 2004), 이는 〈표 13-5〉에서 볼 수 있듯이, 상당한 수준으로

<표 13-5> 2002년 베트남 내 한국 영화 불법복제 현황

(단위: 미화 달러)

문화산업 매출	83,383,016	
불법복제 산업 현황	총매출: 29,857,429	
	불법 음반	4,709,570
	불법복제 DVD, VCD	6,222,099
	불법복제 비디오테이프	18,925,760

자료: KAREC(2003).

재정적인 영향을 미치는 것이었다. 하노이에 위치한 백화점 다이아몬드 플라자는 한국 영화가 베트남 극장에서 상영되던 시점에 불법복제 DVD를 판매하기도 했다(KOCCA, 2003b).

앞에서 언급한 대로, 베트남 수용자들은 낡은 시설 때문에 극장을 선호하지 않는 경향이 있다. 영화가 20세기로의 전환 시점에 베트남에 도입되었지만, 베트남의 영화는 1945년 국가가 독립될 때까지 제대로 발전하지는 못했다. 이후 베트남의 수장 호치민이 베트남 영상기구(the Vietnam Movie and Photography Enterprise)를 국영기업로서 1953년에 설립한다. 베트남은 장편영화보다는 다큐멘터리를 많이 제작했으며, 그 가운데 대다수는 베트남전쟁을 다룬 것이었다(Nguyen, 2013).

비록 국영 산업으로서 시작된 영화산업이지만, 도이모이 이후 베트남은 정부의 지원을 점진적으로 줄여가고 있다. 그에 따라 일부 국영 영화관들이 문을 닫았지만, 다른 곳들은 국가로부터 개조·보수 비용을 받고 있다(Tuoi Tre, 2014b). 베트남 정부는 국영 영화사 파필름을 통해 영화를 소유하고 배급해 왔지만, 2003년부터는 해외 민영 투자가들의 베트남 영화산업 투자를 허용하고 있다(Dodona Research, 2001). 예를 들어 90% 한국 자본의 한국·베트남 간 합작투자사 굿 프렌즈 이니셔티브(The Good Friends Initiative)는 호치민시티, 다낭, 하노이에 멀티플렉스 영화관을 설립했다(KOFICE, 2005). 이러한 현대적인 한국 영화 체인은 영화 매출을 자극하는 한편, 한국 영화 붐도 촉진했다. 이러한 맥락에서 2001년 ≪사이공 타임스(The Saigon Times)≫는 "한국 영화산업이 베트남 영화산업을 부활시켰다"라고 보도했다. 베트남 정부의 영화산업 확장을 위한 새로운 장기 계획과 더불어, CJ 그룹이나 롯데 같은 한국의 영화사들은 베트남 전국에 여러 영화 체인을 세우면서 크게 투자했다(Sung, 2013). 베트남 내 CJ 그룹의 경우는 초국가기업이 직간접적으로 소비주의 문화 이데올로기를 뒷받침하기 위해 어떤 식으로 비용을 최소화하면서 자신들의 사업을 글로벌화하는지 보여준다. 이러한 기업들은 글로벌 자본주의를 다양한 식으로 지탱하는 데 TNCs의 역할을 분명히 인정한다.

CJ 그룹이 최초로 베트남에 지사를 설립한 것은 1996년이었다. CJ 그룹은 한국에서의 생산 비용이 오르면서 2001년 제조 공정을 개발도상국으로 이전하면서 동물성 사료 생산 라인을 구축했다. 또한 2007년에는 자사의 뚜레쥬르 브랜드로 베트남 베이커리 시장에도 진출했는데, 2011년 전성기를 맞았다. CJ 그룹은 홈쇼핑 채널 SCJ 및 물류와 농산물을 위한 채널을 베트남의 최고 케이블 채널 운영사 SCTV와 합작으로 시작했다. 또한 베트남의 최대 멀티플렉스 체인이자 영화 배급사인 메가스타(Megastar)를 인수하기도 했다(Lee, 2012).

2011년 10개의 극장과 90개 상영관을 연 CJ는 2014년에 또 다른 14개 극장과 100개 상영관을 연다(〈표 13-6〉 참조). CJ 그룹은 2014년 하이퐁(Hai Phong) 같은 작은 도시에도 영화관을 소유하고 있다. 아시아 영화 시장을 맡고 있는 CJ E&M의 총책임자 임영근에 따르면 베트남 영화 시장이 현재 수익성이 좋지는 않지만, 베트남 인구의 60%인 9000만 명이 35세 미만이라는 점에서 앞으로 개선될 것으로 기대하고 있다. 더불어 베트남 정부도 영화산업을 통해 국가의 경제성장을 도모하려는 상황이기도 하다.

나아가 CJ E&M 대표는 그룹의 전 지구적 확장에서 베트남 시장의 중요

<표 13-6> 2014년 베트남 주요 영화 상영관 현황

브랜드	극장 수	도시
CJ-CGV(한국)	13	호치민시티 6, 하노이 2, 하이퐁 1, 꽝닌 1, 껀터 1, 다낭 1, 동나이 1
롯데시네마(한국)	12	호치민시티 5, 하노이 2, 동나이 1, 다낭 1, 나트랑 1, 빈탄 1, 빈즈엉 1
갤럭시시네마(베트남)	4	호치민시티 4
플래티넘 시네플렉스 (인도네시아)	5	하노이 4, 나트랑 1
BHD 스타 시네플렉스 (베트남)	3	호치민시티 3
국립영화센터(베트남)	1	하노이 1

자료: Jung, S. W.(2015); Lee, C. H.(2014).

성을 강조했다. 베트남 시장은 캄보디아, 라오스, 미얀마 등 가능성 있는 미래 시장과 가깝다는 점에서 중국 시장만큼이나 중요하다는 것이다. 이러한 맥락에서 CJ 회장은 베트남의 총리인 응우옌 떤 중(Nguyên Tân Dung)을 2012년 3월 서울로 초청했다(Lee, 2012). 만남 이후 CJ E&M은 베트남 정부와 2013년부터 영화와 TV 쇼를 공동 제작하기로 계약을 체결했으며(Lee, 2014), 2014년에도 비슷한 계약을 체결했다(Jung, 2014). CJ E&M는 또한 한국국제협력단(KOICA)와도 함께 공유가치 창출(Creating Shared Value) 프로그램을 통해 베트남 닌투언성 지역의 농부들을 지원한 바 있다(≪CJ E&M Times≫, 2014).

CJ 그룹과 한국 및 베트남 정부는, 1970년대 한국의 박정희 대통령이 시작했던 시골 경제의 근대화를 위한 정치적 계획이었던 새마을운동 모델을 베트남에 적용하려고 했다. 이 프로그램은 2014년 베트남 농촌에 팽배한 가난을 개선하기 위해 베트남의 중남부 해안가에 구축된 민영·공공 파트너십 프로그램으로 도입되었다(Jung, 2014). 한국국제협력단이 전체 행정 관리

업무와 프로그램의 자금을 책임졌고, CJ는 홍고추 재배와 같은 새로운 농사 기술 및 농산물을 베트남에 도입했다. 이렇게 베트남에서 재배된 홍고추는 CJ 제일제당에 의해 메이드 인 코리아 상품으로서 판매되기도 했다(CJEM, 2014).

베트남의 영화산업과 관련해서 CJ는 한·베 수교 20년을 기념하기 위해 2012년 10월 호치민시티에서 최초의 베트남·한국 영화 페스티벌을 주최했다. 페스티벌 동안 12편의 한국 영화들이 상영되었고, 공동 창작 작업 및 상호 교류 증대를 위한 세미나가 열렸다(CJ E&M, 2011). CJ의 새로운 글로벌화 비전과 노력의 결과로서, CJ E&M은 베트남 전국 방송사인 VTV와 2014년 후반 합작투자사를 설립하게 되었는데, 이는 VTV와 같은 전국 방송사와의 첫 협약이었다(≪CJ E&M Times≫, 2014). 그 첫 공동 제작물 〈Tuoi Thanh Xuan(Forever Young)〉이라는 드라마 시리즈는 36편의 에피소드가 한국과 베트남에서 촬영되었다(Tuoi Tre, 2014a).

좀 더 최근 들어 CJ E&M과 베트남의 찬 푸옹 필름스(Chanh Phuong Films)는 〈Let Hoi Decide 2(De Main Tinh 2)〉를 공동 제작했는데, 이 작품은 2014년 12월 30일 개봉 당일 26만 8000달러라는 기록을 세웠다(Kil, 2015). 이 작품은 CJ와 베트남의 공동 제작을 통해 최초로 성공한 작품이었을 뿐만 아니라, 심지어 동시에 상영되던 할리우드 영화 〈호빗(The Hobbit: The Battle of the Five Armies)〉보다도 많은 인기를 모은 작품이었다. 이는 또한 초국가기업의 성공적인 글로컬라이제이션을 보여주는 좋은 사례였는데, 영화는 CJ E&M에 의해 베트남 내에서 제작되었고, 자금이 투입되었고, 배급되었으며, 모든 인적 자원들은 감독부터 배우에 이르기까지 베트남으로부터 온 것이었다(Kil, 2015).

결론

한류의 인기가 아시아 및 그 너머에서 10년 이상 지속되면서 한국은 떠오르는 문화상품 수출국이 되었다. 이제는 이 현상을 조사하고 그에 대한 연구를 재인식할 시점인 듯하다. 일반적으로 20세기 동안 초국가적인 문화 흐름은 미디어를 통해 서구로부터 그 밖의 지역으로 흐르는 것으로 여겨져 왔다. 서구의 미디어 콘텐츠가 여러 시장에서 여전히 지배적인 가운데, 이 장에서는 서구 미디어의 개입 없이 발생한 새로운 유형의 초국가적 문화 흐름을 살펴보았다.

그 사례로서 지금까지 한류의 베트남으로의 흐름을 탐구했는데, 베트남 내 한류의 성공에서 중요한 지점은 콘텐츠 상품을 도입한 보이지 않는 손의 존재다. 처음에 한국 콘텐츠는 한국의 미디어 에이전시나 관련 산업에 의해 소개된 것이 아니라 글로벌 기업들에 의해 도입되었던 것이다. 둘째로 한국 기업들은 한류의 인기를 시장 확대를 위해 적극적으로 활용했다. 두 경우 모두 베트남 내 한류의 인기는 상향식 문화현상인 것처럼 보이지만, 글로벌 기업들에 의해 철저히 계획되고 이행된 마케팅 전략이었다. 중요한 점은 새로운 초국가적 문화 흐름이 자본에 기반해서 확장되었다는 것이다.

지난 20여 년간, 한국 문화산업은 문화산업 개발계획하에 발전되어 왔다. 한국 정부는 문화산업을 위해 특별한 정부 기관들을 설립해서 문화산업을 경제적 발전에 접목하려 했다. 1992년부터 이어져 온 문화·미디어 부문에 대한 상호 협약이 보여주듯이, 한국 정부는 지속적으로 베트남 내 교육 프로그램 등을 비롯한 한국 문화 이벤트를 지원했다. 지금까지 살펴본 대로 문화 상품들은 다른 상품 분야로 연결되고 있다. 글로벌 기업들의 콘텐츠 상품 및 다양한 역할의 수행을 통한 변화무쌍한 마케팅 전략은, 그들이 경제 부문의 문화산업에서 핵심적인 역할을 맡고 있다는 것을 보여준다. 한국 기반의 글로벌 기업들은 물리적 자본을 기반으로 한국 정부 기관들의 지원을 받으면서 지역 베트남 시장으로 자신들의 콘텐츠를 침투시킬 수 있었다.

나아가 경제발전의 가능성과 함께, 문화산업 그 자체가 중요한 요소가 되고 있다. 베트남 내 한류는 문화산업을 양육하려는 한국 정부의 노력과 글로벌 기업들의 시장 확대 메커니즘을 보여준다. 이는 한국산 문화상품의 베트남 내 인기로 나타나는데, 여기에는 베트남 내 비서구적 문화적 영향이라는 독특한 문화적 흐름뿐만 아니라 새로운 시장으로 확장하려는 글로벌 기업들의 새로운 전략이 드러난다. 앞에서 살펴본 대로 베트남 한류의 사례는 한국의 기업들, 미디어 산업, 정부에 의해 조직적·정치적·경제적인 필요성 위에서 구축된 것이지만, 그럼에도 불구하고 서구로부터 비롯된 것이 아니라는 한류의 특성 때문에 아시아 국가들의 정치적 메커니즘의 특성을 경시하기 쉽다.

다시 말해 비록 현재 아시아 내 문화적 흐름이 서구로부터 온 것은 아니지만, 베트남의 선별적이고 조건적인 시장 개방성으로 인해, 문화적 흐름이 베트남 정부의 기준에 맞춰 운영된다는 것이다. 정치경제적 요인들과 더불어 이와 같은 정부의 기준들은 문화현상의 트렌드와 방향성이 결정되는 데 절대적인 영향력을 지닌다. 비록 국가에서 해외 문화자본과 기술의 유입을 조건적으로 허용함으로써 국내 문화산업이 혜택을 받을지는 몰라도, 그 산업들은 정부의 통제와 검열로부터 자유롭지 못할 수밖에 없다. 결과적으로 문화 생산자들은 시장 수요와 베트남 정부의 검열 사이에 갇히게 된다. 아이러니하게도 21세기의 초국가적인 문화 유입이 제도적 경계에 의해 발생하는 것이다.

지금까지 이 장에서는 아시아 내 초국가적인 문화 흐름에 대해서 논의했다. 한국의 문화상품들은 국내 문화 시장 및 전 지구적인 문화 시장의 전경을 만들어냈고, 한류는 그 짧은 역사에도 불구하고 새로운 시장을 찾아 팽창하려는 글로벌 기업들과 불가분의 관계로 엮여 있다. 마지막으로 독자들에게 21세기 초국가적인 문화현상을 형성하는 진정한 요소를 규정할 수 있는 작업이 수행되어야 한다는 필요성을 제기하면서 이 장을 마치려 한다.

Amsden, A. H. 1992. *Asia's Next Giant: South Korea and Late Industrialization*. Oxford University Press.

Baek, W. D. 2005. *dong-asia ui seontaeg: hanlyu*(The choice of East Asia: Hallyu). Seoul: Pentagram.

Brasor, P. 2012. "Vietnam K-Pop Flop. PollStar." Retrieved from http://www.pollstar.com/news_article.aspx?ID=800676(2012.3.28).

Cho, S. H. 2011. "Korean cultre centre in Vietnam and KOTRA host K-Pop concert." Retrieved from http://gaonchart.co.kr/main/section/article/view.gaon?idx=1670&sgenre=kpop(2011.10.21).

Chon, U. 2014. "Lotte Supports VK-Pop Superstar." Retrieved from http://www.ajunews.com/view/20140327171433983(2014.3.27).

CJEM. 2014. "CJ For Better Life." Retrieved from https://www.cj.net/company/news/press/press_view.asp?ps_idx=6385(2014.5.28).

D'Sa, N. 2010. "Pusan and Vietnam film festivals sign MOU. Pusan and Vietnam film festivals sign MOU." Retrieved from http://www.koreanfilm.or.kr/jsp/news/news.jsp?blbdComCd=601007&seq=1456&mode=VIEW(2010.6.08).

Dang, T. T. H. 2010. "Hallyu and its effect on young Vietnamese. The Korea Herald, Special Reports." Retrieved from http://www.koreaherald.com/view.php?ud=20090603000057(2010.3.30).

Evans, P. 1998. "Transferable Lessons? Re-examining the Institutional Prerequisites of East Asian Economic Policies." *Journal of Developmental Studies*, 34(6), pp.66~86.

Fritz, V. and A. Rocha Menocal. 2006. *(Re)building Developmental States: From Theory to Practice*.

Giôi, H. M. 2012. "Vietnamese film industry lags behind." Retrieved from http://www.dtinews.vn/en/news/023001/24175/-vietnamese-film-industry-lags-behind.html(2012.8.10).

Johnson, C. 1982. *MITI and the Japanese Miracle: The Growth of Industrial Policy, 1925-1975*. USA: Standford University.

Jung, H. S. 2014. "CJ Group to Work with KOICA in Vietnamese CSV Program." *The Korean Economic Daily*. Retrieved from http://english.hankyung.com/news/apps/news.view?c1=

04&nkey=201405281257101(2014.5.28).

Jung, S. W. 2015. "CJ CGV monopoly IMAX in Vietnam. Ten Aisa." Retrieved from http://tenasia. hankyung.com/archives/450876(2015.2.24).

Kang, M. G. 2009. *Hallyu and Its Effect on Young Vietnamese.*

Kil, S. 2015. "Korean Co-Production 'Let Hoi Decide' Sets Vietnam Box Office Record." Retrieved from http://variety.com/2015/film/asia/korean-co-production-let-hoi-decide-sets-vietnam-box-office-record-1201393520/(2015.1.7).

Kim, H. H. 2014. "VK-pop Super Star." Retrieved from http://news.mk.co.kr/newsRead.php?year= 2014&no=1083962(2014.8.11).

Kim, M. S. 2010. "Super Juniors in Vietnam supported by international organizations." Retrieved from http://www.hankyung.com/news/app/newsview.php?aid=2010033186197(2010.3.31).

Kim, S. H. 2003. LG Vietnam sponsored Vietnamese university students and hire them. Retrieved from http://hcc.ebn.co.kr/ChemNews/html_pages_EBN/section-009120000/view.html?kind= cate_code&keys=SA3&fc_name=&sel=&search=&id=22879(2003.7.6).

KITA. 2015. *2014 be-teu-nam su-chul-ib dong-hyang.*(The trend of Exports and Imports in Vietnam 2014). Seoul: KITA(Korea International Trade Association).

Ko, J. H. 2014.9.25. "lotde sinema, jung-gug sim-yang loㅅde woldeu gwan gaegwan."(Lotte Cinema, Lotte World Shenyang, open in China). *Chosun Il-Bo.*

KOCCA. 2009. *hanryu hwaksaneul wihan jeonryakgwa jeongchaek: bangsongyeongsangmuleul jungsimeuro.*(A strategy and policy to spread of Hallyu: Focus on broadcasting media contents). Seoul: KOCCA.

_____. 2013d. *2013 bangsong yeong-sang san-eop baegseo.*(2013 Broadcasting visual industry White Paper). Seoul: KOCCA.

_____. 2014c. *2014 nyon 2 bun-gi eum-ag san-eob ui Donghyang Bogoseo.*(Report of Trend of Korean Music Industry). Seoul: Ministry of Culture Sport and Tourism.

KOFIC. 2008. "KOFIC signed MOU with the department of Vietnam national Film. KOFIC." Retrieved from http://www.kofic.or.kr/kofic/business/noti/findNewsDetail.do?seqNo=23874 (2008.5.7).

_____. 2008b. "KOFIC invites Vietnamese Film profession. KOFIC." Retrieved from http:// www.kofic.or.kr/kofic/business/noti/findNewsDetail.do?seqNo=26295(2008.11.21).

KOFICE. 2005a. *Culture Industry Report 2004a.* Seoul: KOFICE.

_____. 2005b. *A Study on Hallyu's Marketing Strategy.* SEOUL: MCST.

_____. 2012. *KOFICE and CJ CGV host ODA.*

_____. 2014. *geullobeol hanlyu isyu.*(Global Hallyu Issue 2014). Seoul: MCST.

Lee, C. H. 2014. "CJ E&M with established co-production 2. The Asia Economy Daily." Retrieved from http://www.asiae.co.kr/news/view.htm?idxno=2014103109284303040(2014.10.31).

Lee, H. W. 2002. "beteunameseo hanryu, geu hyeongseonggwajeonggwa sahoegyeongjejeok hyogwa."(Hallyu in Vietnam and Its Social Impact). *EAst Asian Studies*, 42, pp.93~113.

Lee, J. Y. 2012. "CJ targets Vietnam for global expansion." Retrieved from http://www.koreaherald.com/view.php?ud=20120408000259(2012.4.8).

Movist. 2001. "'My Sassy girl' hit in Vietnam." Retrieved from http://www.movist.com/movist3d/read.asp?type=13&id=2355(2001/12/12).

Nguyen, N. T. 2014. "Hallyu and Modern Vietnamese Culture." *The Research Institute of Hamanistics*, 11, pp.273~288.

Pratt, D. H. A. C. 2005. "Cultural Industries and Cultural Policy." *International Journal of Cultural Policy*, 11(1), pp.1~13.

Soompi. 2011. 2NE1 to Hold Concerts in Thailand and Vietnam.

Southerton, D(ed.). 2011. *Encyclopedia of Consumer Culture*. Sage.

Stocking, B. 2007. "Hollywood execs tutor filmmakers in Vietnam." Retrieved from http://archive.azcentral.com/arizonarepublic/preview/articles/0504vietnam0504.html

Suehiro, A. 2008. *Catch-up Industrialisation: The Trajectory and Prospects of East Asian Economies*. University of Hawaii Press.

Sung, S. C. 2013. "CGV in Vietnam changes Vietnamese popular culture." Moneyweek. Retrieved from http://www.moneyweek.co.kr/news/mwView.php?no=2013101918398015652(2013.11.2).

Thanhniennews. 2004. "Charity walk raises funds for Agent Orange victims."

Tuoi Tre, N. 2014a. "Korean influence pervasive in Vietnam's showbiz – Part 1: K-pop." Retrieved from http://tuoitrenews.vn/lifestyle/21397/korean-influence-pervasive-in-vietnams-showbiz-part-1-kpop(2014.5.8).

_____. 2014b. "State-run cinemas 'dying' in Vietnam." Retrieved from http://tuoitrenews.vn/features/24294/staterun-cinemas-dying-in-vietnam(2014.11.26).

Van, T. 2012. "Kpop industry is not easy Vietnam." Retrieved from http://english.vietnamnet.vn/fms/special-reports/55561/kpop--intrudes--vietnam-sculture-in-2012.html

Vinahanin. 2012. "K-Pop in Vietnam. Vina Hanin Gallery." Retrieved from http://www.vinahanin.com/poto_news/153731(2012/03/20).

Williamson, L. 2011. "The dark side of South Korean pop music." BBC Asia-Pacific. Retrieved from http://www.bbc.co.uk/news/world-asia-pacific-13760064(2011/06/15).

Woo-Cumings, M. 1999. *The Developmental State*. Ithaca, N.Y: Cornell University Press.

옮긴이의 글

　한류 연구서를 번역한 것은 이번이 두 번째다. 그사이에 시간은 벌써 2년 가까이 흘렀다. 그동안 한류에도 많은 사건과 변화가 있었으나, 아무래도 첫손 꼽을 만한 사건으로는 BTS의 전 지구적 인기가 아닐까 싶다. K팝의 인기가 아시아 권역에만 국한되지 않는 것은 이미 어느 정도 확인된 것이었으나, 주변부가 아닌 '중심'에서 괄목할 만한 성과를 거두고 있는 BTS의 활동은 또 다른 차원의 놀라움과 호기심을 불러일으킨다. BTS로 대표되는 최근 한류의 흐름을 우리는 어떻게 이해해야 하며 또 앞으로는 어떠한 방향으로 나아가야 할 것인가.

　일단 이 책부터 살펴보자면, 여기에는 한류를 바라보는 다양한 관점이 반영되어 있다. 우선 한류라는 현상 자체뿐 아니라 한류'에 대한' 연구와 담론을 살펴봄으로써 이 현상을 바라보고 이해하려는 관점의 다양성을 반영하고 있다. 주지하다시피 한류에 대한 학문적 관심은 그것이 주변부로부터 중심으로 흐르는 문화적 역류라는 점에서 비롯된 것이었고, 그에 따라 많은 연구와 담론들은 문화적 역류의 놀라운 사례로 한류 현상을 관찰하고 기술하는 데 치중해 왔다.

　한류 발생 20주년이 된 이 시점은 이제 그러한 기존의 한정된 관점에서 벗어나 좀 더 확장적이면서 전 지구적인 차원에서 한류가 갖는 의미와 나아갈 방향성을 모색할 때일 것이다. 그에 따라 한류에 대한 학문적 관심과 연구가 초문화 연구로서 전 지구적 문화현상을 더 확장적으로, 그러면서도 이론적으로 심도 있는 연구로 발전시킬 필요가 있다는 것이 이 책에 참여한 저자들이 가진 공통된 문제의식으로 보인다.

먼저 한류의 초문화성을 보자면, 이 현상이 한국 밖에서 먼저 포착되었다는 점이다. 즉 한국이 미리 기획해 이루어낸 결과물은 아니었다는 것이다. 이처럼 예상치 못한 한류 붐에 대해 한국 내부의 반응은 대체로 놀라움과 경이로움, 자랑스러움 등 감정적인 찬양이 지배적이었다. 물론 이는 오랜 피식민지배의 후유증에 시달려온 한국인들이 당연히 보일 수 있는 반응이기도 하지만, 좀 더 직접적으로는 1990년대 후반부터 본격적으로 문화산업을 새로운 성장 동력으로 육성해 온 한국 정부의 정책 기조와 맞물려 있는 것이기도 하다. 예를 들어 한류 담론 형성의 메커니즘은 한국 내부의 한류 관련 주류 담론이 일관된 톤을 유지할 수 있었던 이유를 잘 보여준다.

이러한 측면이 한국 문화산업이 빠르게 성장할 수 있었던 중요한 기반인 것은 분명해 보인다. 하지만 그렇게 해서 '한류'로 성장한 한국 문화산업의 문화적 역량에 근거한 소프트파워 또한 또 하나의 침략일 수 있음을 우려하는 이웃 나라들의 비판을 받고 있는 것도 사실이다. 이러한 상황에서 한류를 한국의 위대한 성취로 찬양하고 국가적인 사업으로 인식시켜 온 기존의 기조는 과연 지향할 만한 가치와 의미가 있는 것일까.

물론 그렇듯 비판적 견해를 지닌 국가들 또한 한국식 문화산업 정책을 적극적으로 참조해 추진하려는 움직임을 보이고 있는 것도 사실이다. 피식민 경험을 지닌 국가가 문화적 매력을 통해 전통적 제국에 영향력을 발휘할 수 있다는 것은 중요한 가능성을 보여주는 것이 분명하기 때문이다. 그렇다고 한다면 우리는 여기서 한류가 한국(만)의 위대한 성취의 차원에 머무는 현상이 아니라는 사실을 인식할 필요가 있다. 즉 그것은 신자유주의적 글로벌라이제이션이 보편적 질서로 군림하는 복잡다단한 정치경제적 역학 속에서 부상한, 새로운 문화적 흐름으로서 중요한 의미를 지닌 하나의 사건 또는 사례인 것이다.

그러므로 이제는 한국의 위대한 성취로서 한류를 찬양하는 식의 기존 주류 담론에서 벗어나 전 지구적 차원에서 움직이는 하나의 문화적 흐름으로서 한류를 바라보는 '관점의 전환'이 필요하다. 즉 기존에 지배적이었던 취향과 형식에서 벗어난 하나의 대안으로서 한류가 전 지구적 차원에서 지닐 수 있는 새로운 가치와 의미를 찾아낼 필요가 있다는 것이다. 한국 외부에서 형성된 한류 팬덤에 주목해야 하는 이유가 바로 여기에 있다. 그 팬덤이야말로 한류가 지닌 그 새로운 가치와 의미가 협상되는 영역일 것이기 때문이다.

이러한 관점에서 볼 때 이 책에 담긴 다양한 한류 팬덤 연구는 단순한 사례연구가 아니라, 상이한 사회적·문화적·경제적 조건과 역사를 지닌 여러 지역에서 새로운 문화적 흐름인 한류가 갖는 의미와 가능성을 보여주는 것이라 할 수 있다. 특히 문화적으로 할인율이 높은 아시아권을 넘어서서 북미나 유럽, 남미와 아프리카까지도 한류가 확산되고 있다는 사실은, 오랫동안 주변부에 머물렀던 마이너리티의 문화적 취향과 정체성이 가시화되고 활성화되는 움직임과 맞물려 있다는 점에서 주목할 만하다. 한류가 궁극적으로 전 지구적 차원의 문화적 다양성에 기여하고 있음을 의미하기 때문이다.

그런데 여기까지 생각하고 나서 우리 내부/한국 사회의 상황을 되돌아보면 또 다른 고민이 시작된다. 전 지구적 차원에서 문화적 다양성을 고양하는 한류가, 그 발원지인 한국에서도 그러한가라는 의문이 들기 때문이다. 한류 현상이 포착되고 정책이 적극적으로 시행되어 온 지난 20여 년 동안 한류는 한국 사회의 문화적 다양성에 과연 얼마나 기여해 왔을까? 당장 BTS의 성취가 국가 위상을 제고하고 산업적으로 크게 기여했다는 점을 들어 국정감사장에서 멤버들의 병역특례가 논의되는 상황은, 한국 사회에서 한류의 의미와 가치가 어떤 식으로 부여되는지를 노골적으로 보여준다.

바로 이 지점에서 본래 한국 외부의 독자들을 위해 영어로 작성된 이 책의 한국어 번역본의 쓰임새를 찾을 수 있지 않을까 싶다. 한류 20주년의 시기에 전 지구적 맥락 속에서 찾아낸 한류의 의미와 가치, 그것을 바라보는 새로운 관점들을 통해, 한국 사회라는 특정한 맥락 속에서 한류를 재고하도록 함으로써 전 지구적으로 역동하는 문화적 흐름으로서 한류의 새로운 방향성을 모색하는 것 말이다.

찾 아 보 기

지 은 이

강보라는 연세대학교 커뮤니케이션연구소의 선임연구원이다. 주로 미디어와 커뮤니케이션 그리고 문화연구 분야를 연구하고 있으며, 사회적 상호작용, 지식의 구성, 수용자 연구 등 여러 분야를 엮어 연구하는 작업을 수행한다.

김주옥은 미국 텍사스 A&M 인터내셔널대학교(Texas A&M International University) 심리 커뮤니케이션(Psychology and Communication)학부에서 조교수로 재직 중이다. 주요 관심사는 글로벌라이제이션, 미디어 산업, 동아시아 연구 등이다. 최근 *Journal of Popular Culture*, *China Media Research*, *Fandom Studies* 등의 학술지에 논문을 게재했다. 현재 "Korean Negotiations: Media Production as a Regionalizing Process in East Asia"라는 제목으로 동아시아의 미디어 생산에 대한 논문을 작업하고 있다.

룰링 황(Luling Huang)은 미국 템플대학교(Temple University)에서 미디어 커뮤니케이션 전공(the Lew Klien College of Media and Communication) 박사 과정 재학 중이다.

리사 육밍 룽(Lisa Y. M. Leung)은 홍콩 링난대학(嶺南大學)에서 조교수로 재직 중이다. 영국 서섹스대학교(University of Sussex)에서 글로벌 여성 잡지 내 문화 번역(cultural translation)에 대한 연구로 미디어학 박사 학위를 받았다. 최근 수년간 동아시아 대중문화의 전 지구적 유통과 소수 인종을 둘러싼 담론 및 다문화주의에 대해 연구했다. 텔레비전과 미디어 연구 그리고 대안 미디어와 관련 연구들을 집중적으로 출간해 온 가운데, 얼마 전에는 홍콩 내 남아시아 소수자들에 대한 저서를 공저했다. 현재는 사회적 운동에서 어포던스와 정동 그리고 미디어 공간성 간의 관계를 구축하고 있는 소셜 미디어의 역할에 관심이 있다.

민원정은 칠레 폰티피셜 가톨릭대학교(Pontifical Catholic University of Chile) 내 역사 및 아시아 연구센터의 교수다. 한국과 남미 간 상호 커뮤니케이션과 (대중)문화 비교 연구, 정체성 형성 등이 주요 연구 분야다. 최근 작업으로는 *Korean Studies for the Spanish-speaking People: A Critical, Comparative and Interdisciplinary Approach* (2015), *Political, Diplomatic and Socio-cultural Communication between Korea and the World* (2017) 편저가 있다.

박미숙은 영국 세필드대학교(University of Sheffield) 동아시아학과에서 박사 과정 중에 있다. 영국 런던대학교 소아스(SOAS: 아시아·아프리카 지역학 연구 대학)와 연세대학교에서 각각 석사 학위를 취득했다. 주요 관심 분야는 초국가적 문화 흐름과 문화정책, 문화산업이다. 박사 학위논문으로는 중국과 일본, 베트남의 한류에 대한 정치경제학적 사례연구를 통해 아시아 내 초국가적 문화 흐름을 살펴보는 연구를 준비 중이다. 최근에는 한국의 문화정책의 역사에 대한 논문을 발표한 바 있다.

앤서니 Y. H. 펑(Anthony Y. H. Fung)은 홍콩 중문대학(香港中文大學)의 교수(School of Journalism and Communication)이자 중국 베이징사범대학(Beijing Normal University)의 글로벌 전문가 양성 프로그램(The Recruitment Program of Global Experts) 산하 the School of Art and Communication의 교수다. 주 연구 분야는 대중문화와 문화연구, 대중음악, 젠더와 청소년 정체성, 문화산업과 정책, 뉴미디어 연구다. 국제 학술에 다수의 논문을 게재했으며 10편 이상의 중문 및 영문 단행본을 저술 및 편저했다. 최근에는 *Youth Culture in China*(Polity Press, 2006, de Kloet과 공저)와 *Global Game Industries and Cultural Policy*(Palgrave Macmillan, 2017)를 출간했다.

원용진은 서강대학교 커뮤니케이션학부 교수다. 한글과 일본어로 작업한 저서로는 『대중문화의 패러다임』, 『아메리카나이제이션』(김덕호와 공저), *The Myth of August 15th* (사토 다쿠미와 공저)가 있다. 텔레비전의 대중 장르, 문화정책, 문화 행동주의 등에 관심을 가지고 있다.

윤경원은 캐나다 UBC(University of British Columbia, 오카나간) 문화연구학과에서 조교수로 재직 중이다. 이전까지 영국의 세필드대학교, 한국의 고려대학교, 캐나다 맥길대학교(McGill University)에 재직한 바 있다. 모바일 커뮤니케이션, 에스닉 미디어, 아시아 대중문화와 청소년 문화 등에 관심을 가지고 있다.

윤태진은 연세대학교 커뮤니케이션대학원의 교수다. 주로 대중문화, 디지털 게임, 텔레비전 연구 등에 관심을 가지고 있다. 최근 『드라마의 모든 것』(2016)와 『디지털 게임문화연구』(2015), 『한국 라디오 드라마사』(공저, 2015)에 대한 저서를 작업한 바 있다.

이은별은 고려대학교 언론대학원의 박사 과정에 있다. 연구 관심사는 문화 간 커뮤니케이션, 시각적 재현, 에스노그래피다. 석사 학위논문 「사진으로 재현되는 공간인식 연구」를 통해 학제 간 연구 방법에 관심을 가지게 되었다.

이향진은 일본 릿쿄대학(立敎大學) 이문화커뮤니케이션 학부의 교수다. 아시아의 내셔널 시네마와 초국가적 영화 문화에서 나타나는 정체성의 정치학에 관심을 가지고 있다. *The Sociology of the Korean Wave: Fandom, Family and Multiculturalism*(2008), *Contemporary Korean Cinema: Identity, Culture and Politics*(2001) 등의 단행본 및 아시아 영화에서 나타나는 전쟁에 대한 기억의 재현들과 젠더, 섹슈얼리티에 대한 다수의 연구를 진행했다. 최근작으로는 2017년에 출간된 단행본 *Korean Cinema*가 있다.

정혜리는 미국 펜실베이니아에 위치한 이스턴대학교(Eastern University)에서 커뮤니케이션학 조교수로 재직 중이다. 주로 글로벌라이제이션, 비판/문화연구, 초국가적 미디어 문화, 한류 그리고 미디어 커뮤니케이션 분야의 대중문화를 중심으로 연구를 진행하고 있다.

진달용은 캐나다 사이먼프레이저대학교(Simon Fraser University)의 커뮤니케이션학 교수다. 주요 관심사는 글로벌라이제이션과 미디어, 아시아 미디어 연구, 초국가적 문화연구, 뉴미디어와 디지털 게임, 미디어 문화 분야의 정치경제학 등이다.

첸 장(Qian Zhang)은 음악학 박사이며 중국 전매대학(中國傳媒大學) 음악학과에서 조교수로 재직 중이다. 주로 대중음악, 음악산업에 대해 연구하고 가르친다. 3년째 China Annual Music Industry Report: Live Music Section에서 집필하고 있다.

홍석경은 서울대학교 언론정보학과 교수다. 주요 연구 분야는 문화산업, 디지털 미디어 문화, 글로벌 대중문화, visual method다. 최근에는 『세계화와 디지털 문화 시대의 한류』(2013), 한국 드라마(공저, 2016), 먹방(2016) 등에 대한 연구를 진행했다.

옮 긴 이

나보라는 연세대학교 커뮤니케이션대학원에서 영상커뮤니케이션을 전공했으며, 동 대학원에서 2006년 「게임플레이 경험에 관한 연구: 디지털 게임 장르를 중심으로」로 석사학위를, 2016년에는 「'게임성'의 통사적 연구: 한국 전자오락사의 이론적 고찰」로 박사학위를 받았다. 「가상공간의 산만성과 촉각성에 대한 고찰: MMORPG를 중심으로」(2011)를 비롯해 「한국 디지털게임의 역사: 문화적 의미를 중심으로」(공저, 2011), 「뉴미디어포비아: 올드미디어의 오만과 편견」(공저, 2013) 등의 논문을 발표했으며, 『신한류: 소셜 미디어 시대의 초국가적 문화 권력』(2017), 『디지털을 읽는 10가지 키워드』(2011), 『비디오게임』(공역, 2007) 등의 번역서를 냈다.

매체와예술총서 1

한울아카데미 2200

한류
역사, 이론, 사례

엮은이 ┃ 윤태진·진달용
지은이 ┃ 강보라·김주옥·룰링 황·리사 육밍 룽·민원정·박미숙·앤서니 Y. H. 펑·
　　　　원용진·윤경원·윤태진·이은별·이향진·정혜리·진달용·첸 장·홍석경
옮긴이 ┃ 나보라
펴낸이 ┃ 김종수
펴낸곳 ┃ 한울엠플러스(주)
책임편집 ┃ 최진희

초판 1쇄 인쇄 ┃ 2019년 12월 5일
초판 1쇄 발행 ┃ 2019년 12월 16일

주소 ┃ 10881 경기도 파주시 광인사길 153 한울시소빌딩 3층
전화 ┃ 031-955-0655
팩스 ┃ 031-955-0656
홈페이지 ┃ www.hanulmplus.kr
등록 ┃ 제406-2015-000143호

Printed in Korea.
ISBN 978-89-460-7200-8 93300(양장)
　　　 978-89-460-6843-8 93300(무선)

* 책값은 겉표지에 표시되어 있습니다.

이 책의 번역 출간은 연세대학교 '매체와예술연구소(IMA)'의 지원을 받았습니다.